KB054380

레전드
중국어
회화사전

NEW 레전드

중국어 회화사전

개정2판 1쇄 **발행** 2024년 3월 20일
개정2판 1쇄 **인쇄** 2024년 3월 10일

저자	더 콜링_김정희
감수	왕러(王乐)
기획	김은경
편집	이지영 · Margarine
디자인	IndigoBlue
성우	왕러(王乐) · 오은수
녹음 · 영상	BRIDGE CODE

발행인	조경아		
총괄	강신갑		
발행처	**랭**귀지**북**스		
등록번호	101-90-85278	**등록일자**	2008년 7월 10일
주소	서울시 마포구 포은로2나길 31 벨라비스타 208호		
전화	02.406.0047	**팩스**	02.406.0042
이메일	languagebooks@hanmail.net		
MP3 다운로드	blog.naver.com/languagebook		

ISBN	979-11-5635-216-7 (13720)
값	19,800원

ⓒLanguagebooks, 2024

이 책은 저작권법에 따라 보호받는 저작물이므로 무단 전재와 무단 복제를 금지하며,
이 책 내용의 전부 또는 일부를 이용하려면 반드시 저작권자와 **랭**귀지**북**스의 서면 동의를 받아야 합니다.
잘못된 책은 구입처에서 바꿔 드립니다.

레전드
중국어
회화사전

랭귀지북스

중국어, 이제 네이티브와 당당하게 말해 보세요!

중국어를 우리말처럼 하고 싶다면?
언제 어디서든 내가 필요한 중국어 표현을 척척 꺼내고 싶다면?
중국 여행을 계획했는데, 중국어 공부를 못 했다면?
이런 고민이 있다면 이제 **〈레전드 중국어 회화사전〉**을 펴 보세요.

중국어는 전 세계에서 가장 많은 인구가 사용하는 언어이고, 우리와 같은 한자권이기 때문에 접근하기 쉽습니다. 다만 생소한 발음이나 한자 때문에 공부 초기에 포기하는 학습자들이 많아 '어렵다'는 선입견이 있기도 합니다. 하지만 중국어 전공자로 '중국어는 처음 계단은 높지만 한두 개의 계단만 정복하면 그다음부터 완만한 계단을 오를 수 있으니, 처음에 절대 포기하지 마세요.'라고 자신 있게 권해 드립니다. 기왕 배워 보자고 첫걸음을 내디뎠다면 조금만 인내하고 올라 보세요. 중국어가 어렵다는 선입견은 금세 사라질 것입니다.

각 언어마다 특징과 매력이 있는데, 중국어를 공부하며 제일 재미있었던 부분은 같은 뜻이라도 글자 수를 줄여가며 표현할 수 있다는 점입니다. 이는 표의문자의 특징으로, 처음에는 쉬운 말로 풀어가다가 어느 정도 수준에 이르면 조금씩 글자 수를 줄여 표현할 수 있습니다. 단 몇 글자로 깊은 뜻을 담아내다 보면, 놀랍게 향상된 내 중국어에 스스로 감탄하게 될 것입니다.

〈레전드 중국어 회화사전〉에서는 이런 점을 염두에 두고, 쉬운 표현에서 좀 더 수준 있는 표현까지 총망라하여 일상생활은 물론, 여행이나 비즈니스에서도 써먹을 수 있는 다양한 표현들을 수록했습니다. 또한 중국에 관련된 문화와 역사 등 여러 가지 이야기들로 중국어를 더 재미있게 이해하고 학습할 수 있도록 구성했습니다.

그리고 이 책은 여러분의 중국어 자신감을 더해 줄 수 있도록 모든 중국어 표현에 한어병음은 물론, 한글 발음 표기까지 꼼꼼하게 달았습니다. 최대한 원어민의 발음에 가깝도록 한글로 표기하여 필요한 표현을 구사하는 데 어려움이 없도록 했습니다. 하나의 언어를 정복하는 것은 결코 쉬운 일이 아닙니다. 하지만 모든 일에 노력과 수고를 들여야 성과가 있듯이, 꾸준한 노력 앞에는 절대 실패는 없습니다!

磨杵成针!

Móchǔchéngzhēn! 모추청전!

끈기 있게 노력하면 무슨 일이든지 다 이룬다!

쇠막대기를 갈아서 바늘을 만드는 인내와 노력이 있다면, 중국어 정복도 틀림없이 이룰 것입니다!

이 책이 완성되기까지 많은 도움을 주신 王乐 선생님께 감사의 마음을 전합니다. 그리고 언제나 내 삶의 이유 되시는 하나님께 모든 영광을 돌립니다.

저자 더 콜링_김정희

중국에서 가장 많이 쓰는 기본 표현을 엄선해 담았습니다. 학습을 통해 자기소개와 취미 말하기부터 직업 소개, 감정 표현까지 다양한 주제의 기본 회화를 쉽게 구사해 보세요.

1. 상황에 따른 3,000여 개 표현!

왕초보부터 초·중급 수준의 중국어 학습자를 위한 어휘·표현집으로, 일상생활에서 자주 접하게 되는 상황을 12개의 큰 주제로 묶고, 다시 500개 이상의 작은 주제로 나눠 3,000여 개의 표현을 제시했습니다.

2. 눈에 쏙 들어오는 그림으로 기본 어휘 다지기!

500여 컷 이상의 일러스트와 함께 기본 어휘를 쉽게 익힐 수 있습니다. 자기소개, 직장생활 등 일상생활에 필요한 기본 단어부터 취미, 감정 등 주제별 주요 단어와 어휘를 생생한 그림과 함께 담았습니다.

餐厅 Cāntīng 음식점   MP3. Word_C05_01

餐厅 cāntīng 음식점, 레스토랑	菜单 càidān 차림표, 식단, 메뉴	厨师 chúshī = 厨子 chúzi 요리사, 조리사
服务员 fúwùyuán 종업원, 웨이터	点菜 diǎncài 요리를 주문하다	饮料 yǐnliào 음료
开胃菜 kāiwèicài 전채, 애피타이저	汤 tāng 국; 수프	主菜 zhǔcài 메인 요리
牛排 niúpái 스테이크, 소갈비	肋骨 lèigǔ 갈비	附加菜 fùjiācài 곁들이는 요리
煎土豆 jiāntǔdòu = 薯条 shǔtiáo 감자튀김	沙拉 shālā = 色拉 sèlā 샐러드	西餐 xīcān 양식, 서양 요리 韩餐 háncān 한식, 한국 요리
中餐 zhōngcān 중식, 중국 요리	糖醋里脊 tángcùlǐjǐ 탕수리지	麻辣火锅 málàhuǒguō 마라훠궈
北京烤鸭 Běijīng kǎoyā 베이징 덕, 베이징 오리구이	饺子 jiǎozi 만두 包子 bāozi 바오쯔	馒头 mántou 찐빵

164

3. 바로 찾아 바로 말할 수 있는 한글 발음 표기!

기초가 부족한 초보 학습자가 중국어를 읽을 수 있는 가장 쉬운 방법은 바로 한글로 발음을 표기해 두는 것입니다. 중국어 발음이 우리말과 일대일로 대응하지 않지만, 학습에 편의를 드리고자 중국에서 사용하는 표준어 발음과 가까운 소리로 한글 발음을 표기하였습니다. 초보자도 언제 어디서나 필요한 표현을 바로 찾아 다양한 문장을 구사할 수 있습니다. 각 표현의 하단에는 사전 없이 바로 이해할 수 있도록 참고 어휘를 정리해 뒀습니다.

4. 꼭! 짚고 가기

문화를 제대로 알아야 언어를 이해하기 쉽습니다. 중국의 사회, 문화 전반에 걸친 다양한 정보와 언어가 형성된 배경을 담아 억지로 외우지 않아도 표현이 가능하도록 했습니다. 우리와 다른 그들의 문화를 접하며 표현 익히는 데 재미를 더해 보세요.

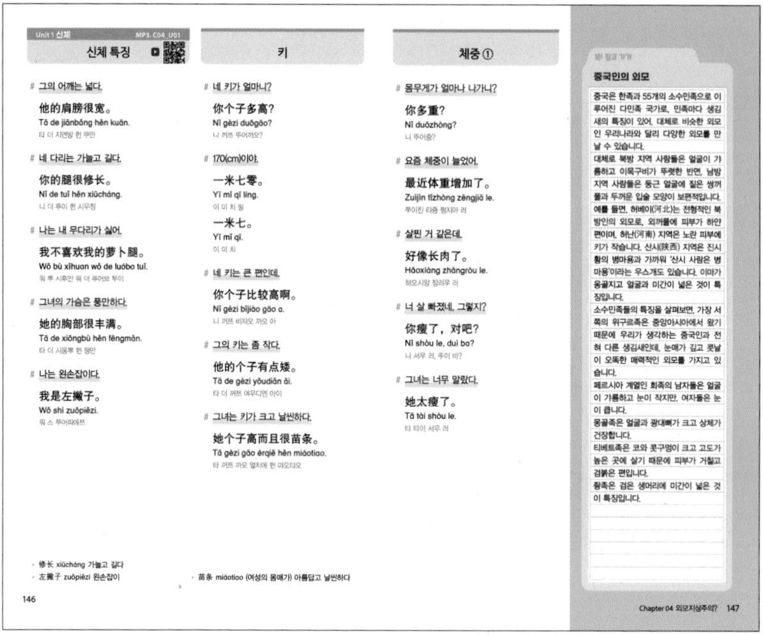

5. 말하기 집중 훈련 유튜브 영상&MP3!

이 책에는 한어병음부터 기본 어휘, 본문의 모든 회화 표현까지 원어민의 정확한 발음으로 녹음한 MP3 파일과 본문 영상을 제공합니다.
Unit마다 QR코드를 스캔하여 영상 자료를 쉽게 찾아볼 수 있습니다. 자주 듣고 큰 소리로 따라 말하며 학습 효과를 높여 보세요.

유튜브에서
〈레전드 중국어 회화사전〉을
검색하세요.

MP3

blog.naver.com/**languagebook**

중국어란?

중국의 다수 민족인 한족(汉族 Hànzú 한쭈)이 쓰는 언어로 한어(汉语 Hànyǔ 한위)라고 하며, 표준어라는 뜻의 푸통화(普通话 pǔtōnghuà 푸퉁후아)라고도 합니다. 중국어는 우리의 한자와 모양이 다른 '간화자'를 쓰며, '한어병음'으로 발음을 표기합니다.

tip. 대만, 홍콩 등에서는 우리와 같은 한자(번체자)를 사용합니다.

1. 중국어의 특징

① 표의문자로, 각 글자마다 독립된 의미를 가지고 있습니다.

② 격조사가 없으며, 격에 따른 변화도 없습니다.

③ 주어의 인칭이나 시제에 따른 동사 변화나 우리말처럼 어미 변화가 없습니다. 따라서 부사나 조사 등으로 간단하게 시제를 표현합니다.

④ 기본 어순은 '주어+술어+목적어'인 것이 우리말과의 가장 큰 차이입니다. 이 외에는 우리말 어순과 비슷합니다.

⑤ 우리말과 달리 띄어쓰기가 없습니다.

⑥ 존칭어가 발달되지 않아, 존칭의 표현이 간단합니다.

2. 간화자

간화자(简化字 jiǎnhuàzì 지엔후아쯔)는 간체자(简体字 jiǎntǐzì 지엔티쯔)라고도 합니다. 중국의 문자 개혁에 따라 한자를 간략한 모양으로 만들어 중국에서 사용하는 한자를 말합니다.

한자		간화자	한어병음 ↓
國	나라 국	国	guó

3. 한어병음

MP3. C00_U00

한어병음(汉语拼音 Hànyǔ pīnyīn 한위 핀인)은 중국어 음절의 소리를 로마자로 표기한 것입니다. 한어병음은 성모, 운모, 성조로 이루어져 있습니다.

① 성모

우리말의 자음과 비슷한 역할을 하며, 21개가 있습니다.

1. 윗입술과 아랫입술을 붙였다 떼면서 내는 소리

b 뽀　　p 포　　m 모

1-1 윗니와 아랫입술을 붙였다 떼는 소리

f 포

2. 혀끝을 윗잇몸 뒤에 대고 내는 소리

d 떠　　t 터　　n 너　　l 러

3. 혀뿌리를 안쪽 입천장에 댔다가 떼면서 내는 소리

g 꺼　　k 커　　h 허

4. 혓바닥을 입천장에 댔다가 떼면서 내는 소리

j 지　　q 치　　x 시

5. 혀를 말아서 입천장에 대지 않고 내는 소리

zh 즈　　ch 츠　　sh 스　　r 르

6. 혀끝으로 윗니 뒤를 밀면서 내는 소리

z 쯔　　c 츠　　s 쓰

② 운모

우리말의 모음과 비슷한 역할을 하며 단운모 6개 및 복운모, 비운모, 권설운모가 있습니다.

1. 단운모

a 아 *o 오 **e 어 i 이 u 우 ***ü 위

* 우리말의 [오]와 [어]의 중간으로 발음합니다.
** 우리말의 [으]와 [어]의 중간으로 발음합니다.
*** 입술 모양은 [우]를 한 상태에서 [위]를 발음합니다.

2. 복운모

ai 아이 ao 아오 ou 어우 ei 에이
ia 이아 ie 이에 iao 야오 iou 여우
ua 우아 uo 우어 uai 와이 uei 웨이
üe 위에

3. 비운모

an 안 ang 앙 *ong 웅 en 언 eng 엉
ian 이엔 iang 이앙 in 인 ing 잉 **iong 이웅
uan 우안 uen 우언 uang 우앙 ueng 우엉
ün 윈 üan 위엔

* 우리말의 [옹]과 [웅]의 중간으로 발음합니다.
** 우리말의 [이옹]과 [이웅]의 중간으로 발음합니다.

4. 권설운모

*er 얼

* 혀끝이 입천장에 닿지 않도록 주의합니다.

③ 성조

소리의 높낮이를 나타내는 요소로, 중국어의 표준어에는 제1~4성과 경성이 있습니다.

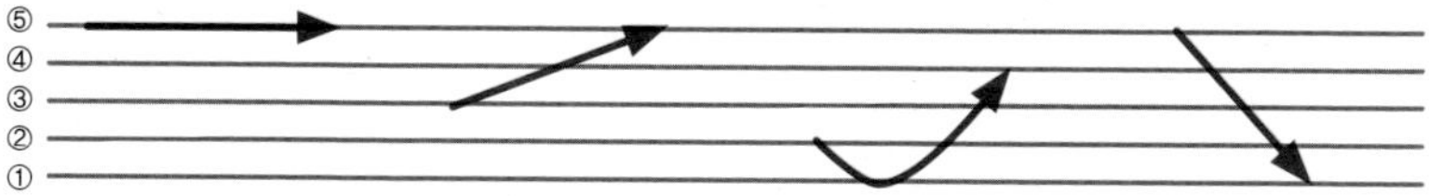

제1성 ā　제2성 á　제3성 ǎ　제4성 à

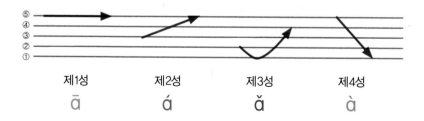

성조	발음	발음 방법	예시	뜻
제1성	ā	가장 높은음⑤에서 시작하여 같은 높이⑤로 소리 냅니다.	妈 mā	엄마
제2성	á	중간 음③에서 시작하여 가장 높은음⑤까지 올리며 소리 냅니다.	麻 má	삼베
제3성	ǎ	약간 낮은음②에서 시작하여 제일 낮은음①까지 내렸다가 높은음④까지 올리면서 소리 냅니다.	马 mǎ	말
제4성	à	가장 높은음⑤에서 가장 낮은음①까지 급하게 내려가면서 소리 냅니다.	骂 mà	꾸짖다
경성	a	본래의 성조가 변하여 짧고 가볍게 소리 내는데, 앞의 성조에 따라 높이가 다릅니다.(아래 참고)	吗 ma	의문조사

* 경성

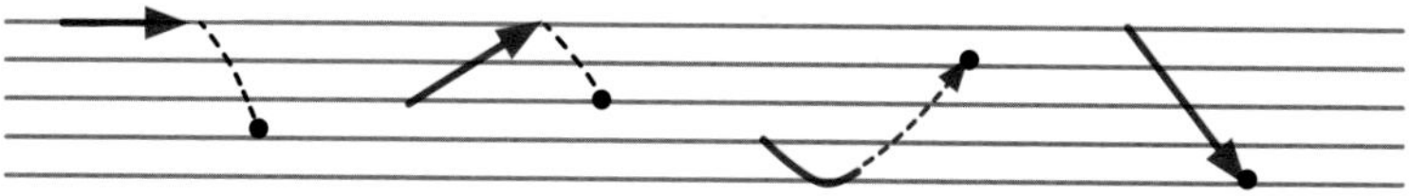

제1성 + 경성	제2성 + 경성	제3성 + 경성	제4성 + 경성
妈妈	爷爷	奶奶	爸爸
māma	yéye	nǎinai	bàba
엄마	할아버지	할머니	아빠

④ 성조의 변화

1. 제3성의 변화

'제3성+제3성'은 발음할 때 '제2성+제3성'으로 변합니다.
단, 성조 표기는 변하지 않습니다.

nǐ hǎo [ní hǎo]

2. 반3성

제1, 2, 4성과 경성 앞의 제3성은 내려가는 부분만 소리 내는데, 이를 반3성이라고 합니다. (11쪽 참고)

3. 不의 성조 변화

'不 bù 뿌'는 원래 제4성이지만, 뒤에 제4성의 음절이 오면, 제2성 'bú 부'로 변하며, 표기도 제2성으로 합니다.

bùshì → búshì

4. 一의 성조 변화

'一 yī 이'는 원래 제1성이지만, 뒤에 제4성의 음절이 오면 제2성 'yí 이'로, 제1, 2, 3성의 음절이 오면 제4성 'yì 이'로 변합니다.
단, 서수로 쓰일 때는 그대로 제1성입니다.

dì yī kè

yī cì → yí cì

yī biān → yì biān

⑤ 한어병음 표기법

1. 성조는 운모 위에 표기합니다. 운모가 여러 개일 때는 입이 크게 벌어지는 운모(ɑ > o > e > i, u, ü) 순으로 표기합니다.
   단, i, u는 뒤에 오는 운모에 성조를 표기합니다.

   hǎo　　xiē　　duì　　jiǔ

2. i에 성조를 표기할 때는 i 위의 점을 빼고 표기합니다.

   jǐ　　qī

3. i, u, ü가 성모 없이 운모 단독으로 쓸 때는 다음과 같이 표기합니다.

   i → yi

   u → wu

   ü → yu (ü 위의 점 두 개를 빼는 것에 주의)

4. ü는 성모 j, q, x와 결합할 때는 ü 위의 점 두 개를 빼고 u로 표기합니다.

   j, q, x + ü → ju, qu, xu

4. 중국어 음절

중국어는 성모와 운모가 결합하여 음절을 이루는데, 성모에 따라 결합하는 운모가 있고 결합하지 않는 운모가 있습니다. 따라서 어떻게 결합하는지만 알고 있으면 중국어의 발음은 무엇이든 읽을 수 있습니다.

tip. 성모 b, d, g는 제1성, 제4성일 때는 된소리에 가까운 소리가 됩니다.
아래 발음에 제1성~제4성 성조를 붙여서 연습해 봅시다.

① 성모 b+운모

ba 바 / bo 보 /
bai 바이 / bao 바오 / bei 베이 /
ban 반 / ben 번 / bang 방 / beng 벙 /
bi 비 / biao 뱌오 / bie 비에 /
bian 비엔 / bin 빈 / bing 빙 /
bu 부

② 성모 p+운모

pa 파 / po 포 /
pai 파이 / pao 파오 / pei 페이 / pou 포우 /
pan 판 / pen 펀 / pang 팡 / peng 펑 /
pi 피 / piao 퍄오 / pie 피에 /
pian 피엔 / pin 핀 / ping 핑 /
pu 푸

③ 성모 m+운모

ma 마 / mo 모 / me 머 /
mai 마이 / mao 마오 / mei 메이 / mou 모우 /
man 만 / men 먼 / mang 망 / meng 멍 /
mi 미 / miao 먀오 / mie 미에 / miu 미우 /
mian 미엔 / min 민 / ming 밍 /
mu 무

④ 성모 f+운모

fa 파 / fo 포 /
fei 페이 / fou 포우 /
fan 판 / fen 펀 / fang 팡 / feng 펑 /
fu 푸

⑤ 성모 d+운모

da 다 / de 더 /
dai 다이 / dao 다오 / dei 데이 / dou 더우 /
dan 단 / dang 당 / deng 덩 / dong 둥 /
di 디 / diao 댜오 / die 디에 / diu 디우 /
dian 디엔 / ding 딩 /
du 두 / duo 두어 / dui 두이 /
duan 두안 / dun 둔

⑥ 성모 t+운모

ta 타 / te 터 /

tai 타이 / tao 타오 / tou 터우 /

tan 탄 / tang 탕 / teng 텅 / tong 퉁 /

ti 티 / tiao 탸오 / tie 티에 /

tian 티엔 / ting 팅 /

tu 투 / tuo 투어 / tui 투이 /

tuan 투안 / tun 툰

⑦ 성모 n+운모

na 나 / ne 너 /

nai 나이 / nao 나오 / nei 네이 / nou 너우 /

nan 난 / nen 넌 / nang 낭 / neng 넝 / nong 눙 /

ni 니 / niao 냐오 / nie 니에 / niu 니우 /

nian 니엔 / nin 닌 / niang 니앙 / ning 닝 /

nu 누 / nuo 누어 /

nuan 누안 /

nü 뉘 / nüe 뉘에

⑧ 성모 l+운모

la 라 / le 러 /

lai 라이 / lao 라오 / lei 레이 / lou 러우 /

lan 란 / lang 랑 / leng 렁 / long 룽 /

li 리 / lia 리아 / liao 랴오 / lie 리에 / liu 리우 /

lian 리엔 / lin 린 / liang 리앙 / ling 링 /

lu 루 / luo 루어 /

luan 루안 / lun 룬 /

lü 뤼 / lüe 뤼에

⑨ 성모 g+운모

ga 가 / ge 거 /

gai 가이 / gao 가오 / gei 게이 / gou 거우 /

gan 간 / gen 건 / gang 강 / geng 겅 / gong 궁 /

gu 구 / gua 구아 / guo 구어 / guai 과이 / gui 구이 /

guan 구안 / gun 군 / guang 구앙

⑩ 성모 k+운모

ka 카 / ke 커 /

kai 카이 / kao 카오 / kou 커우 /

kan 칸 / ken 컨 / kang 캉 / keng 컹 / kong 쿵 /

ku 쿠 / kua 쿠아 / kuo 쿠어 / kuai 콰이 / kui 쿠이 /

kuan 쿠안 / kun 쿤 / kuang 쿠앙

⑪ 성모 h+운모

ha 하 / he 허 /
hai 하이 / hao 하오 / hei 헤이 / hou 허우 /
han 한 / hen 헌 / hang 항 / heng 헝 / hong 훙 /
hu 후 / hua 후아 / huo 후어 / huai 화이 / hui 후이 /
huan 후안 / hun 훈 / huang 후왕

⑫ 성모 j+운모

ji 지 / jia 지아 / jiao 쟈오 / jie 지에 / jiu 지우 /
jian 지엔 / jin 진 / jiang 지앙 / jing 징 / jiong 지웅 /
ju 쥐 / jue 쥐에 /
juan 쥐엔 / jun 쥔

⑬ 성모 q+운모

qi 치 / qia 치아 / qiao 챠오 / qie 치에 / qiu 치우 /
qian 치엔 / qin 친 / qiang 치앙 / qing 칭 / qiong 치웅 /
qu 취 / que 취에 /
quan 취엔 / qun 췬

⑭ 성모 x+운모

xi 시 / xia 시아 / xiao 샤오 / xie 시에 / xiu 시우 /
xian 시엔 / xin 신 / xiang 시앙 / xing 싱 / xiong 시웅 /
xu 쉬 / xue 쉬에 /
xuan 쉬엔 / xun 쉰

⑮ 성모 zh+운모

zha 자 / zhe 저 / zhi 즈 /
zhai 자이 / zhao 자오 / zhei 제이 / zhou 저우 /
zhan 잔 / zhen 전 / zhang 장 / zheng 정 / zhong 중 /
zhu 주 / zhua 주아 / zhuo 주어 / zhuai 좌이 / zhui 주이 /
zhuan 주안 / zhun 준 / zhuang 주앙

⑯ 성모 ch+운모

cha 차 / che 처 / chi 츠 /
chai 차이 / chao 차오 / chou 처우 /
chan 찬 / chen 천 / chang 창 / cheng 청 / chong 충 /
chu 추 / chua 추아 / chuo 추어 / chuai 촤이 / chui 추이 /
chuan 추안 / chun 춘 / chuang 추앙

⑰ 성모 sh+운모

sha 사 / she 서 / shi 스 /
shai 사이 / shao 사오 / shei 세이 / shou 서우 /
shan 산 / shen 선 / shang 상 / sheng 성 /
shu 주 / shua 수아 / shuo 수어 / shuai 솨이 / shui 수이 /
shuan 수안 / shun 순 / shuang 수앙

⑱ 성모 r+운모

re 러 / ri 르 /

rao 라오 / rou 러우 /

ran 란 / ren 런 / rang 랑 / reng 렁 / rong 룽 /

ru 루 / ruo 루어 / rui 루이 /

ruan 루안 / run 룬

⑲ 성모 z+운모

za 짜 / ze 쩌 / zi 쯔 /

zai 짜이 / zao 짜오 / zei 쩨이 / zou 쩌우 /

zan 짠 / zen 쩐 / zang 짱 / zeng 쩡 / zong 쭝 /

zu 쭈 / zuo 쭈어 / zui 쭈이 /

zuan 쭈안 / zun 쭌

⑳ 성모 c+운모

ca 차 / ce 처 / ci 츠 /

cai 차이 / cao 차오 / cou 처우 /

can 찬 / cen 천 / cang 창 / ceng 청 / cong 충 /

cu 추 / cuo 추어 / cui 추이 /

cuan 추안 / cun 춘

㉑ 성모 s+운모

sa 싸 / se 써 / si 쓰 /

sai 싸이 / sao 싸오 / sou 써우 /

san 싼 / sen 썬 / sang 쌍 / seng 썽 / song 쑹 /

su 쑤 / suo 쑤어 / sui 쑤이 /

suan 쑤안 / sun 쑨

Contents 차례

Chapter 01

이 정돈 기본이에요!

Chapter 01

Unit 1 인사

Unit 2 소개

Unit 3 감사

Unit 4 사과

Unit 5 대답

Unit 6 주의&충고

Unit 7 기타

Unit 8 전화

介绍 Jièshào 지에사오 **소개**

介绍 jièshào 지에사오
동 소개하다

名字 míngzi 밍쯔
명 이름

姓 xìng 싱
명 성(씨) 동 성이 ~이다

贵姓 guìxìng 꾸이싱
명 성(높임말)

外号 wàihào 와이하오
명 별명

名片 míngpiàn 밍피엔
명 명함

性别 xìngbié 싱비에
명 성별

男子 nánzǐ 난쯔
= 男人 nánrén 난런
명 남자, 남성

女子 nǚzǐ 뉘쯔
= 女人 nǚrén 뉘런
명 여자

先生 xiānsheng 시엔성
명 성인 남자에 대한 존칭

女士 nǚshì 뉘스
명 부인, 여사

男子汉 nánzǐhàn 난쯔한
명 사나이, 대장부

小姐 xiǎojiě 샤오지에
명 아가씨, 미스(결혼하지 않은 여자를 높여 부르는 말)

年纪 niánjì 니엔지
명 나이

老 lǎo 라오
형 늙다

老人 lǎorén 라오런
명 노인

年轻 niánqīng 니엔칭
형 젊다

年轻人 niánqīngrén 니엔칭런
명 젊은 사람

大人 dàrén 따런
= 成人 chéngrén 청런
명 어른, 성인

小 xiǎo 샤오 형 어리다

小孩儿 xiǎoháir 샤오하알
명 어린이

婴儿 yīng'ér 잉얼
명 아기

日程 rìchéng 르청 일과

天 tiān 티엔
명 하루, 날

早上 zǎoshang 짜오상
명 아침, 오전

上午 shàngwǔ 상우
명 오전

起床 qǐchuáng 치추앙
동 일어나다

洗脸 xǐliǎn 시리엔
동 세수하다

早餐 zǎocān 짜오찬
= 早饭 zǎofàn 짜오판
명 아침 식사

白天 báitiān 바이티엔
명 대낮

下午 xiàwǔ 시아우
명 오후

午餐 wǔcān 우찬
= 午饭 wǔfàn 우판
명 점심 식사

午睡 wǔshuì 우수이
명 낮잠 동 낮잠을 자다

工作 gōngzuò 꽁쭈어
명 일, 직업 동 일하다

零时 língshí 링스
명 밤 12시, 0시

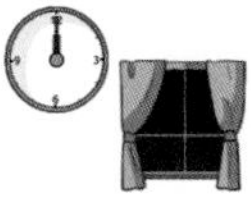

晚上 wǎnshang 완상
명 저녁, 밤

晚餐 wǎncān 완찬
= 晚饭 wǎnfàn 완판
명 저녁 식사

睡 shuì 수이
= 睡觉 shuìjiào 수이쟈오
동 (잠을) 자다

梦 mèng 멍
명 꿈 동 꿈을 꾸다

做梦 zuòmèng 쭈어멍
동 꿈을 꾸다

打瞌睡 dǎkēshuì 다커수이
= 打盹 dǎdǔn 다둔
동 졸다

时间 Shíjiān 스지엔 **시간**

MP3. Word_C01_03

日子 rìzi 르쯔 명 날, 일(日)	号 hào 하오 명 일(날짜를 가리킴)	月 yuè 위에 명 달, 월	年 nián 니엔 명 년 양 년, 해
	星期 xīngqī 싱치 명 요일, 주	周末 zhōumò 저우모 명 주말	日历 rìlì 르리 명 달력 

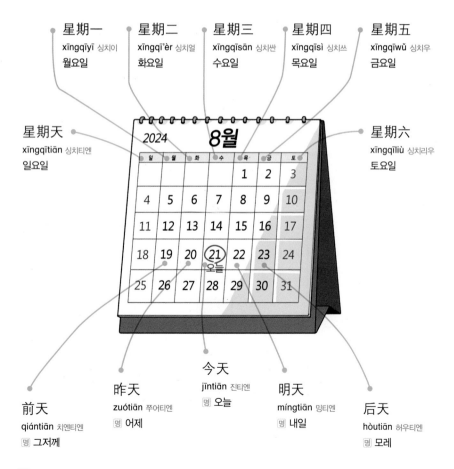

星期一
xīngqīyī 싱치이
월요일

星期二
xīngqī'èr 싱치얼
화요일

星期三
xīngqīsān 싱치싼
수요일

星期四
xīngqīsì 싱치쓰
목요일

星期五
xīngqīwǔ 싱치우
금요일

星期天
xīngqītiān 싱치티엔
일요일

星期六
xīngqīliù 싱치리우
토요일

今天
jīntiān 진티엔
명 오늘

昨天
zuótiān 쭈어티엔
명 어제

明天
míngtiān 밍티엔
명 내일

前天
qiántiān 치엔티엔
명 그저께

后天
hòutiān 허우티엔
명 모레

打招呼 Dǎ zhāohu 다 자오후 인사

MP3. Word_C01_04

你好! Nǐ hǎo! 니 하오!
안녕하세요!

你好吗?
Nǐ hǎo ma? 니 하오 마?
잘 지내요?

早。 Zǎo. 짜오
= 早上好。
Zǎoshang hǎo. 짜오상 하오
= 早安。 Zǎo'ān. 짜오안
안녕하세요. (아침 인사)

午安。 Wǔ'ān. 우안
안녕하세요. (점심 인사)

晚上好。
Wǎnshang hǎo. 완상 하오
안녕하세요. (저녁 인사)

晚安。 Wǎn'ān. 완안
안녕히 주무세요.

再见。 Zàijiàn. 짜이지엔
안녕히 가세요.

一会儿见。
Yíhuìr jiàn. 이후얼 지엔
또 만나요.

明天见。
Míngtiān jiàn. 밍티엔 지엔
내일 만나요.

周末快乐!
Zhōumò kuàilè! 저우모 콰이러!
좋은 주말 되세요!

慢走。 Mànzǒu. 만쩌우
조심히 가세요.

请留步。
Qǐng liúbù. 칭 리우뿌
나오지 마세요.

好久不见。
Hǎojiǔ bú jiàn. 하오지우 부 지엔
오랜만이에요.

初次见面。
Chūcì jiànmiàn. 추츠 지엔미엔
처음 뵙겠습니다.

请多多指教。
Qǐng duōduō zhǐjiào.
칭 뚜어뚜어 즈쟈오
잘 부탁드립니다.

欢迎光临。
Huānyíng guānglín. 후안잉 꾸앙린
어서 오세요.

谢谢 xièxie 시에시에
동 감사합니다, 고맙습니다

多谢 duōxiè 뚜어시에
동 대단히 감사합니다

对不起 duìbuqǐ 뚜이부치
동 미안합니다

请问。 Qǐngwèn. 칭원
실례합니다.

처음 만났을 때 ①

안녕(하세요).

你好。
Nǐ hǎo.
니 하오

때와 장소를 가리지 않고 할 수 있는 기본적인 인사로, 모르는 사이에도 사용합니다.
대답은 똑같이 你好。라고 합니다.

안녕하세요.

您好。
Nín hǎo.
닌 하오

您은 你의 존칭이므로, 좀 더 격식을 차려야 할 때 쓰면 좋습니다.

처음 뵙겠습니다.

初次见面。
Chūcì jiànmiàn.
추츠 지엔미엔

만나서, 반가워요.

见到你，很高兴。
Jiàndào nǐ, hěn gāoxìng.
지엔따오 니, 헌 까오싱

알게 되어서, 기뻐요.

认识你，很高兴。
Rènshi nǐ, hěn gāoxìng.
런스 니, 헌 까오싱

저도 반갑습니다.

我也很高兴。
Wǒ yě hěn gāoxìng.
워 이에 헌 까오싱

처음 만났을 때 ②

잘 부탁드립니다.

请多多指教。
Qǐng duōduō zhǐjiāo.
칭 뚜어뚜어 즈쟈오

请多多关照。
Qǐng duōduō guānzhào.
칭 뚜어뚜어 꾸안자오

말씀 많이 들었어요.

久仰久仰。
Jiǔyǎng jiǔyǎng.
지우양 지우양

왕 선생님, 미스 장을 아세요?

王先生，您认识张小姐吗?
Wáng xiānsheng, nín rènshi Zhāng xiǎojiě ma?
왕 시엔성, 닌 런스 장 샤오지에 마?

명함 있으세요?

您有名片吗?
Nín yǒu míngpiàn ma?
닌 여우 밍피엔 마?

이것은 제 명함입니다.

这是我的名片。
Zhè shì wǒ de míngpiàn.
저 스 워 더 밍피엔

때에 따른 인사

안녕(하세요).

早。
Zǎo.
짜오

← 아침에 하는 인사입니다.

早安。
Zǎo'ān.
짜오안

早上好。
Zǎoshang hǎo.
짜오상 하오

안녕(하세요).

午安。
Wǔ'ān.
우안

점심에 하는 인사이지만, 실제 많이 쓰이지는 않습니다.

안녕(하세요).

晚上好。
Wǎnshang hǎo.
완상 하오

저녁에 만났을 때 하는 인사입니다.

잘 자. / 안녕히 주무세요.

晚安。
Wǎn'ān.
완안

잘 때 하는 인사입니다.

꼭! 짚고 가기

중국의 기본 정보

중국은 중화인민공화국(中华人民共和国 Zhōnghuá Rénmín Gònghéguó 중후아 런민 꿍허구어)의 줄임말로, 세계에서 가장 많은 인구가 살고 있는 나라입니다.

중국의 면적은 약 960만 ㎢인데, 이는 한반도의 약 44배에 달합니다. 시차는 우리나라보다 한 시간 늦습니다. 국토가 넓은 만큼 중국의 동쪽 끝에서 서쪽 끝까지는 무려 두 시간의 시차가 있지만, 중국 정부는 모든 지역이 수도 베이징의 시간을 따르도록 하고 있습니다.

중국은 인구의 대부분을 차지하는 한족(汉族 Hànzú 한쭈)과 55개의 소수민족으로 이루어진 다민족 국가이며, 표준어(普通话 pǔtōnghuà 푸퉁후아)로 사용하고 있는 한어(汉语 Hànyǔ 한위)는 '한족의 언어'라는 뜻입니다.

중국에서 통용되는 화폐는 인민폐(人民币 Rénmínbì 런민삐)입니다. 화폐 단위는 위안(元 yuán 위엔), 쟈오(角 jiǎo 쟈오), 펀(分 fēn 펀)입니다. 그러나 중국도 물가가 계속 오르는 추세이고, 실물 화폐보다는 모바일 결제 방식이 보편화되어 디지털 위안화를 사용하면서 화폐 단위 중에서 가장 작은 단위인 '쟈오'나 '펀'은 보기 힘들어졌습니다.

안부 묻기

잘 지내요?

你好吗?
Nǐ hǎo ma?
니 하오 마?

서로 잘 아는 사이에서 안부를 묻는 인사로,
이때 대답은 자신의 상황에 맞춰 '~(하)게 지낸다'는
식으로 해야 합니다.

你过得好吗?
Nǐ guò de hǎo ma?
니 꾸어 더 하오 마?

식사했어요?

你吃饭了吗?
Nǐ chīfàn le ma?
니 츠판 러 마?

우리말에서 식사 여부를 확인하기보다는
안부를 묻는 인사로 쓰는 것처럼,
중국인들도 이런 표현을 사용합니다.

어떻게 지내요?

你过得怎么样?
Nǐ guò de zěnmeyàng?
니 꾸어 더 쩐머양?

부모님은 모두 잘 지내세요?

你父母都好吗?
Nǐ fùmǔ dōu hǎo ma?
니 푸무 떠우 하오 마?

가족들은 모두 잘 지내요?

你家人都好吗?
Nǐ jiārén dōu hǎo ma?
니 지아런 떠우 하오 마?

안부 답하기 ①

잘 지내요.

我很好。
Wǒ hěn hǎo.
워 헌 하오

我过得很好。
Wǒ guò de hěn hǎo.
워 꾸어 더 헌 하오

我过得不错。
Wǒ guò de búcuò.
워 꾸어 더 부추어

그럭저럭요.

我还好。
Wǒ hái hǎo.
워 하이 하오

我还行。
Wǒ hái xíng.
워 하이 싱

대충요.

马马虎虎。
Mǎmahūhū.
마마후후

여전해요.

还是老样子。
Háishi lǎoyàngzi.
하이스 라오양쯔

안부 답하기 ②

별로 잘 지내지 못해요.

我过得不太好。
Wǒ guò de bútài hǎo.
워 꾸어 더 부타이 하오

요즘 바빠요.

最近很忙。
Zuìjìn hěn máng.
쭈이진 헌 망

벌써 먹었죠, 당신은요?

我已经吃了，你呢?
Wǒ yǐjīng chī le, nǐ ne?
워 이징 츠 러, 니 너?

오랜만입니다.

好久不见。
Hǎojiǔ bú jiàn.
하오지우 부 지엔

好久没见。
Hǎojiǔ méi jiàn.
하오지우 메이 지엔

제 대신 부모님께 안부 전해 주세요.

请替我向你父母问好。
Qǐng tì wǒ xiàng nǐ fùmǔ wènhǎo.
칭 티 워 시앙 니 푸무 원하오

헤어질 때 인사 ①

잘 가. / 안녕(히 가세요).

再见。
Zàijiàn.
짜이지엔

내일 만나.

明天见。
Míngtiān jiàn.
밍티엔 지엔

이따가 만나.

回头见。
Huítóu jiàn.
후이터우 지엔

一会儿见。
Yíhuìr jiàn.
이후얼 지엔

주말 잘 보내요.

周末快乐。
Zhōumò kuàilè.
저우모 콰이러

조심히 가세요.

慢走。
Mànzǒu.
만쩌우

집주인이 손님을 배웅할 때 당부하는 인사말입니다.

나오지 마세요.

请留步。
Qǐng liúbù.
칭 리우뿌

배웅하는 집주인에게 손님이 만류하는 인사말입니다.

헤어질 때 인사 ②

즐거운 여행 되세요!

祝您旅途愉快!
Zhù nín lǚtú yúkuài!
주 닌 뤼투 위콰이!

가는 길 평안하세요.

一路平安。
Yílù píng'ān.
이루 핑안

가는 길 순조롭기를 바랍니다.

一路顺风。
Yílù shùnfēng.
이루 순펑

가야겠어요.

我该走了。
Wǒ gāi zǒu le.
워 까이 쩌우 러

배웅하지 않아도 됩니다.

别送了。
Bié sòng le.
비에 쑹 러

몸조심하세요.

多保重。
Duō bǎozhòng.
뚜어 바오중

환영할 때

상하이에 오신 것을 환영합니다.

欢迎您来到上海。
Huānyíng nín láidào Shànghǎi.
후안잉 닌 라이따오 상하이

저희 집에 오신 것을 환영합니다.

欢迎您来到我家。
Huānyíng nín láidào wǒ jiā.
후안잉 닌 라이따오 워 지아

이곳이 마음에 들기 바랍니다.

希望您喜欢这儿。
Xīwàng nín xǐhuan zhèr.
시왕 닌 시후안 저얼

당신과 함께 일하게 되어 기뻐요.

很高兴跟你一起共事。
Hěn gāoxìng gēn nǐ yìqǐ gòngshì.
헌 까오싱 껀 니 이치 꿍스

어서 오세요.

欢迎光临。
Huānyíng guānglín.
후안잉 꾸앙린

보통 가게에서 점원이 손님을 맞이하는 인사입니다.

• 共事 gòngshì 함께 일하다

사람을 부를 때

실례합니다.

劳驾。

Láojià.

라오지아

부탁이나 양보를 청할 때 쓰는 겸손한 표현입니다.

죄송합니다.

对不起。

Duìbuqǐ.

뚜이부치

사과의 표현이지만, 누군가를 부를 때도 쓸 수 있습니다.

좀 비켜 주세요.

请让一下。

Qǐng ràng yíxià.

칭 랑 이시아

여보세요, 안녕하세요!

喂，您好!

Wèi, nín hǎo!

웨이, 닌 하오!

종업원이 손님을 맞이할 때, 전화상 등
다양하게 쓰이는 표현입니다.

여사님.

这位女士。

Zhè wèi nǚshì.

저 웨이 뉘스

아가씨.

这位小姐。

Zhè wèi xiǎojiě.

저 웨이 샤오지에

길이나 가게에서 여자를 부를 때 쓸 수 있는 표현입니다.

말을 걸 때

할 말이 있는데요.

我有话要说。

Wǒ yǒu huà yào shuō.

워 여우 후아 야오 수어

이야기 좀 해도 될까요?

我能跟你聊两句吗?

Wǒ néng gēn nǐ liáo liǎng jù ma?

워 넝 껀 니 랴오 리앙 쥐 마?

我能跟你聊几句吗?

Wǒ néng gēn nǐ liáo jǐ jù ma?

워 넝 껀 니 랴오 지 쥐 마?

죄송합니다, 제가 끼어들었네요.

对不起，我打个岔。

Duìbuqǐ, wǒ dǎ ge chà.

뚜이부치, 워 다 거 차

제 말 좀 들어 봐요.

你听我说一句。

Nǐ tīng wǒ shuō yí jù.

니 팅 워 수어 이 쥐

• 打岔 dǎchà (남의 말을) 방해하다, 막다

상대의 정보 묻기

\# 이름이 뭐예요?

你叫什么名字?
Nǐ jiào shénme míngzi?
니 쟈오 선머 밍쯔?

\# 성이 어떻게 되세요?
(성함이 어떻게 되세요?)

您贵姓?
Nín guì xìng?
닌 꾸이 싱?

정중하게 이름을 물어볼 때 사용할 수 있는 표현입니다.

\# 한번 뵙고 싶었어요.

很想和你见一面。
Hěn xiǎng hé nǐ jiàn yí miàn.
헌 시앙 허 니 지엔 이 미엔

\# 무슨 일 하세요?(직업이 뭐예요?)

你做什么工作?
Nǐ zuò shénme gōngzuò?
니 쭈어 선머 꿍쭈어?

\# 어느 나라 사람이에요?

你是哪国人?
Nǐ shì nǎ guó rén?
니 스 나 구어 런?

\# 어디에서 왔어요?

你从哪儿来的?
Nǐ cóng nǎr lái de?
니 충 나알 라이 더?

\# 몇 개 국어를 할 줄 아세요?

你会说几国语言?
Nǐ huì shuō jǐ guó yǔyán?
니 후이 수어 지 구어 위이엔?

자신의 정보 대답하기

\# 한국에서 왔어요.

我从韩国来。
Wǒ cóng Hánguó lái.
워 충 한구어 라이

\# 한국 사람입니다.

我是韩国人。
Wǒ shì Hánguórén.
워 스 한구어런

\# 저는 대한회사에서 일합니다.

我在大韩公司工作。
Wǒ zài Dàhán gōngsī gōngzuò.
워 짜이 따한 꿍쓰 꿍쭈어

\# 저는 은행에서 일합니다.

我在银行工作。
Wǒ zài yínháng gōngzuò.
워 짜이 인항 꿍쭈어

\# 저는 한국대학 4학년의 학생입니다.

我是韩国大学大四的学生。
Wǒ shì Hánguó dàxué dàsì de xuésheng.
워 스 한구어 따쉬에 따쓰 더 쉬에성

\# 저는 미혼이에요.

我未婚。
Wǒ wèihūn.
워 웨이훈

\# 결혼했어요.

我结婚了。
Wǒ jiéhūn le.
워 지에훈 러

자기소개하기

제 소개를 좀 할게요.

自我介绍一下。
Zìwǒ jièshào yíxià.
쯔워 지에사오 이시아

안녕하세요, 김지나라고 합니다.

你好，我叫金志娜。
Nǐ hǎo, wǒ jiào Jīn Zhìnà.
니 하오, 워 쟈오 진 즈나

김지나라고 합니다.
'김'은 황금의 김(금), '지'는 의지의 지, '나'는 계집녀가 부수인 저쪽의 나입니다.

我叫金志娜。
金是黄金的金，志是意志的志，
娜是女字旁加个那边的那。
Wǒ jiào Jīn Zhìnà.
Jīn shì huángjīn de Jīn, zhì shì yìzhì de zhì, nà shì nǚzì páng jiā ge nàbiān de nà.
워 쟈오 진 즈나.
진 스 후앙진 더 진, 즈 스 이즈 더 즈, 나 스 뉘쯔 팡 지아 거 나삐엔 더 나

지나라고 불러 주세요.

请叫我志娜。
Qǐng jiào wǒ Zhìnà.
칭 쟈오 워 즈나

안녕하세요, 저는 지미의 친구 김지나입니다.

你好，我是智美的朋友金志娜。
Nǐ hǎo, wǒ shì Zhìměi de péngyou Jīn Zhìnà.
니 하오, 워 스 즈메이 더 펑여우 진 즈나

꼭! 짚고 가기

중국에서 가장 많은 성(姓)은?

중국은 인구가 많은 만큼, 성도 다양합니다. 등록되어 알려진 성씨만 해도 500개가 넘는다고 하는데요, 그 중 가장 많은 사람이 가진 성은 어떤 것일까요?
우리나라에서 가장 많은 성은 김(金), 이(李), 박(朴)입니다. 그래서 '김 아무개, 이 아무개' 하면 흔한 성씨이다, 또는 흔한 사람이라는 의미로 통하죠. 중국인들 역시 성과 관련된 말로 '보통 사람, 어디서나 볼 수 있는 흔한 사람'의 의미를 표현합니다. 바로 '张三李四 Zhāng sān Lǐ sì 장 싼 리 쓰(장씨의 셋째 아들과 이씨의 넷째 아들)'라는 말인데요, 중국에서 가장 많은 성이 바로 '张 Zhāng 장'과 '李 Lǐ 리'임을 짐작할 수 있습니다.
실제 2022년 인구 조사 기관의 통계에 따르면, '李'가 가장 많은 성으로 나왔습니다. 참고로 두 번째 많은 성은 '王 Wáng 왕'입니다. 세 번째는 '刘 Liú 리우'입니다.
이 순위는 조사할 때마다 엎치락뒤치락하네요.

감사 ①

\# 고맙습니다. / 고마워.

谢谢。
Xièxie.
시에시에

\# 매우 감사합니다.

非常感谢。
Fēicháng gǎnxiè.
페이창 간시에

\# 여기에서 당신에게 깊은 감사를 표합니다.

在此向您表示深深的感谢。
Zài cǐ xiàng nín biǎoshì shēnshēn de gǎnxiè.
짜이 츠 시앙 닌 뱌오스 선선 더 간시에

\# 어떻게 당신에게 고마움을 전해야 할지 정말 모르겠네요.

真不知道该如何向您表达我的感激之情。
Zhēn bùzhīdao gāi rúhé xiàng nín biǎodá wǒ de gǎnjīzhīqíng.
전 뿌즈다오 까이 루허 시앙 닌 뱌오다 워 더 간지즈칭

\# 어찌됐든 매우 고맙습니다.

不管怎么样多谢了。
Bùguǎn zěnmeyàng duōxiè le.
뿌구안 쩐머양 뚜어시에 러

- 感激之情 gǎnjīzhīqíng 고마움

감사 ②

\# 감사의 뜻을 전합니다.

请转达我的谢意。
Qǐng zhuǎndá wǒ de xièyì.
칭 주안다 워 더 시에이

\# 당신은 제 생명의 은인이에요.

你是我生命中的恩人。
Nǐ shì wǒ shēngmìng zhōng de ēnrén.
니 스 워 성밍 중 더 언런

\# 제 평생 당신의 은혜를 잊지 못할 거예요.

我一辈子不会忘记您对我的恩情。
Wǒ yíbèizi búhuì wàngjì nín duì wǒ de ēnqíng.
워 이뻬이쯔 부후이 왕지 닌 뚜이 워 더 언칭

\# 마음 써 주셔서, 아주 감사드립니다.

为了我您费心了，太感谢了。
Wèile wǒ nín fèixīn le, tài gǎnxiè le.
웨이러 워 닌 페이신 러, 타이 간시에 러

\# 저를 도와주셔서 대단히 감사드립니다.

万分感谢您对我的帮助。
Wànfēn gǎnxiè nín duì wǒ de bāngzhù.
완펀 간시에 닌 뚜이 워 더 빵주

- 恩情 ēnqíng 은혜
- 万分 wànfēn 대단히, 극히, 매우

감사 ③

\# 당신의 관심에 감사합니다.

谢谢您的关心。
Xièxie nín de guānxīn.
시에시에 닌 더 꾸안신

\# 친절하게 대접해 주셔서 감사합니다.

谢谢您的热情款待。
Xièxie nín de rèqíng kuǎndài.
시에시에 닌 더 러칭 쿠안따이

\# 제게 기회를 주셔서 감사합니다.

谢谢您给我机会。
Xièxie nín gěi wǒ jīhuì.
시에시에 닌 게이 워 지후이

\# 저를 위해 방향을 분명히 알려 주셔서 감사합니다.

谢谢您为我指明了方向。
Xièxie nín wèi wǒ zhǐmíng le fāngxiàng.
시에시에 닌 웨이 워 즈밍 러 팡시앙

\# 기다려 주셔서 감사합니다.

谢谢你等我。
Xièxie nǐ děng wǒ.
시에시에 니 덩 워

감사 인사의 대답

\# 천만에요.

不客气。
Bú kèqi.
부 커치

\# 뭘요.

没什么。
Méi shénme.
메이 선머

\# 오히려 제가 감사드립니다.

我倒觉得很感谢你。
Wǒ dào juéde hěn gǎnxiè nǐ.
워 따오 쥐에더 헌 간시에 니

\# 오히려 제가 감사해야죠.

倒是我该谢谢你。
Dàoshì wǒ gāi xièxie nǐ.
따오스 워 까이 시에시에 니

\# 뭐 대단한 일도 아닌데요.

不是什么大事。
Búshì shénme dàshì.
부스 선머 따스

\# 당신을 도울 수 있어서 제 영광입니다.

能帮助你是我的荣幸。
Néng bāngzhù nǐ shì wǒ de róngxìng.
넝 빵주 니 스 워 더 룽싱

• 指明 zhǐmíng 분명하게 지시하다, 뚜렷이 가리켜 주다

사과 ①

\# 미안합니다. / 미안해.

对不起。
Duìbuqǐ.
뚜이부치

不好意思。
Bùhǎoyìsi.
뿌하오이쓰

'부끄럽다, 쑥스럽다'라는 의미 외에,
'미안하다'는 인사말로도 많이 쓰입니다.

\# 당신에게 사과드립니다.

向您道歉。
Xiàng nín dàoqiàn.
시앙 닌 따오치엔

\# 정말 미안합니다.

真对不起你。
Zhēn duìbuqǐ nǐ.
전 뚜이부치 니

真不好意思。
Zhēn bùhǎoyìsi.
전 뿌하오이쓰

\# 이 일에 대해 매우 죄송하다고 생각합니다.

对这件事我觉得十分抱歉。
Duì zhè jiàn shì wǒ juéde shífēn bàoqiàn.
뚜이 저 지엔 스 워 쥐에더 스펀 빠오치엔

사과 ②

\# 이렇게 오래 기다리게 해서, 죄송합니다.

让您等这么久，很抱歉。
Ràng nín děng zhème jiǔ, hěn bàoqiàn.
랑 닌 덩 저머 지우, 헌 빠오치엔

\# 다음에 다시는 이런 일이 일어나지 않을 것입니다.

以后不会再发生这种事了。
Yǐhòu búhuì zài fāshēng zhè zhǒng shì le.
이허우 부후이 짜이 파성 저 중 스 러

\# 불쾌하게 해 드려서, 죄송합니다.

给您带来不快，我感到很抱歉。
Gěi nín dàilai búkuài, wǒ gǎndào hěn bàoqiàn.
게이 닌 따이라이 부콰이, 워 간따오 헌 빠오치엔

\# 사과드리고 싶어요.

我很想向您表示歉意。
Wǒ hěn xiǎng xiàng nín biǎoshì qiànyì.
워 헌 시앙 시앙 닌 뱌오스 치엔이

잘못 & 실수했을 때

미안해요, 저도 어쩔 수 없어요.

对不起，我也很无奈。
Duìbuqǐ, wǒ yě hěn wúnài.
뚜이부치, 워 이에 헌 우나이

미안해요, 잊었어요.

对不起，我忘了。
Duìbuqǐ, wǒ wàng le.
뚜이부치, 워 왕 러

미안해요, 고의가 아니었어요.

对不起，我不是故意的。
Duìbuqǐ, wǒ búshì gùyì de.
뚜이부치, 워 부스 꾸이 더

변명할 기회를 한 번 주세요.

请给我一个向您解释的机会。
Qǐng gěi wǒ yí ge xiàng nín jiěshì de jīhuì.
칭 게이 워 이 거 시앙 닌 지에스 더 지후이

다시는 비슷한 일이 일어나지 않을 것을 장담합니다.

我保证以后不会再发生类似的事情。
Wǒ bǎozhèng yǐhòu búhuì zài fāshēng lèisì de shìqing.
워 바오정 이허우 부후이 짜이 파성 레이쓰 더 스칭

사과 인사의 대답

괜찮아요.

没关系。
Méi guānxi.
메이 꾸안시

没事儿。
Méi shìr.
메이 스얼

용서할게요.

我原谅你。
Wǒ yuánliàng nǐ.
워 위엔리앙 니

서로 양해하고, 이 일은 지나간 걸로 하죠.

我们互相原谅，让这件事过去吧。
Wǒmen hùxiāng yuánliàng, ràng zhè jiàn shì guòqu ba.
워먼 후시앙 위엔리앙, 랑 저 지엔 스 꾸어취 바

걱정하지 마세요.

请别担心。
Qǐng bié dānxīn.
칭 비에 딴신

당신의 사과를 받아들일게요.

我接受你的道歉。
Wǒ jiēshòu nǐ de dàoqiàn.
워 지에서우 니 더 따오치엔

• 无奈 wúnài 어찌해 볼 도리가 없다

Unit 5 대답 MP3. C01_U05

잘못 알아들었을 때

미안해요, 잘 못 들었어요.

对不起，我听不清。
Duìbuqǐ, wǒ tīngbuqīng.
뚜이부치, 워 팅부칭

말이 너무 빨라요.

您说得太快了。
Nín shuō de tài kuài le.
닌 수어 더 타이 콰이 러

잘 모르겠어요.

不太清楚。
Bútài qīngchu.
부타이 칭추

당신의 말을 잘 이해할 수 없어요.

我不太理解您的话。
Wǒ bútài lǐjiě nín de huà.
워 부타이 리지에 닌 더 후아

무슨 뜻이죠?

什么意思呢?
Shénme yìsi ne?
선머 이쓰 너?

뭐라고 했어?

你说什么?
Nǐ shuō shéme?
니 수어 선머?

양해를 구할 때

미안해요, 좀 비켜 주세요.

对不起，请让一下。
Duìbuqǐ, qǐng ràng yíxià.
뚜이부치, 칭 랑 이시아

먼저 실례 좀 할게요, 곧 돌아올게요.

我失陪一下，马上回来。
Wǒ shīpéi yíxià, mǎshàng huílai.
워 스페이 이시아, 마상 후이라이

죄송해요, 먼저 갈게요.

对不起，我先走了。
Duìbuqǐ, wǒ xiān zǒu le.
뚜이부치, 워 시엔 쩌우 러

일이 좀 있어서, 먼저 가야겠습니다.

我有点事，要先走了。
Wǒ yǒu diǎn shì, yào xiān zǒu le.
워 여우 디엔 스, 야오 시엔 쩌우 러

화장실에 가려는데, 제 가방을 좀 봐 주실 수 있어요?

我要去洗手间，能帮我看一下包吗?
Wǒ yào qù xǐshǒujiān, néng bāng wǒ kàn yíxià bāo ma?
워 야오 취 시서우지엔, 넝 빵 워 칸 이시아 빠오 마?

• 失陪 shīpéi (먼저 자리를 뜰 때의 인사말) 먼저 실례하겠습니다

긍정적 대답

당연히 되죠.

当然可以。
Dāngrán kěyǐ.
땅란 커이

알겠어요.

我知道了。/ 我明白了。
Wǒ zhīdao le. / Wǒ míngbai le.
워 즈다오 러 / 워 밍바이 러

이해했어요.

我理解了。
Wǒ lǐjiě le.
워 리지에 러

당신을 위해 이렇게 할 수 있어 기뻐요.

很高兴为您这样做。
Hěn gāoxìng wèi nín zhèyàng zuò.
헌 까오싱 웨이 닌 저양 쭈어

그래요.

是的。
Shìde.
스더

좋아요.

好。/ 好的。/ 好啊。
Hǎo. / Hǎode. / Hǎo a.
하오 / 하오더 / 하오 아

네, 당신이 말한 것이 맞아요.

是的，你说的对。
Shìde, nǐ shuōde duì.
스더, 니 수어더 뚜이

꼭! 짚고 가기

중국의 소황제, 소공주

중국은 인구가 많아, 인구 억제 정책으로 1979년 덩샤오핑이 1가구 1자녀 정책(한족만 해당, 소수 민족은 예외)을 실시하였습니다. (지금은 저출산과 인구의 고령화 등의 문제로 폐지된 상태입니다.) 정책이 실시된 후 1980년대에 태어난 자녀들을 '80后 hòu 빠링허우'라고 부릅니다. 이들은 풍요로운 경제적 기반을 가진 부모의 과보호 속에서 성장하여 사회적 활동량과 소비 수준이 높아짐에 따라 주류 소비 계층으로 대두되었습니다.

자녀 수가 적다 보니, 자녀에게 쏟는 애정의 수준이 도가 지나친 경우가 많아졌고 이러한 현상에 빗대어 생겨난 말이 남아는 소황제(小皇帝 xiaohuangdi 샤오후앙띠), 여아는 소공주(小公主 xiao gongzhu 샤오꿍주)라고 합니다.

하나밖에 없는 자녀에게 부모의 사랑은 물론, 조부모의 관심까지 집중되며 애지중지 키우다 보니, 버르장머리 없는 세대로 자라났다는 비판을 받기도 합니다.

1가구 1자녀 정책의 폐단으로 둘째가 태어날 경우 많은 벌금을 감당할 수 없어 출생 신고가 되지 않고 자라거나 버려지는 경우가 있는데, 이런 아이들은 '黑孩子 heihaizi 헤이하이쯔'라고 합니다.

하지만 최근 중국 정부는 인구 노령화 문제가 심각해짐에 따라 이전의 산아제한정책을 폐지하고 셋째 출산까지 권장하고 있습니다. 그런데, 요즘 자녀 양육을 부담으로 여겨 아이를 낳지 않으려는 젊은 부부들이 늘어나면서 중국의 인구 문제는 또 다른 국면을 맞게 되었습니다.

부정적 대답

완전히 모르겠는데요.

我完全不知道。

Wǒ wánquán bùzhīdao.

워 완취엔 뿌즈따오

저도 방법이 없어요.

我也没有办法。

Wǒ yě méiyǒu bànfǎ.

워 이에 메이여우 빤파

이건 별거 아니죠.

这不算什么。

Zhè búsuàn shénme.

저 부쑤안 선머

아직 없는데요. / 아직 안 됐는데요.

还没有。

Hái méiyǒu.

하이 메이여우

당연히 안 되죠.

当然不行。

Dāngrán bùxíng.

땅란 뿌싱

완곡한 거절

안 될 거 같은데요.

恐怕不行。

Kǒngpà bùxíng.

쿵파 뿌싱

저는 이렇게 여기지 않아요.

我不这样认为。

Wǒ bú zhèyàng rènwéi.

워 부 저양 런웨이

안 돼요, 저도 어쩔 도리가 없어요.

不行，我无能为力。

Bùxíng, wǒ wúnéngwéilì.

뿌싱, 워 우넝웨이리

미안해요, 지금은 안 돼요.

对不起，现在不行。

Duìbuqǐ, xiànzài bùxíng.

뚜이부치, 시엔짜이 뿌싱

어쨌든 모두 안 됩니다.

无论如何都不行。

Wúlùn rúhé dōu bùxíng.

우룬 루허 떠우 뿌싱

• 无能为力 wúnéngwéilì 능력이 미치지 못하다

기타 대답 ①

이것은 가능해요.

这是可能的。
Zhè shì kěnéng de.
저 스 커넝 더

아마도요.

也许吧。
Yěxǔ ba.
이에쉬 바

或许吧。
Huòxǔ ba.
후어쉬 바

아마도 그렇게요.

可能是那样的。
Kěnéng shì nàyàng de.
커넝 스 나양 더

정말 감히 믿을 수 없어요.

真不敢相信。
Zhēn bùgǎn xiāngxìn.
전 뿌간 시앙신

이해돼요?

你能理解吗?
Nǐ néng lǐjiě ma?
니 넝 리지에 마?

기타 대답 ②

믿을 수 없어요.

我不能相信。
Wǒ bùnéng xiāngxìn.
워 뿌넝 시앙신

농담하지 마.

别开玩笑了。
Bié kāiwánxiào le.
비에 카이완샤오 러

고려해 볼게요.

我考虑一下。
Wǒ kǎolǜ yíxià.
워 카오뤼 이시아

그럴 기분이 아니에요.

我没有心情。
Wǒ méiyǒu xīnqíng.
워 메이여우 신칭

다음에 제게 기회를 한 번 주세요.

以后请给我一个机会。
Yǐhòu qǐng gěi wǒ yí ge jīhuì.
이허우 칭 게이 워 이 거 지후이

맞장구칠 때 ①

\# 맞아요.

对。
Duì.
뚜이

\# 바로 그거예요.

就是那个。
Jiùshì nàge.
지우스 나거

\# 저도요.

我也是。
Wǒ yě shì.
워 이예 스

\# 저도 이렇게 생각해요.

我也是这么想的。
Wǒ yě shì zhème xiǎng de.
워 이예 스 저머 시앙 더

\# 좋은 생각이에요.

好主意。
Hǎo zhǔyì.
하오 주이

\# 의견 없어요.

我没意见。
Wǒ méi yìjiàn.
워 메이 이지엔
상대방의 말에 이견이 없다는 의미입니다.

맞장구칠 때 ②

\# 동의합니다.

我同意。
Wǒ tóngyì.
워 통이

\# 두 손 들어 찬성합니다.

我举双手赞成。
Wǒ jǔ shuāngshǒu zànchéng.
워 쥐 수앙서우 짠청

\# 무조건 찬성합니다.

无条件赞成。
Wútiáojiàn zànchéng.
우탸오지엔 짠청

\# 전적으로 찬성합니다.

全部赞成。
Quánbù zànchéng.
취엔뿌 짠청

\# 전원 찬성합니다.

一致赞成。
Yízhì zànchéng.
이즈 짠청

맞장구치지 않을 때

그래요?

是吗?
Shì ma?
스 마?

잘 모르겠어요.

我不太清楚。
Wǒ bútài qīngchǔ.
워 부타이 칭추

아주 큰일났어요.

太糟糕了。
Tài zāogāo le.
타이 짜오까오 러

꼭 그런 건 아니에요.

不一定是那样的。
Bùyídìng shì nàyàng de.
뿌이띵 스 나양 더

꼭 옳은 건 아니에요.

不一定是对的。
Bùyídìng shì duì de.
뿌이띵 스 뚜이 더

반대할 때

전 반대예요.

我反对。
Wǒ fǎnduì.
워 판뚜이

당신의 의견을 지지하지 않아요.

我不支持你的意见。
Wǒ bù zhīchí nǐ de yìjiàn.
워 뿌 즈츠 니 더 이지엔

당신의 생각에 동의하지 않아요.

我不同意你的想法。
Wǒ bù tóngyì nǐ de xiǎngfǎ.
워 뿌 퉁이 니 더 시앙파

그 계획에 반대해요.

我反对那个计划。
Wǒ fǎnduì nà ge jìhuà.
워 판뚜이 나 거 지후아

그래요? 전 이렇게 생각하지 않아요.

是吗? 我不这样想。
Shì ma? Wǒ bú zhèyàng xiǎng.
스 마? 워 부 저양 시앙

주의를 줄 때 ①

\# 조심해.

小心。
Xiǎoxīn.
샤오신

\# 차 조심해.

小心车。
Xiǎoxīn chē.
샤오신 처

\# 말할 때 좀 주의해.

你说话注意点。
Nǐ shuōhuà zhùyì diǎn.
니 수어후아 주이 디엔

\# 너무 제멋대로 하지 마.

你别太任性。
Nǐ bié tài rènxìng.
니 비에 타이 런싱

\# 비밀 지켜.

要保密。
Yào bǎomì.
야오 바오미

\# 좀 조용히 해.

安静点。
Ānjìng diǎn.
안징 디엔

• 任性 rènxìng 제멋대로 하다

주의를 줄 때 ②

\# 어떻게 이렇게 말할 수 있니?

你怎么这样说呢？
Nǐ zěnme zhèyàng shuō ne?
니 쩐머 저양 수어 너?

\# 날 건드리지 마.

别惹我。
Bié rě wǒ.
비에 러 워

\# 상관하지 마.

别多管闲事。
Bié duō guǎn xiánshì.
비에 뚜어 구안 시엔스

\# 날 귀찮게 하지 마.

别烦我。
Bié fán wǒ.
비에 판 워

\# 날 놀리지 마.

别拿我开玩笑。
Bié ná wǒ kāiwánxiào.
비에 나 워 카이완샤오

\# 됐어.

够了。
Gòu le.
꺼우 러

\# 그를 괴롭히지 마.

别欺负他。
Bié qīfù tā.
비에 치푸 타

충고할 때 ①

\# 날 실망시키지 마.

别让我失望。
Bié ràng wǒ shīwàng.
비에 랑 워 스왕

\# 기억해.

记住。
Jìzhù.
지주

\# 최선을 다해서 해라.

尽力去做吧。
Jìnlì qù zuò ba.
진리 취 쭈어 바

\# 부끄러운 줄 알아야지.

应该懂得羞耻。
Yīnggāi dǒng de xiūchǐ.
잉까이 둥 더 시우츠

\# 마음에 담아 두지 마.

别太往心里去。
Bié tài wǎng xīnli qù.
비에 타이 왕 신리 취

\# 충동적으로 하지 마.

别太冲动。
Bié tài chōngdòng.
비에 타이 충뚱

\# 말하고 싶으면 바로 말해라.

想说什么就说吧。
Xiǎng shuō shénme jiù shuō ba.
시앙 수어 선머 지우 수어 바

꼭! 짚고 가기

중국의 한자

중국에 가서 우리와 모양이 다른 한자를 보고 당황한 적 있나요?
중국에서는 우리가 쓰는 한자와 좀 다른 모양의 간화자(简化字 jiǎnhuàzì 지엔후아쯔)를 쓰고 있습니다. 이는 간체자(简体字 jiǎntǐzì 지엔티쯔)라고도 하는데, 1960년대 중국 공산당의 주도로 만든 간략화된 한자입니다.
1956년 한자간화방안이 발표된 후 몇 년 동안의 연구를 거쳐 1964년 간화자 총표가 발표되었는데, 총 2,235자가 있다고 합니다. 문맹률을 낮추기 위해 실시한 간화자 보급은 중국 지식인들 사이에서 중국 문화의 근본을 포기한다는 비난을 불러 일으키기도 했습니다.
우리나라에서 쓰는 한자는 번체자(繁体字 fántǐzì 판티쯔)라고 하는데, 대만과 싱가포르 등 일부 중화권 지역에서 여전히 사용되고 있습니다.

충고할 때 ②

헛꿈 꾸지 마. / 꿈 깨.

别做梦了。
Bié zuòmèng le.
비에 쭈어멍 러

곤란함에 맞서 봐.

你要面对困难。
Nǐ yào miànduì kùnnan.
니 야오 미엔뚜이 쿤난

계속 노력해라.

努力下去吧。
Nǔlìxiàqu ba.
누리시아취 바

너무 기대하지 마.

别期望太高。
Bié qīwàng tài gāo.
비에 치왕 타이 까오

좀 얌전히 있을래?

你能老实一点吗?
Nǐ néng lǎoshi yìdiǎn ma?
니 넝 라오스 이디엔 마?

마음의 준비를 잘해라.

做好心理准备吧。
Zuòhǎo xīnlǐ zhǔnbèi ba.
쭈어하오 신리 준뻬이 바

은혜를 원수로 갚지 마라.

别恩将仇报。
Bié ēnjiāngchóubào.
비에 언지앙처우빠오

칭찬 ①

너 잘하는데!

你很棒!
Nǐ hěn bàng!
니 헌 빵!

정말 잘한다!

真棒!
Zhēn bàng!
전 빵!

굉장한데!

了不起!
Liǎobuqǐ!
랴오부치!

정말 멋져!

真酷!
Zhēn kù!
전 쿠!

잘했어!

做得好!
Zuò de hǎo!
쭈어 더 하오!

你做得不错!
Nǐ zuò de búcuò!
니 쭈어 더 부추어!

칭찬 ②

잘됐다!

太好了!
Tài hǎo le!
타이 하오 러!

정말 대단해!

你真厉害!
Nǐ zhēn lìhai!
니 전 리하이!

능력이 뛰어나구나!

你能力很强!
Nǐ nénglì hěn qiáng!
니 넝리 헌 치앙!

정말 재능이 있구나.

你真有本事。
Nǐ zhēn yǒu běnshì.
니 전 여우 번스

못 하는 게 없구나.

你没有做不了的事。
Nǐ méiyǒu zuòbuliǎo de shì.
니 메이여우 쭈어부랴오 더 스

정말 못 하는 게 없구나.

你真是无所不能。
Nǐ zhēnshi wúsuǒbùnéng.
니 전스 우쑤어뿌넝

- 本事 běnshì 능력, 재능
- 无所不能 wúsuǒbùnéng 뭐든지 다 할 수 있다

부탁

일 좀 부탁해도 될까?

我能拜托你点事吗?
Wǒ néng bàituō nǐ diǎn shì ma?
워 넝 빠이투어 니 디엔 스 마?

네 것을 빌려줄 수 있어?

能把你的借给我吗?
Néng bǎ nǐde jiè gěi wǒ ma?
넝 바 니더 지에 게이 워 마?

창문 좀 열어 줄래?

能开一下窗户吗?
Néng kāi yíxià chuānghu ma?
넝 카이 이시아 추앙후 마?

함께 갈래?

一起去怎么样?
Yìqǐ qù zěnmeyàng?
이치 취 쩐머양?

미안하지만, 마실 것 좀 줄래요?

不好意思，能给我点喝的吗?
Bùhǎoyìsi, néng gěi wǒ diǎn hēde ma?
뿌하오이쓰, 넝 게이 워 디엔 허더 마?

재촉

어서.

快点。
Kuài diǎn.
콰이 디엔

우리는 서둘러야 해.

我们得赶紧了。
Wǒmen děi gǎnjǐn le.
워먼 데이 간진 러

제가 좀 급해서요.

我有点急。
Wǒ yǒudiǎn jí.
워 여우디엔 지

좀 더 서둘러 주세요.

请再快点。
Qǐng zài kuài diǎn.
칭 짜이 콰이 디엔

늦겠어.

来不及了。
Láibují le.
라이부지 러

추측

그럴 줄 알았어.

就知道会这样。
Jiù zhīdao huì zhèyàng.
지우 즈다오 후이 저양

네가 맞았어.

你猜对了。 추측한 것이 맞았다는 의미입니다.
Nǐ cāiduì le.
니 차이뚜이 러

우리가 예상한 것과 같아.

跟我们预想的一样。
Gēn wǒmen yùxiǎngde yíyàng.
껀 워먼 위시앙더 이양

나는 그저 추측해 봤을 뿐이에요.

我只是猜猜。
Wǒ zhǐshì cāicai.
워 즈스 차이차이

가능성은 적어요.

可能性很小。
Kěnéngxìng hěn xiǎo.
커넝싱 헌 샤오

네가 올 줄은 생각도 못했어.

我没想到你会来。
Wǒ méi xiǎngdào nǐ huì lái.
워 메이 시앙따오 니 후이 라이

그 일은 의외예요.

那件事很意外。
Nà jiàn shì hěn yìwài.
나 지엔 스 헌 이와이

동정

\# 너무 아쉽네요.

太可惜了。
Tài kěxī le.
타이 커시 러

\# 정말 유감이네요.

真遗憾。
Zhěn yíhàn.
전 이한

\# 너무 실망하지 마세요.

别太失望了。
Bié tài shīwàng le.
비에 타이 스왕 러

\# 운이 안 좋았어요.

运气不佳。
Yùnqì bù jiā.
윈치 뿌 지아

\# 그거 너무 안됐군요.

那太惨了。
Nà tài căn le.
나 타이 찬 러

那太糟了。
Nà tài zāo le.
나 타이 짜오 러

\# 불쌍한 사람아!

好可怜的人啊!
Hǎo kělián de rén a!
하오 커리엔 더 런 아!

비난 ①

\# 부끄러운 줄 모르는구나.

不知羞耻。
Bùzhī xiūchǐ.
뿌즈 시우츠

\# 바보.

傻瓜。
Shǎguā.
사꾸아

\# 너는 정말 어리석어.

你真傻。
Nǐ zhēn shǎ
니 전 사

\# 미쳤구나.

你疯了啊。
Nǐ fēng le a.
니 펑 러 아

\# 생각이 없니?

你没脑子吗?
Nǐ méi nǎozi ma?
니 메이 나오쯔 마?

\# 철면피구나.

脸皮真厚。
Liǎnpí zhēn hòu.
리엔피 전 허우

真不要脸。
Zhēn búyào liǎn.
전 부야오 리엔

비난 ②

\# 정말 구역질 나.

真恶心。
Zhēn ěxīn.
전 어신

\# 어떻게 이럴 수 있지?

怎么会这样?
Zěnme huì zhèyàng?
쩐머 후이 저양?

\# 어찌 감히 나한테 이렇게 말할 수 있니?

怎么敢对我这么说话?
Zěnme gǎn duì wǒ zhème shuōhuà?
쩐머 간 뚜이 워 저머 수어후아?

\# 정말 유치해.

真幼稚。
Zhēn yòuzhì.
전 여우즈

\# 철 좀 들어라.

懂点事吧。
Dǒng diǎn shì ba.
둥 디엔 스 바

\# 정말 너란 건.

你真不是个东西。
Nǐ zhēn búshì ge dōngxi.
니 전 부스 거 뚱시

전화를 걸 때

\# 왕쥔 있어요?

王俊在吗?
Wáng Jùn zài ma?
왕 쥔 짜이 마?

\# 여보세요, 안녕하세요.
저는 리리인데요, 샤오웨이 있어요?

喂，您好。
我是丽丽，小伟在吗?
Wèi, nín hǎo. Wǒ shì Lìlì, Xiǎowěi zài ma?
웨이, 닌 하오. 워 스 리리, 샤오웨이 짜이 마?

\# 샤오팡 집이에요?

是小芳家吗?
Shì Xiǎofāng jiā ma?
스 샤오팡 지아 마?

\# 저우밍하고 통화하고 싶은데요.

我想和周明通电话。
Wǒ xiǎng hé Zhōu Míng tōng diànhuà.
워 시앙 허 저우 밍 퉁 띠엔후아

\# 전화하셨다고 해서, 전화 드렸습니다.

听说您来过电话，所以给您回电话。
Tīngshuō nín láiguo diànhuà, suǒyǐ gěi nín huí diànhuà.
팅수어 닌 라이구어 띠엔후아, 쑤어이 게이 닌 후이 띠엔후아

전화를 받을 때 ①

\# 실례지만, 누구세요?

请问，您是哪位?

Qǐngwèn, nín shì nǎ wèi?

칭원, 닌 스 나 웨이?

\# 무슨 일 있으세요?

有什么事吗?

Yǒu shénme shì ma?

여우 선머 스 마?

의문사 什么가 있지만, 의문조사 吗를 쓰면 '무엇'에 대한 대답보다는 일이 있는지 없는지 묻는 말이 됩니다.

\# 그에게 급한 용무 있으세요?

您找他有急事吗?

Nín zhǎo tā yǒu jíshì ma?

닌 자오 타 여우 지스 마?

\# 어느 분 찾으세요?

您找哪位?

Nín zhǎo nǎ wèi?

닌 자오 나 웨이?

\# 어느 분을 바꿔 드릴까요?

您找哪位听电话?

Nín zhǎo nǎ wèi tīng diànhuà?

닌 자오 나 웨이 팅 띠엔후아?

\# 바로 전데요.

我就是。

Wǒ jiùshì.

워 지우스

꼭! 짚고 가기

중국인과 숫자 ①

중국인이 좋아하는 숫자는 무엇일까요? 많은 사람들이 '행운의 7'을 선호하는데, 중국인들이 좋아하는 숫자는 아니랍니다. 중국인들이 가장 좋아하는 숫자는 8, 9, 6인데, 그 이유가 다 있습니다.

8은 중국어로 '八 bā 빠'인데, 이는 돈을 많이 번다는 '发 fā 파'와 발음이 비슷하기 때문입니다. 2008년 베이징 올림픽 개막 시간을 일부러 8월 8일 8시 8분으로 정한 것도 중국인들이 가장 좋아하는 숫자 8에 맞춘 것으로, 올림픽을 잘 치루겠다는 그들의 각오가 반영되었다고 할 수 있습니다.

9는 중국어로 '九 jiǔ 지우'인데, 이는 '오래다'라는 뜻의 '久 jiǔ 지우'와 발음이 같아 좋아하며, 6은 중국어로 '六 liù 리우'인데, '(흐르는 물처럼) 순조롭다'라는 '流 liú 리우'와 비슷한 발음이기 때문에 길한 숫자로 여깁니다.

이런 점이 잘 반영된 것이 자동차의 번호판과 전화번호인데, 8이나 9가 많이 들어간 것은 고액에 거래되기도 합니다.

전화를 받을 때 ②

좀 큰 소리로 돼요?

您能大点声吗?
Nín néng dà diǎn shēng ma?
닌 넝 따 디엔 성 마?

您能大声点吗?
Nín néng dàshēng diǎn ma?
닌 넝 따성 디엔 마?

좀 작은 소리로 돼요?

您能小点声吗?
Nín néng xiǎo diǎn shēng ma?
닌 넝 샤오 디엔 성 마?

您能小声点吗?
Nín néng xiǎoshēng diǎn ma?
닌 넝 샤오성 디엔 마?

좀 천천히 말해 줄 수 있어요?

您能慢慢儿说吗?
Nín néng mànmār shuō ma?
닌 넝 만마알 수어 마?

다시 한번 말해 줄 수 있어요?

您能再说一遍吗?
Nín néng zài shuō yí biàn ma?
닌 넝 짜이 수어 이 삐엔 마?

전화를 바꿔 줄 때

잠시 기다려 주세요.

稍等。
Shāoděng.
사오덩

请稍等。
Qǐng shāoděng.
칭 사오덩

请稍等一下。
Qǐng shāoděng yíxià.
칭 사오덩 이시아

바꿔 드릴게요.

我帮您转过去。
Wǒ bāng nín zhuǎnguòqu.
워 빵 닌 주안꾸어취

끊지 마세요. 중국어 할 수 있는 분과 말할 수 있도록 해 드릴게요.

不要挂断，我找一位会说汉语的人来跟您说。
Búyào guàduàn, wǒ zhǎo yí wèi huì shuō Hànyǔ de rén lái gēn nín shuō.
부야오 꾸아뚜안, 워 자오 이 웨이 후이 수어 한위 더 런 라이 껀 닌 수어

네 전화야.

你的电话。
Nǐ de diànhuà.
니 더 띠엔후아

다시 전화한다고 할 때

내가 나중에 전화할게요.

我以后给你打电话。
Wǒ yǐhòu gěi nǐ dǎ diànhuà.
워 이허우 게이 니 다 띠엔후아

제가 다시 전화 드릴게요, 어때요?

我再给您打过去，如何？
Wǒ zài gěi nín dǎguòqu, rúhé?
워 짜이 게이 닌 다꾸어취, 루허?

我再给您回电话，好吗？
Wǒ zài gěi nín huí diànhuà, hǎo ma?
워 짜이 게이 닌 후이 띠엔후아, 하오 마?

제가 잠시 후에 전화 드릴게요.

我一会儿给您打过去。
Wǒ yíhuìr gěi nín dǎguòqu.
워 이후얼 게이 닌 다꾸어취

10분 후에 제가 다시 전화 드리겠습니다.

10分钟后我再给您打过去。
Shí fēnzhōng hòu wǒ zài gěi nín dǎguòqu.
스 펀중 허우 워 짜이 게이 닌 다꾸어취

잠시 후에 그가 돌아오면, 그에게 전화하라고 할게요.

一会儿他回来了，我让他给您打电话吧。
Yíhuìr tā huílai le, wǒ ràng tā gěi nín dǎ diànhuà ba.
이후얼 타 후이라이 러, 워 랑 타 게이 닌 다 띠엔후아 바

전화를 받을 수 없을 때

통화 중이에요.

占线。
Zhànxiàn.
잔시엔

그는 지금 없는데요.

他现在不在。
Tā xiànzài bú zài.
타 시엔짜이 부 짜이

죄송합니다만, 그는 방금 나갔습니다.

对不起，他刚出去了。
Duìbuqǐ, tā gāng chūqu le.
뚜이부치, 타 깡 추취 러

저는 지금 일이 있어요.

我现在有事。
Wǒ xiànzài yǒu shì.
워 시엔짜이 여우 스

지금 말하기 불편해서, 이따가 전화드릴게요.

我现在不方便说话，等会儿打给您。
Wǒ xiànzài bù fāngbiàn shuōhuà, děng huìr dǎ gěi nín.
워 시엔짜이 뿌 팡삐엔 수어후아, 덩 후얼 다 게이 닌

전화 오면 나 없다고 해.

来电话就说我不在。
Lái diànhuà jiù shuō wǒ bú zài.
라이 띠엔후아 지우 수어 워 부 짜이

전화 관련 메시지를 전할 때

\# 메시지 남기시겠어요?

您要留言吗?

Nín yào liúyán ma?

닌 야오 리우이엔 마?

\# 죄송합니다만, 그가 바빠서요,
메시지 남기시겠어요?

不好意思，他正在忙，帮您留口信好吗?

Bùhǎoyìsi, tā zhèngzài máng, bāng nín liú kǒuxìn hǎo ma?

뿌하오이쓰, 타 정짜이 망, 빵 닌 리우 커우신 하오 마?

\# 문자메시지 주세요.

请给我发短信。

Qǐng gěi wǒ fā duǎnxìn.

칭 게이 워 파 두안신

\# 그에게 저한테 전화하라고 전해 주세요.

请让他给我打过来。

Qǐng ràng tā gěi wǒ dǎguòlai.

칭 랑 타 게이 워 다꾸어라이

\# 그에게 이 전화번호로 전화하라고 전해 주세요, 1234-5678이에요.

请让他打这个号码，1234-5678。

Qǐng ràng tā dǎ zhè ge hàomǎ, yāo èr sān sì - wǔ liù qī bā.

칭 랑 타 다 저 거 하오마, 야오 얼 싼 쓰-우 리우 치 빠

잘못 걸려 온 전화

\# 전화 잘못 거셨어요.

你打错了。

Nǐ dǎcuò le.

니 다추어 러

\# 여기에는 그런 사람 없어요.

这里没有你说的人。

Zhèli méiyǒu nǐ shuō de rén.

저리 메이여우 니 수어 더 런

\# 어디에 전화하셨어요?

你打的是哪个号码?

Nǐ dǎde shì nǎ ge hàomǎ?

니 다더 스 나 거 하오마?

\# 전화번호를 다시 확인해 보세요.

你再确认一下电话号码。

Nǐ zài quèrèn yíxià diànhuà hàomǎ.

니 짜이 취에런 이시아 띠엔후아 하오마

\# 죄송해요, 제가 잘못 걸었네요.

对不起，我打错了。

Duìbuqǐ, wǒ dǎcuò le.

뚜이부치, 워 다추어 러

\# 제가 어디에 전화한 거죠?

我打了哪个号码?

Wǒ dǎ le nǎ ge hàomǎ?

워 다 러 나 거 하오마?

전화를 끊을 때

\# 곧 네게 전화할게.

马上给你打过去。

Mǎshàng gěi nǐ dǎguòqu.

마상 게이 니 다꾸어취

\# 제게 전화해 주셔서 감사합니다.

谢谢你给我打电话。

Xièxie nǐ gěi wǒ dǎ diànhuà.

시에시에 니 게이 워 다 띠엔후아

\# 전화 끊어야겠어요.

我得挂电话了。

Wǒ děi guà diànhuà le.

워 데이 꾸아 띠엔후아 러

\# 나한테 연락하는 것 잊지 마.

别忘了联系我啊。

Bié wàng le liánxì wǒ a.

비에 왕 러 리엔시 워 아

\# 언제든지 저에게 연락하세요.

随时跟我联系。

Suíshí gēn wǒ liánxì.

쑤이스 껀 워 리엔시

회사에서 전화할 때

\# 안녕하세요, 화웨이 회사입니다.

您好，这里是华威公司。

Nín hǎo, zhèli shì Huáwēi gōngsī.

닌 하오, 저리 스 후아웨이 꿍쓰

\# 안녕하세요, 화웨이 회사 영업부의 리쥔입니다.

您好，我是华威公司营业部的李军。

Nín hǎo, wǒ shì Huáwēi gōngsī yíngyèbù de Lǐ Jūn.

닌 하오, 워 스 후아웨이 꿍쓰 잉이에뿌 더 리 쥔

\# 화웨이 회사에 전화해 주셔서 감사합니다, 실례지만 무슨 일이신가요?

感谢您致电华威公司，请问您需要什么帮助?

Gǎnxiè nín zhìdiàn Huáwēi gōngsī, qǐngwèn nín xūyào shénme bāngzhù?

간시에 닌 즈띠엔 후아웨이 꿍쓰, 칭원 닌 쉬야오 선머 빵주?

\# 인사부로 돌려 주세요.

请帮我转一下人事部。

Qǐng bāng wǒ zhuǎn yíxià rénshìbù.

칭 빵 워 주안 이시아 런스뿌

Chapter 02

무슨 말을 꺼낼까?

Chapter 02

Unit 1 하루 생활

Unit 2 집

Unit 3 운전&교통

Unit 4 이사

一天 Yì tiān 이 티엔 하루

MP3. Word_C02_01

醒 xǐng 싱
동 (잠자리에서) 일어나다

起床 qǐchuáng 치추앙
동 일어나다

闹钟 nàozhōng 나오중
자명종

床 chuáng 추앙
명 침대

吃 chī 츠
동 먹다

汤匙 tāngchí 탕츠
명 (중국식) 국 숟가락

匙子 chízi 츠쯔
명 숟가락

筷子 kuàizi 콰이쯔
명 젓가락

叉子 chāzi 차쯔
명 포크

刀子 dāozi 따오쯔
명 작은 칼

洗 xǐ 시
동 씻다

洗脸 xǐliǎn 시리엔
동 세수하다

刷牙 shuāyá 수아야
동 이를 닦다

洗头发 xǐ tóufa 시 터우파
머리를 감다

洗澡 xǐzǎo 시짜오
동 목욕하다

房子 Fángzi 팡쯔 집

MP3. Word_C02_02

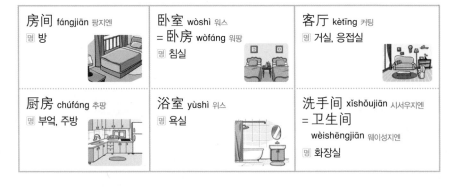

房间 fángjiān 팡지엔
명 방

卧室 wòshì 워스
= 卧房 wòfáng 워팡
명 침실

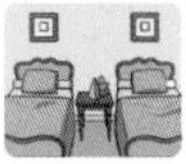

客厅 kètīng 커팅
명 거실, 응접실

厨房 chúfáng 추팡
명 부엌, 주방

浴室 yùshì 위스
명 욕실

洗手间 xǐshǒujiān 시서우지엔
= 卫生间
wèishēngjiān 웨이성지엔
명 화장실

衣服 Yīfu 이푸 옷

穿 chuān 추안
동 (옷, 신발, 양말 등을) 입다, 신다

脱 tuō 투어
동 (몸에서) 벗다

戴 dài 따이
동 착용하다, 쓰다, 차다

西装 xīzhuāng 시주앙
= 西服 xīfú 시푸
명 양복

衬衫 chènshān 천산
명 셔츠, 와이셔츠

T恤 T xù 티쉬
명 티셔츠

女衬衣
nǚchènyī 뉘천이
명 블라우스

连衣裙
liányīqún 리엔이췬
명 원피스

裙子 qúnzi 췬쯔
명 치마

大衣 dàyī 따이
= 外衣 wàiyī 와이이
명 외투, 오버코트

夹克 jiākè 지아커
명 재킷

裤子 kùzi 쿠쯔
명 바지

牛仔裤
niúzǎikù 니우짜이쿠
명 청바지

帽子 màozi 마오쯔
명 모자

领带 lǐngdài 링따이
명 넥타이

腰带 yāodài 야오따이
명 허리띠

眼镜 yǎnjìng 이엔징
명 안경

手表 shǒubiǎo 서우뱌오
명 손목시계

手镯 shǒuzhuó 서우주어
명 팔찌

戒指 jièzhi 지에즈
명 반지

项链 xiàngliàn 시앙리엔
명 목걸이

耳环 ěrhuán 얼후안
명 귀걸이

袜子 wàzi 와쯔
명 양말

鞋子 xiézi 시에쯔
명 신발, 구두

运动鞋
yùndòngxié 윈뚱시에
명 운동화

食物 Shíwù 스우 음식

肉 ròu 러우
명 고기

牛肉 niúròu 니우러우
명 소고기

猪肉 zhūròu 주러우
명 돼지고기

鸡肉 jīròu 지러우
명 닭고기

鱼 yú 위
명 생선

蛤 gé 거
명 조개

水果 shuǐguǒ 수이구어
명 과일

草莓 cǎoméi 차오메이
명 딸기

苹果 píngguǒ 핑구어
명 사과

梨 lí 리
명 배

橘子 júzi 쥐쯔
명 귤

葡萄 pútáo 푸타오
명 포도

西瓜 xīguā 시꾸아
명 수박

香蕉 xiāngjiāo 시앙쟈오
명 바나나

桃子 táozi 타오쯔
명 복숭아

蔬菜 shūcài 수차이
명 채소

洋葱 yángcōng 양총
명 양파

葱 cōng 총
명 파

大蒜 dàsuàn 따쑤안
명 마늘

生姜 shēngjiāng 성지앙
명 생강

辣椒 làjiāo 라쟈오
명 고추

红辣椒 hónglàjiāo 훙라쟈오
빨간 고추

菠菜 bōcài 뽀차이
명 시금치

黄瓜
huángguā 후앙꾸아
명 오이

土豆 tǔdòu 투떠우
명 감자

甘薯 gānshǔ 깐수
명 고구마

红萝卜 hóngluóbo 훙루어보
명 당근

西红柿 xīhóngshì 시훙스
= 番茄 fānqié 판치에
명 토마토

料理 Liàolǐ 랴오리 요리

MP3. Word_C02_05

料理 liàolǐ 랴오리
= 做菜 zuòcài 쭈어차이
= 做饭 zuòfàn 쭈어판
동 요리하다

电冰箱
diànbīngxiāng 띠엔삥시앙
명 냉장고

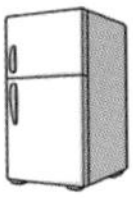

煤气灶 méiqìzào 메이치짜오
= 煤气炉 méiqìlú 메이치루
명 가스레인지

微波炉 wēibōlú 웨이뽀루
명 전자레인지

烤箱 kǎoxiāng 카오시앙
= 烤炉 kǎolú 카오루
명 오븐

搅拌机 jiǎobànjī 쟈오빤지
명 믹서, 블렌더

烤面包机
kǎomiànbāojī 카오미엔빠오지
명 토스터

打扫和洗衣 Dǎsǎo hé xǐyī 다싸오 허 시이 청소와 세탁

MP3. Word_C02_06

打扫 dǎsǎo 다싸오
동 청소하다

吸尘器 xīchénqì 시천치
명 진공 청소기

扫帚 sàozhou 싸오저우
명 빗자루

簸箕 bòji 뽀지
명 쓰레받기

干净 gānjìng 깐징
형 깨끗하다, 청결하다

清洁 qīngjié 칭지에
형 깨끗하게 하다 동 깨끗하다

整齐 zhěngqí 정치
형 깔끔하다, 단정하다
동 가지런히 하다, 정돈하다

洗衣 xǐyī 시이
동 빨래하다, 세탁하다

要洗的衣服
yào xǐ de yīfu 야오 시 더 이푸
빨래, 세탁물

洗衣机 xǐyījī 시이지
명 세탁기

일어나기 ①

일어나야 해.

该起床了。
Gāi qǐchuáng le.
까이 치추앙 러

일어났니?

起来了吗?
Qǐlái le ma?
치라이 러 마?

막 일어났어요.

我刚起床。
Wǒ gāng qǐchuáng.
워 깡 치추앙

일어나, 그렇지 않으면 늦을 거야.

起来吧，要不就来不及了。
Qǐlái ba, yàobù jiù láibují le.
치라이 바, 야오뿌 지우 라이부지 러

왜 안 깨웠어요?

你怎么不叫我?
Nǐ zěnme bú jiào wǒ?
니 쩐머 부 쟈오 워?

내일 아침에 좀 일찍 깨워 줘요.

明天早上早点叫我。
Míngtiān zǎoshang zǎo diǎn jiào wǒ.
밍티엔 짜오상 짜오 디엔 쟈오 워

일어나기 ②

나는 일찍 일어난다.

我起得很早。
Wǒ qǐ de hěn zǎo.
워 치 더 헌 짜오

나는 아침형 인간이다.

我是早起的鸟儿。
Wǒ shì zǎoqǐ de niǎor.
워 스 짜오치 더 냐올

나는 보통 아침 6시에 일어난다.

我一般早上6点起床。
Wǒ yìbān zǎoshang liù diǎn qǐchuáng.
워 이빤 짜오상 리우 디엔 치추앙

나는 때때로 아침에 못 일어난다.

我有时早上起不来。
Wǒ yǒushí zǎoshang qǐbulái.
워 여우스 짜오상 치부라이

나는 아침에 자명종이 있어야 깬다.

我早上有闹钟才能叫醒我。
Wǒ zǎoshang yǒu nàozhōng cái néng jiàoxǐng wǒ.
워 짜오상 여우 나오중 차이 넝 쟈오싱 워

세면 & 양치

\# 먼저 손을 씻어라.

先洗手。
Xiān xǐshǒu.
시엔 시서우

\# 세수를 해야 완전히 잠을 깬다.

我得洗把脸让自己完全醒过来。
Wǒ děi xǐ bǎ liǎn ràng zìjǐ wánquán xǐngguòlai.
워 데이 시 바 리엔 랑 쯔지 완취엔 싱꾸어라이

\# 세수하고 있는데, 수건 좀 줄래?

我在洗脸，给我毛巾，好吗?
Wǒ zài xǐliǎn, gěi wǒ máojīn, hǎo ma?
워 짜이 시리엔, 게이 워 마오진, 하오 마?

\# 하루에 세 번 이를 닦아야 한다.

一天要刷三次牙。
Yì tiān yào shuā sān cì yá.
이 티엔 야오 수아 싼 츠 야

\# 식사 후에, 양치하는 것 잊지 마.

吃饭后，不要忘记刷牙。
Chīfàn hòu, búyào wàngjì shuāyá.
츠판 허우, 부야오 왕지 수아야

\# 새 칫솔을 써도 될까?

我可以用新牙刷吗?
Wǒ kěyǐ yòng xīn yáshuā ma?
워 커이 융 신 야수아 마?

꼭! 짚고 가기

중국인과 숫자 ②

중국인이 싫어하는 숫자는 무엇일까요? 한국인이 가장 싫어하는 숫자는 4인데, 이유는 바로 죽을 사(死)와 발음이 같아서이지요. 중국인들도 숫자 4(四 sì 쓰)를 싫어하는데, 그 이유 역시 '죽다'라는 뜻의 '死 sǐ 쓰'와 발음이 비슷하기 때문입니다.

또, 한국인들 대부분이 '행운의 럭키 7'이라고 좋아하지만, 중국인들은 7을 싫어합니다. 숫자 7은 중국어로 '七 qī 치'인데, '화를 내다'라는 '生气 shēngqì 성치'의 '气 qì 치'와 발음이 비슷하기 때문입니다. 숫자 3도 중국인이 싫어하는 숫자 중 하나입니다. 숫자 3은 중국어로 '三 sān 싼'인데 '흩어지다'라는 '散 sǎn 싼'과 발음이 비슷하여 '재물이 흩어진다'라고 여기기 때문에 피한다고 하네요.

샤워 & 목욕

\# 나는 매일 목욕한다.

我每天洗澡。
Wǒ měitiān xǐzǎo.
워 메이티엔 시짜오

\# 어서 목욕해라.

快洗澡吧。
Kuài xǐzǎo ba.
콰이 시짜오 바

\# 그는 서둘러 목욕했다.

他匆忙地洗了个澡。
Tā cōngmángde xǐ le ge zǎo.
타 충망더 시 러 거 짜오

\# 너는 샤워를 너무 오래 해.

你洗澡洗得太久了。
Nǐ xǐzǎo xǐ de tài jiǔ le.
니 시짜오 시 더 타이 지우 러

\# 찬물로 목욕하는 것은 건강에 좋은 점이 있다.

用冷水洗澡对健康有好处。
Yòng lěngshuǐ xǐzǎo duì jiànkāng yǒu hǎochù.
융 렁수이 시짜오 뚜이 지엔캉 여우 하오추

머리 감기

\# 오늘 아침에 머리 감을 시간이 없어.

今早没有洗头的时间了。
Jīnzǎo méiyǒu xǐtóu de shíjiān le.
진짜오 메이여우 시터우 더 스지엔 러

\# 나는 아침에 머리를 감는 습관이 있다.

我有早上洗头发的习惯。
Wǒ yǒu zǎoshang xǐ tóufa de xíguàn.
워 여우 짜오상 시 터우파 더 시꾸안

\# 나는 보통 저녁에 머리를 감아, 아침에 시간이 없기 때문이지.

我一般晚上洗头，因为早上没时间。
Wǒ yìbān wǎnshang xǐtóu, yīnwèi zǎoshang méi shíjiān.
워 이빤 완상 시터우, 인웨이 짜오상 메이 스지엔

\# 어서 머리 감아라.

快洗头发吧。
Kuài xǐ tóufa ba.
콰이 시 터우파 바

\# 머리를 다 감고 나서, 바로 말려야 한다.

洗完头发后，就得吹干。
Xǐwán tóufa hòu, jiù děi chuīgàn.
시완 터우파 허우, 지우 데이 추이깐

식사 ①

\# 아침 식사 준비 다 됐어요.

早饭准备好了。
Zǎofàn zhǔnbèihǎo le.
짜오판 준뻬이하오 러

\# 나는 아침 식사를 안 한다.

我从来不吃早饭。
Wǒ cónglái bù chī zǎofàn.
워 충라이 뿌 츠 짜오판

\# 오늘 아침은 식사할 기분이 아니다.

今早没心情吃饭。
Jīnzǎo méi xīnqíng chīfàn.
진짜오 메이 신칭 츠판

\# 밥을 남기지 마.

别剩饭。
Bié shèng fàn.
비에 성 판

\# 밥 더 줄까?

要不要再给你点饭?
Yàobuyào zài gěi nǐ diǎn fàn?
야오부야오 짜이 게이 니 디엔 판?

식사 ②

\# 밥 다 먹었니?

你吃完饭了吗?
Nǐ chīwán fàn le ma?
니 츠완 판 러 마?

\# 아직 식사를 못해서, 배에서 꼬르륵 소리가 나고 있어.

我还没吃饭，肚子咕噜咕噜叫着。
Wǒ hái méi chīfàn, dùzi gūlūgūlū jiàozhe.
워 하이 메이 츠판, 뚜쯔 꾸루꾸루 쟈오저

\# 편식하지 마.

别挑食。
Bié tiāoshí.
비에 탸오스

\# 점심은 각자 내자.

午餐各付各的吧。
Wǔcān gèfùgède ba.
우찬 꺼푸꺼더 바

\# 내가 한턱낼게.

我请你吃饭。
Wǒ qǐng nǐ chīfàn.
워 칭 니 츠판

\# 우리 같이 저녁 먹을래?

我们一起吃晚饭，好吗?
Wǒmen yìqǐ chī wǎnfàn, hǎo ma?
워먼 이치 츠 완판, 하오 마?

• 挑食 tiāoshí 편식하다

식사 ③

맛 어때요?

味道怎么样?
Wèidao zěnmeyàng?
웨이다오 쩐머양?

이 요리는 당신 입맛에 맞나요?

这个菜合你的口味吗?
Zhè ge cài hé nǐ de kǒuwèi ma?
저 거 차이 허 니 더 커우웨이 마?

네가 좋아하는 걸 만들었어, 어때?

做了你喜欢吃的，怎么样?
Zuò le nǐ xǐhuan chīde, zěnmeyàng?
쭈어 러 니 시후안 츠더, 쩐머양?

저녁 식사로 불고기를 준비했어요.

晚饭准备的是烤肉。
Wǎnfàn zhǔnbèide shì kǎoròu.
완판 준뻬이더 스 카오러우

이것은 제가 준비한 저녁이에요, 많이 드세요.

这是我准备的晚饭，多吃点。
Zhè shì wǒ zhǔnbèi de wǎnfàn, duō chī diǎn.
저 스 워 준뻬이 더 완판, 뚜어 츠 디엔

음식 냄새 때문에 군침이 돈다.

饭菜的香味让我垂涎三尺。
Fàncài de xiāngwèi ràng wǒ chuíxiánsānchǐ.
판차이 더 시앙웨이 랑 워 추이시엔싼츠

옷 입기 ①

오늘 뭘 입으면 좋을까?

今天穿什么好呢?
Jīntiān chuān shénme hǎo ne?
진티엔 추안 선머 하오 너?

그는 항상 같은 옷이다.

他总是穿同一件衣服。
Tā zǒngshì chuān tóng yí jiàn yīfu.
타 쭝스 추안 퉁 이 지엔 이푸

이 원피스는 너한테 잘 어울려.

这件连衣裙很适合你。
Zhè jiàn liányīqún hěn shìhé nǐ.
저 지엔 리엔이췬 헌 스허 니

이 바지는 너무 낀다.

这条裤子太紧了。
Zhè tiáo kùzi tài jǐn le.
저 탸오 쿠쯔 타이 진 러

아이가 옷 입는 것을 도와주세요.

请帮孩子穿衣服。
Qǐng bāng háizi chuān yīfu.
칭 빵 하이쯔 추안 이푸

옷 입기 ②

\# 오늘 추워서, 나는 외투를 입고 나가야겠다.

今天很冷，我要穿大衣出去。
Jīntiān hěn lěng, wǒ yào chuān dàyī chūqu.
진티엔 헌 렁, 워 야오 추안 따이 추취

\# 집이 따뜻하니, 외투를 벗어요.

家里很暖和，把外衣脱了吧。
Jiāli hěn nuǎnhuo, bǎ wàiyī tuō le ba.
지아리 헌 누안후어, 바 와이이 투어 러 바

\# 파란색 모자를 쓰면, 어때?

戴蓝色的帽子，怎么样?
Dài lánsè de màozi, zěnmeyàng?
따이 란써 더 마오쯔, 쩐머양?

\# 어떤 넥타이를 매면 좋을까?

戴哪条领带好呢?
Dài nǎ tiáo lǐngdài hǎo ne?
따이 나 탸오 링따이 하오 너?

\# 오늘 머리부터 발끝까지 검게 입었어.

今天穿了一身黑。
Jīntiān chuān le yì shēn hēi.
진티엔 추안 러 이 선 헤이

화장 & 꾸미기

\# 화장해야 해.

得化妆。
Děi huàzhuāng.
데이 후아주앙

\# 아침에 화장할 시간이 없어.

早上没有时间化妆了。
Zǎoshang méiyǒu shíjiān huàzhuāng le.
짜오상 메이여우 스지엔 후아주앙 러

\# 화장 안 하고 와도 괜찮아.

不化妆来也可以。
Bú huàzhuāng lái yě kěyǐ.
부 후아주앙 라이 이에 커이

\# 그녀는 보통 화장하는 데 한 시간 걸린다.

她一般化妆要用一个小时。
Tā yìbān huàzhuāng yào yòng yí ge xiǎoshí.
타 이빤 후아주앙 야오 융 이 거 샤오스

\# 괜찮게 꾸몄는데.

你打扮得不错。
Nǐ dǎban de búcuò.
니 다반 더 부추어

\# 그녀는 유행에 맞게 꾸몄다.

她打扮得很时髦。
Tā dǎban de hěn shímáo.
타 다반 더 헌 스마오

TV 시청

\# 오늘 저녁에 텔레비전에서 무슨 프로그램이 있니?

今晚电视有什么节目?
Jīnwǎn diànshì yǒu shénme jiémù?
진완 띠엔스 여우 선머 지에무?

\# CCTV 채널에서 뭘 방송하고 있니?

中央电视台一套播什么呢?
Zhōngyāng diànshìtái yí tào bō shénme ne?
중양 띠엔스타이 이 타오 뽀 선머 너?

CCTV는 중국 공영 채널 '중앙 방송'을 말합니다.

\# 좋아하는 TV 프로그램이 있니?

你有什么喜欢的电视节目吗?
Nǐ yǒu shénme xǐhuan de diànshì jiémù ma?
니 여우 선머 시후안 더 띠엔스 지에무 마?

\# 채널을 바꿔라.

换个台吧。
Huàn ge tái ba.
후안 거 타이 바

\# 채널 바꾸지 마.

别换台了。
Bié huàn tái le.
비에 후안 타이 러

\# 리모컨을 건네줘.

请把遥控器递给我。
Qǐng bǎ yáokòngqì dìgěi wǒ.
칭 바 야오쿵치 띠게이 워

잠자리 들기

\# 자야겠어.

该睡觉了。
Gāi shuìjiào le.
까이 수이쟈오 러

\# 자러 가야겠어.

我得去睡了。
Wǒ děi qù shuì le.
워 데이 취 수이 러

\# 잠자리를 준비할까요?

我去给你铺床好不好?
Wǒ qù gěi nǐ pùchuáng hǎobuhǎo?
워 취 게이 니 푸추앙 하오부하오?

\# 아직 안 자니? 벌써 한밤중이야.

还不睡啊? 都半夜了。
Hái bú shuì a? Dōu bànyè le.
하이 부 수이 아? 떠우 빤이에 러

\# 불 좀 꺼 줄래?

帮我关下灯好吗?
Bāng wǒ guānxià dēng hǎo ma?
빵 워 꾸안시아 떵 하오 마?

잠버릇

남편의 잠버릇은 좋지 않다.

丈夫的睡眠习惯不好。
Zhàngfu de shuìmián xíguàn bù hǎo.
장푸 더 수이미엔 시꾸안 뿌 하오

너는 코를 심하게 곤다.

你打呼噜打得很厉害。
Nǐ dǎhūlū dǎ de hěn lìhài.
니 다후루 다 더 헌 리하이

你打呼噜打得惊天动地的。
Nǐ dǎhūlū dǎ de jīngtiāndòngdì de.
니 다후루 다 더 징티엔똥띠 더

그는 막 잠들자마자 코를 골기 시작한다.

他刚睡着就开始打呼噜。
Tā gāng shuìzháo jiù kāishǐ dǎhūlū.
타 깡 수이자오 지우 카이스 다후루

리리는 잘 때 종종 몸을 뒤척인다.

丽丽睡觉常常翻身。
Lìlì shuìjiào chángcháng fānshēn.
리리 수이쟈오 창창 판선

나는 가끔 잠꼬대를 한다.

我偶尔会说梦话。
Wǒ ǒu'ěr huì shuō mènghuà.
워 어우얼 후이 수어 멍후아

너는 어젯밤에 이 갈았어.

你昨晚磨牙了。
Nǐ zuówǎn móyá le.
니 쭈어완 모야 러

꼭! 짚고 가기

중국의 전통 가옥, 사합원

사합원은 중국을 대표하는 전통적인 주거 공간의 형태로, '四合院 sìhéyuàn 쓰허위엔'이라고 합니다. 화북 지방의 건축 양식인데, 베이징의 대표적인 건축물인 '故宫 Gùgōng 꾸꽁(자금성이라고도 함)'이 바로 이 형태에 기초하여 만들어진 것입니다.
사합원의 모양은 가운데 중정을 둘러싼 네 개의 건물 배치 형태가 'ㅁ'자며, 출입문을 제외한 부분이 대칭을 이루고 있습니다.
우리 한옥은 담장이 낮은 편인데 비해, 중국의 사합원은 담을 높게 둘러 외부에 대해 폐쇄적인 모습을 하고 있습니다. 반면 내부는 개방적인 형태를 취하고 있는 것이 특징입니다.

잠자기

\# 어젯밤에 푹 잤어요.

昨晚好好儿地睡了一大觉。
Zuówǎn hǎohāorde shuì le yí dàjiào.
쭈어완 하오하올더 수이 러 이 따쟈오

\# 나는 항상 불면증에 시달린다.

我总是失眠。
Wǒ zǒngshì shīmián.
워 쭝스 스미엔

\# 잘 못 잤니?

你睡得不好吗?
Nǐ shuì de bù hǎo ma?
니 수이 더 뿌 하오 마?

\# 최근 잠을 잘 못 잔다.

最近睡得不太好。
Zuìjìn shuì de bútài hǎo.
쭈이진 수이 더 부타이 하오

\# 자는 것은 피로 회복에 가장 좋은 방법이다.

睡觉是恢复疲劳最好的办法。
Shuìjiào shì huīfù píláo zuìhǎo de bànfǎ.
수이쟈오 스 후이푸 피라오 쭈이 하오 더 빤파

- 失眠 shīmián 불면(증), 잠을 이루지 못하다

꿈

\# 잘 자, 좋은 꿈 꿔!

晚安，好梦!
Wǎn'ān, hǎomèng!
완안, 하오멍!

\# 나는 가끔 그의 꿈을 꾼다.

我偶尔会梦见他。
Wǒ ǒu'ěr huì mèngjiàn tā.
워 어우얼 후이 멍지엔 타

\# 어제 이상한 꿈을 꿨다.

昨天做了一个奇怪的梦。
Zuótiān zuò le yí ge qíguài de mèng.
쭈어티엔 쭈어 러 이 거 치꽈이 더 멍

\# 나는 악몽을 꿨다.

我做了噩梦。
Wǒ zuò le èmèng.
워 쭈어 러 어멍

\# 그는 가끔 악몽에 시달린다.

他偶尔被噩梦困扰。
Tā ǒu'ěr bèi èmèng kùnrǎo.
타 어우얼 뻬이 어멍 쿤라오

- 困扰 kùnrǎo 괴롭히다

화장실 사용

화장실이 어디 있죠?

洗手间在哪儿?
Xǐshǒujiān zài nǎr?
시서우지엔 짜이 나알?

화장실에 다녀올게요.

我去趟洗手间。
Wǒ qù tàng xǐshǒujiān.
워 취 탕 시서우지엔

화장실에 사람 있어요.

洗手间里有人。
Xǐshǒujiānli yǒu rén.
시서우지엔리 여우 런

화장실 좀 써도 돼요?

我能用一下洗手间吗?
Wǒ néng yòng yíxià xǐshǒujiān ma?
워 넝 융 이시아 시서우지엔 마?

나는 화장실에 자주 가.

我常常去洗手间。
Wǒ chángcháng qù xǐshǒujiān.
워 창창 취 시서우지엔

화장실 에티켓

변기 물을 꼭 내리세요.

请务必冲水。
Qǐng wùbì chōngshuǐ.
칭 우삐 충수이

변기에 토하지 마세요.

请不要在马桶里呕吐。
Qǐng búyào zài mǎtǒngli ǒutù.
칭 부야오 짜이 마퉁리 어우투

사용한 휴지는 휴지통에 버리세요.

用过的手纸请扔在垃圾桶里。
Yòngguo de shǒuzhǐ qǐng rēng zài lājītǒngli.
융구어 더 서우즈 칭 렁 짜이 라지퉁리

휴지를 아끼세요.

请节约手纸。
Qǐng jiéyuē shǒuzhǐ.
칭 지에위에 서우즈

아무 곳에 가래를 뱉지 마세요.

请不要随地吐痰。
Qǐng búyào suídì tǔtán.
칭 부야오 쑤이띠 투탄

• 痰 tán 가래, 담

대소변

그는 화장실에서 소변을 보았다.

他在洗手间小便了。
Tā zài xǐshǒujiān xiǎobiàn le.
타 짜이 시서우지엔 샤오삐엔 러

소변 금지.

禁止小便。
Jìnzhǐ xiǎobiàn.
진즈 샤오삐엔

화장실에서 대변을 보았다.

我在洗手间大便了。
Wǒ zài xǐshǒujiān dàbiàn le.
워 짜이 시서우지엔 따삐엔 러

사흘 동안 대변을 보지 못했다.

三天没大便了。
Sān tiān méi dàbiàn le.
싼 티엔 메이 따삐엔 러

대변을 보고 싶다.

我想大便。
Wǒ xiǎng dàbiàn.
워 시앙 따삐엔

我想拉屎。
Wǒ xiǎng lāshǐ.
워 시앙 라스

拉屎는 회화에서 많이 쓰는 표현입니다.

욕실 & 화장실 문제

화장실의 배수관이 막혔어요.

洗手间的排水管堵了。
Xǐshǒujiān de páishuǐguǎn dǔ le.
시서우지엔 더 파이수이구안 두 러

욕실의 배수관에 문제가 생겼어요.

浴室的排水管出毛病了。
Yùshì de páishuǐguǎn chū máobìng le.
위스 더 파이수이구안 추 마오삥 러

수도꼭지가 안 잠겨요.

水龙头关不上了。
Shuǐlóngtóu guānbushàng le.
수이룽터우 꾸안부상 러

변기가 막혔어요.

马桶堵了。
Mǎtǒng dǔ le.
마퉁 두 러

화장실에 휴지가 없어요.

洗手间没有手纸。
Xǐshǒujiān méiyǒu shǒuzhǐ.
시서우지엔 메이여우 서우즈

욕실의 전등이 켜지지 않아요.

浴室的灯不亮了。
Yùshì de dēng bú liàng le.
위스 더 떵 부 리앙 러

거실

\# 저녁 식사 후 가족들은 함께 거실에서 커피를 마신다.

晚饭后家人们一起在客厅喝咖啡。

Wǎnfàn hòu jiārénmen yìqǐ zài kètīng hē kāfēi.

완판 허우 지아런먼 이치 짜이 커팅 허 카페이

\# 거실이 좀 더 넓으면 좋겠어요.

客厅再宽敞点就好了。

Kètīng zài kuānchǎng diǎn jiù hǎo le.

커팅 짜이 쿠앙창 디엔 지우 하오 러

\# 거실에 TV가 있어요.

客厅里有电视。

Kètīngli yǒu diànshì.

커팅리 여우 띠엔스

\# 거실이 너무 어질러졌어요.

客厅太乱了。

Kètīng tài luàn le.

커팅 타이 루안 러

\# 거실을 다시 좀 꾸며야겠어요.

客厅应该重新装饰一下。

Kètīng yīnggāi chóngxīn zhuāngshì yíxià.

커팅 잉까이 충신 주앙스 이시아

냉장고

\# 남은 밥은 냉장고에 둬.

把剩饭放在冰箱里。

Bǎ shèngfàn fàng zài bīngxiāngli.

바 성판 팡 짜이 삥시앙리

\# 냉장고 문이 열려 있네, 문 좀 닫아라.

冰箱门开着呢，把门关上吧。

Bīngxiāng mén kāizhe ne, bǎ mén guānshàng ba.

삥시앙 먼 카이저 너, 바 먼 꾸안상 바

\# 우리 집 냉장고는 가공식품으로 가득하다.

我们家冰箱里塞满了加工食品。

Wǒmen jiā bīngxiāngli sāimǎn le jiāgōng shípǐn.

워먼 지아 삥시앙리 싸이만 러 지아꿍 스핀

\# 이 냉장고의 용량은 얼마예요?

这个冰箱的容积是多少?

Zhè ge bīngxiāng de róngjī shì duōshao?

저 거 삥시앙 더 룽지 스 뚜어사오?

\# 냉장고가 고장 나서, 냉동실 얼음이 녹았어요.

冰箱出故障了，冷冻室里的冰都化了。

Bīngxiāng chū gùzhàng le, lěngdòngshìli de bīng dōu huà le.

삥시앙 추 꾸장 러, 렁뚱스리 더 삥 떠우 후아 러

식사 준비

저녁 식사를 준비하고 있어요.

我正在准备晚饭。
Wǒ zhèngzài zhǔnbèi wǎnfàn.
워 정짜이 준뻬이 완판

오늘 저녁에 뭐 먹을까?

今天晚饭吃什么?
Jīntiān wǎnfàn chī shénme?
진티엔 완판 츠 선머?

저녁 식사가 곧 준비돼요, 좀 기다려 주세요.

晚饭马上就好，请稍等。
Wǎnfàn mǎshàng jiù hǎo, qǐng shāoděng.
완판 마상 지우 하오, 칭 사오덩

10여 분 후에 저녁이 다 준비됩니다.

十几分钟以后晚饭就准备好了。
Shí jǐ fēnzhōng yǐhòu wǎnfàn jiù zhǔnbèihǎo le.
스 지 펀중 이허우 완판 지우 준뻬이하오 러

식탁 차리는 것을 좀 도와줘.

帮我摆一下桌。
Bāng wǒ bǎi yíxià zhuō.
빵 워 바이 이시아 주어

요리

이 요리를 어떻게 만들었는지 알려 줄 수 있어요?

能不能教我怎么做这道菜?
Néngbunéng jiāo wǒ zěnme zuò zhè dào cài?
넝부넝 쟈오 워 쩐머 쭈어 저 따오 차이?

이것은 엄마에게 배운 레시피일 뿐이에요.

这只是跟妈妈学的做菜方法而已。
Zhè zhǐshì gēn māma xué de zuòcài fāngfǎ éryǐ.
저 즈스 껀 마마 쉬에 더 쭈어차이 팡파 얼이

요리하는 것 가르쳐 줄 수 있어요?

你能教我做菜吗?
Nǐ néng jiāo wǒ zuòcài ma?
니 넝 쟈오 워 쭈어차이 마?

이건 어떻게 구웠죠?

这个怎么烤呢?
Zhè ge zěnme kǎo ne?
저 거 쩐머 카오 너?

이 레시피를 따라 하세요.

请按照这个做菜的方法做。
Qǐng ànzhào zhè ge zuòcài de fāngfǎ zuò.
칭 안자오 저 거 쭈어차이 더 팡파 쭈어

식사 예절

\# 잘 먹었어요.

吃得非常好。

Chī de fēicháng hǎo.

츠 더 페이창 하오

\# 밥 먹기 전에 손을 씻어라.

饭前洗手。

Fànqián xǐshǒu.

판치엔 시서우

\# 입에 밥이 있을 때 말하지 말아라.

嘴里有饭的时候不要说话。

Zuǐli yǒu fàn de shíhou búyào shuōhuà.

쭈이리 여우 판 더 스허우 부야오 수어후아

\# 밥을 남기지 마라.

不要剩饭。

Búyào shèng fàn.

부야오 성 판

\# 팔꿈치를 식탁 위에 올려놓지 마라.

别把胳膊肘放在饭桌上。

Bié bǎ gēbózhǒu fàng zài fànzhuōshang.

비에 바 꺼보저우 팡 짜이 판주어상

- 饭前 fànqián 식전, 밥 먹기 전

꼭! 짚고 가기

주방 도구 관련 어휘

- 厨具 chújù 추쥐 조리 도구
- 菜刀 càidāo 차이따오 식칼
- 切菜板 qiēcàibǎn 치에차이반 도마
- 勺子 sháozi 사오쯔 국자, 주걱
- 锅 guō 꾸어 솥, 냄비
- 平底锅 píngdǐguō 핑디꾸어 프라이팬

= 煎锅 jiānguō 지엔꾸어

- 餐具 cānjù 찬쥐 식기
- 碗 wǎn 완 그릇, 사발; ~그릇
- 碟子 diézi 디에쯔 접시
- 盘子 pánzi 판쯔 쟁반
- 汤匙 tāngchí 탕츠 (중국식) 국 숟가락
(중국에서는 보통 국물을 먹을 때 외에는 젓가락으로만 식사하기 때문에, 우리처럼 밥을 먹는 숟가락을 잘 쓰지 않습니다. 그래서 보통 숟가락이라고 하면 국물을 먹기 위한 汤匙를 말합니다.)
- 匙子 chízi 츠쯔 숟가락
- 筷子 kuàizi 콰이쯔 젓가락
- 刀子 dāozi 따오쯔 작은 칼
- 叉子 chāzi 차쯔 포크

설거지

식탁 치우는 것을 좀 도와줄래요?

能帮我收拾一下餐桌吗?

Néng bāng wǒ shōushi yíxià cānzhuō ma?

넝 빵 워 서우스 이시아 찬주어 마?

그릇을 개수대에 놓아 주세요.

把碗放到洗碗池里。

Bǎ wǎn fàngdào xǐwǎnchíli.

바 완 팡따오 시완츠리

식탁을 다 치우고 그릇을 식기세척기에 넣어라.

桌子收拾了以后再把碗放到洗碗机里。

Zhuōzi shōushi le yǐhòu zài bǎ wǎn fàngdào xǐwǎnjīli.

주어쯔 서우스 러 이허우 짜이 바 완 팡따오 시완지리

내가 설거지할게.

我来洗碗。

Wǒ lái xǐwǎn.

워 라이 시완

그는 설거지를 도와준다고 말했다.

他说他帮我洗碗。

Tā shuō tā bāng wǒ xǐwǎn.

타 수어 타 빵 워 시완

주방용품

이 아파트의 부엌은 모든 설비가 잘 갖춰져 있다.

这个公寓的厨房设备齐全。

Zhè ge gōngyù de chúfáng shèbèi qíquán.

저 거 꿍위 더 추팡 서뻬이 치취엔

그 냄비들은 찬장에 가지런히 있다.

那些锅整齐地摆在橱柜上。

Nàxiē guō zhěngqíde bǎi zài chúguìshang.

나시에 꾸어 정치더 바이 짜이 추꾸이상

프라이팬은 크기별로 정리되어 있다.

煎锅都按大小整理好了。

Jiānguō dōu àn dàxiǎo zhěnglǐ hǎo le.

지엔꾸어 떠우 안 따샤오 정리 하오 러

이 식기들을 주의해 주세요.

请注意这些餐具。

Qǐng zhùyì zhèxiē cānjù.

칭 주이 저시에 찬쥐

프라이팬은 쓰면 쓸수록 쓰기 좋다.

煎锅越用越好用。

Jiānguō yuè yòng yuè hǎoyòng.

지엔꾸어 위에 융 위에 하오융

전자레인지 & 가스레인지

전자레인지의 사용은 요리 시간을 많이 줄였다.

微波炉的使用大大缩短了做菜的时间。

Wēibōlú de shǐyòng dàdà suōduǎn le zuòcài de shíjiān.

웨이뽀루 더 스융 따따 쑤어두안 러 쭈어차이 더 스지엔

전자레인지는 금속 용기를 사용하면 안 됩니다.

微波炉不能使用金属容器。

Wēibōlú bùnéng shǐyòng jīnshǔ róngqì.

웨이뽀루 뿌넝 스융 진수 룽치

리리는 가스레인지를 켰다.

丽丽点燃了煤气灶。

Lìlì diǎnrán le méiqìzào.

리리 디엔란 러 메이치짜오

아이들이 가스레인지를 사용하게 하지 마십시오.

别让孩子用煤气灶。

Bié ràng háizi yòng méiqìzào.

비에 랑 하이쯔 융 메이치짜오

나는 냄비를 조심스럽게 인덕션에 놓았어요.

我把锅小心地放在电磁炉上。

Wǒ bǎ guō xiǎoxīnde fàng zài diàncílúshang.

워 바 꾸어 샤오신더 팡 짜이 띠엔츠루상

위생

식사 전에 비누로 손을 씻어라.

饭前用香皂把手洗干净。

Fànqián yòng xiāngzào bǎ shǒu xǐ gānjìng.

판치엔 융 시앙짜오 바 서우 시 깐징

그녀는 집에 돌아오면 먼저 손을 씻는다.

她回家后先洗手。

Tā huíjiā hòu xiān xǐshǒu.

타 후이지아 허우 시엔 시서우

외출하고 집에 돌아오면 손을 씻는 것이 독감을 예방할 수 있는 가장 좋은 방법이다.

外出回家后洗手是最好的预防流感的方法。

Wàichū huíjiā hòu xǐshǒu shì zuì hǎo de yùfáng liúgǎn de fāngfǎ.

와이추 후이지아 허우 시서우 스 쭈이 하오 더 위팡 리우간 더 팡파

그들은 좋은 위생 습관이 없다.

他们没有好的卫生习惯。

Tāmen méiyǒu hǎo de wèishēng xíguàn.

타먼 메이여우 하오 더 웨이성 시꾸안

그녀는 결벽증이 있어요.

她有洁癖。

Tā yǒu jiépǐ.

타 여우 지에피

청소 ①

청소기로 청소 좀 해야 한다.

该用吸尘器打扫一下了。
Gāi yòng xīchénqì dǎsǎo yíxià le.
까이 융 시천치 다싸오 이시아 러

선반의 먼지를 깨끗이 닦을래?

能把架子上的灰尘擦干净吗?
Néng bǎ jiàzishang de huīchén cā gānjìng ma?
넝 바 지아쯔상 더 후이천 차 깐징 마?

나는 매일 방을 청소한다.

我每天打扫房间。
Wǒ měitiān dǎsǎo fángjiān.
워 메이티엔 다싸오 팡지엔

방 청소는 원래 네 일이잖아.

打扫房间本来就是你的事嘛。
Dǎsǎo fángjiān běnlái jiùshì nǐ de shì ma.
다싸오 팡지엔 번라이 지우스 니 더 스 마

나는 매달 한 번 대청소를 한다.

我每个月一次大扫除。
Wǒ měi ge yuè yí cì dà sǎochú.
워 메이 거 위에 이 츠 따 싸오추

오늘 온 가족이 함께 대청소를 했다.

今天全家一起大扫除了。
Jīntiān quánjiā yìqǐ dà sǎochú le.
진티엔 취엔지아 이치 따 싸오추 러

청소 ②

청소하는 걸 도와주세요.

请帮我打扫。
Qǐng bāng wǒ dǎsǎo.
칭 빵 워 다싸오

방이 너무 어지럽네, 우리 좀 정리하자.

房间太乱了，我们收拾一下。
Fángjiān tài luàn le, wǒmen shōushi yíxià.
팡지엔 타이 루안 러, 워먼 서우스 이시아

집 안팎으로 다 청소를 잘했다.

屋里屋外都打扫好了。
Wūlǐwūwài dōu dǎsǎohǎo le.
우리우와이 떠우 다싸오하오 러

우선 여기부터 청소합시다.

先从这儿开始打扫吧。
Xiān cóng zhèr kāishǐ dǎsǎo ba.
시엔 충 저얼 카이스 다싸오 바

방이 청소를 하지 않아도 깨끗하면 좋겠어요.

要是房间不打扫也能保持干净就好了。
Yàoshi fángjiān bù dǎsǎo yě néng bǎochí gānjìng jiù hǎo le.
야오스 팡지엔 뿌 다싸오 이에 넝 바오츠 깐징 지우 하오 러

쓰레기 버리기

왜 쓰레기를 안 버렸니?

怎么不倒垃圾?
Zěnme bú dào lājī?
쩐머 부 따오 라지?

쓰레기 좀 버려 줄래요?

你能倒一下垃圾吗?
Nǐ néng dào yíxià lājī ma?
니 넝 따오 이시아 라지 마?

쓰레기를 버릴 때 분류하세요.

扔垃圾时要分类。
Rēng lājī shí yào fēnlèi.
렁 라지 스 야오 펀레이

쓰레기는 분류했어요?

垃圾分类了吗?
Lājī fēnlèi le ma?
라지 펀레이 러 마?

재활용 쓰레기는 어디에 버려요?

可回收的垃圾扔在哪里?
Kě huíshōu de lājī rēng zài nǎli?
커 후이서우 더 라지 렁 짜이 나리?

• 倒 dǎo 쏟다, 붓다

세탁 ①

오늘 빨래해야 한다.

今天得洗衣服了。
Jīntiān děi xǐ yīfu le.
진티엔 데이 시 이푸 러

빨아야 하는 것은 세탁기에 넣어라.

把要洗的放在洗衣机里吧。
Bǎ yào xǐ de fàng zài xǐyījīli ba.
바 야오 시 더 팡 짜이 시이지리 바

옷 개는 것을 도와줄래?

帮我叠一下衣服好吗?
Bāng wǒ dié yíxià yīfu hǎo ma?
빵 워 디에 이시아 이푸 하오 마?

셔츠 다리는 것을 도와줄래?

能帮我熨一下衬衫吗?
Néng bāng wǒ yùn yíxià chènshān ma?
넝 빵 워 윈 이시아 천산 마?

세탁소에 양복을 찾으러 가야 한다.

我要去洗衣店取西服。
Wǒ yào qù xǐyīdiàn qǔ xīfú.
워 야오 취 시이띠엔 취 시푸

• 叠 dié 개다, 접다

세탁 ②

빨래를 세탁기에서 꺼내라.

把洗完的从洗衣机里拿出来吧。
Bǎ xǐwánde cóng xǐyījīli náchūlai ba.
바 시완더 충 시이지리 나추라이 바

날씨가 좋으면, 빨래가 빨리 마른다.

天气好的话，洗的衣服干得快。
Tiānqì hǎo dehuà, xǐ de yīfu gān de kuài.
티엔치 하오 더후아, 시 더 이푸 깐 더 콰이

이 티셔츠는 빨고 나서 줄어들었다.

这个T恤衫洗完以后缩水了。
Zhè ge T xùshān xǐwán yǐhòu suōshuǐ le.
저 거 티 쉬산 시완 이허우 쑤어수이 러

옷을 잘 널었어요?

把衣服晾一下好吗?
Bǎ yīfu liàng yíxià hǎo ma?
바 이푸 리앙 이시아 하오 마?

옷 너는 걸 잊었다.

我忘了晾衣服了。
Wǒ wàng le liàng yīfu le.
워 왕 러 리앙 이푸 러

- 缩水 suōshuǐ 물에 젖어 줄어들다
- 晾 liàng 말리다, 널다

집 꾸미기

나는 집 꾸미는 것을 좋아한다.

我喜欢房子装潢。
Wǒ xǐhuan fángzi zhuānghuáng.
워 시후안 팡쯔 주앙후앙

나는 인테리어와 가구에 관심이 많아요.

我对装修和家具很有兴趣。
Wǒ duì zhuāngxiū hé jiājù hěn yǒu xìngqù.
워 뚜이 주앙시우 허 지아쥐 헌 여우 싱취

나는 새집 인테리어가 마음에 안 든다.

我对新家的装修很不满意。
Wǒ duì xīnjiā de zhuāngxiū hěn bù mǎnyì.
워 뚜이 신지아 더 주앙시우 헌 뿌 만이

인테리어 전문가가 집 전체를 개조했다.

装修专家把整个房子都改造了。
Zhuāngxiū zhuānjiā bǎ zhěngge fángzi dōu gǎizào le.
주앙시우 주안지아 바 정거 팡쯔 떠우 가이짜오 러

- 装潢 zhuānghuáng (집을) 장식하다, 꾸미다

운전 ①

\# 어제 운전면허증을 땄다.

昨天考取了驾照。
Zuótiān kǎoqǔ le jiàzhào.
쭈어티엔 카오취 러 지아자오

\# 그는 운전을 잘한다.

他车开得很熟练。
Tā chē kāi de hěn shúliàn.
타 처 카이 더 헌 수리엔

\# 나는 운전을 잘 못한다.

我开得不熟练。
Wǒ kāi de bù shúliàn.
워 카이 더 뿌 수리엔

我开得不好。
Wǒ kāi de bù hǎo.
워 카이 더 뿌 하오

\# 운전면허증을 갱신했다.

驾照更新了。
Jiàzhào gèngxīn le.
지아자오 껑신 러

\# 그는 음주운전 사고로 운전면허가 취소됐다.

他因酒驾被吊销了驾照。
Tā yīn jiǔjià bèi diàoxiāo le jiàzhào.
타 인 지우지아 뻬이 땨오샤오 러 지아자오

꼭! 짚고 가기

자동차 관련 어휘

- 方向盘 fāngxiàngpán 팡시앙판 (자동차의) 핸들
- 档位 dàngwèi 땅웨이 기어
- 油门 yóumén 여우먼 액셀러레이터
- 踩油门 cǎi yóumén 차이 여우먼 액셀러레이터를 밟다
- 移离油门 yílí yóumén 이리 여우먼 액셀러레이터에서 발을 떼다
- 离合器 líhéqì 리허치 클러치
- 停 tíng 팅 멈추다, 정지하다
- 车闸 chēzhá 처자 (자전거, 전동차의) 브레이크
- 刹车 shāchē 사처 (자동차의) 브레이크를 걸다, 제동을 걸다, 차를 세우다
- 刹车灯 shāchēdēng 사처떵 브레이크등
- 刹把 shābǎ 사바 핸드브레이크
- 前灯 qiándēng 치엔떵 헤드라이트, 전조등
- 转向灯 zhuǎnxiàngdēng 주안시앙떵 방향 지시등
- 紧急灯 jǐnjídēng 진지떵 비상등
- 车轮 chēlún 처룬 차바퀴
- 车瓦 chēwǎ 처와 타이어 휠
- 轮胎 lúntāi 룬타이 타이어(고무 부분)

운전 ②

\# 운전 너무 빠르잖아, 좀 천천히 해!

开得太快了，慢点啊!

Kāi de tài kuài le, màn diǎn a!

카이 더 타이 콰이 러, 만 디엔 아!

\# 조심해, 빨간불이야!

小心点，红灯啊!

Xiǎoxīn diǎn, hóngdēng a!

샤오신 디엔, 훙떵 아!

\# 안전벨트를 매세요.

系上安全带。

Jìshàng ānquándài.

지상 안취엔따이

\# 먼저 직진하고, 다음에 좌회전해.

先往前开，然后往左拐。

Xiān wǎng qián kāi, ránhòu wǎng zuǒ guǎi.

시엔 왕 치엔 카이, 란허우 왕 쭈어 과이

\# 우리 교대로 운전하자.

我们轮班开车吧。

Wǒmen lúnbān kāichē ba.

워먼 룬빤 카이처 바

\# 이 길로 가는 게 맞아요?

走这条路对吗?

Zǒu zhè tiáo lù duì ma?

쩌우 저 탸오 루 뚜이 마?

주차

\# 주차장이 어디예요?

停车场在哪里?

Tíngchēchǎng zài nǎli?

팅처창 짜이 나리?

\# 여기에 주차해도 돼요?

可以在这儿停车吗?

Kěyǐ zài zhèr tíngchē ma?

커이 짜이 저얼 팅처 마?

\# 이 건물 뒤에 주차장이 있어요.

这栋楼后面有停车场。

Zhè dòng lóu hòumian yǒu tíngchēchǎng.

저 뚱 러우 허우미엔 여우 팅처창

\# 주차장에 자리가 없어요.

停车场没有位子停车。

Tíngchēchǎng méiyǒu wèizi tíngchē.

팅처창 메이여우 웨이쯔 팅처

\# 주차 금지.

禁止停车。

Jìnzhǐ tíngchē.

진즈 팅처

교통 체증

길이 심하게 막힌다.

路堵得厉害。
Lù dǔ de lìhai.
루 두 더 리하이

오늘 교통은 심하게 막힌다.

今天交通堵塞很严重。
Jīntiān jiāotōng dǔsè hěn yánzhòng.
진티엔 쟈오통 두써 헌 이엔중

앞에 왜 차 막히지?

前面为什么堵车?
Qiánmian wèi shénme dǔchē?
치엔미엔 웨이 선머 두처?

이 길은 차가 자주 막힌다.

这条路常堵车。
Zhè tiáo lù cháng dǔchē.
저 탸오 루 창 두처

이 길은 막혀서 주차장이 되어 버렸다.

这条路都堵成停车场了。
Zhè tiáo lù dōu dǔchéng tíngchēchǎng le.
저 탸오 루 떠우 두청 팅처창 러

교통 위반 ①

차를 좀 더 오른쪽에 대 주세요.

请把车靠右边停一下。
Qǐng bǎ chē kào yòubiān tíng yíxià.
칭 바 처 카오 여우삐엔 팅 이시아

운전면허증을 좀 보여 주세요.

请出示一下驾照。
Qǐng chūshì yíxià jiàzhào.
칭 추스 이시아 지아자오

차에서 내리세요.

请下车。
Qǐng xiàchē.
칭 시아처

음주 측정기를 불어 주세요.

请吹一下饮酒测试仪。
Qǐng chuī yíxià yǐnjiǔ cèshìyí.
칭 추이 이시아 인지우 처스이

규정 속도를 위반하셨어요.

您超速了。
Nín chāosù le.
닌 차오쑤 러

교통 위반 ②

\# 속도위반으로 걸린 적 있어요?

你开车超速过吗?
Nǐ kāichē chāosùguo ma?
니 카이처 차오쑤구어 마?

\# 벌금은 얼마예요?

罚款是多少?
Fákuǎn shì duōshao?
파쿠안 스 뚜어사오?

\# 무단 횡단을 하면 안 됩니다.

不能横穿马路。
Bùnéng héngchuān mǎlù.
뿌넝 헝추안 마루

\# 이 차선은 좌회전 전용입니다.

这是左转车道。
Zhè shì zuǒzhuǎn chēdào.
저 스 쭈어주안 처따오

\# 여기에서 우회전은 안 됩니다.

这里不能右转。
Zhèli bùnéng yòuzhuǎn.
저리 뿌넝 여우주안

집 구하기 ①

\# 새 집을 찾고 있어요.

正在找新房子。
Zhèngzài zhǎo xīn fángzi.
정짜이 자오 신 팡쯔

\# 집 하나 추천해 주실 수 있어요?

能推荐一个房子吗?
Néng tuījiàn yí ge fángzi ma?
넝 투이지엔 이 거 팡쯔 마?

\# 얼마나 큰 집을 찾으세요?

你想找多大的房子?
Nǐ xiǎng zhǎo duōdà de fángzi?
니 시앙 자오 뚜어따 더 팡쯔?

\# 지하철역에서 좀 가까운 집이 있어요?

有没有离地铁站近点的房子?
Yǒuméiyǒu lí dìtiězhàn jìn diǎn de fángzi?
여우메이여우 리 띠티에잔 진 디엔 더 팡쯔?

\# 이 아파트는 방이 몇 개예요?

这个公寓几室几厅?
Zhè ge gōngyù jǐ shì jǐ tīng?
저 거 꿍위 지 스 지 팅?

집 구하기 ②

교통이 편리해요?

交通便利吗?

Jiāotōng biànlì ma?

쟈오퉁 삐엔리 마?

지하철역에 가는 데 10분밖에 안 걸려요.

走到地铁站只要10分钟。

Zǒudào dìtiězhàn zhǐyào shí fēnzhōng.

쩌우따오 띠티에잔 즈야오 스 펀중

집이 몇 층이에요?

房子在几楼?

Fángzi zài jǐ lóu?

팡쯔 짜이 지 러우?

방세가 얼마예요?

房租是多少?

Fángzū shì duōshao?

팡쭈 스 뚜어사오?

임대 기간은 얼마나 돼요?

租房期限是多久?

Zūfáng qīxiàn shì duōjiǔ?

쭈팡 치시엔 스 뚜어지우?

집 계약하기

계약하겠어요.

我要签约。

Wǒ yào qiānyuē.

워 야오 치엔위에

이 집으로 하겠어요.

就定这个房子了。

Jiù dìng zhè ge fángzi le.

지우 띵 저 거 팡쯔 러

이 아파트를 임대하겠어요.

我要租这套公寓。

Wǒ yào zū zhè tào gōngyù.

워 야오 쭈 저 타오 꿍위

제가 언제 이사 올 수 있어요?

我什么时候可以搬进来?

Wǒ shénme shíhou kěyǐ bānjìnlai?

워 선머 스허우 커이 빤진라이?

바로 이사 올 수 있어요?

马上搬进来可以吗?

Mǎshàng bānjìnlai kěyǐ ma?

마상 빤진라이 커이 마?

이삿짐 꾸리기

이삿짐을 다 정리했어요?

搬家的东西都整理好了吗?

Bānjiā de dōngxi dōu zhěnglǐhǎo le ma?

빤지아 더 뚱시 떠우 정리하오 러 마?

이사 전에 짐을 다 정리해야 해요.

搬家前得把东西都收拾好。

Bānjiā qián děi bǎ dōngxi dōu shōushihǎo.

빤지아 치엔 데이 바 뚱시 떠우 서우스하오

이사는 정말 쉬운 일이 아니에요.

搬家可真不是件容易事。

Bānjiā kě zhēn búshì jiàn róngyì shì.

빤지아 커 전 부스 지엔 룽이 스

이사할 때 도움이 필요하면 언제든 내게 얘기해요.

搬家时需要帮助的话尽管告诉我。

Bānjiā shí xūyào bāngzhù dehuà jǐnguǎn gàosu wǒ.

빤지아 스 쉬야오 빵주 더후아 진구안 까오쑤 워

이사 ①

이사 비용이 골치 아파요.

搬家费用让人发愁。

Bānjiā fèiyòng ràng rén fāchóu.

빤지아 페이융 랑 런 파처우

다른 도시로 이사하려면 거액의 이사 비용이 필요해요.

搬家到另一个城市需要大笔的搬家费用。

Bānjiādào lìng yí ge chéngshì xūyào dàbǐ de bānjiā fèiyòng.

빤지아따오 링 이 거 청스 쉬야오 따비 더 빤지아 페이융

회사에서 우리 이사 비용을 정산해 줄 수 있다고 합니다.

公司说可以报销我们的搬家费用。

Gōngsī shuō kěyǐ bàoxiāo wǒmen de bānjiā fèiyòng.

꿍쓰 수어 커이 빠오샤오 워먼 더 빤지아 페이융

4인 가족이 베이징에서 상하이로 옮기는 데 얼마예요?

一个四口之家从北京搬到上海多少钱?

Yí ge sì kǒu zhī jiā cóng Běijīng bāndào Shànghǎi duōshao qián?

이 거 쓰 커우 즈 지아 충 베이징 빤따오 상하이 뚜어사오 치엔?

- 报销 bàoxiāo 정산하다, 결산하다

이사 ②

\# 짐 정리하는 것을 도와줄 수 있어요?

能帮我收拾一下行李吗?
Néng bāng wǒ shōushi yíxià xíngli ma?
넝 빵 워 서우스 이시아 싱리 마?

\# 언제 가스 공급이 되나요?

什么时候可以供应煤气?
Shénme shíhou kěyǐ gòngyīng méiqì?
선머 스허우 커이 꿍잉 메이치?

\# 집에서 가장 가까운 슈퍼마켓은 어디예요?

离家最近的超市在哪里?
Lí jiā zuì jìn de chāoshì zài nǎli?
리 지아 쭈이 진 더 차오스 짜이 나리?

\# 새집으로 이사하고 나서 일주일 내내 정리했어요.

搬到新家后整整收拾了一个星期。
Bāndào xīnjiā hòu zhěngzhěng shōushi le yí ge xīngqī.
빤따오 신지아 허우 정정 서우스 러 이 거 싱치

집들이

\# 이번 주말에 우리 새집에 초대할게요.

这个周末我们在新家招待你。
Zhè ge zhōumò wǒmen zài xīnjiā zhāodài nǐ.
저 거 저우모 워먼 짜이 신지아 자오따이 니

\# 언제 집들이해요?

什么时候办乔迁宴?
Shénme shíhou bàn qiáoqiānyàn?
선머 스허우 빤 챠오치엔이엔?

什么时候温居?
Shénme shíhou wēnjū?
선머 스허우 원쥐?

什么时候烧炕?
Shénme shíhou shāokàng?
선머 스허우 사오캉?

\# 내일 그들은 집들이를 합니다.

明天他们要办乔迁宴。
Míngtiān tāmen yào bàn qiáoqiānyàn.
밍티엔 타먼 야오 빤 챠오치엔이엔

\# 나는 그들에게 집들이 초대를 받았어요.

我被他们邀请了温居。
Wǒ bèi tāmen yāoqǐng le wēnjū.
워 뻬이 타먼 야오칭 러 원쥐

- 烧炕 shāokàng 보일러를 때다
('집을 데우다'라는 뜻으로,
'집들이하다'라는 표현으로 종종 쓰입니다.)

Chapter 03

나랑 친구할래요?

Chapter 03

天气和季节 Tiānqì hé jìjié 티엔치 허 지지에 날씨와 계절

MP3. Word_C03_01

天气 tiānqì 티엔치
명 날씨

太阳 tàiyáng 타이양
명 태양, 해

阳光 yángguāng 양꾸앙
명 햇빛

晴 qíng 칭
형 하늘이 맑다

晴天 qíngtiān 칭티엔
명 맑은 날씨

云 yún 윈
명 구름

阴 yīn 인
형 흐리다

阴天 yīntiān 인티엔
명 흐린 날씨

热 rè 러
형 덥다, 뜨겁다

炎热 yánrè 이엔러
형 무덥다

暖和 nuǎnhuo 누안후어
형 따뜻하다

冷 lěng 렁
형 춥다, 차다

寒冷 hánlěng 한렁
형 춥고 차다

凉快 liángkuai 리앙콰이
= 凉爽 liángshuǎng 리앙수앙
형 시원하다, 서늘하다

风 fēng 펑
명 바람

刮风 guāfēng 꾸아펑
동 바람이 불다

台风 táifēng 타이펑
명 태풍

龙卷风 lóngjuǎnfēng 룽쥐엔펑
명 토네이도, 회오리바람

雨 yǔ 위
명 비

下雨 xiàyǔ 시아위
동 비가 오다

雨伞 yǔsǎn 위싼
명 우산

彩虹 cǎihóng 차이홍
명 무지개

雪 xuě 쉬에
명 눈

下雪 xiàxuě 시아쉬에
동 눈이 오다

沙尘暴
shāchénbào 사천빠오
명 황사

洪水 hóngshuǐ 홍수이
명 홍수

干旱 gānhàn 깐한
명 가뭄

季节 jìjié 지지에
명 계절

春天 chūntiān 춘티엔
명 봄

花蕾 huālěi 후아레이
명 꽃봉오리, 꽃망울

夏天 xiàtiān 시아티엔
명 여름

热带夜 rèdàiyè 러따이이에
명 열대야

秋天 qiūtiān 치우티엔
명 가을

红叶 hóngyè 홍이에
명 단풍

冬天 dōngtiān 뚱티엔
명 겨울

雪人 xuěrén 쉬에런
명 눈사람

爱好 Àihào 아이하오 취미

运动 yùndòng 윈똥
명 스포츠, 운동
做运动 zuò yùndòng 쭈어 윈똥
운동하다

慢跑 mànpǎo 만파오
명 조깅

跑 pǎo 파오
동 달리다

游泳 yóuyǒng 여우융
명 수영

游泳池 yóuyǒngchí 여우융츠
명 수영장

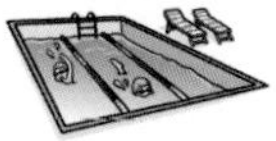

网球 wǎngqiú 왕치우
명 테니스, 테니스공

羽毛球 yǔmáoqiú 위마오치우
명 배드민턴, 셔틀콕

乒乓球 pīngpāngqiú 핑팡치우
명 탁구, 탁구공

足球 zúqiú 쭈치우
명 축구, 축구공

美式足球
měishì zúqiú 메이스 쭈치우
명 미식축구

棒球 bàngqiú 빵치우
명 야구, 야구공

篮球 lánqiú 란치우
명 농구, 농구공

排球 páiqiú 파이치우
명 배구, 배구공

高尔夫球
gāo'ěrfūqiú 까오얼푸치우
명 골프, 골프공

瑜伽 yújiā 위지아
명 요가

跆拳道 táiquándào 타이취엔따오
명 태권도

拳击 quánjī 취엔지
명 권투, 복싱

台球 táiqiú 타이치우
명 당구, 당구공

滑雪 huáxuě 후아쉬에
명 스키
동 스키를 타다

滑冰 huábīng 후아삥
명 스케이트
동 스케이트를 타다

滑雪板 huáxuěbǎn 후아쉬에반
명 스노보드

滑雪场
huáxuěchǎng 후아쉬에창
명 스키장

溜冰场 liūbīngchǎng 리우삥창
명 스케이트장

电影 Diànyǐng 띠엔잉 영화

MP3. Word_C03_03

电影 diànyǐng 띠엔잉
명 영화

看电影 kàn diànyǐng 칸 띠엔잉
동 영화를 보다

电影院 diànyǐngyuàn 띠엔잉위엔
명 극장, 영화관

导演 dǎoyǎn 다오이엔
명 감독, 연출자

演员 yǎnyuán 이엔위엔
명 배우

女演员 nǚyǎnyuán 뉘이엔위엔
명 여배우

主角 zhǔjué 주쥐에
명 주인공

男主角 nánzhǔjué 난주쥐에
명 주연 남배우

女主角 nǚzhǔjué 뉘주쥐에
명 주연 여배우

书籍 Shūjí 수지 책

MP3. Word_C03_04

看书 kànshū 칸수
= 阅读 yuèdú 위에두
동 독서하다

书 shū 수
= 书籍 shūjí 수지
명 책

书店 shūdiàn 수띠엔
명 서점

小说 xiǎoshuō 샤오수어
명 소설

散文 sǎnwén 싼원
명 산문, 수필, 에세이

诗 shī 스
명 시

杂志 zázhì 짜즈
명 잡지

童话书 tónghuàshū 통후아수
명 동화책

漫画书 mànhuàshū 만후아수
명 만화책

音乐 Yīnyuè 인위에 음악

音乐 yīnyuè 인위에
명 음악

歌 gē 꺼
명 노래

唱 chàng 창
동 노래하다

歌手 gēshǒu 꺼서우
명 가수

乐器 yuèqì 위에치
명 악기

演奏 yǎnzòu 이엔쩌우
동 연주하다

钢琴 gāngqín 깡친
명 피아노

小提琴 xiǎotíqín 샤오티친
명 바이올린

大提琴 dàtíqín 따티친
명 첼로

吉他 jítā 지타
명 기타

二胡 èrhú 얼후
명 이호
(줄이 두 개인
중국 전통 악기)

鼓 gǔ 구
명 드럼, 북

喇叭 lǎbā 라빠
명 나팔

长笛 chángdí 창디
명 플룻

小号 xiǎohào 샤오하오
명 트럼펫

演唱会
yǎnchànghuì
이엔창후이
명 음악회, 콘서트

管弦乐队 guǎnxián yuèduì 구안시엔 위에뚜이
= 交响乐队 jiāoxiǎng yuèduì 쟈오시앙 위에뚜이
명 오케스트라, 교향악단

歌剧 gējù 꺼쥐
명 오페라

音乐剧 yīnyuèjù 인위에쥐
명 뮤지컬

京剧 jīngjù 징쥐
명 경극
(중국 전통 공연)

宠物 Chǒngwù 충우 반려동물

MP3. Word_C03_06

宠物 chǒngwù 충우
명 반려동물

养 yǎng 양
= 喂养 wèiyǎng 웨이양
동 사육하다, 기르다

兽医 shòuyī 서우이
명 수의사

狗 gǒu 거우
명 개

小狗 xiǎogǒu 샤오거우
명 강아지

猫 māo 마오
명 고양이

小猫 xiǎomāo 샤오마오
명 새끼고양이

兔子 tùzi 투쯔
명 토끼

仓鼠 cāngshǔ 창수
명 햄스터

鸟 niǎo 냐오
명 새

金鱼 jīnyú 진위
명 금붕어

蜗牛 wōniú 워니우
명 달팽이

乌龟 wūguī 우꾸이
명 거북, 남생이

甲虫 jiǎchóng 지아충
명 딱정벌레

爪子 zhǎozi 자오쯔
명 (짐승의) 발, 발톱
zhuǎzi 주아쯔
명 (짐승의) 발

毛 máo 마오
명 (동식물의) 털

尾巴 wěiba 웨이바
명 꼬리

抓 zhuā 주아
동 할퀴다

咬 yǎo 야오
동 물다, 깨물다

咆哮 páoxiào 파오샤오
동 (개나 짐승 등이) 으르렁거리다

吠叫 fèijiào 페이쟈오
동 (개가) 짖다

汪汪 wāngwāng 왕왕
의성 멍멍(개 짖는 소리)

喵 miāo 먀오
= 咪咪 mīmī 미미
의성 야옹(고양이 우는 소리)

날씨 묻기

\# 오늘 날씨 어때요?

今天天气怎么样?
Jīntiān tiānqì zěnmeyàng?
진티엔 티엔치 쩐머양?

\# 그곳 날씨 어때요?

那里天气怎么样?
Nàli tiānqì zěnmeyàng?
나리 티엔치 쩐머양?

\# 밖의 날씨 어때요?

外面天气怎么样?
Wàimiàn tiānqì zěnmeyàng?
와이미엔 티엔치 쩐머양?

\# 내일 몇 도예요?

明天几度?
Míngtiān jǐ dù?
밍티엔 지 뚜?

\# 이런 날씨 좋아해요?

你喜欢这样的天气吗?
Nǐ xǐhuan zhèyàng de tiānqì ma?
니 시후안 저양 더 티엔치 마?

일기예보

\# 오늘 일기예보에서 뭐래요?

今天天气预报怎么说?
Jīntiān tiānqì yùbào zěnme shuō?
진티엔 티엔치 위빠오 쩐머 수어?

\# 내일 일기예보 알아요?

你知道明天的天气预报吗?
Nǐ zhīdao míngtiān de tiānqì yùbào ma?
니 즈다오 밍티엔 더 티엔치 위빠오 마?

\# 주말 날씨 일기예보에서 뭐래요?

周末的天气预报怎么说?
Zhōumò de tiānqì yùbào zěnme shuō?
저우모 더 티엔치 위빠오 쩐머 수어?

\# 일기예보 좀 봐요!

你看看天气预报吧!
Nǐ kànkan tiānqì yùbào ba!
니 칸칸 티엔치 위빠오 바!

\# 일기예보는 또 틀렸어요!

天气预报又报得不准!
Tiānqì yùbào yòu bào de bù zhǔn!
티엔치 위빠오 여우 빠오 더 뿌 준!

맑은 날

오늘 날씨 정말 좋은데!

今天天气真不错啊!
Jīntiān tiānqì zhēn búcuò a!
진티엔 티엔치 전 부추어 아!

날씨가 맑아요.

天很晴。
Tiān hěn qíng.
티엔 헌 칭

요즘 날씨가 계속 괜찮네요.

最近天气一直不错。
Zuìjìn tiānqì yìzhí búcuò.
쭈이진 티엔치 이즈 부추어

만약 매일 맑은 날이면 좋겠어요.

如果每天都是晴天就好了。
Rúguǒ měitiān dōushì qíngtiān jiù hǎo le.
루구어 메이티엔 떠우스 칭티엔 지우 하오 러

내일 날이 맑으면 얼마나 좋을까!

明天要是晴天多好啊!
Míngtiān yàoshi qíngtiān duō hǎo a!
밍티엔 야오스 칭티엔 뚜어 하오 아!

꼭! 짚고 가기

날씨 관련 어휘

드넓은 중국의 지역별 날씨를 알고 싶다면? 중국 일기예보는 중앙기상대(www.weather.gov.cn)를 참고하면 됩니다. 날씨와 관련된 어휘를 알고 있다면, 중국의 날씨 정보를 찾아볼 때 훨씬 쉽겠죠.

- 气温 qìwēn 치원 기온
- 最高气温 zuìgāo qìwēn 쭈이까오 치원 최고 기온
- 最低气温 zuìdī qìwēn 쭈이띠 치원 최저 기온
- 摄氏度 shèshìdù 서스뚜 섭씨(온도)
- 沙尘暴 shāchénbào 사천빠오 황사
- 降水量 jiàngshuǐliàng 지앙수이리앙 강수량
- 多云 duōyún 뚜어윈 구름이 많음
- 刮风 guāfēng 꾸아펑 바람이 불다
- 台风 táifēng 타이펑 태풍
- 能见度 néngjiàndù 넝지엔뚜 가시거리
- 晴天 qíngtiān 칭티엔 맑은 날씨
- 阴天 yīntiān 인티엔 흐린 날씨

참고로 날씨와 관련된 성어로 어휘의 수준을 높여 보세요.

- 雪上加霜 xuěshàngjiāshuāng 쉬에상지아수앙 설상가상, 엎친 데 덮친 격
- 急如闪电 jírúshǎndiàn 지루산띠엔 아주 급박하다
- 春花秋月 chūnhuāqiūyuè 춘후아치우위에 봄과 가을의 아름다운 경치
- 秋高马肥 qiūgāomǎféi 치우까오마페이 가을이 깊어가며 하늘이 높고 말이 살찐다, 천고마비

흐린 날

구름이 많아요.

多云。
Duōyún.
뚜어윈

날씨가 흐려요.

天阴了。
Tiān yīn le.
티엔 인 러

날이 특히 흐린데요.

天特别阴。
Tiān tèbié yīn.
티엔 터비에 인

날이 어두워요.

天暗了。
Tiān àn le.
티엔 안 러

갑자기 날씨가 흐려졌어요.

突然天气变阴了。
Tūrán tiānqì biàn yīn le.
투란 티엔치 삐엔 인 러

하루 종일 흐린 날이에요.

一整天都是阴天。
Yìzhěngtiān dōushì yīntiān.
이정티엔 떠우스 인티엔

비 오는 날

비가 와요.

下雨了。
Xiàyǔ le.
시아위 러

빗방울이 똑똑 떨어져요.

雨点滴滴嗒嗒的。
Yǔdiǎn dīdīdādāde.
위디엔 띠띠따따더

지금 비가 그쳤어요?

现在雨停了吗?
Xiànzài yǔ tíng le ma?
시엔짜이 위 팅 러 마?

곧 비가 올 것 같아요.

好像快[要]下雨了。
Hǎoxiàng kuài [yào] xiàyǔ le.
하오시앙 콰이 [야오] 시아위 러

비가 올 것 같아, 우산 가져가!

可能会下雨，你带着伞吧!
Kěnéng huì xiàyǔ, nǐ dàizhe sǎn ba!
커넝 후이 시아위, 니 따이저 싼 바!

이건 소나기일 뿐이야, 곧 그칠 거야.

这只是一场阵雨，雨快停了。
Zhè zhǐshì yì chǎng zhènyǔ, yǔ kuài tíng le.
저 즈스 이 창 전위, 위 콰이 팅 러

• 滴滴嗒嗒 dīdīdādā 똑똑똑똑
(물방울이 계속 떨어지는 소리)

천둥 & 번개

천둥이 쳐요.

打雷了。
Dǎléi le.
다레이 러

번개가 쳐요.

打闪了。
Dǎshǎn le.
다산 러

천둥이 심하게 쳐요.

打雷打得很厉害。
Dǎléi dǎ de hěn lìhai.
다레이 다 더 헌 리하이

천둥이 밤새 쳤어요.

打雷打了一整夜。
Dǎléi dǎ le yìzhěngyè.
다레이 다 러 이정이에

내일 천둥을 동반한 비가 예상됩니다.

预计明天下雨伴有强雷电。
Yùjì míngtiān xiàyǔ bànyǒu qiángléidiàn.
위지 밍티엔 시아위 빤여우 치앙레이띠엔

봄

날씨가 따뜻해졌어요.

天暖和了。
Tiān nuǎnhuo le.
티엔 누안후어 러

겨울이 가고 봄이 와요.

冬去春来。
Dōng qù chūn lái.
뚱 취 춘 라이

봄기운이 느껴져요.

我感觉到春天的气息。
Wǒ gǎnjué dào chūntiān de qìxī.
워 간쥐에 따오 춘티엔 더 치시

봄 날씨는 변화가 많아요.

春天的天气变化无常。
Chūntiān de tiānqì biànhuà wúcháng.
춘티엔 더 티엔치 삐엔후아 우창

일 년 사계절에서 나는 봄을 제일 좋아해요.

一年四季我最喜欢春天。
Yì nián sìjì wǒ zuì xǐhuan chūntiān.
이 니엔 쓰지 워 쭈이 시후안 춘티엔

• 伴有 bànyǒu 함께 나타나다

황사 & 미세먼지

황사는 매년 봄에 와요.

沙尘暴每年春季都会来。
Shāchénbào měinián chūnjì dōu huì lái.
사천빠오 메이니엔 춘지 떠우 후이 라이

당국에서 오늘 황사 경보를 발령했습니다.

当局今天发布了沙尘暴警报。
Dāngjú jīntiān fābù le shāchénbào jǐngbào.
땅쥐 진티엔 파뿌 러 사천빠오 징빠오

심한 미세먼지로 가시거리가 50m 이하로 떨어졌습니다.

大规模的雾霾使能见度小于50米。
Dàguīmó de wùmái shǐ néngjiàndù xiǎoyú wǔshí mǐ.
따꾸이모 더 우마이 스 넝지엔뚜 샤오위 우스 미

미세먼지가 심하니, 마스크를 꼭 쓰세요.

微尘很严重，你一定要戴口罩。
Wēichén hěn yánzhòng, nǐ yídìng yào dài kǒuzhào.
웨이천 헌 이엔중, 니 이띵 야오 따이 커우자오

- 微尘 wēichén 미세먼지
- 能见度 néngjiàndù 가시거리

여름

날씨가 정말 더워요.

天气真热。
Tiānqì zhēn rè.
티엔치 전 러

무더위가 기승을 부려요.

烈日炎炎。
Lièrì yányán.
리에르 이엔이엔

점점 더워져요.

渐渐热起来。
Jiànjiàn rèqǐlai.
지엔지엔 러치라이

여기는 너무 더워요.

这里热得要命。
Zhèli rè de yàomìng.
저리 러 더 야오밍

여름 기운이 느껴져요.

我感到了夏天的气息。
Wǒ gǎndào le xiàtiān de qìxī.
워 간따오 러 시아티엔 더 치시

오늘은 이번 여름 중 가장 더운 날이에요.

今天是这个夏天最热的一天。
Jīntiān shì zhè ge xiàtiān zuì rè de yì tiān.
진티엔 스 저 거 시아티엔 쭈이 러 더 이 티엔

장마

장마철에 들어섰어요.

进入雨季了。
Jìnrù yǔjì le.
진루 위지 러

장마철이 이미 왔어요.

雨季已经来临。
Yǔjì yǐjīng láilín.
위지 이징 라이린

장마가 지나갔어요.

雨季过去了。
Yǔjì guòqu le.
위지 꾸어취 러

습해요.

很潮湿。
Hěn cháoshī.
헌 차오스

장마철이 오면 우산을 꼭 가지고 다녀야 해요.

雨季来临时必须随身携带雨伞。
Yǔjì láilín shí bìxū suíshēn xiédài yǔsǎn.
위지 라이린 스 삐쉬 쑤이선 시에따이 위싼

태풍

태풍이 접근하고 있어요.

台风正在逼近。
Táifēng zhèngzài bījìn.
타이펑 정짜이 삐진

오늘 태풍 경보가 이미 나왔어요.

今天台风警报已经出来了。
Jīntiān táifēng jǐngbào yǐjīng chūlai le.
진티엔 타이펑 징빠오 이징 추라이 러

폭풍우가 왔어요.

暴风雨来了。
Bàofēngyǔ lái le.
빠오펑위 라이 러

바람이 점점 세져요.

风渐渐大了起来。
Fēng jiànjiàn dà le qǐlai.
펑 지엔지엔 따 러 치라이

태풍이 동쪽 해안에 상륙했습니다.

台风侵袭东部沿海。
Táifēng qīnxí dōngbù yánhǎi.
타이펑 친시 뚱뿌 이엔하이

- 来临 láilín 이르다, 다가오다
- 随身 suíshēn 휴대하다

가을

가을이 곧 와요.

秋天快到了。
Qiūtiān kuài dào le.
치우티엔 콰이 따오 러

가을 바람이 솔솔 불어요.

秋风习习。
Qiūfēng xíxí.
치우펑 시시

하늘은 높고 날씨는 상쾌해요!

天高气爽!
Tiāngāoqìshuǎng!
티엔까오치수앙!

秋高气爽!
Qiūgāoqìshuǎng!
치우까오치수앙!

가을은 곧 지나갈 것 같아요.

秋天好像快过去了。
Qiūtiān hǎoxiàng kuài guòqu le.
치우티엔 하오시앙 콰이 꾸어취 러

가을은 여행하기 좋은 계절이에요.

秋天是旅游的好季节。
Qiūtiān shì lǚyóu de hǎo jìjié.
치우티엔 스 뤼여우 더 하오 지지에

단풍

지금은 바로 단풍을 구경하는 계절이다.

现在正是看红叶的季节。
Xiànzài zhèngshì kàn hóngyè de jìjié.
시엔짜이 정스 칸 훙이에 더 지지에

가을은 단풍 구경하기에 가장 좋은 시절이다.

秋天是看红叶最好的时节。
Qiūtiān shì kàn hóngyè zuì hǎo de shíjié.
치우티엔 스 칸 훙이에 쭈이 하오 더 스지에

우리는 다음 주말에 단풍 구경 간다.

我们下个周末去看红叶。
Wǒmen xià ge zhōumò qù kàn hóngyè.
워먼 시아 거 저우모 취 칸 훙이에

가을이 되면, 나뭇잎이 모두 노랗게 변한다.

到了秋天，树叶都变黄了。
Dào le qiūtiān, shùyè dōu biàn huáng le.
따오 러 치우티엔, 수이에 떠우 삐엔 후앙 러

나뭇잎은 점차 붉게 변하고 있어요.

树叶正在慢慢地变红。
Shùyè zhèngzài mànmànde biàn hóng.
수이에 정짜이 만만더 삐엔 훙

• 习习 xíxí 솔솔 불다(미풍이 살살 부는 모양)

겨울

겨울이 곧 와요.

冬天快到了。
Dōngtiān kuài dào le.
뚱티엔 콰이 따오 러

날씨가 점차 추워져요.

天气慢慢变冷了。
Tiānqì mànmàn biàn lěng le.
티엔치 만만 삐엔 렁 러

날씨가 추워져요.

天气变得寒冷起来。
Tiānqì biàn de hánlěngqǐlai.
티엔치 삐엔 더 한렁치라이

추워서 덜덜 떨려요.

冷得瑟瑟发抖。
Lěng de sèsè fādǒu.
렁 더 써써 파더우

뼛속까지 추워요.

冷得刺骨。
Lěng de cìgǔ.
렁 더 츠구

- 瑟瑟 sèsè 덜덜, 부들부들(몸을 크게 떠는 모양)
- 刺骨 cìgǔ (추위가) 뼛속까지 파고들다, 살을 에다

꼭! 짚고 가기

네 글자로 표현하는 계절

중국어의 묘미는 글자수를 최대한 줄여 의미를 축약하여 표현하는 것입니다. 계절을 다양하게 표현하는 방법으로 이용해 보세요.

- **봄**
  春意盎然 chūnyì'àngrán 춘이앙란
  봄기운이 완연하다
  春阳融合 chūnyángrónghé 춘양룽허
  봄 햇살이 따사롭다
  春景如画 chūnjǐngrúhuà 춘징루후아
  봄 경치가 그림 같다

- **여름**
  列热炎炎 lièrèyányán 리에러이엔이엔
  무더위가 기승을 부리다
  流金铄石 liújīnshuòshí 리우진수어스
  날씨가 매우 덥다
  酷热难耐 kùrènánnài 쿠러난나이
  무더위를 견디기 힘들다

- **가을**
  秋风萧瑟 qiūfēngxiāosè 치우펑샤오써
  가을바람이 소슬하다
  秋高气爽
  qiūgāoqìshuǎng 치우까오치수앙
  가을 하늘은 높고 날씨는 상쾌하다
  一叶知秋 yíyèzhīqiū 이이에즈치우
  떨어지는 낙엽을 보고 가을이 다가옴을 알다

- **겨울**
  数九寒天 shùjiǔhántiān 수지우한티엔
  엄동설한, 겨울 중 가장 추운 시기
  冰天雪地 bīngtiānxuědì 삥티엔쉬에띠
  지독히 춥다
  滴水成冰 dīshuǐchéngbīng 띠수이청삥
  날씨가 아주 춥다

눈

많은 눈이 흩날려요.

大雪纷飞。
Dàxuě fēnfēi.
따쉬에 펀페이

함박눈이 흩날려요.

鹅毛大雪。
Émáo dàxuě.
어마오 따쉬에

눈보라가 쳐요.

有暴风雪。
Yǒu bàofēngxuě.
여우 빠오펑쉬에

하늘에서 눈꽃이 날려요.

天上飘起了雪花。
Tiānshang piāoqǐ le xuěhuā.
티엔상 퍄오치 러 쉬에후아

어제는 폭설이 내렸어요.

昨天下了暴雪。
Zuótiān xià le bàoxuě.
쭈어티엔 시아 러 빠오쉬에

설날

새로운 한 해이다.

这是新的一年。
Zhè shì xīn de yì nián.
저 스 신 더 이 니엔

새해 복 많이 받으세요!

新年快乐!
Xīnnián kuàilè!
신니엔 콰이러!

해마다 풍요롭길 바랍니다!

年年有余!
Niánnián yǒuyú!
니엔니엔 여우위!

모든 일을 뜻대로 이루시길 바랍니다!

万事如意!
Wànshì rúyì!
완스 루이!

새해에는 평안하고 행복하세요!

祝新的一年平安幸福!
Zhù xīn de yì nián píng'ān xìngfú!
주 신 더 이 니엔 핑안 싱푸!

한국인은 설날에 떡국을 먹습니다.

韩国人春节时吃年糕汤。
Hánguórén Chūnjié shí chī niángāotāng.
한구어런 춘지에 스 츠 니엔까오탕

새해 결심

새해를 위해 건배.

为新的一年干杯。

Wèi xīn de yì nián gānbēi.

웨이 신 더 이 니엔 깐뻬이

새해는 우리에게 새로운 희망을 줍니다.

新年给我们新的希望。

Xīnnián gěi wǒmen xīn de xīwàng.

신니엔 게이 워먼 신 더 시왕

새해를 어떻게 축하했어요?

你是怎么庆祝新年的?

Nǐ shì zěnme qìngzhù xīnnián de?

니 스 쩐머 칭주 신니엔 더?

새해에 어떤 새로운 계획이 있나요?

新年你有什么新的计划?

Xīnnián nǐ yǒu shénme xīn de jìhuà?

신니엔 니 여우 선머 신 더 지후아?

저는 올해 술을 끊기로 결심했어요.

我今年决心戒酒。

Wǒ jīnnián juéxīn jièjiǔ.

워 진니엔 쥐에신 지에지우

나는 새해부터 살을 빼기로 결심했다.

我决定从新年开始减肥。

Wǒ juédìng cóng xīnnián kāishǐ jiǎnféi.

워 쥐에띵 충 신니엔 카이스 지엔페이

꼭! 짚고 가기

중국의 설날

중국 최대의 명절 '춘제(春节 Chūnjié 춘지에)는 우리나라와 같은 음력 1월 1일로, 중국의 설 연휴는 음력 섣달 그믐날부터 시작해서 약 2주일입니다. 그래서 이 기간에는 많은 사람들이 고향을 찾아가거나 여행을 가는 등 민족 대이동이 일어나는데, 땅이 넓고 인구가 많다 보니, 그 규모는 우리나라와 비교가 안 될 정도로 어마어마합니다.

중국의 설날에는 가족들이 한 자리에 모여 교자(饺子 jiǎozi 쟈오쯔)를 빚어 먹습니다. 饺가 '만나다, 교차하다'의 의미인 交(jiāo 쟈오)와 발음이 비슷하여, 지난해와 새해가 만나는 시기이며, 가족들이 함께 만난다는 의미를 두루 상징하기 때문입니다. 그리고 액운을 쫓기 위한 불꽃놀이(放鞭炮 fàng biānpào 팡 삐엔파오)를 하는데, 폭죽 소리가 클수록 귀신이 무서워하여 도망간다고 믿기 때문에 상당히 화려하고 시끄럽게 진행합니다.

춘제 당일에는 평소에 못 봤던 가족, 친척들과 새해 인사를 나눕니다. 아이들은 웃어른에게 세배를 드리고 나서, 빨간색 봉투(红包 hóngbāo 훙빠오)에 담긴 세뱃돈(压岁钱 yāsuìqián 야쑤이치엔)을 받습니다.

그리고 복이 오라는 의미로 대문 등에 붉은 종이에 검은색이나 금색으로 글씨를 쓴 춘련(春联 chūnlián 춘리엔)을 붙입니다. 이 중, 거꾸로 붙인 '福(복)'이 있는데, 이는 '복이 거꾸로 되었다(福倒了 fú dào le 푸 따오 러)'는 '복이 도착했다(福到了 fú dào le)'와 발음이 같아 복이 오기 바라는 마음을 담은 것으로, 이와 관련된 여러 가지 이야기가 전해옵니다.

추석

추석은 음력 8월 15일입니다.

中秋节是农历[阴历]八月十五日。

Zhōngqiūjié shì nónglì [yīnlì] bā yuè shíwǔ rì.

중치우지에 스 눙리 [인리] 빠 위에 스우 르

추석에 무슨 계획이 있어요?

中秋节你有什么计划?

Zhōngqiūjié nǐ yǒu shénme jìhuà?

중치우지에 니 여우 선머 지후아?

추석에 고향에 돌아갈 건가요?

中秋节你回老家吗?

Zhōngqiūjié nǐ huí lǎojiā ma?

중치우지에 니 후이 라오지아 마?

한국인은 추석에 송편을 먹습니다.

韩国人中秋节时吃松片。

Hánguórén Zhōngqiūjié shí chī sōngpiàn.

한구어런 중치우지에 스 츠 쑹피엔

중국인은 추석에 월병을 먹습니다.

中国人中秋节时吃月饼。

Zhōngguórén Zhōngqiūjié shí chī yuèbǐng.

중구어런 중치우지에 스 츠 위에빙

크리스마스

아이들은 크리스마스이브에 선물을 담을 양말을 걸었다.

孩子们在圣诞节前夕挂起了装礼物的袜子。

Háizimen zài Shèngdànjié qiánxī guàqǐ le zhuāng lǐwù de wàzi.

하이쯔먼 짜이 성딴지에 치엔시 꾸아치 러 주앙 리우 더 와쯔

곧 크리스마스예요.

圣诞节快到了。

Shèngdànjié kuài dào le.

성딴지에 콰이 따오 러

우리 크리스마스트리를 꾸미자.

我们装饰圣诞树吧。

Wǒmen zhuāngshì shèngdànshù ba.

워먼 주앙스 성딴수 바

나는 크리스마스카드를 쓰고 있다.

我正在写圣诞卡。

Wǒ zhèngzài xiě shèngdànkǎ.

워 정짜이 시에 성딴카

크리스마스에 보통 뭐하세요?

圣诞节时你一般做什么?

Shèngdànjié shí nǐ yìbān zuò shénme?

성딴지에 스 니 이빤 쭈어 선머?

생일

\# 오늘은 바로 내 생일이다.

今天就是我的生日。
Jīntiān jiùshì wǒ de shēngrì.
진티엔 지우스 워 더 성르

\# 오늘이 내 생일인지 어떻게 알았니?

你怎么知道今天是我的生日？
Nǐ zěnme zhīdao jīntiān shì wǒ de shēngrì?
니 쩐머 즈다오 진티엔 스 워 더 성르?

\# 네 생일을 잊어버려서 정말 미안해, 완전히 잊어버렸어.

真抱歉忘了你的生日，忘得一干二净。
Zhēn bàoqiàn wàng le nǐ de shēngrì, wàng de yìgān'èrjìng.
전 빠오치엔 왕 러 니 더 성르, 왕 더 이깐얼징

\# 우리 생일은 같은 날이다.

我们的生日是同一天。
Wǒmen de shēngrì shì tóngyìtiān.
워먼 더 성르 스 퉁이티엔

\# 내 생일이 일주일밖에 안 남았다.

离我的生日只剩下一周了。
Lí wǒ de shēngrì zhǐ shèngxià yì zhōu le.
리 워 더 성르 즈 성시아 이 저우 러

축하

\# 생일 축하합니다!

祝你生日快乐!
Zhù nǐ shēngrì kuàilè!
주 니 성르 콰이러!

\# 결혼 축하합니다!

祝新婚快乐!
Zhù xīnhūn kuàilè!
주 신훈 콰이러!

\# 성공을 빌어요!

祝你成功!
Zhù nǐ chénggōng!
주 니 청꿍!

\# 행운을 빌어요!

祝你好运!
Zhù nǐ hǎoyùn!
주 니 하오윈!

\# 고맙습니다, 당신도요!

谢谢，你也是!
Xièxie, nǐ yě shì!
시에시에, 니 이에 스!

주량

\# 주량이 얼마나 돼요?

酒量如何?

Jiǔliàng rúhé?

지우리앙 루허?

\# 주량이 커요?

你酒量很大吗?

Nǐ jiǔliàng hěn dà ma?

니 지우리앙 헌 따 마?

\# 나는 술고래예요!

我是酒仙啊!

Wǒ shì jiǔxiān a!

워 스 지우시엔 아!

\# 나는 맥주에 안 취해요.

我喝啤酒喝不醉。

Wǒ hē píjiǔ hēbuzuì.

워 허 피지우 허부쭈이

\# 요즘 주량이 점점 커져요.

最近酒量越来越大了。

Zuìjìn jiǔliàng yuèláiyuè dà le.

쭈이진 지우리앙 위에라이위에 따 러

\# 그는 주량이 별로예요, 한 잔만 마셔도 취해요.

他的酒量不那么大，喝一杯就喝醉了。

Tā de jiǔliàng bú nàme dà, hē yì bēi jiù hēzuì le.

타 더 지우리앙 부 나머 따, 허 이 뻬이 지우 허쭈이 러

술버릇

\# 당신은 술을 마시면 어때요?

你喝醉后会怎么样?

Nǐ hēzuì hòu huì zěnmeyàng?

니 허쭈이 허우 후이 쩐머양?

\# 그는 술을 마시면 술주정을 한다.

他酒后撒酒疯。

Tā jiǔhòu sājiǔfēng.

타 지우허우 싸지우펑

\# 나는 술을 마시면 크게 웃는다.

我喝醉后会大笑。

Wǒ hēzuì hòu huì dàxiào.

워 허쭈이 허우 후이 따샤오

\# 나는 술을 마셨다 하면 운다.

我一喝醉就哭。

Wǒ yì hēzuì jiù kū.

워 이 허쭈이 지우 쿠

\# 너는 완전히 취했어, 같은 말을 말하고 또 말하잖아.

你完全醉了，一遍又一遍地说同样的事情。

Nǐ wánquán zuì le, yíbiàn yòu yíbiànde shuō tóngyàng de shìqing.

니 완취엔 쭈이 러, 이삐엔 여우 이삐엔더 수어 퉁양 더 스칭

- 撒酒疯 sājiǔfēng 술주정을 하다

술 관련 충고

\# 나는 그녀에게 술을 마시지 말라고 충고했다.

我忠告她不要喝酒。

Wǒ zhōnggào tā búyào hē jiǔ.

워 중까오 타 부야오 허 지우

\# 술 취하지 마라.

别喝醉了。

Bié hēzuì le.

비에 허쭈이 러

\# 술을 마셔서 네 생명을 낭비하지 마라.

不要因喝酒而浪费你的生命。

Búyào yīn hējiǔ ér làngfèi nǐ de shēngmìng.

부야오 인 허지우 얼 랑페이 니 더 성밍

\# 음주운전은 위험하다.

酒驾很危险。

Jiǔjià hěn wēixiǎn.

지우지아 헌 웨이시엔

\# 술을 마시는 건 나쁠 게 없지만, 문제는 얼마나 마시느냐이다.

喝酒没什么不好，问题是喝多少。

Hējiǔ méi shénme bù hǎo, wèntí shì hē duōshao.

허지우 메이 선머 뿌 하오, 원티 스 허 뚜어사오

꼭! 짚고 가기

중국 4대 명주

중국의 오랜 역사와 음식 문화 중에 빼놓을 수 없는 것이 바로 '술'입니다.
우리나라에서도 인기가 많은 중국술은 그 맛과 제조법에 따라 여러 가지로 분류합니다. 중국술은 고대 하(夏)나라 초기나 그 이전의 시기부터 만들어졌다고 추측하는데, 이미 그 역사가 4천 년이 넘었습니다.
중국 술에는 종류가 많이 있지만, 그 중 1952년 전국 술 품평회에서 뽑힌 4대 명주를 소개하겠습니다.

① 꾸이저우(贵州)의 마오타이지우(茅台酒)
② 산시(山西)의 펀지우(汾酒)
③ 쓰추안(四川)의 루저우 라오쟈오(泸州老窖)
④ 산시(陕西)의 산펑지우(西凤酒)

1915년 파나마에서 열린 만국박람회에서 중국의 마오타이지우는 세계 명주로 뽑힌 적이 있는데, 여기에 얽힌 일화가 있습니다.
박람회를 주최했던 미국에서는 마오타이지우를 담은 황토색 자기병이 예쁘지 않아 참가를 허가하지 않았다고 합니다. 이에 분개한 중국 대표단은 일부러 술병을 깨뜨렸고, 그 순간 회장에 퍼진 마오타이지우의 향기로운 술 냄새는 각국 대표들을 깜짝 놀라게 했습니다. 결국 마오타이지우는 대회에서 세계 명주라는 평가를 받으며 대상을 수상했습니다.

금주

나는 이미 술을 끊었어요.

我已经戒酒了。
Wǒ yǐjīng jièjiǔ le.
워 이징 지에지우 러

그는 다시는 술을 마시지 않는다.

他不会再喝了。
Tā búhuì zài hē le.
타 부후이 짜이 허 러

나는 금주 중입니다.

我正在戒酒。
Wǒ zhèngzài jièjiǔ.
워 정짜이 지에지우

나한테 술 권하지 마!

别向我劝酒!
Bié xiàng wǒ quànjiǔ!
비에 시앙 워 취엔지우!

마지막으로 술을 마신 게 언제예요?

你最后一次喝酒是什么时候?
Nǐ zuìhòu yí cì hē jiǔ shì shénme shíhou?
니 쭈이허우 이 츠 허 지우 스 선머 스허우?

흡연

여기에서 담배 피워도 되나요?

这里可以抽烟吗?
Zhèli kěyǐ chōuyān ma?
저리 커이 처우이엔 마?

그는 골초이다.

他是个烟鬼。
Tā shì ge yānguǐ.
타 스 거 이엔구이

그는 담배 피우는 것이 습관이다.

他习惯了抽烟。
Tā xíguàn le chōuyān.
타 시꾸안 러 처우이엔

담배 한 대 피우자!

抽支烟吧!
Chōu zhī yān ba!
처우 즈 이엔 바!

나는 담배를 피울 때 연기를 마시지 않는다.

我抽烟时不会把烟吸进去。
Wǒ chōuyān shí búhuì bǎ yān xījìnqu.
워 처우이엔 스 부후이 바 이엔 시진취

담배

\# 담배 한 대 빌려도 될까요?

能借我一支烟吗?
Néng jiè wǒ yì zhī yān ma?
넝 지에 워 이 즈 이엔 마?

\# 담뱃불 빌려도 될까요?

能借个火吗?
Néng jiè ge huǒ ma?
넝 지에 거 후어 마?

\# 그는 내게 담배를 권한다.

他鼓励我吸烟。
Tā gǔlì wǒ xīyān.
타 구리 워 시이엔

\# 담배 한 갑에 20개비가 들어 있다.

一盒烟有二十支。
Yì hé yān yǒu èrshí zhī.
이 허 이엔 여우 얼스 즈

\# 담배는 일종의 마약이다.

烟是一种毒品。
Yān shì yì zhǒng dúpǐn.
이엔 스 이 중 두핀

\# 전자 담배 피워 봤어요?

你抽过电子烟了没有?
Nǐ chōuguo diànziyān le méiyou?
니 처우구어 띠엔쯔이엔 러 메이여우?

금연

\# 담배 좀 꺼 주세요.

请把烟熄掉。
Qǐng bǎ yān xīdiào.
칭 바 이엔 시땨오

\# 여기는 금연입니다.

这里禁烟。
Zhèli jìnyān.
저리 진이엔

\# 이 빌딩은 금연 건물입니다.

这个楼是禁烟建筑。
Zhè ge lóu shì jìnyān jiànzhù.
저 거 러우 스 진이엔 지엔주

\# 금연 구역.

禁烟区。
Jìnyānqū.
진이엔취

\# 그는 담배를 피우지 않는다.

他不抽烟。
Tā bù chōuyān.
타 뿌 처우이엔

\# 여기에서 담배를 피우면 벌금을 냅니다.

在这儿抽烟会罚款。
Zài zhèr chōuyān huì fákuǎn.
짜이 저얼 처우이엔 후이 파쿠안

취미 묻기

당신은 취미가 뭐예요?

你的爱好是什么?

Nǐ de àihào shì shénme?

니 더 아이하오 스 선머?

어떤 취미를 가지고 있어요?

你有什么爱好?

Nǐ yǒu shénme àihào?

니 여우 선머 아이하오?

어떤 특별한 취미가 있어요?

你有什么特别的爱好?

Nǐ yǒu shénme tèbié de àihào?

니 여우 선머 터비에 더 아이하오?

한가할 때 보통 뭐 하세요?

你闲下来时一般做什么?

Nǐ xiánxiàlai shí yìbān zuò shénme?

니 시엔시아라이 스 이빤 쭈어 선머?

기분 전환하고 싶을 때 뭐 하세요?

想换心情时你会做什么?

Xiǎng huàn xīnqíng shí nǐ huì zuò shénme?

시앙 후안 신칭 스 니 후이 쭈어 선머?

취미 대답하기

나는 취미가 많아요.

我的爱好很多。

Wǒ de àihào hěn duō.

워 더 아이하오 헌 뚜어

내 취미는 바로 음악 감상이에요.

我的爱好就是听音乐。

Wǒ de àihào jiùshì tīng yīnyuè.

워 더 아이하오 지우스 팅 인위에

특별한 취미가 없어요.

没有什么特别的爱好。

Méiyǒu shénme tèbié de àihào.

메이여우 선머 터비에 더 아이하오

그런 일에 대해서는 흥미가 없어요.

我对那样的事没什么兴趣。

Wǒ duì nàyàng de shì méi shénme xìngqù.

워 뚜이 나양 더 스 메이 선머 싱취

그냥 집에 있어요.

就在家里呆着。

Jiù zài jiāli dāizhe.

지우 짜이 지아리 따이저

그는 이상한 취미가 있어요.

他有一个奇怪的嗜好。

Tā yǒu yí ge qíguài de shìhào.

타 여우 이 거 치꽈이 더 스하오

사진 찍기 ①

사진 찍기는 내 취미 중 하나예요.

摄影是我的爱好之一。

Shèyǐng shì wǒ de àihào zhīyī.

서잉 스 워 더 아이하오 즈이

당신은 어떤 카메라를 가지고 있어요?

你有什么样的相机?

Nǐ yǒu shénmeyàng de xiàngjī?

니 여우 선머양 더 시앙지?

나는 최근에 인물 촬영에 흥미가 있어요.

我最近对人物摄影感兴趣。

Wǒ zuìjìn duì rénwù shèyǐng gǎn xìngqù.

워 쭈이진 뚜이 런우 서잉 간 싱취

나는 집에 암실이 있어요.

我家里有暗房。

Wǒ jiāli yǒu ànfáng.

워 지아리 여우 안팡

나는 희귀한 나비 사진을 찍기 위해 많은 곳을 갔다.

我去了很多地方拍罕见的蝴蝶。

Wǒ qù le hěn duō dìfang pāi hǎnjiàn de húdié.

워 취 러 헌 뚜어 띠팡 파이 한지엔 더 후디에

사진 찍기 ②

셔터를 눌러 주세요.

请按快门。

Qǐng àn kuàimén.

칭 안 콰이먼

사진 좀 찍어 주세요.

请帮我拍张照。

Qǐng bāng wǒ pāi zhāng zhào.

칭 빵 워 파이 장 자오

能给我拍张照片吗?

Néng gěi wǒ pāi zhāng zhàopiàn ma?

넝 게이 워 파이 장 자오피엔 마?

좀 예쁘게 찍어 주세요.

请给我拍得漂亮点。

Qǐng gěi wǒ pāi de piàoliang diǎn.

칭 게이 워 파이 더 퍄오리앙 디엔

같이 사진 찍을래요?

能一起拍张照吗?

Néng yìqǐ pāi zhāng zhào ma?

넝 이치 파이 장 자오 마?

렌즈를 보고, “치에~쯔”.

请看镜头，“茄……子”。

Qǐng kàn jìngtóu, “qié……zi”.

칭 칸 징터우, ‘치에…쯔’

영어에서 ‘cheese’, 우리말에서는 ‘김치’라고 하는 것처럼, 중국어에서는 사진을 찍을 때, 茄子라고 합니다. 茄子는 ‘가지’라는 의미로, 발음하면 입꼬리가 자연스럽게 웃는 모습이 됩니다.

사진 찍기 ③

이 사진은 역광이다.

这张照片逆光。
Zhè zhāng zhàopiàn nìguāng.
저 장 자오피엔 니꾸앙

이 사진은 빛이 너무 밝다.

这张照片光线太亮了。
Zhè zhāng zhàopiàn guāngxiàn tài liàng le.
저 장 자오피엔 꾸앙시엔 타이 리앙 러

너 사진 찍을 때 눈을 감았어.

拍照时你闭眼睛了。
Pāizhào shí nǐ bì yǎnjing le.
파이자오 스 니 삐 이엔징 러

바로 사진을 지워 버렸다.

马上把照片删了。
Mǎshàng bǎ zhàopiàn shān le.
마상 바 자오피엔 산 러

나는 사진 찍는 것을 좋아하지 않는다.

我不喜欢拍照。
Wǒ bù xǐhuan pāizhào.
워 뿌 시후안 파이자오

운동 ①

어떤 운동하기를 좋아해요?

你喜欢做什么运动?
Nǐ xǐhuan zuò shénme yùndòng?
니 시후안 쭈어 선머 윈뚱?

나는 어떤 운동이든 좋아해요.

我什么运动都喜欢。
Wǒ shénme yùndòng dōu xǐhuan.
워 선머 윈뚱 떠우 시후안

나는 운동광이에요.

我是运动狂。
Wǒ shì yùndòngkuáng.
워 스 윈뚱쿠앙

나는 운동에 소질이 없어요.

我没有运动细胞。
Wǒ méiyǒu yùndòng xìbāo.
워 메이여우 윈뚱 시빠오

나는 운동 관람을 좋아해요.

我喜欢看体育运动。
Wǒ xǐhuan kàn tǐyù yùndòng.
워 시후안 칸 티위 윈뚱

요즘 운동 부족이에요.

最近运动不足。
Zuìjìn yùndòng bùzú.
쭈이진 윈뚱 뿌쭈

운동 ②

건강을 위해서, 나는 매일 산보해요.

为了健康，我每天散步。
Wèile jiànkāng, wǒ měitiān sànbù.
웨이러 지엔캉, 워 메이티엔 싼뿌

오늘부터 달리기를 할 거예요.

从今天开始，我要跑步。
Cóng jīntiān kāishǐ, wǒ yào pǎobù.
충 진티엔 카이스, 워 야오 파오뿌

나는 계속 요가를 하고 싶어요.

我想继续做瑜珈。
Wǒ xiǎng jìxù zuò yújiā.
워 시앙 지쉬 쭈어 위지아

수영을 가장 좋아해요.

我最喜欢游泳。
Wǒ zuì xǐhuan yóuyǒng.
워 쭈이 시후안 여우융

나는 맥주병(수영을 못하는 사람)이에요.

我是个旱鸭子。
Wǒ shì ge hànyāzi.
워 스 거 한야쯔

겨울이 되면 스키를 타러 가요.

一到冬天我就去滑雪。
Yí dào dōngtiān wǒ jiù qù huáxuě.
이 따오 뚱티엔 워 지우 취 후아쉬에

• 旱鸭子 hànyāzi 수영을 못하는 사람

꼭! 짚고 가기

중국에서 개최된 올림픽

우리나라에서 개최된 올림픽은 1988년 서울 올림픽과 2018년 평창 동계 올림픽이 있습니다. 중국에서 열렸던 올림픽은 어떤 것이 있을까요?

2008년에 베이징(北京)에서 열린 하계 올림픽(夏季奥运会)과 2022년에 역시 베이징에서 열린 동계 올림픽(冬季奥运会)이 있습니다.

2008년 베이징 올림픽은 8월 8일에 개최되었는데, 이것은 8을 좋아하는 중국인들의 기호를 반영하여 개최일을 일부러 맞춘 것입니다. 2008년에 8이 있어서 중국에서 개최하려고 매우 애를 썼다는 후문이 있습니다. 2008년 베이징 올림픽은 1964년 일본 도쿄 올림픽, 1988년 서울 올림픽에 이어 아시아에서 세 번째로 개최된 올림픽입니다.

2008 베이징 올림픽은 8월 8일부터 24일까지 열렸으며, 204개국 11,438명이 참가했습니다. 이때 1위는 개최국인 중국, 2위는 미국, 3위는 러시아였고, 우리나라는 7위를 차지했습니다.

2022년 베이징 동계 올림픽은 2월 4일부터 20일까지 열렸으며, 91개국 2,871명이 참가했습니다. 이때 1위는 노르웨이, 2위는 독일이 차지했으며, 개최국인 중국은 3위를 차지했습니다. 참고로 우리나라는 14위를 기록했습니다.

이밖에 중국에서 개최한 아시안 게임(亚运会)으로는 1990년 베이징 아시안 게임, 2010년 광저우(广州) 아시안 게임, 2023년 항저우(杭州) 아시안 게임이 있습니다.

구기종목 ①

\# 요즘 테니스에 빠졌어요.

最近迷上了打网球。

Zuìjìn míshàng le dǎ wǎngqiú.

쭈이진 미상 러 다 왕치우

\# 시간 내서 우리 함께 치러 가요.

找个时间我们一起去打吧。

Zhǎo ge shíjiān wǒmen yìqǐ qù dǎ ba.

자오 거 스지엔 워먼 이치 취 다 바

\# 나는 종종 TV에서 중계하는 야구 경기를 본다.

我常常看电视转播的棒球比赛。

Wǒ chángcháng kàn diànshì zhuǎnbō de bàngqiú bǐsài.

워 창창 칸 띠엔스 주안뽀 더 빵치우 비싸이

\# 어제 우리는 3:1로 이겼다.

昨天我们对三比一赢了。

Zuótiān wǒmen duì sān bǐ yī yíng le.

쭈어티엔 워먼 뚜이 싼 비 이 잉 러

\# 경기는 무승부였다.

比赛平了。

Bǐsài píng le.

비싸이 핑 러

구기종목 ②

\# 나는 축구팀 후보이다.

我是足球队候补。

Wǒ shì zúqiúduì hòubǔ.

워 스 쭈치우뚜이 허우부

\# 당신은 어떤 축구팀을 응원해요?

你给哪个足球队加油？

Nǐ gěi nǎ ge zúqiúduì jiāyóu?

니 게이 나 거 쭈치우뚜이 지아여우?

\# 나는 축구에 흥미가 없어요.

我对足球没什么兴趣。

Wǒ duì zúqiú méi shénme xìngqù.

워 뚜이 쭈치우 메이 선머 싱취

\# 요즘 골프에 빠졌어요.

最近迷上了打高尔夫球。

Zuìjìn míshàng le dǎ gāo'ěrfūqiú.

쭈이진 미상 러 다 까오얼푸치우

\# 우리 골프 한 게임 칠까요?

咱们打一杆？

Zánmen dǎ yì gān?

짠먼 다 이 깐?

\# 어제 탁구 시합은 상당히 치열했다.

昨天乒乓球赛相当激烈。

Zuótiān pīngpāngqiúsài xiāngdāng jīliè.

쭈어티엔 핑팡치우싸이 시앙땅 지리에

음악 감상

나는 음악 듣는 것을 좋아합니다.

我喜欢听音乐。
Wǒ xǐhuan tīng yīnyuè.
워 시후안 팅 인위에

당신은 어떤 음악을 좋아해요?

你喜欢什么音乐?
Nǐ xǐhuan shénme yīnyuè?
니 시후안 선머 인위에?

당신이 좋아하는 가수는 누구예요?

你喜欢的歌手是谁?
Nǐ xǐhuan de gēshǒu shì shéi?
니 시후안 더 꺼서우 스 세이?

음악이라면 다 듣기 좋아해요.

只要是音乐我都喜欢听。
Zhǐyào shì yīnyuè wǒ dōu xǐhuan tīng.
즈야오 스 인위에 워 떠우 시후안 팅

요즘 클래식 음악을 듣기 시작했어요.

最近开始听古典音乐了。
Zuìjìn kāishǐ tīng gǔdiǎn yīnyuè le.
쭈이진 카이스 팅 구디엔 인위에 러

나는 종종 모차르트의 음악을 감상해요.

我常常欣赏莫扎特的音乐。
Wǒ chángcháng xīnshǎng Mòzhātè de yīnyuè.
워 창창 신상 모자터 더 인위에

악기 연주

당신은 어떤 악기를 연주할 수 있어요?

你会弹什么乐器?
Nǐ huì tán shénme yuèqì?
니 후이 탄 선머 위에치?

나는 피아노를 칠 수 있어요.

我会弹钢琴。
Wǒ huì tán gāngqín.
워 후이 탄 깡친

나는 10살부터 바이올린을 켜기 시작했어요.

我从十岁开始拉小提琴。
Wǒ cóng shí suì kāishǐ lā xiǎotíqín.
워 충 스 쑤이 카이스 라 샤오티친

나는 어릴 때부터 10년 동안 피아노를 쳤다.

我小时候弹了十年钢琴。
Wǒ xiǎoshíhou tán le shí nián gāngqín.
워 샤오스허우 탄 러 스 니엔 깡친

나는 클라리넷을 배워서 할 줄 알아요.

我学会了吹单簧管。
Wǒ xuéhuì le chuī dānhuángguǎn.
워 쉬에후이 러 추이 딴후앙구안

색소폰 불 줄 알아요?

你会吹萨克管吗?
Nǐ huì sàkèguǎn ma?
니 후이 추이 싸커구안 마?

영화 감상 ①

\# 나는 영화 보기를 좋아합니다.

我喜欢看电影。

Wǒ xǐhuan kàn diànyǐng.

워 시후안 칸 띠엔잉

\# 나는 영화광이에요.

我是电影迷。

Wǒ shì diànyǐngmí.

워 스 띠엔잉미

\# 당신은 어떤 영화를 좋아해요?

你喜欢看什么类型的电影?

Nǐ xǐhuan kàn shénme lèixíng de diànyǐng?

니 시후안 칸 선머 레이싱 더 띠엔잉?

\# 나는 종종 공포 영화를 봅니다.

我常看恐怖电影。

Wǒ cháng kàn kǒngbù diànyǐng.

워 창 칸 쿵뿌 띠엔잉

\# 외국 영화와 비교해서, 나는 국내 영화를 더 좋아합니다.

比起外国电影，我更喜欢看国产电影。

Bǐqǐ wàiguó diànyǐng, wǒ gèng xǐhuan kàn guóchǎn diànyǐng.

비치 와이구어 띠엔잉, 워 껑 시후안 칸 구어찬 띠엔잉

영화 감상 ②

\# 지금까지 내가 제일 좋아하는 영화는 〈아이언맨〉입니다.

至今为止我最喜欢的电影是《钢铁侠》。

Zhìjīn wéizhǐ wǒ zuì xǐhuan de diànyǐng shì《Gāngtiěxiá》.

즈진 웨이즈 워 쭈이 시후안 더 띠엔잉 스《깡티에시아》

\# 그 영화 주연은 누구예요?

那个电影的主角是谁?

Nà ge diànyǐng de zhǔjué shì shéi?

나 거 띠엔잉 더 주쥐에 스 세이?

\# 그 영화는 내가 다섯 번 봤다.

那个电影我看了五遍。

Nà ge diànyǐng wǒ kàn le wǔ biàn.

나 거 띠엔잉 워 칸 러 우 삐엔

\# 나는 공포 영화를 보면, 그날 밤에 잠을 못 자요.

我看了恐怖电影，结果那晚吓得睡不着。

Wǒ kàn le kǒngbù diànyǐng, jiéguǒ nà wǎn xià de shuìbuzháo.

워 칸 러 쿵뿌 띠엔잉, 지에구어 나 완 시아 더 수이부자오

\# 그녀가 주연한 영화를 나는 다 봤다.

她主演的电影我都看过。

Tā zhǔyǎn de diànyǐng wǒ dōu kànguo.

타 주이엔 더 띠엔잉 워 떠우 칸구어

극장 가기

자주 영화 보러 가요?

你常去看电影吗?
Nǐ cháng qù kàn diànyǐng ma?
니 창 취 칸 띠엔잉 마?

한 달에 한두 번 봐요.

一个月看一两次。
Yí ge yuè kàn yì liǎng cì.
이 거 위에 칸 이 리앙 츠

극장에 가는 것과 비교해서, 나는 집에서 영화 보기를 더 좋아해요.

比起去电影院，我更喜欢在家里看电影。
Bǐqǐ qù diànyǐngyuàn, wǒ gèng xǐhuan zài jiāli kàn diànyǐng.
비치 취 띠엔잉위엔, 워 껑 시후안 짜이 지아리 칸 띠엔잉

오랫동안 영화를 못 봤어요.

好久没看电影了。
Hǎojiǔ méi kàn diànyǐng le.
하오지우 메이 칸 띠엔잉 러

오늘 저녁에 영화 보러 가자.

今晚去看电影吧。
Jīnwǎn qù kàn diànyǐng ba.
진완 취 칸 띠엔잉 바

독서 ①

내 취미는 소설 읽는 거예요.

我的爱好是读小说。
Wǒ de àihào shì dú xiǎoshuō.
워 더 아이하오 스 두 샤오수어

나는 책벌레예요.

我是书虫。
Wǒ shì shūchóng.
워 스 수충

일이 없을 때 나는 책 읽기를 좋아해요.

没事的时候我喜欢看书。
Méi shì de shíhou wǒ xǐhuan kàn shū.
메이 스 더 스허우 워 시후안 칸 수

요즘 바빠서, 책 읽을 시간이 없어요.

最近很忙，没时间看书。
Zuìjìn hěn máng, méi shíjiān kàn shū.
쭈이진 헌 망, 메이 스지엔 칸 수

책 많이 봐요?

你看书看得多吗?
Nǐ kàn shū kàn de duō ma?
니 칸 수 칸 더 뚜어 마?

독서 ②

\# 한 달에 몇 권 읽어요?

你一个月看几本书?
Nǐ yí ge yuè kàn jǐ běn shū?
니 이 거 위에 칸 지 번 수?

\# 일 년에 50권 이상 읽어요.

我一年看五十本以上。
Wǒ yì nián kàn wǔshí běn yǐshàng.
워 이 니엔 칸 우스 번 이상

\# 나는 추리소설을 좋아해요.

我很喜欢看推理小说。
Wǒ hěn xǐhuan kàn tuīlǐ xiǎoshuō.
워 헌 시후안 칸 투이리 샤오수어

\# 좋아하는 소설가가 누구예요?

你喜欢的小说家是谁?
Nǐ xǐhuan de xiǎoshuōjiā shì shéi?
니 시후안 더 샤오수어지아 스 세이?

\# 나는 루쉰의 책을 좋아해서, 그의 책은 이미 다 봤어요.

我喜欢鲁迅的书，他的书我都看过。
Wǒ xǐhuan Lǔ Xùn de shū, tā de shū wǒ dōu kànguo.
워 시후안 루 쉰 더 수, 타 더 수 워 떠우 칸구어

수집

\# 뭐 수집하기 좋아하는 거 있어요?

你喜欢收集什么东西吗?
Nǐ xǐhuan shōují shénme dōngxi ma?
니 시후안 서우지 선머 뚱시 마?

\# 나는 전 세계 동전을 모으고 있어요.

我在收集全世界的硬币。
Wǒ zài shōují quán shìjiè de yìngbì.
워 짜이 서우지 취엔 스지에 더 잉삐

\# 한정판 피규어를 모으는 데 관심이 많아요.

我对收集限量版公仔很感兴趣。
Wǒ duì shōují xiànliàngbǎn gōngzǎi hěn gǎn xìngqù.
워 뚜이 서우지 시엔리앙반 꿍짜이 헌 간 싱취

\# 그는 '스니커헤드'라서, 그의 집에는 스니커즈가 많이 있어요.

他是个'鞋迷'，在他家里有很多运动鞋。
Tā shì ge 'xiémí', zài tājiā li yǒu hěn duō yùndòngxié.
타 스 거 '시에미', 짜이 타 지아리 여우 헌 뚜어 윈뚱시에

\# 우리 아들은 포켓몬 카드 수집에 열중이에요.

我的儿子专心地收集口袋妖怪卡。
Wǒ de érzi zhuānxīnde shōují Kǒudàiyāoguàikǎ.
워 더 얼쯔 주안신더 서우지 커우따이야오꽈이카

반려동물 ①

\# 나는 반려동물 기르기를 좋아해요.

我喜欢养宠物。
Wǒ xǐhuan yǎng chǒngwù.
워 시후안 양 충우

\# 반려동물 기르고 싶니?

你想养宠物吗?
Nǐ xiǎng yǎng chǒngwù ma?
니 시앙 양 충우 마?

\# 어떤 반려동물 기르고 싶니?

你想养什么宠物?
Nǐ xiǎng yǎng shénme chǒngwù?
니 시앙 양 선머 충우?

\# 당신은 어렸을 때 반려동물을 길러 봤어요?

你小时候养过宠物吗?
Nǐ xiǎoshíhou yǎngguo chǒngwù ma?
니 샤오스허우 양구어 충우 마?

\# 어떤 반려동물이 더 좋니, 개 아니면 고양이?

更喜欢什么宠物，狗还是猫?
Gèng xǐhuan shénme chǒngwù, gǒu háishi māo?
껑 시후안 선머 충우, 거우 하이스 마오?

꼭! 짚고 가기

중국의 판다 외교

판다(熊猫 xióngmāo 시웅마오)는 둥근 체형과 뒤뚱뒤뚱 걷는 모습이 귀여워 많은 사랑을 받는 동물입니다. 최대 서식지는 쓰촨성(四川省 Sìchuānshěng 쓰추안성) 일대로, 주식은 대나무입니다.

국제적인 환경보호단체 '세계자연기금(WWF)'의 로고에 판다가 있을 만큼 멸종위기에 처한 동물이기도 합니다. 중국은 국보이자 상징과 같은 판다를 엄격히 관리하는데, 밀렵을 하면 사형선고까지 할 정도입니다.

중국은 이런 판다를 외교에 적극 이용하고 있습니다. 바로 '판다 외교(熊猫外交 xióngmāo wàijiāo 시웅마오 와이쟈오)'로, 중국에 중요하다 판단되는 국가나 관계 발전을 원하는 국가에 판다를 선물합니다. 1983년 발효된 워싱턴 조약에 따라 희귀동물은 팔거나 기증할 수 없기 때문에, 돈을 받고 장기 임대하는 방식입니다.

우리나라도 2014년 한·중 정상회담에서 시진핑 주석이 판다를 선물하기로 약속하여, 2016년 '아이바오(爱宝, 사랑스러운 보물)'와 '러바오(乐宝, 기쁨을 주는 보물)'라는 이름으로 두 마리가 들어왔습니다. 2020년 7월 '푸바오(福宝, 행복을 주는 보물)'가 출생했고, 2023년 7월에는 쌍둥이 판다(루이바오 睿宝 ruìbǎo 슬기로운 보물, 후이바오 辉宝 huībǎo 빛나는 보물)가 태어났습니다.

세계 10여 개국에 판다를 보내면서 외교적인 성과를 거두고 있는 판다 외교 중 가장 유명한 것은 1972년 닉슨 당시 미국 대통령의 중국 방문을 기념해 중국이 선물한 판다 두 마리입니다. 이 덕분에 중국과 미국의 냉전 관계가 완화되었다는 평가를 받았으며 이 두 마리는 미국에서 큰 인기를 끌었습니다.

반려동물 ②

\# 오늘 공원에서 버려진 고양이를 발견했다.

今天公园里发现了一只被扔掉的猫。

Jīntiān gōngyuánli fāxiàn le yì zhī bèi rēngdiào de māo.

진티엔 꿍위엔리 파시엔 러 이 즈 뻬이 렁땨오 더 마오

\# 부모님은 내가 반려동물 기르는 것을 허락하지 않으신다.

父母不允许我养宠物。

Fùmǔ bù yǔnxǔ wǒ yǎng chǒngwù.

푸무 뿌 윈쉬 워 양 충우

\# 개를 기르고 싶은데, 아파트에 살아서 기를 방법이 없다.

我想养狗，可是住在公寓里没法养。

Wǒ xiǎng yǎnggǒu, kěshì zhùzài gōngyùli méi fǎ yǎng.

워 시앙 양 거우, 커스 주짜이 꿍위리 메이 파 양

\# 여기에 반려동물을 데려와도 돼요?

这里可以带宠物来吗?

Zhèli kěyǐ dài chǒngwù lái ma?

저리 커이 따이 충우 라이 마?

\# 죄송합니다, 이곳은 반려동물이 들어올 수 없어요.

对不起，这里禁止宠物入内。

Duìbuqǐ, zhèli jìnzhǐ chǒngwù rùnèi.

뚜이부치, 저리 진즈 충우 루네이

개 ①

\# 나는 개를 데리고 산책하기를 좋아한다.

我很喜欢遛狗。

Wǒ hěn xǐhuan liùgǒu.

워 헌 시후안 리우거우

我喜欢带着狗一起散步。

Wǒ xǐhuan dàizhe gǒu yìqǐ sànbù.

워 시후안 따이저 거우 이치 싼뿌

\# 나는 매일 저녁 개를 데리고 산책한다.

我每晚都遛狗。

Wǒ měiwǎn dōu liùgǒu.

워 메이완 떠우 리우거우

\# 나는 강아지에게 먹이를 주고 있어요.

我在喂小狗。

Wǒ zài wèi xiǎogǒu.

워 짜이 웨이 샤오거우

\# 나는 강아지에게 '똘똘이'라고 이름 지어 주었어요.

我给小狗起了个名字叫"聪聪"。

Wǒ gěi xiǎogǒu qǐ le ge míngzi jiào "Cōngcong".

워 게이 샤오거우 치 러 거 밍쯔 쟈오 '충충'

\# 내 강아지는 온순하다.

我的小狗很温顺。

Wǒ de xiǎogǒu hěn wēnshùn.

워 더 샤오거우 헌 원순

개 ②

내 개는 잘 길들여져 있다.

我的狗受到了很好的训练。
Wǒ de gǒu shòudào le hěn hǎo de xùnliàn.
워 더 거우 서우따오 러 헌 하오 더 쉰리엔

내 개는 종종 낯선 사람을 문다.

我的狗常常咬陌生人。
Wǒ de gǒu chángcháng yǎo mòshēngrén.
워 더 거우 창창 야오 모성런

그 개는 아이들과 이리저리 뛰어다닌다.

那只狗跟孩子们跑来跑去。
Nà zhī gǒu gēn háizimen pǎoláipǎoqù.
나 즈 거우 껀 하이쯔먼 파오라이파오취

내 개가 보아하니 좀 아픈 것 같다.

我的狗看起来有点不舒服。
Wǒ de gǒu kànqǐlai yǒudiǎn bù shūfu.
워 더 거우 칸치라이 여우디엔 뿌 수푸

내 개가 죽어서, 나는 슬프다.

我的狗死了，我很伤心。
Wǒ de gǒu sǐ le, wǒ hěn shāngxīn.
워 더 거우 쓰 러, 워 헌 상신

고양이

고양이가 발톱으로 나를 할퀴어서 상처가 났다.

猫的爪子把我抓伤了。
Māo de zhuǎzi bǎ wǒ zhuāshāng le.
마오 더 주아쯔 바 워 주아상 러

고양이 꼬리를 갖고 장난치지 마라.

别玩猫尾巴。
Bié wán māo wěiba.
비에 완 마오 웨이바

새끼 고양이가 슬리퍼를 문다.

小猫咬拖鞋。
Xiǎomāo yǎo tuōxié.
샤오마오 야오 투어시에

우리 집 고양이가 새끼를 세 마리 낳았어요.

我家猫生了三只小猫。
Wǒ jiā māo shēng le sān zhī xiǎomāo.
워 지아 마오 성 러 싼 즈 샤오마오

새끼 고양이들에게 먹이를 줘야 해.

该给小猫们喂食了。
Gāi gěi xiǎomāomen wèishí le.
까이 게이 샤오마오먼 웨이스 러

반려동물 - 기타

내 햄스터는 양배추를 좋아한다.

我的仓鼠喜欢吃卷心菜。
Wǒ de cāngshǔ xǐhuan chī juànxīncài.
워 더 창수 시후안 츠 쥐엔신차이

햄스터를 우리에 넣어 기르세요.

把仓鼠养在笼子里。
Bǎ cāngshǔ yǎng zài lóngzili.
바 창수 양 짜이 룽쯔리

나는 그의 애완용 뱀이 싫어.

我讨厌他的宠物蛇。
Wǒ tǎoyàn tā de chǒngwùshé.
워 타오이엔 타 더 충우서

어떤 사람은 딱정벌레를 반려동물로 키워요.

有人把甲虫当宠物养。
Yǒurén bǎ jiǎchóng dāng chǒngwù yǎng.
여우런 바 지아충 땅 충우 양

그는 금붕어에게 먹이를 너무 많이 줘서 죽이고 말았어요.

他给金鱼喂了很多鱼食，把鱼撑死了。
Tā gěi jīnyú wèi le hěn duō yúshí, bǎ yú chēngsǐ le.
타 게이 진위 웨이 러 헌 뚜어 위스, 바 위 청쓰 러

식물 ①

리리는 그녀의 꽃에 물을 주고 있다.

丽丽在给她的花浇水。
Lìlì zài gěi tā de huā jiāoshuǐ.
리리 짜이 게이 타 더 후아 쟈오수이

그 꽃화분은 일주일에 많아야 한 번 물을 준다.

那盆花一周最多浇一次水。
Nà pén huā yì zhōu zuì duō jiāo yí cì shuǐ.
나 펀 후아 이 저우 쭈이 뚜어 쟈오 이 츠 수이

당신은 선인장에 물을 너무 많이 줬어요.

你给仙人掌浇的水太多了。
Nǐ gěi xiānrénzhǎng jiāo de shuǐ tài duō le.
니 게이 시엔런장 쟈오 더 수이 타이 뚜어 러

장미는 특별히 잘 보살펴야 해요.

玫瑰需要特别的照料。
Méiguī xūyào tèbié de zhàoliào.
메이꾸이 쉬야오 터비에 더 자오랴오

나는 정원에 튤립을 심었다.

我在院子里种了郁金香。
Wǒ zài yuànzili zhòng le yùjīnxiāng.
워 짜이 위엔쯔리 중 러 위진시앙

요즘 그는 정원 가꾸기에 몰두하고 있다.

最近他热衷于园艺。
Zuìjìn tā rèzhōngyú yuányì.
쭈이진 타 러중위 위엔이

- 撑死 chēngsǐ 배가 터질 정도로 많이 먹었다

식물 ②

\# 네 꽃은 잘 자라는데, 왜 내 것은 모두 죽어 가지?

你的花长得很好，为什么我养的都快死了？

Nǐ de huā zhǎng de hěn hǎo, wèi shénme wǒ yǎngde dōu kuài sǐ le?

니 더 후아 장 더 헌 하오, 웨이 선머 워 양더 떠우 콰이 쓰 러?

\# 어제 나는 식물을 정원에 옮겨 심었다.

昨天我把植物都移栽到院子里了。

Zuótiān wǒ bǎ zhíwù dōu yízāi dào yuànzili le.

쭈어티엔 워 바 즈우 떠우 이짜이 따오 위엔쯔리 러

\# 그녀는 정원에 꽃을 심어서, 정원을 아름답게 꾸몄다.

她在院子里种花，把院子装点得很漂亮。

Tā zài yuànzili zhòng huā, bǎ yuànzi zhuāngdiǎn de hěn piàoliang.

타 짜이 위엔쯔리 중 후아, 바 위엔쯔 주앙디엔 더 헌 퍄오리앙

\# 나는 시간이 날 때마다 정원의 잡초를 뽑는다.

我一有空就给院子除草。

Wǒ yì yǒukòng jiù gěi yuànzi chú cǎo.

워 이 여우쿵 지우 게이 위엔쯔 추 차오

꼭! 짚고 가기

꽃 이름

꽃이란, 길에 피어 있는 작은 들꽃도 모두 예쁘죠. 중국어로 꽃 이름 대기 한번 해 볼까요. 흔히 생각나는 장미나 백합 말고 또 어떤 것을 알고 있죠?

- 百合 bǎihé 바이허 백합
- 波斯菊 bōsījú 뽀쓰쥐 코스모스
- 雏菊 chújú 추쥐 데이지
- 杜鹃花 dùjuānhuā 뚜쥐엔후아
  = 金达莱 jīndálái 진다라이 진달래
- 菊花 júhuā 쥐후아 국화
- 老奶奶花 lǎonǎinaihuā 라오나이나이후아 할미꽃
- 连翘 liánqiào 리엔챠오 개나리
- 玫瑰 méiguī 메이꾸이 장미
- 蒲公英 púgōngyīng 푸꿍잉 민들레
- 牵牛花 qiānniúhuā 치엔니우후아 나팔꽃
- 三色堇 sānsèjǐn 싼써진 팬지
- 水仙花 shuǐxiānhuā 수이시엔후아 수선화
- 无穷花 wúqiónghuā 우치웅후아 무궁화
- 向日葵 xiàngrìkuí 시앙르쿠이 해바라기
- 绣球花 xiùqiúhuā 시우치우후아 수국
- 雪绒花 xuěrónghuā 쉬에룽후아 에델바이스
- 樱花 yīnghuā 잉후아 벚꽃

Chapter 04

외모지상주의?

Chapter 04

身体 Shēntǐ 선티 신체

身体 shēntǐ 선티
명 몸, 신체

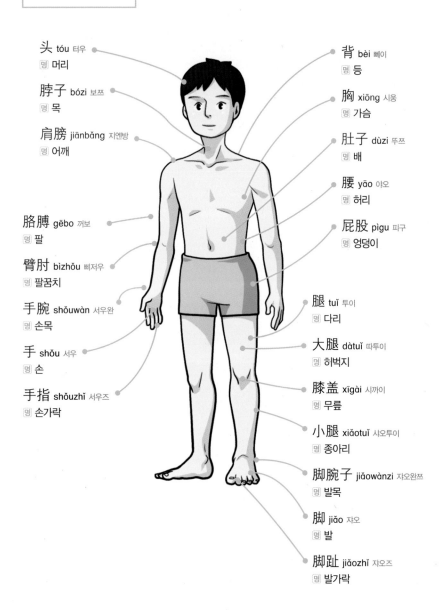

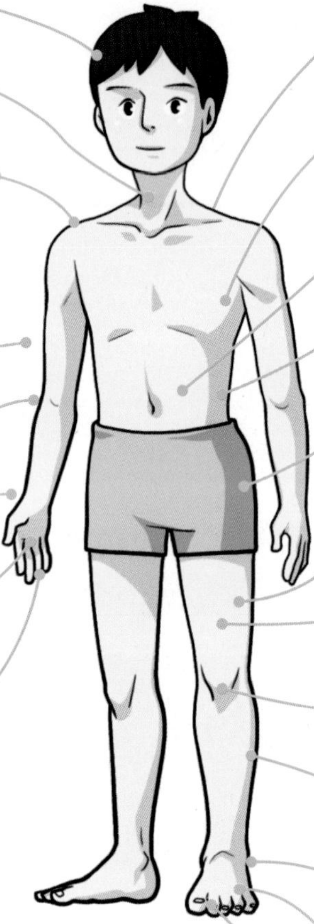

头 tóu 터우
명 머리

脖子 bózi 보쯔
명 목

肩膀 jiānbǎng 지엔방
명 어깨

胳膊 gēbo 꺼보
명 팔

臂肘 bìzhǒu 삐저우
명 팔꿈치

手腕 shǒuwàn 서우완
명 손목

手 shǒu 서우
명 손

手指 shǒuzhǐ 서우즈
명 손가락

背 bèi 뻬이
명 등

胸 xiōng 시옹
명 가슴

肚子 dùzi 뚜쯔
명 배

腰 yāo 야오
명 허리

屁股 pìgu 피구
명 엉덩이

腿 tuǐ 투이
명 다리

大腿 dàtuǐ 따투이
명 허벅지

膝盖 xīgài 시까이
명 무릎

小腿 xiǎotuǐ 샤오투이
명 종아리

脚腕子 jiǎowànzi 쟈오완쯔
명 발목

脚 jiǎo 쟈오
명 발

脚趾 jiǎozhǐ 쟈오즈
명 발가락

脸 liǎn 리엔
명 얼굴

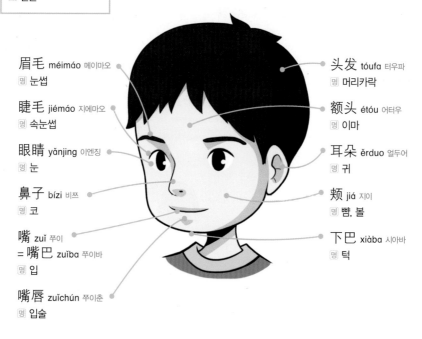

眉毛 méimáo 메이마오
명 눈썹

睫毛 jiémáo 지에마오
명 속눈썹

眼睛 yǎnjing 이엔징
명 눈

鼻子 bízi 비쯔
명 코

嘴 zuǐ 쭈이
= 嘴巴 zuǐba 쭈이바
명 입

嘴唇 zuǐchún 쭈이춘
명 입술

头发 tóufa 터우파
명 머리카락

额头 étóu 어터우
명 이마

耳朵 ěrduo 얼두어
명 귀

颊 jiá 지아
명 뺨, 볼

下巴 xiàba 시아바
명 턱

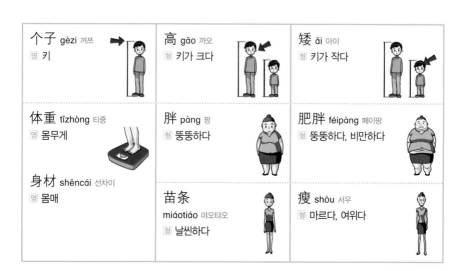

个子 gèzi 꺼즈 명 키 	高 gāo 까오 형 키가 크다 	矮 ǎi 아이 형 키가 작다 
体重 tǐzhòng 티중 명 몸무게 	胖 pàng 팡 형 뚱뚱하다 	肥胖 féipàng 페이팡 형 뚱뚱하다, 비만하다 
身材 shēncái 선차이 명 몸매	苗条 miáotiáo 먀오탸오 형 날씬하다 	瘦 shòu 서우 형 마르다, 여위다 

服装 Fúzhuāng 푸주앙 **의류**

MP3. Word_C04_02

衣服 yīfu 이푸
명 옷

中式服装
zhōngshì fúzhuāng 중스 푸주앙
명 중국 전통 복장

中山服 zhōngshānfú 중산푸
중산복

旗袍 qípáo 치파오
명 치파오

内衣 nèiyī 네이이
명 속옷

内裤 nèikù 네이쿠
명 팬티, 속바지

女士内衣
nǚshì nèiyī 뉘스 네이이
명 여성 속옷

胸罩 xiōngzhào 시웅자오
브래지어

夹克 jiākè 지아커
명 재킷

T恤 T xù 티쉬
명 티셔츠

裤子 kùzi 쿠쯔
명 바지

牛仔裤 niúzǎikù 니우짜이쿠
명 청바지

男装 nánzhuāng 난주앙
명 남성복

西装 xīzhuāng 시주앙
= 西服 xīfú 시푸
명 양복

衬衫 chènshān 천산
명 셔츠, 와이셔츠

背心 bèixīn 뻬이신
명 조끼

领带 lǐngdài 링따이
명 넥타이

女装 nǚzhuāng 뉘주앙
명 여성복

女衬衣 nǚchènyī 뉘천이
명 블라우스

连衣裙 liányīqún 리엔이췬
명 원피스

裙子 qúnzi 췬쯔
명 치마

迷你裙 mínǐqún 미니췬
미니스커트

礼服 lǐfú 리푸
명 예복

夏衣 xiàyī 시아이
명 여름옷

短袖 duǎnxiù 두안시우
반소매

无袖衫 wúxiùshān 우시우산
명 민소매 셔츠

短裤 duǎnkù 두안쿠
명 반바지

游泳衣 yóuyǒngyī 여우융이
명 수영복

冬衣 dōngyī 뚱이
명 겨울옷

毛衣 máoyī 마오이
명 스웨터

开襟绒线衫
kāijīn róngxiànshān 카이진 룽시엔산
명 카디건

大衣 dàyī 따이
= 外衣 wàiyī 와이이
명 외투, 오버코트

羽绒服 yǔróngfú 위룽푸
명 다운 재킷

鞋子 xiézi 시에쯔
명 신발, 구두

靴子 xuēzi 쉬에쯔
명 장화, 부츠

凉鞋 liángxié 리앙시에
명 샌들

人字拖 rénzìtuō 런쯔투어
조리

拖鞋 tuōxié 투어시에
명 슬리퍼

袜子 wàzi 와쯔
명 양말

手套 shǒutào 서우타오
명 장갑

腰带 yāodài 야오따이
명 허리띠

背带 bēidài 뻬이따이
명 멜빵

围巾 wéijīn 웨이진
명 목도리, 스카프

太阳眼镜
tàiyáng yǎnjìng 타이양 이엔징
명 선글라스

신체 특징

그의 어깨는 넓다.

他的肩膀很宽。
Tā de jiānbǎng hěn kuān.
타 더 지엔방 헌 쿠안

네 다리는 가늘고 길다.

你的腿很修长。
Nǐ de tuǐ hěn xiūcháng.
니 더 투이 헌 시우창

나는 내 무다리가 싫어.

我不喜欢我的萝卜腿。
Wǒ bù xǐhuan wǒ de luóbo tuǐ.
워 뿌 시후안 워 더 루어보 투이

그녀의 가슴은 풍만하다.

她的胸部很丰满。
Tā de xiōngbù hěn fēngmǎn.
타 더 시옹뿌 헌 펑만

나는 왼손잡이다.

我是左撇子。
Wǒ shì zuǒpiězi.
워 스 쭈어피에쯔

- 修长 xiūcháng 가늘고 길다
- 左撇子 zuǒpiězi 왼손잡이

키

네 키가 얼마니?

你个子多高?
Nǐ gèzi duōgāo?
니 꺼쯔 뚜어까오?

170(cm)이야.

一米七零。
Yī mǐ qī líng.
이 미 치 링

一米七。
Yī mǐ qī.
이 미 치

네 키는 큰 편인데.

你个子比较高啊。
Nǐ gèzi bǐjiào gāo a.
니 꺼쯔 비쟈오 까오 아

그의 키는 좀 작다.

他的个子有点矮。
Tā de gèzi yǒudiǎn ǎi.
타 더 꺼쯔 여우디엔 아이

그녀는 키가 크고 날씬하다.

她个子高而且很苗条。
Tā gèzi gāo érqiě hěn miáotiao.
타 꺼쯔 까오 얼치에 헌 먀오탸오

- 苗条 miáotiao (여성의 몸매가) 아름답고 날씬하다

체중 ①

몸무게가 얼마나 나가니?

你多重?

Nǐ duōzhòng?

니 뚜어중?

요즘 체중이 늘었어.

最近体重增加了。

Zuìjìn tǐzhòng zēngjiā le.

쭈이진 티중 쩡지아 러

살찐 거 같은데.

好像长肉了。

Hǎoxiàng zhǎngròu le.

하오시앙 장러우 러

너 살 빠졌네, 그렇지?

你瘦了，对吧?

Nǐ shòu le, duì ba?

니 서우 러, 뚜이 바?

그녀는 너무 말랐다.

她太瘦了。

Tā tài shòu le.

타 타이 서우 러

꼭! 짚고 가기

중국인의 외모

중국은 한족과 55개의 소수민족으로 이루어진 다민족 국가로, 민족마다 생김새의 특징이 있어, 대체로 비슷한 외모인 우리나라와 달리 다양한 외모를 만날 수 있습니다.

대체로 북방 지역 사람들은 얼굴이 갸름하고 이목구비가 뚜렷한 반면, 남방 지역 사람들은 둥근 얼굴에 짙은 쌍꺼풀과 두꺼운 입술 모양이 보편적입니다. 예를 들면, 허베이(河北)는 전형적인 북방인의 외모로, 외꺼풀에 피부가 하얀 편이며, 허난(河南) 지역은 노란 피부에 키가 작습니다. 산시(陕西) 지역은 진시황의 병마용과 가까워 '산시 사람은 병마용'이라는 우스개도 있습니다. 이마가 옹골지고 얼굴과 미간이 넓은 것이 특징입니다.

소수민족들의 특징을 살펴보면, 가장 서쪽의 위구르족은 중앙아시아에서 왔기 때문에 우리가 생각하는 중국인과 전혀 다른 생김새인데, 눈매가 깊고 콧날이 오뚝한 매력적인 외모를 가지고 있습니다.

페르시아 계열인 회족의 남자들은 얼굴이 갸름하고 눈이 작지만, 여자들은 눈이 큽니다.

몽골족은 얼굴과 광대뼈가 크고 상체가 건장합니다.

티베트족은 코와 콧구멍이 크고 고도가 높은 곳에 살기 때문에 피부가 거칠고 검붉은 편입니다.

장족은 검은 생머리에 미간이 넓은 것이 특징입니다.

체중 ②

\# 네 체중은 딱 좋다.

你的体重正好。
Nǐ de tǐzhòng zhèng hǎo.
니 더 티중 정 하오

\# 나는 좀 날씬해지고 싶어서, 다이어트 중이야.

我想苗条点，正在减肥。
Wǒ xiǎng miáotiao diǎn, zhèngzài jiǎnféi.
워 시앙 먀오탸오 디엔, 정짜이 지엔페이

\# 너는 허리의 살 좀 빼는 게 좋겠어.

你最好减减腰上的肉。
Nǐ zuìhǎo jiǎnjian yāoshang de ròu.
니 쭈이하오 지엔지엔 야오상 더 러우

\# 그는 허리 양쪽에 군살이 있다.

他腰两侧有赘肉。
Tā yāo liǎngcè yǒu zhuìròu.
타 야오 리앙처 여우 주이러우

\# 그는 맥주배야.(뱃살이 쪘다.)

他有啤酒肚了。
Tā yǒu píjiǔdù le.
타 여우 피지우뚜 러

\# 그는 배가 나왔어.

他肚子出来了。
Tā dùzi chūlai le.
타 뚜쯔 추라이 러

- 赘肉 zhuìròu 군살

신체 - 기타

\# 그는 표준 체형이야.

他是标准体型。
Tā shì biāozhǔn tǐxíng.
타 스 뱌오준 티싱

\# 그의 체형은 멋지다.

他体型很漂亮。
Tā tǐxíng hěn piàoliang.
타 티싱 헌 퍄오리앙

\# 너는 건강해 보이는 군.

你看起来很健康。
Nǐ kànqǐlai hěn jiànkāng.
니 칸치라이 헌 지엔캉

\# 그는 좀 뚱뚱해.

他有点胖。
Tā yǒudiǎn pàng.
타 여우디엔 팡

\# 그의 외모에 속으면 안 돼.

别被他的外表骗了。
Bié bèi tā de wàibiǎo piàn le.
비에 뻬이 타 더 와이뱌오 피엔 러

외모

그녀는 동안이다.

她是娃娃脸。
Tā shì wáwaliǎn.
타 스 와와리엔

나는 보기에 실제 나이보다 어려 보인다.

我看起来比实际年龄小。
Wǒ kànqǐlai bǐ shíjì niánlíng xiǎo.
워 칸치라이 비 스지 니엔링 샤오

그녀는 보기에 실제 나이보다 들어 보인다.

她看起来比实际年龄大。
Tā kànqǐlai bǐ shíjì niánlíng dà.
타 칸치라이 비 스지 니엔링 따

그의 이마는 넓다.

他的额头很宽。
Tā de étóu hěn kuān.
타 더 어터우 헌 쿠안

나는 웃을 때 보조개가 있다.

我笑的时候有酒窝。
Wǒ xiào de shíhou yǒu jiǔwō.
워 샤오 더 스허우 여우 지우워

- 娃娃脸 wáwaliǎn 동안, 앳된 얼굴
- 酒窝 jiǔwō 보조개

얼굴형

나는 둥근 얼굴이다.

我是圆脸。
Wǒ shì yuánliǎn.
워 스 위엔리엔

나는 계란형 얼굴이다.

我是鸭蛋脸。
Wǒ shì yādànliǎn.
워 스 야딴리엔

그녀는 사각형 얼굴이다.

她是四方脸。
Tā shì sìfāngliǎn.
타 스 쓰팡리엔

나는 얼굴이 통통하다.

我的脸胖乎乎的。
Wǒ de liǎn pànghūhū de.
워 더 리엔 팡후후 더

계란형 얼굴에는 어떤 헤어스타일이 가장 잘 어울릴까?

鸭蛋脸配什么发型最好呢?
Yādànliǎn pèi shénme fàxíng zuì hǎo ne?
야딴리엔 페이 선머 파싱 쭈이 하오 너?

피부

그녀의 피부는 하얗다.

她的皮肤很白。
Tā de pífū hěn bái.
타 더 피푸 헌 바이

그의 피부는 까맣다.

他的皮肤很黑。
Tā de pífū hěn hēi.
타 더 피푸 헌 헤이

피부가 햇빛에 탔다.

皮肤晒黑了。
Pífū shàihēi le.
피푸 사이헤이 러

그녀의 피부는 탄력이 있다.

她的皮肤很有弹力。
Tā de pífū hěn yǒu tánlì.
타 더 피푸 헌 여우 탄리

내 피부는 텄다.

我的皮肤皲裂。
Wǒ de pífū jūnliè.
워 더 피푸 쥔리에

내 피부는 매끈매끈하다.

我的皮肤滑润。
Wǒ de pífū huárùn.
워 더 피푸 후아룬

- 晒黑 shàihēi (피부 등이) 햇볕에 타다
- 皲裂 jūnliè 피부가 트다

피부 트러블 ①

내 얼굴에 각질이 일어났다.

我的脸起皮了。
Wǒ de liǎn qǐpí le.
워 더 리엔 치피 러

我的脸爆皮了。
Wǒ de liǎn bàopí le.
워 더 리엔 빠오피 러

모공이 커서 골치 아프다.

毛孔粗大让人头疼。
Máokǒng cūdà ràng rén tóuténg.
마오쿵 추따 랑 런 터우텅

피부가 민감하다.

皮肤很敏感。
Pífū hěn mǐngǎn.
피푸 헌 민간

네 피부색이 어두운데.

你的肤色暗黄。
Nǐ de fūsè ànhuáng.
니 더 푸써 안후앙

你的脸色暗黄。
Nǐ de liǎnsè ànhuáng.
니 더 리엔써 안후앙

脸色와 肤色 모두 '안색'이라는 의미인데, 미용과 관련된 표현으로 쓸 때는 肤色, 건강과 관련된 표현으로 쓸 때는 脸色라고 합니다.

피부 트러블 ②

\# 얼굴에 뭐가 났다.

脸上起了什么东西。

Liǎnshang qǐ le shénme dōngxi.

리엔상 치 러 선머 뚱시

\# 얼굴에 뾰루지가 났다.

脸上起痘了。

Liǎnshang qǐ dòu le.

리엔상 치 떠우 러

\# 내 얼굴에 반점이 많다.

我脸上的痣很多。

Wǒ liǎnshang de zhì hěn duō.

워 리엔상 더 즈 헌 뚜어

\# 나는 주근깨가 좀 있다.

我有点雀斑。

Wǒ yǒu diǎn quèbān.

워 여우 디엔 취에빤

\# 네 얼굴에 주름이 많다.

你脸上的皱纹很多。

Nǐ liǎnshang de zhòuwén hěn duō.

니 리엔상 더 저우원 헌 뚜어

- 痘 dòu 뾰루지, 여드름
  (= 青春痘 qīngchūndòu)
- 痣 zhì 반점, 사마귀
- 雀斑 quèbān 주근깨
- 皱纹 zhòuwén 주름(살)

Unit 3 이목구비 MP3. C04_U03

눈 ①

\# 나는 쌍꺼풀이 있다.

我有双眼皮。

Wǒ yǒu shuāngyǎnpí.

워 여우 수앙이엔피

\# 나는 속쌍꺼풀이다.

我是内双。

Wǒ shì nèishuāng.

워 스 네이수앙

\# 쌍꺼풀이 있으면 눈이 더 커 보인다.

有双眼皮的话你的眼睛看起来更大。

Yǒu shuāngyǎnpí dehuà nǐ de yǎnjing kànqǐlai gèng dà.

여우 수앙이엔피 더후아 니 더 이엔징 칸치라이 껑 따

\# 내 속눈썹은 길다.

我的睫毛很长。

Wǒ de jiémáo hěn cháng.

워 더 지에마오 헌 창

\# 그녀의 눈은 크고 빛난다.

她的眼睛又大又亮。

Tā de yǎnjing yòu dà yòu liàng.

타 더 이엔징 여우 따 여우 리앙

눈②

\# 내 눈은 좀 푹 꺼졌다.

我的眼睛有些凹陷。
Wǒ de yǎnjing yǒuxiē āoxiàn.
워 더 이엔징 여우시에 아오시엔

\# 내 두 눈은 많이 떨어져 있다.

我的两个眼睛距离太大。
Wǒ de liǎng ge yǎnjing jùlí tài dà.
워 더 리앙 거 이엔징 쥐리 타이 따

\# 그녀의 두 눈은 너무 가깝다.

她的两只眼睛长得太近了。
Tā de liǎng zhī yǎnjing zhǎng de tài jìn le.
타 더 리앙 즈 이엔징 장 더 타이 진 러

\# 내 눈꼬리는 처졌다.

我的眼角下垂。
Wǒ de yǎnjiǎo xiàchuí.
워 더 이엔쟈오 시아추이

\# 내 눈은 작다.

我的眼睛很窄。
Wǒ de yǎnjing hěn zhǎi.
워 더 이엔징 헌 자이

'눈이 작다'는 표현을 할 때 小를 쓰지 않고 窄를 쓰는 것에 주의합니다.

시력

\# 네 시력은 어떠니?

你视力怎么样?
Nǐ shìlì zěnmeyàng?
니 스리 쩐머양?

\# 내 시력은 좋아.

我视力很好。
Wǒ shìlì hěn hǎo.
워 스리 헌 하오

\# 시력이 떨어진 것 같아.

视力好像下降了。
Shìlì hǎoxiàng xiàjiàng le.
스리 하오시앙 시아지앙 러

\# 나는 근시라서, 안경을 써야 한다.

我近视，所以要戴眼镜。
Wǒ jìnshì, suǒyǐ yào dài yǎnjìng.
워 진스, 쑤어이 야오 따이 이엔징

\# 그녀는 콘택트렌즈를 착용했다.

她戴了隐形眼镜。
Tā dài le yǐnxíng yǎnjìng.
타 따이 러 인싱 이엔징

\# 그는 색맹이다.

他是色盲。
Tā shì sèmáng.
타 스 써망

- 凹陷 āoxiàn 꺼지다, 움푹 패이다
- 眼角 yǎnjiǎo 눈꼬리, 눈가

코

\# 내 콧대는 높다.

我鼻梁很高。
Wǒ bíliáng hěn gāo.
워 비리앙 헌 까오

\# 그의 코는 평평하다.

他有一个扁平的鼻子。
Tā yǒu yí ge biǎnpíng de bízi.
타 여우 이 거 비엔핑 더 비쯔

\# 그녀는 매부리코다.

她是鹰钩鼻子。
Tā shì yīnggōu bízi.
타 스 잉꺼우 비쯔

\# 콧물을 들이마시지 마라.

不要吸鼻涕。
Búyào xī bítì.
부야오 시 비티

\# 나는 콧물을 흘렸다.

我流鼻涕了。
Wǒ liú bítì le.
워 리우 비티 러

\# 나는 코피를 흘렸다.

我流鼻血了。
Wǒ liú bíxiě le.
워 리우 비시에 러

꼭! 짚고 가기

중국 전통의상, 치파오

한국의 한복, 일본의 기모노처럼 중국에도 치파오(旗袍 qípáo 치파오)라는 전통의상이 있습니다. 치파오는 본래 만주족이 입었던 옷으로, 청대(清代) 남녀 구분 없이 바지 위에 입던 발목 정도까지 오는 옷에서 유래했습니다.

현재는 일반적으로 원피스 형태의 여성복을 뜻하는데, 가장 유행했던 시기는 1920년대로 역사가 길지는 않습니다. 1950년대 이후 치파오의 유행은 점차 사그라들었고, 문화대혁명(1966~1976년)에서 '봉건의 상징이자 자산계급의 정서'라 여겨지며 비판을 받기도 했습니다. 1980년대 들어서면서 전통문화가 주목받으며 치파오는 다시 부흥기를 맞이하며 유행하게 되었습니다. 이후 대외적인 자리에서 중국을 대표하는 여성 예복이 되면서, 현재 중국 전통의상의 상징이 되었습니다.

옷깃은 곧게 세워진 차이니스 칼라이며, 치마와 소매의 길이가 다양합니다. 비단에 화려한 자수가 놓은 고급스러운 것에서부터 면으로 만든 실용적인 것까지 그 소재가 광범위하고, 치파오의 옆트임도 양쪽에 있거나 한쪽에 있거나 또는 없을 수도 있어 스타일도 다양합니다.

귀

그의 귀는 특히 예민하다.

他耳朵特别尖。
Tā ěrduo tèbié jiān.
타 얼두어 터비에 지엔

귀에 귀지가 많이 있다.

耳朵里有很多耳垢。
Ěrduoli yǒu hěn duō ěrgòu.
얼두어리 여우 헌 뚜어 얼꺼우

耳朵里有很多耳屎。
Ěrduoli yǒu hěn duō ěrshǐ.
얼두어리 여우 헌 뚜어 얼스

나는 귀에 구멍을 뚫어, 귀걸이를 했다.

我穿了耳洞，戴上了耳环。
Wǒ chuān le ěrdòng, dàishàng le ěrhuán.
워 추안 러 얼뚱, 따이상 러 얼후안

그는 귀가 좀 어둡다.

他的听力较差。
Tā de tīnglì jiào chà.
타 더 팅리 쟈오 차

그는 보청기를 하고 있다.

他戴着助听器。
Tā dàizhe zhùtīngqì.
타 따이저 주팅치

입 & 입술

그는 입이 크다.

他嘴很大。
Tā zuǐ hěn dà.
타 쭈이 헌 따

그녀는 입매가 예쁘다.

她嘴型很漂亮。
Tā zuǐxíng hěn piàoliang.
타 쭈이싱 헌 퍄오리앙

그의 입술은 두껍다.

他的嘴唇很厚。
Tā de zuǐchún hěn hòu.
타 더 쭈이춘 헌 허우

내 입술은 얇다.

我的嘴唇很薄。
Wǒ de zuǐchún hěn báo.
워 더 쭈이춘 헌 바오

내 입술은 자주 갈라진다.

我的嘴唇经常开裂。
Wǒ de zuǐchún jīngcháng kāiliè.
워 더 쭈이춘 징창 카이리에

- 尖 jiān (눈·코·귀 등의 감각이) 예민하다, 민감하다
- 耳垢 ěrgòu 귀지
  (= 耳屎 ěrshǐ)

구강

내 잇몸은 별로 좋지 않다.

我的牙床不太好。
Wǒ de yáchuáng bútài hǎo.
워 더 야추앙 부타이 하오

네 입냄새가 지독해.

你口气很重。
Nǐ kǒuqì hěn zhòng.
니 커우치 헌 중

你口臭得厉害。
Nǐ kǒu chòu de lìhai.
니 커우 처우 더 리하이

양치질 좀 하러 가렴.

你去刷刷牙吧。
Nǐ qù shuāshua yá ba.
니 취 수아수아 야 바

치실을 사용하니?

你用牙线吗?
Nǐ yòng yáxiàn ma?
니 융 야시엔 마?

녹차로 입가심을 해라.

用绿茶漱口。
Yòng lǜchá shùkǒu.
융 뤼차 수커우

- 牙床 yáchuáng 잇몸
- 漱 shù 입가심하다

치아

그녀는 이가 하얗다.

她牙齿很白。
Tā yáchǐ hěn bái.
타 야츠 헌 바이

나는 충치가 생겼다.

我长了虫牙。
Wǒ zhǎng le chóngyá.
워 장 러 충야

나는 덧니가 하나 있다.

我有一个虎牙。
Wǒ yǒu yí ge hǔyá.
워 여우 이 거 후야

나는 사랑니가 났다.

我长了智齿。
Wǒ zhǎng le zhìchǐ.
워 장 러 즈츠

나는 사랑니를 뽑았다.

我拔了智齿。
Wǒ bá le zhìchǐ.
워 바 러 즈츠

나는 치아 교정하고 있다.

我正在矫正牙齿。
Wǒ zhèngzài jiǎozhèng yáchǐ.
워 정짜이 쟈오정 야츠

- 虎牙 hǔyá 덧니
- 智齿 zhìchǐ 사랑니

헤어스타일

그녀는 포니테일 스타일을 좋아한다.

她喜欢马尾辫的风格。
Tā xǐhuan mǎwěibiàn de fēnggé.
타 시후안 마웨이삐엔 더 펑거

언니는 머리를 땋았다.

姐姐编了辫子。
Jiějie biān le biànzi.
지에지에 삐엔 러 삐엔쯔

나는 짧은 머리예요.

我是短发。
Wǒ shì duǎnfà.
워 스 두안파

나는 헤어스타일을 바꿨다.

我换了发型。
Wǒ huàn le fàxíng.
워 후안 러 파싱

그녀는 금발의 곱슬머리다.

她有一头金色的卷发。
Tā yǒu yì tóu jīnsè de juànfà.
타 여우 이 터우 진써 더 쥐엔파

네 머리는 무슨 색이니?

你的头发是什么颜色?
Nǐ de tóufa shì shénme yánsè?
니 더 터우파 스 선머 이엔써?

그의 머리는 갈색이다.

他的头发是棕色的。
Tā de tóufa shì zōngsè de.
타 더 터우파 스 쭝써 더

헤어 상태

요즘 흰머리가 나기 시작했다.

最近开始长白头发了。
Zuìjìn kāishǐ zhǎng bái tóufa le.
쭈이진 카이스 장 바이 터우파 러

그는 대머리다.

他是秃头。
Tā shì tūtóu.
타 스 투터우

내 머리결은 손상이 심하다.

我的发质受损很严重。
Wǒ de fàzhì shòusǔn hěn yánzhòng.
워 더 파즈 서우쑨 헌 이엔중

我的发质受损很厉害。
Wǒ de fàzhì shòusǔn hěn lìhai.
워 더 파즈 서우쑨 헌 리하이

머리끝이 갈라졌다.

发梢分叉了。
Fàshāo fēn chà le.
파사오 펀 차 러

요즘 머리가 심하게 빠지는데, 탈모가 진행되는 걸까?

最近头发掉得很厉害，是不是开始脱发了?
Zuìjìn tóufa diào de hěn lìhai, shìbushì kāishǐ tuōfà le?
쭈이진 터우파 땨오 더 헌 리하이, 스부스 카이스 투어파 러?

수염

우리 아빠는 콧수염을 길렀다.

我爸留了小胡子。
Wǒ bà liú le xiǎohúzi.
워 빠 리우 러 샤오후쯔

그는 구레나룻이 있다.

他有络腮胡子。
Tā yǒu luòsāihúzi.
타 여우 루어싸이후쯔

그는 턱밑에 수염을 길렀다.

他下巴上留了胡子。
Tā xiàbashang liú le húzi.
타 시아바상 리우 러 후쯔

할아버지는 하얀 수염이 있다.

爷爷有花白的胡子。
Yéye yǒu huābái de húzi.
이에이에 여우 후아바이 더 후쯔

그는 몸에 털이 많다.

他身上有很多毛。
Tā shēnshang yǒu hěn duō máo.
타 선상 여우 헌 뚜어 마오

- 留小胡子 liú xiǎohúzi 콧수염을 기르다
- 络腮胡子 luòsāihúzi 구레나룻

스타일 ①

그녀는 섹시하게 생겼다.

她长得很性感。
Tā zhǎng de hěn xìnggǎn.
타 장 더 헌 싱간

그는 지적으로 보인다.

他看起来很知性。
Tā kànqǐlai hěn zhīxìng.
타 칸치라이 헌 즈싱

그는 잘생겼다.

他长得很帅。
Tā zhǎng de hěn shuài.
타 장 더 헌 쏴이

저 남자는 멋스럽다.

那个男人很潇洒。
Nà ge nánren hěn xiāosǎ.
나 거 난런 헌 샤오싸

그녀는 정말 미인이다.

她真是个美女。
Tā zhēnshi ge měinǚ.
타 전스 거 메이뉘

- 潇洒 xiāosǎ 멋스럽다, 말쑥하다

스타일 ②

\# 그녀는 평범하게 생겼다.

她长得很一般。
Tā zhǎng de hěn yìbān.
타 장 더 헌 이빤

她长得普通。
Tā zhǎng de pǔtōng.
타 장 더 푸퉁

\# 나는 말괄량이다.

我是个辣妹子。
Wǒ shì ge làmèizi.
워 스 거 라메이쯔

\# 이 아이는 귀엽다.

这个孩子很可爱。
Zhè ge háizi hěn kě'ài.
저 거 하이쯔 헌 커아이

\# 오늘 너 예뻐 보이는데.

你今天看起来很漂亮。
Nǐ jīntiān kànqǐlai hěn piàoliang.
니 진티엔 칸치라이 헌 퍄오리앙

\# 그는 꽃미남이다.

他是个帅哥。
Tā shì ge shuàigē.
타 스 거 쏴이꺼

他是个美男子。
Tā shì ge měinánzǐ.
타 스 거 메이난쯔

닮았다고 말할 때

\# 너는 내가 아는 사람이랑 닮았어.

你和我认识的人长得很像。
Nǐ hé wǒ rènshi de rén zhǎng de hěn xiàng.
니 허 워 런스 더 런 장 더 헌 시앙

\# 나는 외할머니를 닮았다.

我长得像我姥姥。
Wǒ zhǎng de xiàng wǒ lǎolao.
워 장 더 시앙 워 라오라오

\# 여동생의 눈은 아빠를 닮았다.

妹妹的眼睛很像爸爸。
Mèimei de yǎnjing hěn xiàng bàba.
메이메이 더 이엔징 헌 시앙 빠바

\# 너는 아빠를 닮았니 아니면 엄마를 닮았니?

你长得像爸爸还是像妈妈?
Nǐ zhǎng de xiàng bàba háishi xiàng māma?
니 장 더 시앙 빠바 하이스 시앙 마마?

\# 네가 청룽 닮았다고 하지 않니?

没有人说你长得像成龙吗?
Méiyǒu rén shuō nǐ zhǎng de xiàng Chéng Lóng ma?
메이여우 런 수어 니 장 더 시앙 청 룽 마?

못생긴 외모

그는 너무 못생겼다.

他长得太难看了。
Tā zhǎng de tài nánkàn le.
타 장 더 타이 난칸 러

그녀는 그저 성격이 괜찮아.

她只有性格还过得去。
Tā zhǐyǒu xìnggé hái guòdeqù.
타 즈여우 싱거 하이 꾸어더취

그녀의 외모는 좀 떨어져.

她的外貌比较差。
Tā de wàimào bǐjiào chà.
타 더 와이마오 비쟈오 차

그는 인물이 보잘것없어.

他长得不怎么样。
Tā zhǎng de bù zěnmeyàng.
타 장 더 뿌 쩐머양

그녀는 못생겼지?

她长得丑吧?
Tā zhǎng de chǒu ba?
타 장 더 처우 바?

옷차림 ①

나는 유행하는 옷에 관심이 없어.

我对流行的衣服没什么感觉。
Wǒ duì liúxíng de yīfu méi shénme gǎnjué.
워 뚜이 리우싱 더 이푸 메이 선머 간쥐에

그녀는 최신 유행하는 옷만 입는다.

她只穿最新流行的衣服。
Tā zhǐ chuān zuìxīn liúxíng de yīfu.
타 즈 추안 쭈이신 리우싱 더 이푸

이것은 유행하는 중이다.

这个正时髦呢。
Zhè ge zhèng shímáo ne.
저 거 정 스마오 너

이것은 최신 스타일이다.

这是最新款。
Zhè shìzuì xīn kuǎn.
저 스 쭈이신 쿠안

그는 옷차림에 흥미가 없다.

他对穿衣打扮没兴趣。
Tā duì chuānyī dǎban méi xìngqù.
타 뚜이 추안이 다반 메이 싱취

• 不怎么样 bù zěnmeyàng 그리 좋지 않다, 보통이다

옷차림 ②

이 바지는 내가 입기에 너무 끼어.

这条裤子我穿太紧了。
Zhè tiáo kùzi wǒ chuān tài jǐn le.
저 탸오 쿠쯔 워 추안 타이 진 러

나는 스키니진 입기를 좋아해.

我喜欢穿紧身牛仔裤。
Wǒ xǐhuan chuān jǐnshēn niúzǎikù.
워 시후안 추안 진선 니우짜이쿠

이런 청바지를 입지 않으면 너는 유행에 뒤떨어진다는 거지.

不穿这样的牛仔裤说明你过时了。
Bù chuān zhèyàng de niúzǎikù shuōmíng nǐ guòshí le.
뿌 추안 저양 더 니우짜이쿠 수어밍 니 꾸어스 러

그녀는 옷을 잘 입는다.

她很会穿衣打扮。
Tā hěn huì chuānyī dǎban.
타 헌 후이 추안이 다반

그녀는 촌스럽다.

她很土。
Tā hěn tǔ.
타 헌 투

그는 명품만 입는다.

他只穿名牌。
Tā zhǐ chuān míngpái.
타 즈 추안 밍파이

화장 ①

내 얼굴은 화장을 잘 먹었다.

我的脸吃妆。
Wǒ de liǎn chīzhuāng.
워 더 리엔 츠주앙

오늘 네 얼굴 화장이 잘 안 먹었어.

今天你的脸不吃妆。
Jīntiān nǐ de liǎn bù chīzhuāng.
진티엔 니 더 리엔 뿌 츠주앙

그녀의 화장은 너무 짙다.

她的妆太浓了。
Tā de zhuāng tài nóng le.
타 더 주앙 타이 눙 러

화장이 곧 끝나.

妆快化完了。
Zhuāng kuài huàwán le.
주앙 콰이 후아완 러

눈화장이 다 번졌다.

眼睛上化的妆都花了。
Yǎnjingshang huàde zhuāng dōu huā le.
이엔징상 후아더 주앙 떠우 후아 러

립스틱 바르는 것 잊지 마.

别忘了涂唇膏。
Bié wàng le tú chúngāo.
비에 왕 러 투 춘까오

화장 ②

\# 그녀는 화장을 안 해도 예쁘다.

她不化妆都漂亮。
Tā bú huàzhuāng dōu piàoliang.
타 부 후아주앙 떠우 파오리앙

\# 나는 그녀가 짙은 화장을 안 했으면 좋겠어.

我希望她不要化浓妆。
Wǒ xīwàng tā búyào huà nóngzhuāng.
워 시왕 타 부야오 후아 눙주앙

\# 너는 어떤 상표의 화장품을 쓰니?

你用什么牌子的化妆品?
Nǐ yòng shénme páizi de huàzhuāngpǐn?
니 융 선머 파이쯔 더 후아주앙핀?

\# 어떤 향수를 썼니?

你用的什么香水?
Nǐ yòngde shénme xiāngshuǐ?
니 융더 선머 시앙수이?

\# 어제 화장을 지우지 않고 잠들었다.

昨天妆都没卸就睡了。
Zuótiān zhuāng dōu méi xiè jiù shuì le.
쭈어티엔 주앙 떠우 메이 시에 지우 수이 러

\# 화장을 지우는 것은 중요하다.

洁面很重要。
Jiémiàn hěn zhòngyào.
지에미엔 헌 중야오

성형

\# 나는 성형수술하고 싶다.

我想整容。
Wǒ xiǎng zhěngróng.
워 시앙 정룽

\# 나는 쌍꺼풀 수술을 했다.

我做双眼皮了。
Wǒ zuò shuāngyǎnpí le.
워 쭈어 수앙이엔피 러

\# 나는 코를 높이는 수술에 실패했다.

我隆鼻手术失败了。
Wǒ lóngbí shǒushù shībài le.
워 룽비 서우수 스빠이 러

\# 나는 아래턱 깎는 수술을 했다.

我做了削下颌骨手术。
Wǒ zuò le xiāo xiàhégǔ shǒushù.
워 쭈어 러 샤오 시아허구 서우수

\# 그녀는 주름 제거술에 관심이 많다.

她对拉皮美容很感兴趣。
Tā duì lāpí měiróng hěn gǎn xìngqu.
타 뚜이 라피 메이룽 헌 간 싱취

\# 나는 보톡스 주사의 부작용이 두려워.

我很害怕肉毒针的副作用。
Wǒ hěn hàipà ròudúzhēn de fùzuòyòng.
워 헌 하이파 러우두전 더 푸쭈어융

Chapter 05

어디에서든 문제없어!

Chapter 05

餐厅 Cāntīng 찬팅 음식점

MP3. Word_C05_01

餐厅 cāntīng 찬팅
명 음식점, 레스토랑

菜单 càidān 차이딴
명 차림표, 식단, 메뉴

厨师 chúshī 추스
= 厨子 chúzi 추쯔
명 요리사, 조리사

服务员 fúwùyuán 푸우위엔
명 종업원, 웨이터

点菜 diǎncài 디엔차이
동 요리를 주문하다

饮料 yǐnliào 인랴오
명 음료

开胃菜 kāiwèicài 카이웨이차이
전채, 애피타이저

汤 tāng 탕
명 국; 수프

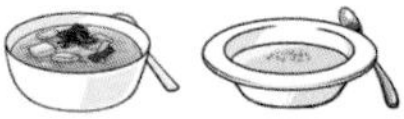

主菜 zhǔcài 주차이
명 메인 요리

牛排 niúpái 니우파이
명 스테이크, 소갈비

肋骨 lèigǔ 레이구
명 갈비

附加菜 fùjiācài 푸지아차이
곁들이는 요리

煎土豆 jiāntǔdòu 지엔투떠우
= 薯条 shǔtiáo 수탸오
감자튀김

沙拉 shālā 사라
= 色拉 sèlā 써라
명 샐러드

西餐 xīcān 시찬
명 양식, 서양 요리

韩餐 háncān 한찬
명 한식, 한국 요리

中餐 zhōngcān 중찬
명 중식, 중국 요리

糖醋里脊 tángcùlǐjǐ 탕추리지
명 탕수리지

麻辣火锅
málàhuǒguō 마라후어꾸어
명 마라훠궈

北京烤鸭
Běijīng kǎoyā 베이징 카오야
명 베이징 덕,
베이징 오리구이

饺子 jiǎozi 쟈오쯔
명 만두

包子 bāozi 빠오쯔
명 바오쯔

馒头 mántou 만터우
명 찐빵

甜点 tiándiǎn 티엔디엔
명 디저트

面包 miànbāo 미엔빠오
명 빵

饼干 bǐnggàn 빙깐
명 비스킷, 과자

冰淇淋 bīngqílín 삥치린
명 아이스크림

餐巾 cānjīn 찬진
명 냅킨

账单 zhàngdān 장딴
명 계산서

买单 mǎidān 마이딴
명 계산서
동 계산하다

咖啡厅 Kāfēitīng 카페이팅 커피숍

MP3. Word_C05_02

咖啡厅 kāfēitīng 카페이팅
명 커피숍, 카페

咖啡 kāfēi 카페이
명 커피

咖啡伴侣
kāfēi bànlǚ 카페이 빤뤼
명 커피 메이트, 커피 프림

水 shuǐ 수이
명 물

开水 kāishuǐ 카이수이
명 끓인 물

糖 táng 탕
명 설탕

茶 chá 차
명 차

果汁 guǒzhī 구어즈
명 과일 주스

碳酸水
tànsuānshuǐ 탄쑤안수이
명 탄산수

绿茶 lǜchá 뤼차
명 녹차

红茶 hóngchá 홍차
명 홍차

杯子 bēizi 뻬이쯔
명 컵, 잔

玻璃杯 bōlíbēi 뽀리뻬이
명 유리컵

茶杯 chábēi 차뻬이
명 찻잔

茶匙 cháchí 차츠
명 찻숟가락, 티스푼

医院 yīyuàn 이위엔
명 병원

医生 yīshēng 이성
= 大夫 dàifu 따이푸
명 의사

护士 hùshi 후스
명 간호사

病人 bìngrén 삥런
= 患者 huànzhě 후안저
명 환자

病情 bìngqíng 삥칭
명 병세

症状 zhèngzhuàng 정주앙
명 증상

看病 kànbìng 칸삥
동 (의사가) 진찰하다;
(의사에게) 진찰을 받다

治疗 zhìliáo 즈랴오
동 치료하다

手术 shǒushù 서우수
명 수술

动手术 dòng shǒushù 똥 서우수
동 수술하다

住院 zhùyuàn 주위엔
= 入院 rùyuàn 루위엔
동 입원하다

出院 chūyuàn 추위엔
동 퇴원하다

救助 jiùzhù 지우주
= 拯救 zhěngjiù 정지우
동 구조하다

救护车 jiùhùchē 지우후처
명 구급차

急救包 jíjiùbāo 지지우빠오
명 구급 상자

急诊 jízhěn 지전
명 응급 진료

急诊室 jízhěnshì 지전스
명 응급실

急救措施
jíjiù cuòshī 지지우 추어스
응급조치

骨 gǔ 구
= 骨头 gǔtou 구터우
명 뼈

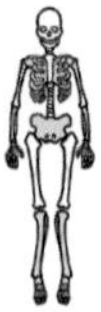

骨折 gǔzhé 구저
동 골절되다

血 xuè 쉬에
명 피, 혈액

流血 liúxiě 리우시에
동 출혈하다

止血 zhǐxiě 즈시에
동 지혈하다

银行 Yínháng 인항 **은행**

银行 yínháng 인항
명 은행

钱 qián 치엔
명 돈

现金 xiànjīn 시엔진
명 현금

钞票 chāopiào 차오퍄오
= 纸币 zhǐbì 즈삐
명 지폐

硬币 yìngbì 잉삐
명 동전

支票 zhīpiào 즈퍄오
명 수표

账户 zhànghù 장후
명 계좌

货币 huòbì 후어삐
명 화폐

外汇 wàihuì 와이후이
명 외화

存款金额
cúnkuǎn jīn'é 춘쿠안 진어
명 잔고, 예금액

余额 yú'é 위어
명 (장부상의) 잔고, 잔금

存 cún 춘
= 储蓄 chǔxù 추쉬
동 저축하다

存款 cúnkuǎn 춘쿠안
명 예금, 저금
동 예금하다, 저금하다

提款 tíkuǎn 티쿠안
= 取款 qǔkuǎn 취쿠안
동 예금을 인출하다, 저금을 찾다

转账 zhuǎnzhàng 주안장
동 계좌 이체하다

自动转账
zìdòng zhuǎnzhàng 쯔뚱 주안장
자동이체

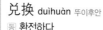

兑换 duìhuàn 뚜이후안
동 환전하다

汇率 huìlǜ 후이뤼
= 汇价 huìjià 후이지아
명 환율

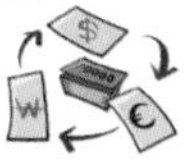

信用卡 xìnyòngkǎ 신융카
명 신용 카드

现金卡 xiànjīnkǎ 시엔진카
직불 카드

自动提款机
zìdòng tíkuǎnjī 쯔뚱 티쿠안지
명 현금 자동 인출기(ATM)

网上银行
wǎngshàng yínháng 왕상 인항
= 网银 wǎngyín 왕인
명 인터넷뱅킹

密码 mìmǎ 미마
명 비밀번호

음식점 추천

간단한 음식을 좀 먹고 싶은데.

想吃点简单的饭菜。
Xiǎng chī diǎn jiǎndān de fàncài.
시앙 츠 디엔 지엔딴 더 판차이

이 근처에 맛있는 음식점 있어요?

这附近有好吃的餐厅吗?
Zhè fùjìn yǒu hǎochī de cāntīng ma?
저 푸진 여우 하오츠 더 찬팅 마?

근처에 비교적 맛있는 음식점을 추천해 주세요.

请推荐一下附近比较好吃的餐厅。
Qǐng tuījiàn yíxià fùjìn bǐjiào hǎochī de cāntīng.
칭 투이지엔 이시아 푸진 비쟈오 하오츠 더 찬팅

이 시간에 문을 연 음식점이 있나?

这个时间有开门的餐厅吗?
Zhè ge shíjiān yǒu kāimén de cāntīng ma?
저 거 스지엔 여우 카이먼 더 찬팅 마?

어떤 곳에 음식점이 좀 많이 있나요?

什么地方餐厅比较集中?
Shénme dìfang cāntīng bǐjiào jízhōng?
선머 띠팡 찬팅 비쟈오 지중?

음식점 예약

내가 음식점을 예약해도 될까?

我来预定餐厅好吗?
Wǒ lái yùdìng cāntīng hǎo ma?
워 라이 위띵 찬팅 하오 마?

저 음식점을 예약해 주세요.

请帮我预定那个餐厅。
Qǐng bāng wǒ yùdìng nà ge cāntīng.
칭 빵 워 위띵 나 거 찬팅

예약하시겠어요?

要预定吗?
Yào yùdìng ma?
야오 위띵 마?

창가 쪽 자리로 예약해 주세요.

请帮我预定一个靠窗的座位。
Qǐng bāng wǒ yùdìng yí ge kàochuāng de zuòwèi.
칭 빵 워 위띵 이 거 카오추앙 더 쭈어웨이

예약을 취소해 주세요.

请帮我取消预约。
Qǐng bāng wǒ qǔxiāo yùyuē.
칭 빵 워 취샤오 위위에

식당 안내

몇 분이세요?

请问您几位?
Qǐngwèn nín jǐ wèi?
칭원 닌 지 웨이?

다섯 명입니다.

五个人。
Wǔ ge rén.
우 거 런

흡연석으로 드릴까요 금연석으로 드릴까요?

你需要吸烟席还是禁烟席?
Nǐ xūyào xīyānxí háishi jìnyānxí?
니 쉬야오 시이엔시 하이스 진이엔시?

금연석으로 주세요.

请给我禁烟席。
Qǐng gěi wǒ jìnyānxí.
칭 게이 워 진이엔시

죄송하지만, 지금은 자리가 모두 찼습니다.

对不起，现在座位都满了。
Duìbuqǐ, xiànzài zuòwèi dōu mǎn le.
뚜이부치, 시엔짜이 쭈어웨이 떠우 만 러

꼭! 짚고 가기

중국 요리 주문하기

중국에 가서 음식을 주문할 때, 가장 난감한 것이 메뉴판에 잔뜩 있는 어려워 보이는 한자일 것입니다. 중국 요리의 이름은 대체로 음식의 재료, 조리법, 맛을 나타내는 글자로 이루어져 있어 자기가 특히 좋아하거나 싫어하는 음식 재료 몇 글자만 알고 있어도 주문할 때 곤경에 처하지 않을 수 있습니다.

예를 들면, 肉(ròu 러우)가 있으면 재료는 고기입니다. 그런데 일반적으로 肉만 있으면 돼지고기를 뜻하기 때문에, 소고기 요리를 먹고 싶으면 牛肉(niúròu 니우러우)가 있는 음식 이름을 고르면 됩니다. 참고로 닭은 鸡(jī 지), 양은 羊(yáng 양), 오리는 鸭(yā 야)입니다.

음식 이름에 丁(dīng 띵)이 있으면, 깍둑썰기 모양으로, 丝(sī 쓰)가 있으면 채썰기 모양으로 만들었다는 뜻이고, 烤(kào 카오)는 구이, 炒(chǎo 차오)는 볶음, 蒸(zhēng 정)은 찜을 의미합니다.

한국인들이 중국에서 즐겨 먹는 요리로 北京烤鸭(Běijīng kǎoyā 베이징 카오야 베이징 오리구이), 鱼香肉丝(yúxiāngròusī 위시앙러우쓰 돼지고기 채소 볶음), 糖醋里脊(tángcùlǐjǐ 탕추리지 탕수리지), 宫保鸡丁(gōngbǎojīdīng 꿍바오지띵 견과류와 볶은 닭고기 요리), 麻婆豆腐(mápódòufu 마포떠우푸 마파두부) 등이 있습니다. 이 정도 알고 음식을 주문한다면 실패하지 않을 거예요!

메뉴 보기

\# 메뉴판 좀 볼 수 있어요?

我可以看一下菜单吗?

Wǒ kěyǐ kàn yíxià càidān ma?

워 커이 칸 이시아 차이딴 마?

\# 오늘 추천 메뉴가 있나요?

今天有推荐的菜吗?

Jīntiān yǒu tuījiàn de cài ma?

진티엔 여우 투이지엔 더 차이 마?

\# 메뉴판 좀 더 보고 싶은데요.

我想再看一下菜单。

Wǒ xiǎng zài kàn yíxià càidān.

워 시앙 짜이 칸 이시아 차이딴

\# 이따가 다시 주문할게요.

我一会儿再点菜。

Wǒ yíhuìr zài diǎncài.

워 이후얼 짜이 디엔차이

\# 이곳의 특선 요리는 뭔가요?

这里的特色菜是什么?

Zhèli de tèsè cài shì shénme?

저리 더 터써 차이 스 선머?

\# 베이징 오리구이는 우리 가게의 간판 메뉴입니다.

北京烤鸭是我们店的招牌菜。

Běijīng kǎoyā shì wǒmen diàn de zhāopáicài.

베이징 카오야 스 워먼 띠엔 더 자오파이차이

주문 전

\# 주문하시겠습니까?

请问要点餐吗?

Qǐngwèn yào diǎncān ma?

칭원 야오 디엔찬 마?

\# 지금 주문해도 돼요?

现在可以点餐吗?

Xiànzài kěyǐ diǎncān ma?

시엔짜이 커이 디엔찬 마?

\# 뭘 주문하시겠습니까?

请问您要来点什么?

Qǐngwèn nín yào lái diǎn shénme?

칭원 닌 야오 라이 디엔 선머?

\# 먼저 음료부터 시킬게요.

我先点饮料。

Wǒ xiān diǎn yǐnliào.

워 시엔 디엔 인랴오

\# 주문하고 싶은데요.

我想点餐。

Wǒ xiǎng diǎncān.

워 시앙 디엔찬

주문 ①

네, 이것을 주문할게요.

好的，就点这个。
Hǎode, jiù diǎn zhège.
하오더, 지우 디엔 저거

이것으로 주세요.

请给我这个。
Qǐng gěi wǒ zhège.
칭 게이 워 저거

저도 같은 것으로 주세요.

我也要一样的。
Wǒ yě yào yíyàngde.
워 이에 야오 이양더

지금 주문하신 것을 확인해 보겠습니다.

现在确认一下您点的菜。
Xiànzài quèrèn yíxià nín diǎn de cài.
시엔짜이 취에런 이시아 닌 디엔 더 차이

더 필요하신 것은 없으세요?

还需要点什么吗?
Hái xūyào diǎn shénme ma?
하이 쉬야오 디엔 선머 마?

스테이크는 얼마나 익혀 드릴까요?

牛排要几成熟?
Niúpái yào jǐ chéng shú?
니우파이 야오 지 청 수?

주문 ②

미디엄으로 주세요.

五成熟。
Wǔ chéng shú.
우 청 수

웰던으로 주세요.

请给我全熟的。
Qǐng gěi wǒ quánshúde.
칭 게이 워 취엔수더

볶은 걸로요.

我要炒的。
Wǒ yào chǎode.
워 야오 차오더

위샹러우쓰 하나 주세요.

请给我来一份鱼香肉丝。
Qǐng gěi wǒ lái yí fèn yúxiāngròusī.
칭 게이 워 라이 이 펀 위시앙러우쓰

궁바오지딩에 소금과 기름은 조금만 넣어 주세요.

宫保鸡丁少盐少油。
Gōngbǎojīdīng shǎo yán shǎo yóu.
꿍바오지띵 사오 이엔 사오 여우

宫保鸡丁은 깍두기 모양으로 썬 닭고기에 땅콩, 고추, 채소 등을 함께 볶은 매콤달콤한 사천식 요리로, 한국인 입맛에 잘 맞는 음식입니다.

샤오롱바오는 뜨거워요. 먹을 때 조심하세요.

小笼包很烫。吃的时候，要小心。
Xiǎolóngbāo hěn tàng.
Chī de shíhou, yào xiǎoxīn.
샤오룽빠오 헌 탕, 츠 더 스허우, 야오 샤오신

小笼包는 상하이 등 강남 지역을 중심으로 한 유명한 만두로, 얇은 피에 진한 육즙이 특징입니다. 笼에서 알 수 있듯이 대나무 바구니에 담겨 있습니다.

주문③

\# 쏭수꾸위 주세요, 쏘가리 싯가는 얼마죠?

来个松鼠桂鱼，桂鱼时价是多少?

Lái ge sōngshǔguìyú, guìyú shíjià shì duōshao?

라이 거 쑹수꾸이위, 꾸이위 스지아 스 뚜어사오?

松鼠桂鱼는 쏘가리를 튀겨 양념한 쑤저우의 전통 요리로, 그 모양이 마치 다람쥐(松鼠) 같아서 붙여진 이름입니다.

\# 모든 요리에 고수는 넣지 마세요.

所有的菜都不要加香菜。

Suǒyǒu de cài dōu búyào jiā xiāngcài.

쑤어여우 더 차이 떠우 부야오 지아 시앙차이

\# 냉채 네 개, 더운 요리 여섯 개, 탕 하나 더요!

四个冷菜，六个热菜，再来一个汤吧!

Sì ge lěngcài, liù ge rècài, zài lái yí ge tāng ba!

쓰 거 렁차이, 리우 거 러차이, 짜이 라이 이 거 탕 바!

\# 아가씨, 칭다오 맥주 두 병 주세요, 시원한 걸로요.

小姐，来两瓶青岛啤酒，要冰镇的。

Xiǎojiě, lái liǎng píng Qīngdǎo píjiǔ, yào bīngzhèn de.

샤오지에, 라이 리앙 핑 칭다오 피지우,
야오 삥전 더

음료

\# 실례지만 어떤 음료로 하시겠습니까?

请问您来点什么饮料?

Qǐngwèn nín lái diǎn shénme yǐnliào?

칭원 닌 라이 디엔 선머 인랴오?

\# 어떤 술로 주문하시겠습니까?

您来点什么酒?

Nín lái diǎn shénme jiǔ?

닌 라이 디엔 선머 지우?

\# 물 주시면 돼요.

给我水就行。

Gěi wǒ shuǐ jiù xíng.

게이 워 수이 지우 싱

\# 커피 주세요.

请给我咖啡。

Qǐng gěi wǒ kāfēi.

칭 게이 워 카페이

\# 우롱차 주세요.

请给我乌龙茶。

Qǐng gěi wǒ wūlóngchá.

칭 게이 워 우룽차

요구 사항

소금을 넣지 마세요.

请不要放盐。
Qǐng búyào fàng yán.
칭 부야오 팡 이엔

고수를 넣지 마세요.

请不要放香菜。
Qǐng búyào fàng xiāngcài.
칭 부야오 팡 시앙차이

너무 맵게 하지 마세요.

请不要做得太辣。
Qǐng búyào zuò de tài là.
칭 부야오 쭈어 더 타이 라

빵을 좀 더 주세요.

请再给我点面包。
Qǐng zài gěi wǒ diǎn miànbāo.
칭 짜이 게이 워 디엔 미엔빠오

이것 더 주시겠어요?

可以多给我些这个吗?
Kěyǐ duō gěi wǒ xiē zhège ma?
커이 뚜어 게이 워 시에 저거 마?

남은 것 싸 주세요.

请把剩下的打一下包。
Qǐng bǎ shèngxiàde dǎ yíxià bāo.
칭 바 성시아더 다 이시아 빠오

종업원과 대화

오늘 제가 서비스를 합니다.

今天由我来为您服务。
Jīntiān yóu wǒ lái wèi nín fúwù.
진티엔 여우 워 라이 웨이 닌 푸우

이 음식은 어떤 재료를 썼나요?

这道菜用的什么材料?
Zhè dào cài yòngde shénme cáiliào?
저 따오 차이 융더 선머 차이랴오?

이 요리는 어떻게 하죠?

这道菜怎么做?
Zhè dào cài zěnme zuò?
저 따오 차이 쩐머 쭈어?

젓가락을 떨어뜨렸어요.

我把筷子弄掉了。
Wǒ bǎ kuàizi nòngdiào le.
워 바 콰이쯔 눙땨오 러

테이블의 물을 좀 닦아 주세요.

请帮我把桌子上的水擦一下。
Qǐng bāng wǒ bǎ zhuōzishang de shuǐ cā yíxià.
칭 빵 워 바 주어쯔상 더 수이 차 이시아

서비스 불만

제가 주문한 요리가 아직 안 나왔어요.

我点的菜还没来。
Wǒ diǎn de cài hái méi lái.
워 디엔 더 차이 하이 메이 라이

이것은 제가 주문한 요리가 아닌데요!

这不是我点的菜啊!
Zhè búshì wǒ diǎn de cài a!
저 부스 워 디엔 더 차이 아!

고기가 전혀 익지 않았어요.

肉并没有全熟啊。
Ròu bìng méiyǒu quánshú a.
러우 삥 메이여우 취엔수 아

다시 한번 구워 주시겠어요?

能不能再给我烤一下?
Néngbunéng zài gěi wǒ kǎo yíxià?
넝부넝 짜이 게이 워 카오 이시아?

이것은 이미 상한 것 같은데요.

这个好像已经变质了。
Zhège hǎoxiàng yǐjīng biànzhì le.
저거 하오시앙 이징 삐엔즈 러

음식 맛 평가

오늘의 요리가 맛이 어떠셨어요?

今天的饭菜味道如何?
Jīntiān de fàncài wèidào rúhé?
진티엔 더 판차이 웨이따오 루허?

이렇게 맛있는 음식은 처음 먹어 봤어요.

第一次品尝到这么美味的饭菜。
Dì yī cì pǐnchángdào zhème měiwèi de fàncài.
띠 이 츠 핀창따오 저머 메이웨이 더 판차이

좀 달았어요.

好像有点甜。
Hǎoxiàng yǒudiǎn tián.
하오시앙 여우디엔 티엔

맛이 좀 싱거웠어요.

味道比较淡。
Wèidào bǐjiào dàn.
웨이따오 비쟈오 딴

좀 느끼했어요.

有点油腻。
Yǒudiǎn yóunì.
여우디엔 여우니

油比较大。
Yóu bǐjiào dà.
여우 비쟈오 따

계산 ①

\# 제가 계산할게요.

请给我账单。
Qǐng gěi wǒ zhàngdān.
칭 게이 워 장딴

\# 어디에서 계산하나요?

在哪里结账?
Zài nǎli jiézhàng?
짜이 나리 지에장?

\# 우리 각자 내요.

我们各付各的。
Wǒmen gèfùgède.
워먼 꺼푸꺼더

\# 오늘 제가 한턱낼게요.

今天我请客。
Jīntiān wǒ qǐngkè.
진티엔 워 칭커

\# 모두 얼마예요?

一共是多少钱?
Yígòng shì duōshao qián?
이꽁 스 뚜어사오 치엔?

\# 모두 35위안입니다.

一共是35块钱。
Yígòng shì sānshíwǔ kuàiqián.
이꽁 스 싼스우 콰이치엔

\# 신용 카드로 해도 돼요?

可以用信用卡吗?
Kěyǐ yòng xìnyòngkǎ ma?
커이 융 신융카 마?

꼭! 짚고 가기

중국 4대 요리

중국에서는 예로부터 음식을 중히 여겨, 음식과 관련된 역사와 문화가 상당히 발달했습니다. 지역별 특색에 따라 대표 요리들이 있는데, 그 구분법만 해도 여러 가지이지만 가장 보편적인 4대 요리를 소개합니다.

① **산둥 요리**(鲁菜 Lǔcài 루차이)
고대 문명의 발상지인 황하를 중심으로 발달한 요리로, 튀김과 볶음 요리가 많습니다.

② **지앙쑤 요리**
(淮扬菜 Huáiyángcài 화이양차이)
양자강 하류 지역인 상하이, 난징, 쑤저우 등 중부 지방을 중심으로 한 요리로, 해산물을 많이 이용합니다.

③ **쓰추안 요리**
(川菜 Chuāncài 추안차이)
내륙에 위치한 쓰추안 지역의 요리로, 여름의 고온다습한 날씨 때문에 맵고 자극적인 맛을 특징으로 한 요리가 대표적입니다. 일반적으로 많이 먹는 요리가 많아서, '백성의 음식'이라고 불리기도 합니다.

④ **구앙뚱 요리**(奥菜 Àocài 아오차이)
중국의 남부 지방을 대표하는 요리로, '책상 다리 빼고 다 요리 재료로 사용한다'는 말이 있을 정도로 다양한 재료를 사용한 것이 특징입니다. 4대 요리 중 가장 늦게 발달했지만, 가장 먼저 중국 음식을 세계적으로 알린 요리입니다.

계산 ②

\# 현금으로 계산하시겠어요 신용 카드로 계산하시겠어요?

您用现金还是信用卡结算?

Nín yòng xiànjīn háishi xìnyòngkǎ jiésuàn?

닌 융 시엔진 하이스 신융카 지에쑤안?

\# 현금으로 할게요.

用现金。

Yòng xiànjīn.

융 시엔진

\# 카드로 할게요.

用卡。

Yòng kǎ.

융 카

\# 이것은 거스름돈입니다.

这是找给您的钱。

Zhè shì zhǎo gěi nín de qián.

저 스 자오 게이 닌 더 치엔

\# 이것은 영수증입니다.

这是您的发票。

Zhè shì nín de fāpiào.

저 스 닌 더 파퍄오

\# 영수증 주세요.

请给我开一张发票。

Qǐng gěi wǒ kāi yì zhāng fāpiào.

칭 게이 워 카이 이 장 파퍄오

커피

\# 같이 커피 어때요?

一起喝杯咖啡怎么样?

Yìqǐ hē bēi kāfēi zěnmeyàng?

이치 허 뻬이 카페이 쩐머양?

\# 우리 커피 마시면서 얘기해요.

我们边喝咖啡边说吧。

Wǒmen biān hē kāfēi biān shuō ba.

워먼 삐엔 허 카페이 삐엔 수어 바

\# 에스프레소 커피 주세요.

请给我浓咖啡。

Qǐng gěi wǒ nóngkāfēi.

칭 게이 워 눙카페이

\# 커피에 설탕과 크림을 넣으세요?

咖啡要放糖和奶油吗?

Kāfēi yào fàng táng hé nǎiyóu ma?

카페이 야오 팡 탕 허 나이여우 마?

\# 설탕과 크림을 넣어 주세요.

请给我放糖和奶油。

Qǐng gěi wǒ fàng táng hé nǎiyóu.

칭 게이 워 팡 탕 허 나이여우

패스트푸드

\# 다음 손님, 주문하세요.

下一位，请点餐。
Xià yí wèi, qǐng diǎncān.
시아 이 웨이, 칭 디엔찬

\# 마요네즈를 넣지 마세요.

请不要加沙拉酱。
Qǐng búyào jiā shālājiàng.
칭 부야오 지아 사라지앙

\# 실례지만 여기에서 드실 건가요 가져가실 건가요?

请问在这里吃还是打包?
Qǐngwèn zài zhèli chī háishi dǎbāo?
칭원 짜이 저리 츠 하이스 다빠오?

\# 햄버거 안에 치즈가 있나요?

汉堡包里有奶酪吗?
Hànbǎobāoli yǒu nǎilào ma?
한바오빠오리 여우 나이라오 마?

\# 1분 안에 준비가 다 됩니다.

一分钟之内给您准备好。
Yì fēnzhōng zhīnèi gěi nín zhǔnbèihǎo.
이 펀중 즈네이 게이 닌 준뻬이하오

배달

\# 해산물 피자 배달 되나요?

海鲜比萨饼可以送餐吗?
Hǎixiān bǐsàbǐng kěyǐ sòngcān ma?
하이시엔 비싸빙 커이 쑹찬 마?

\# 배달 애플리케이션에서 주문하자!

在手机外卖软件上订餐吧!
Zài shǒujī wàimài ruǎnjiànshang dìngcān ba!
짜이 서우지 와이마이 루안지엔상 띵찬 바!

중국에서 많이 이용되는 배달 앱으로는
美团外卖, 饿了么가 있습니다.

\# 나한테 99위안에 피자 두 판을 시킬 수 있는 쿠폰이 있어.

我有99块能点两盘比萨饼的优惠券。
Wǒ yǒu jiǔshíjiǔ kuài néng diǎn liǎng pán bǐsàbǐng de yōuhuìquàn.
워 여우 지우스지우 콰이 넝 디엔 리앙 판 비싸빙 더 여우후이취엔

\# 배달하는 데 얼마나 걸려요?

送餐需要多长时间?
Sòngcān xūyào duōcháng shíjiān?
쑹찬 쉬야오 뚜어창 스지엔?

\# 30분 내에 도착합니다.

30分钟以内送到。
Sānshí fēnzhōng yǐnèi sòngdào.
싼스 펀중 이네이 쑹따오

쇼핑 ①

같이 쇼핑하러 가지 않을래?

你不要一起去逛街吗?
Nǐ búyào yìqǐ qù guàngjiē ma?
니 부야오 이치 취 꾸앙지에 마?

나는 쇼핑광이야.

我是购物狂。
Wǒ shì gòuwùkuáng.
워 스 꺼우우쿠앙

너는 명품만 좋아하는구나.

你只喜欢名牌啊。
Nǐ zhǐ xǐhuan míngpái a.
니 즈 시후안 밍파이 아

충동구매를 하지 않으려면, 쇼핑 리스트를 써야 한다.

要是不想冲动购物的话，应该写出购买清单。
Yàoshi bùxiǎng chōngdòng gòuwù dehuà, yīnggāi xiěchū gòumǎi qīngdān.
야오스 뿌시앙 충뚱 꺼우우 더후아, 잉까이 시에추 꺼우마이 칭딴

한 시간밖에 없어서, 백화점을 간단하게 한 바퀴 돌았다.

只有一个小时的时间，所以在百货商店简单地转了一圈。
Zhǐyǒu yí ge xiǎoshí de shíjiān, suǒyǐ zài bǎihuò shāngdiàn jiǎndānde zhuàn le yì quān.
즈여우 이 거 샤오스 더 스지엔, 쑤어이 짜이 바이후어 상띠엔 지엔딴더 주안 러 이 취엔

쇼핑 ②

쇼핑센터에 가면, 각양각색의 가게에서 쇼핑할 수 있다.

去购物中心的话，有各种各样的商店可以购物。
Qù gòuwù zhōngxīn dehuà, yǒu gèzhǒnggèyàng de shāngdiàn kěyǐ gòuwù.
취 꺼우우 중신 더후아, 여우 꺼중꺼양 더 상띠엔 커이 꺼우우

쇼핑센터에 가서 물건을 사면, 시간을 절약할 수 있다.

去购物中心买东西的话，可以节省时间。
Qù gòuwù zhōngxīn mǎi dōngxi dehuà, kěyǐ jiéshěng shíjiān.
취 꺼우우 중신 마이 뚱시 더후아, 커이 지에성 스지엔

나는 친구들과 쇼핑센터에 가서 돌아다니기를 좋아해요.

我喜欢和朋友去购物中心闲逛。
Wǒ xǐhuan hé péngyou qù gòuwù zhōngxīn xiánguàng.
워 시후안 허 펑여우 취 꺼우우 중신 시엔꾸앙

나는 이미 지쳤어, 여기에서 너한테 끌려 두 시간이나 돌아다녔다고.

我已经累垮了，我被你拖着在这里逛了两个小时了。
Wǒ yǐjīng lèikuǎ le, wǒ bèi nǐ tuōzhe zài zhèli guàng le liǎng ge xiǎoshí le.
워 이징 레이쿠아 러, 워 뻬이 니 투어저 짜이 저리 꾸앙 러 리앙 거 샤오스 러

옷 가게 ①

실례합니다, 뭘 도와드릴까요?

请问，您需要什么帮助吗?
Qǐngwèn, nín xūyào shénme bāngzhù ma?
칭원, 닌 쉬야오 선머 빵주 마?

그냥 좀 둘러볼게요.

只是看一看。
Zhǐshì kànyikàn.
즈스 칸이칸

요즘 어떤 스타일이 유행하죠?

最近流行什么款?
Zuìjìn liúxíng shénme kuǎn?
쭈이진 리우싱 선머 쿠안?

이건 이미 유행이 지난 것 같은데요.

这个好像已经过时了。
Zhège hǎoxiàng yǐjīng guòshí le.
저거 하오시앙 이징 꾸어스 러

한번 입어 봐도 될까요?

可以试穿一下吗?
Kěyǐ shìchuān yíxià ma?
커이 스추안 이시아 마?

어떤 사이즈 입으세요?

您穿什么号?
Nín chuān shénme hào?
닌 추안 선머 하오?

옷 가게 ②

미디엄 사이즈는 나에게는 별로 맞지 않아요. 아마 라지 사이즈를 입어야 할 거예요.

中号对我来说不太合适，我可能要穿大号的。
Zhōnghào duì wǒ láishuō bútài héshì, wǒ kěnéng yào chuān dàhàode.
중하오 뚜이 워 라이수어 부타이 허스, 워 커넝 야오 추안 따하오더

한 사이즈 더 큰 것 있어요?

有大一号的吗?
Yǒu dà yí hàode ma?
여우 따 이 하오더 마?

저는 그렇게 끼는 옷을 입을 수 없어요.

我可穿不了那么紧的衣服。
Wǒ kě chuānbuliǎo nàme jǐn de yīfu.
워 커 추안부랴오 나머 진 더 이푸

다른 색 있어요?

有没有别的颜色?
Yǒuméiyǒu biéde yánsè?
여우메이여우 비에더 이엔써?

빨간색 있어요?

有红色的吗?
Yǒu hóngsède ma?
여우 홍써더 마?

옷 고르기

어울려!

很合适!
Hěn héshì!
헌 허스!

정말 너한테 어울리네!

真适合你!
Zhēn shìhé nǐ!
전 스허 니!

이것은 바로 제가 찾던 거예요.

这个就是我要找的。
Zhège jiùshì wǒ yào zhǎode.
저거 지우스 워 야오 자오더

당신 저 옷을 사는 게 좋겠어요.

你买那件比较好。
Nǐ mǎi nà jiàn bǐjiào hǎo.
니 마이 나 지엔 비쟈오 하오

가격도 적당한 편이니, 저 옷을 사겠어요.

价格也比较合适，就买那件吧。
Jiàgé yě bǐjiào héshì, jiù mǎi nà jiàn ba.
지아거 이에 비쟈오 허스, 지우 마이 나 지엔 바

몇 군데 더 돌아보고 결정하자!

再转几个地方再决定吧!
Zài zhuàn jǐ ge dìfang zài juédìng ba!
짜이 주안 지 거 띠팡 짜이 쥐에띵 바!

마트

전자제품은 어디에서 팔아요?

电子商品在哪里卖?
Diànzǐ shāngpǐn zài nǎli mài?
띠엔쯔 상핀 짜이 나리 마이?

식품은 지하에 있어요?

食品类在地下吗?
Shípǐnlèi zài dìxià ma?
스핀레이 짜이 띠시아 마?

역시 쇼핑카트가 있는 게 더 좋겠어요.

还是有购物车更好些吧。
Háishi yǒu gòuwùchē gèng hǎoxiē ba.
하이스 여우 꺼우우처 껑 하오시에 바

시식해도 돼요?

可以试吃吗?
Kěyǐ shìchī ma?
커이 스츠 마?

죄송합니다, 이것은 이미 다 팔렸어요.

对不起，这个已经卖光了。
Duìbuqǐ, zhège yǐjīng màiguāng le.
뚜이부치, 저거 이징 마이꾸앙 러

할인 ①

지금 할인하고 있어요?

现在在打折吗?

Xiànzài zài dǎzhé ma?

시엔짜이 짜이 다저 마?

지금은 여름 할인입니다.

现在是夏季打折。

Xiànzài shì xiàjì dǎzhé.

시엔짜이 스 시아지 다저

现在是夏季优惠活动。

Xiànzài shì xiàjì yōuhuì huódòng.

시엔짜이 스 시아지 여우후이 후어뚱

겨울 할인이 곧 일주일 동안 지속됩니다.

冬季优惠活动将持续一周。

Dōngjì yōuhuì huódòng jiāng chíxù yì zhōu.

뚱지 여우후이 후어뚱 지앙 츠쉬 이 저우

봄 할인은 이번 주 금요일부터 시작합니다.

春季优惠活动从本周五开始。

Chūnjì yōuhuì huódòng cóng běn zhōuwǔ kāishǐ.

춘지 여우후이 후어뚱 충 번 저우우 카이스

연말 할인은 12월 20일부터 31일까지입니다.

岁末打折从12月20号开始到31号结束。

Suìmò dǎzhé cóng shí'èryuè èrshí hào kāishǐ dào sānshíyī hào jiéshù.

쑤이모 다저 충 스얼위에 얼스 하오 카이스 따오 싼스이 하오 지에수

꼭! 짚고 가기

중국의 할인 방식

중국어로 '할인하다'는 打折 dǎzhé 다저라고 합니다.

중국의 백화점이나 마트 등을 할인 기간에 가서, 흔히 볼 수 있는 문구를 보면 중국어 지식이 없다 해도 쉽게 알 수 있는 숫자(또는 숫자를 의미하는 한자)가 함께 쓰여 있는 것을 볼 수 있는데요. 바로 打9折, 打8折입니다. 얼핏 생각하면 90%나 80% 할인하는 것으로 착각할 수 있지만, 이는 실제로 10% 할인, 20% 할인을 의미하는데, 단어의 의미를 분석해 보면 쉽게 이해할 수 있습니다. 打折는 '할인하여, ~의 가격을 받겠다'는 의미입니다.

할인은 '원가×(할인율/10)'으로 계산하면 됩니다. 예를 들어 원가가 100위안인데 打8折라면, 원가×80%=80위안이 판매 가격이라는 의미입니다.

이런 식의 가격을 할인하는 형식 외에, '1+1'처럼 끼워 파는 할인 판매도 흔한데, 중국어로 买一送一 mǎi yī sòng yī 마이 이 쑹 이라고 합니다. '2+1'이면 买二送一 mǎi èr sòng yī 마이 얼 쑹 이라고 하면 된답니다. 동일 상품 말고 다른 상품을 끼워줄 경우에는 买A送B라고 하는데, 'A를 사면 B를 끼워 드립니다'라는 의미입니다.

어떤 경우에는 가격 할인보다 이런 판매 상품이 오히려 혜택이 많을 수도 있으니, 중국에서 쇼핑할 때는 전단지 등의 쇼핑 정보를 꼼꼼히 챙겨볼 필요가 있습니다.

할인 ②

\# 언제 할인해요?

什么时候打折?
Shénme shíhou dǎzhé?
선머 스허우 다저?

\# 할인은 언제 끝나요?

打折活动什么时候结束?
Dǎzhé huódòng shénme shíhou jiéshù?
다저 후어뚱 선머 스허우 지에수?

\# 할인은 어제로 이미 끝났어요.

打折活动到昨天已经结束了。
Dǎzhé huódòng dào zuótiān yǐjīng jiéshù le.
다저 후어뚱 따오 쭈어티엔 이징 지에수 러

\# 이 상품은 언제 다시 할인할까요?

这个商品什么时候还会再打折?
Zhè ge shāngpǐn shénme shíhou hái huì zài dǎzhé?
저 거 상핀 선머 스허우 하이 후이 짜이 다저?

\# 이 할인 가격은 5월 30일까지입니다.

这个打折价格, 到5月30号为止。
Zhè ge dǎzhé jiàgé, dào wǔyuè sānshí hào wéizhǐ.
저 거 다저 지아거, 따오 우위에 싼스 하오 웨이즈

할인 내역

\# 전 상품은 20% 할인합니다.

全部商品打八折。
Quánbù shāngpǐn dǎ bāzhé.
취엔뿌 상핀 다 빠저

\# 오늘은 25% 할인합니다.

今天打七五折。
Jīntiān dǎ qīwǔzhé.
진티엔 다 치우저

\# 정가는 100위안인데, 할인해서 80위안입니다.

正价是100块，打折以后是80块。
Zhèngjià shì yìbǎi kuài, dǎzhé yǐhòu shì bāshí kuài.
정지아 스 이바이 콰이, 다저 이허우 스 빠스 콰이

\# 티셔츠가 할인 중이라서, 세 벌 사면 한 벌 끼워 드립니다.

T恤衫正在打折，买三套送一套。
T xùshān zhèngzài dǎzhé, mǎi sān tào sòng yí tào.
티쉬산 정짜이 다저, 마이 싼 타오 쑹 이 타오

\# 어떤 상품들이 할인하고 있어요?

哪些商品正在打折?
Nǎxiē shāngpǐn zhèngzài dǎzhé?
나시에 상핀 정짜이 다저?

할부

할부로 구매할 수 있어요?

可以分期付款购买吗?

Kěyǐ fēnqī fùkuǎn gòumǎi ma?

커이 펀치 푸쿠안 꺼우마이 마?

중국도 할부 판매가 있지만, 우리나라처럼 흔하지 않습니다. 보통 3, 6, 12개월 할부가 가능하고, 일부에서는 24개월 할부도 있습니다.
할부로 구입할 때는 신분증을 요구하기도 합니다.

할부로 차를 사고 싶어요.

我想分期付款买车。

Wǒ xiǎng fēnqī fùkuǎn mǎi chē.

워 시앙 펀치 푸쿠안 마이 처

3개월 할부는 수수료가 무료입니다.

分三个月付款免手续费。

Fēn sān ge yuè fùkuǎn miǎn shǒuxùfèi.

펀 싼 거 위에 푸쿠안 미엔 서우쉬페이

일시불이에요 아니면 할부예요?

一次性付款还是分期付款?

Yícìxìng fùkuǎn háishi fēnqī fùkuǎn?

이츠싱 푸쿠안 하이스 펀치 푸쿠안?

할부로 사면 수수료를 내야 하나요?

分期付款的话要付手续费吗?

Fēnqī fùkuǎn dehuà yào fù shǒuxùfèi ma?

펀치 푸쿠안 더후아 야오 푸 서우쉬페이 마?

3개월 할부는 보통 수수료가 없고,
그 이상이면 일부 수수료가 청구됩니다.

배송

집까지 배달해 주실 수 있어요?

可以送货到家吗?

Kěyǐ sònghuò dào jiā ma?

커이 쑹후어 따오 지아 마?

배송비는 어떻게 계산하죠?

运费怎么算呢?

Yùnfèi zěnme suàn ne?

윈페이 쩐머 쑤안 너?

이 상품의 가격에는 배송비가 포함되지 않습니다.

这个商品的价格里不包括运费。

Zhè ge shāngpǐn de jiàgéli bù bāokuò yùnfèi.

저 거 상핀 더 지아거리 뿌 빠오쿠어 윈페이

언제 배달해 주세요?

什么时候送货?

Shénme shíhou sònghuò?

선머 스허우 쑹후어?

구매한 다음 날 보내 드립니다.

购买的第二天就可以送到。

Gòumǎi de dì èr tiān jiù kěyǐ sòngdào.

꺼우마이 더 띠 얼 티엔 지우 커이 쑹따오

반품 & 교환

\# 반품해 주세요.

请给我退货。
Qǐng gěi wǒ tuìhuò.
칭 게이 워 투이후어

\# 반품 규정이 뭐예요?

退货的规则是什么?
Tuìhuò de guīzé shì shénme?
투이후어 더 꾸이쩌 스 선머?

退货有什么规定吗?
Tuìhuò yǒu shénme guīdìng ma?
투이후어 여우 선머 꾸이띵 마?

\# 반품 기간은 언제까지입니까?

多长时间内可以退换?
Duōcháng shíjiān nèi kěyǐ tuìhuàn?
뚜어창 스지엔 네이 커이 투이후안?

\# 구매일로부터 2주 내입니다.

购买日起两周之内。
Gòumǎirì qǐ liǎng zhōu zhīnèi.
꺼우마이르 치 리앙 저우 즈네이

\# 영수증이 없으면, 반품이 안 됩니다.

没有发票的话，无法退货。
Méiyǒu fāpiào dehuà, wúfǎ tuìhuò.
메이여우 파퍄오 더후아, 우파 투이후어

병원 예약 & 수속 ①

\# 접수처가 어디예요?

挂号处在哪里?
Guàhàochù zài nǎli?
꾸아하오추 짜이 나리?

\# 진찰을 예약하려고요.

我想预约挂号。
Wǒ xiǎng yùyuē guàhào.
워 시앙 위위에 꾸아하오

\# 실례지만 저희 병원에 처음 오셨나요?

请问是第一次光临我们医院吗?
Qǐngwèn shì dì yī cì guānglín wǒmen yīyuàn ma?
칭원 스 띠 이 츠 꾸앙린 워먼 이위엔 마?

\# 오늘이 처음인데요.

今天是第一次。
Jīntiān shì dì yī cì.
진티엔 스 띠 이 츠

\# 예약을 하지 않았는데, 지금 진찰 접수할 수 있나요?

虽然没预约，现在能挂号看病吗?
Suīrán méi yùyuē, xiànzài néng guàhào kànbìng ma?
쑤이란 메이 위위에, 시엔짜이 넝 꾸아하오 칸삥 마?

병원 예약 & 수속 ②

\# 정 씨는 1시 진료를 예약했습니다.

郑先生预约了一点的诊疗。

Zhèng xiānsheng yùyuē le yī diǎn de zhěnliáo.

정 시엔성 위위에 러 이 디엔 더 전랴오

\# 몇 시에 진찰할 수 있어요?

几点能看病?

Jǐ diǎn néng kànbìng?

지 디엔 넝 칸삥?

\# 무슨 과로 접수하시겠어요?

您想挂哪个科?

Nín xiǎng guà nǎ ge kē?

닌 시앙 꾸아 나 거 커?

\# 건강검진을 받고 싶은데요.

我想体检。

Wǒ xiǎng tǐjiǎn.

워 시앙 티지엔

\# 요즘 휴대 전화에서 진찰을 접수할 수 있다.

最近在手机上可以挂号。

Zuìjìn zài shǒujīshang kěyǐ guàhào.

쭈이진 짜이 서우지상 커이 꾸아하오

진료

\# 어디가 불편하세요?

您哪里不舒服?

Nín nǎli bù shūfu?

닌 나리 뿌 수푸?

\# 어떤 증상이 있나요?

有哪些症状?

Yǒu nǎxiē zhèngzhuàng?

여우 나시에 정주앙?

\# 전에 어떤 질병을 앓았나요?

以前有过哪些疾病?

Yǐqián yǒuguo nǎxiē jíbìng?

이치엔 여우구어 나시에 지삥?

\# 체온을 좀 재 보겠습니다.

我来给您量一下体温。

Wǒ lái gěi nín liáng yíxià tǐwēn.

워 라이 게이 닌 리앙 이시아 티원

\# 심호흡 하세요.

深呼吸。

Shēn hūxī.

선 후시

외과 ①

발이 부었어요.

我的脚肿了。
Wǒ de jiǎo zhǒng le.
워 더 쟈오 중 러

교통사고가 나서, 내 다리가 부러졌어요.

出车祸了，我的腿断了。
Chū chēhuò le, wǒ de tuǐ duàn le.
추 처후어 러, 워 더 투이 두안 러

넘어져서, 무릎이 까졌어요.

我摔倒了，膝盖破皮了。
Wǒ shuāidǎo le, xīgài pò pí le.
워 솨이다오 러, 시까이 포 피 러

허리가 아파요.

我的腰很疼。
Wǒ de yāo hěn téng.
워 더 야오 헌 텅

발목이 삐었어요.

脚脖子扭了。
Jiǎobózi niǔ le.
쟈오보쯔 니우 러

외과 ②

어깨가 아파 죽겠어요.

肩膀痛死了。
Jiānbǎng tòng sǐle.
지엔방 통 쓰러

깁스는 언제 풀 수 있어요?

这个石膏什么时候可以摘掉?
Zhè ge shígāo shénme shíhou kěyǐ zhāidiào?
저 거 스까오 선머 스허우 커이 자이땨오?

손가락을 칼에 베었어요.

我被刀子划伤了。
Wǒ bèi dāozi huáshāng le.
워 뻬이 따오쯔 후아상 러

발가락이 동상에 걸렸어요.

我的脚趾被冻伤了。
Wǒ de jiǎozhǐ bèi dòngshāng le.
워 더 쟈오즈 뻬이 뚱상 러

온몸에 멍이 들었어요.

全身都青了。
Quánshēn dōu qīng le.
취엔선 떠우 칭 러

- 车祸 chēhuò 교통사고
- 扭 niǔ 삐다, 접질리다

내과 - 감기

\# 감기에 걸린 것 같아요.

好像感冒了。
Hǎoxiàng gǎnmào le.
하오시앙 간마오 러

\# 지금 독감이 유행이에요.

现在流感盛行。
Xiànzài liúgǎn shèngxíng.
시엔짜이 리우간 성싱

\# 코가 좀 막혔어요.

鼻子有点堵。
Bízi yǒudiǎn dǔ.
비쯔 여우디엔 두

\# 콧물이 나요.

流鼻涕。
Liú bítì.
리우 비티

\# 코를 풀어라.

擤鼻涕。
Xǐng bítì.
싱 비티

\# 침을 삼킬 때 목이 아파요.

咽唾沫的时候嗓子疼。
Yàn tuòmo de shíhou sǎngzi téng.
이엔 투어모 더 스허우 쌍쯔 텅

\# 목이 쉬었어요.

嗓子哑了。
Sǎngzi yǎ le.
쌍쯔 야 러

내과 - 열

\# 열이 나요.

我发烧了。
Wǒ fāshāo le.
워 파사오 러

\# 열이 38도까지 나요.

烧到38度。
Shāodào sānshíbā dù.
사오따오 싼스빠 뚜

\# 머리가 깨질 것 같아요.

头疼得快裂了。
Tóuténg de kuài liè le.
터우텅 더 콰이 리에 러

\# 열이 내리지 않았어요.

没有退烧。
Méiyǒu tuìshāo.
메이여우 투이사오

没有退热。
Méiyǒu tuìrè.
메이여우 투이러

\# 해열제 먹었어요?

你吃退烧药了没有?
Nǐ chī tuìshāoyào le méiyǒu?
니 츠 투이사오야오 러 메이여우?

내과 - 소화기 ①

\# 배가 아파요.

我肚子疼。
Wǒ dùzi téng.
워 뚜쯔 텅

\# 아랫배가 아파요.

下腹部疼。
Xiàfùbù téng.
시아푸뿌 텅

\# 구역질이 좀 나요.

我觉得有些恶心。
Wǒ juéde yǒuxiē ěxīn.
워 쥐에더 여우시에 어신

\# 위가 안 좋아요.

我胃不舒服。
Wǒ wèi bù shūfu.
워 웨이 뿌 수푸

\# 위가 뒤틀려서, 아파 죽겠어요.

胃绞痛，快疼死我了。
Wèi jiǎotòng, kuài téngsǐ wǒ le.
웨이 쟈오퉁, 콰이 텅쓰 워 러

\# 소화불량이에요.

消化不良。
Xiāohuà bù liáng.
샤오후아 뿌 리앙

내과 - 소화기 ②

\# 먹으면 토해요.

一吃就吐。
Yì chī jiù tù.
이 츠 지우 투

\# 변비예요.

我便秘。
Wǒ biànmì.
워 삐엔미

\# 요즘 며칠 계속 변을 못 봤어요.

最近几天一直没排便。
Zuìjìn jǐ tiān yìzhí méi páibiàn.
쭈이진 지 티엔 이즈 메이 파이삐엔

\# 설사했어요.

我拉肚子了。
Wǒ lādùzi le.
워 라뚜쯔 러

\# 어제 종일 설사했어요.

我昨天拉了一天的肚子。
Wǒ zuótiān lā le yìtiān de dùzi.
워 쭈어티엔 라 러 이티엔 더 뚜쯔

• 绞痛 jiǎotòng 내장이 갑자기 뒤틀리는 듯한 심한 통증

치과 - 치통

\# 이가 좀 아파요.

我的牙有点疼。

Wǒ de yá yǒudiǎn téng.

워 더 야 여우디엔 텅

\# 이가 심하게 아파요.

我牙疼得很厉害。

Wǒ yá téng de hěn lìhai.

워 야 텅 더 헌 리하이

\# 이가 아파요, 뒤쪽의 어금니가 아파요.

我牙疼，后面的磨牙疼。

Wǒ yá téng, hòumiàn de móyá téng.

워 야 텅, 허우미엔 더 모야 텅

\# 먹으면 이가 아파서, 아무것도 못 먹어요.

一吃东西牙就疼，什么都吃不下去。

Yì chī dōngxi yá jiù téng, shénme dōu chībuxiàqu.

이 츠 뚱시 야 지우 텅, 선머 떠우 츠부시아취

\# 이가 아파서, 뭘 먹어도 씹을 수 없어요.

因为牙疼，所以吃什么都不能嚼。

Yīnwèi yá téng, suǒyǐ chī shénme dōu bùnéng jiáo.

인웨이 야 텅, 쑤어이 츠 선머 떠우 뿌넝 쟈오

꼭! 짚고 가기

중국의 의료 보험 제도

중국은 1998년부터 전국적으로 기본적인 의료 보험 제도를 실시하고 있습니다.

직장 의료 보험인 경우, 총급여의 6%를 의무적으로 납부하며, 개인 의료 보험은 개인 수입의 2%를 냅니다.

현재 중국의 의료 보험 체계는 크게 세 가지로 분류합니다.

하나는 2001년에 실시된 근로자 기본 의료 보험 제도로, 관할 구역 내 모든 공공 기관 근로자들을 대상으로 하고 있습니다.

다른 하나는 2005년부터 실시된 신형 농촌 의료 보험 제도로, 관할 지역의 농민들을 대상으로 하고 있습니다.

마지막으로 2007년부터 실시된 도시민 기본 의료 보험 제도인데, 관할 지역에서 앞의 두 가지 가입 대상에 포함되지 않는 거주민을 대상으로 합니다.

중국 정부가 점차적으로 의료 보험 개혁을 실시하고 있지만, 의료 보험 정책의 공정성 여부 및 정책 관리의 미숙함 등은 여전히 문제점으로 남아 있습니다.

치과 - 발치

\# 이 이는 좀 흔들려요.

这个牙有点活动了。
Zhè ge yá yǒudiǎn huódòng le.
저 거 야 여우디엔 후어똥 러

\# 이것도 빼야 할 것 같아요.

这个也好像得拔了。
Zhè ge yě hǎoxiàng děi bá le.
저 거 이에 하오시앙 데이 바 러

\# 사랑니를 빼는 것이 좋겠어요.

最好把智齿拔掉。
Zuìhǎo bǎ zhìchǐ bádiào.
쭈이하오 바 즈츠 바땨오

\# 이 사랑니는 두는 것이 좋겠어요.

这个智齿最好留着。
Zhè ge zhìchǐ zuìhǎo liúzhe.
저 거 즈츠 쭈이하오 리우저

\# 기능과 미관에 영향이 없으면, 덧니를 발치하지 않아요.

如果不影响功能和美观，不用拔掉虎牙。
Rúguǒ bù yǐngxiǎng gōngnéng hé měiguān, búyòng bádiào hǔyá.
루구어 뿌 잉시앙 꿍넝 허 메이꾸안, 부융 바땨오 후야

치과 - 충치

\# 충치가 생긴 것 같아요.

好像长虫牙了。
Hǎoxiàng zhǎng chóngyá le.
하오시앙 장 충야 러

\# 아래쪽 어금니에 충치가 생겼어요.

下面的磨牙长虫牙了。
Xiàmiàn de móyá zhǎng chóngyá le.
시아미엔 더 모야 장 충야 러

\# 충치 두 개가 있는데, 심하지는 않아요.

有两个虫牙，但是坏得不太厉害。
Yǒu liǎng ge chóngyá, dànshì huài de bútài lìhai.
여우 리앙 거 충야, 딴스 화이 더 부타이 리하이

\# 이 충치는 때워야겠어요.

这个虫牙得补上。
Zhè ge chóngyá děi bǔshang.
저 거 충야 데이 부상

\# 정기적인 스케일링은 치아 건강에 좋습니다.

定期洗牙对牙的健康很好。
Dìngqī xǐyá duì yá de jiànkāng hěn hǎo.
띵치 시야 뚜이 야 더 지엔캉 헌 하오

• 补上 bǔshang 보충하다

기타 진료

꽃가루에 알레르기가 있어요.

对花粉过敏。
Duì huāfěn guòmǐn.
뚜이 후아펀 꾸어민

빈혈이 있어요.

我有贫血。
Wǒ yǒu pínxiě.
워 여우 핀시에

코피가 나요.

出鼻血了。
Chū bíxiě le.
추 비시에 러

고혈압이 있어요.

我有高血压。
Wǒ yǒu gāoxuèyā.
워 여우 까오쉬에야

생리를 한 지 오래되었어요.

月经过去很久没来。
Yuèjīng guòqu hěn jiǔ méi lái.
위에징 꾸어취 헌 지우 메이 라이

입원 & 퇴원

입원 수속을 하려고 합니다.

我要办住院手续。
Wǒ yào bàn zhùyuàn shǒuxù.
워 야오 빤 쭈위엔 서우쉬

입원해야 하나요?

得住院吗?
Děi zhùyuàn ma?
데이 주위엔 마?

얼마나 입원해야 하나요?

要住多长时间的院?
Yào zhù duōcháng shíjiān de yuàn?
야오 주 뚜어창 스지엔 더 위엔?

입원하면 의료 보험이 적용되나요?

住院的话能用医保吗?
Zhùyuàn dehuà néng yòng yībǎo ma?
주위엔 더후아 넝 융 이바오 마?

바로 퇴원 수속하세요.

立即办理出院手续。
Lìjí bànlǐ chūyuàn shǒuxù.
리지 빤리 추위엔 서우쉬

수술

지금 환자의 상태가 위급합니다.

现在病人情况危急。
Xiànzài bìngrén qíngkuàng wēijí.
시엔짜이 삥런 칭쿠앙 웨이지

수술을 해도 아마 이달을 넘기지 못할 겁니다.

做手术也可能挺不过这个月了。
Zuò shǒushù yě kěnéng tǐng búguò zhè ge yuè le.
쭈어 서우수 이에 커넝 팅 부꾸어 저 거 위에 러

수술해야 하나요?

需要手术吗?
Xūyào shǒushù ma?
쉬야오 서우수 마?

수술한 적 있어요?

做过手术吗?
Zuòguo shǒushù ma?
쭈어구어 서우수 마?

맹장 수술을 했습니다.

我做了阑尾炎手术。
Wǒ zuò le lánwěiyán shǒushù.
워 쭈어 러 란웨이이엔 서우수

제왕절개 수술을 했습니다.

我做了剖腹产手术。
Wǒ zuò le pōufùchǎn shǒushù.
워 쭈어 러 포우푸찬 서우수

진료비 & 보험

진찰비가 얼마예요?

挂号费多少钱?
Guàhàofèi duōshao qián?
꾸아하오페이 뚜어사오 치엔?

건강 보험 있어요?

你有医疗保险吗?
Nǐ yǒu yīliáo bǎoxiǎn ma?
니 여우 이랴오 바오시엔 마?

有医保吗?
Yǒu yībǎo ma?
여우 이바오 마?

건강 보험 있어요.

我有医保。
Wǒ yǒu yībǎo.
워 여우 이바오

건강 보험 없어요.

我没有医保。
Wǒ méiyǒu yībǎo.
워 메이여우 이바오

건강 보험이 있으면 얼마예요?

有医保的话多少钱?
Yǒu yībǎo dehuà duōshao qián?
여우 이바오 더후아 뚜어사오 치엔?

• 挂号费 guàhàofèi 진찰비

문병

안 돼요, 몸조심해야죠!

不行啊，你得小心身体啊!

Bùxíng a, nǐ děi xiǎoxīn shēntǐ a!

뿌싱 아, 니 데이 샤오신 선티 아!

속히 회복되길 바랍니다!

希望你早日康复!

Xīwàng nǐ zǎorì kāngfù!

시왕 니 짜오르 캉푸!

건강하세요!

祝你身体健康!

Zhù nǐ shēntǐ jiànkāng!

주 니 선티 지엔캉!

병이 심각하지 않기를 바랍니다.

希望病得不重。

Xīwàng bìng de bú zhòng.

시왕 삥 더 부 중

회복되셨다니, 정말 천만다행입니다!

你身体康复了，真是万幸啊!

Nǐ shēntǐ kāngfù le, zhēnshi wànxìng a!

니 선티 캉푸 러, 전스 완싱 아!

- 万幸 wànxìng 천만다행이다

처방

처방전을 드릴게요.

我给你开处方。

Wǒ gěi nǐ kāi chǔfāng.

워 게이 니 카이 추팡

3일치 처방전을 드릴게요.

我给你开三天的药。

Wǒ gěi nǐ kāi sān tiān de yào.

워 게이 니 카이 싼 티엔 더 야오

어떤 약에 알레르기가 있어요?

你对什么药过敏吗?

Nǐ duì shénme yào guòmǐn ma?

니 뚜이 선머 야오 꾸어민 마?

이 약은 먹으면 졸릴 수 있습니다.

这个药吃了会犯困。

Zhè ge yào chī le huì fànkùn.

저 거 야오 츠 러 후이 판쿤

이 약은 어떤 부작용이 있습니까?

这个药有什么副作用吗?

Zhè ge yào yǒu shénme fùzuòyòng ma?

저 거 야오 여우 선머 푸쭈어융 마?

- 过敏 guòmǐn 알레르기 반응을 보이다
- 犯困 fànkùn 졸리다

약국 - 복용법

\# 처방전에 따라 약을 조제해 주세요.

请按这个处方给我开药。
Qǐng àn zhè ge chǔfāng gěi wǒ kāiyào.
칭 안 저 거 추팡 게이 워 카이야오

\# 이 약은 어떻게 먹죠?

这个药怎么吃?
Zhè ge yào zěnme chī?
저 거 야오 쩐머 츠?

\# 매번 몇 알씩 먹어요?

每次吃几片?
Měicì chī jǐ piàn?
메이츠 츠 지 피엔?

\# 5시간마다 한 알씩 먹어요.

每隔五个小时吃一片。
Měi gé wǔ ge xiǎoshí chī yí piàn.
메이 거 우 거 샤오스 츠 이 피엔

\# 이 약은 하루 한 번, 한 번에 한 알씩 먹어요.

这个药一天吃一次，一次吃一片。
Zhè ge yào yì tiān chī yí cì, yí cì chī yí piàn.
저 거 야오 이 티엔 츠 이 츠, 이 츠 츠 이 피엔

\# 하루에 세 번, 식사 전에 먹습니다.

一天三次，饭前服。
Yì tiān sān cì, fànqián fú.
이 티엔 싼 츠, 판치엔 푸

약국 - 약 구입

\# 수면제 좀 주세요.

请给我点安眠药。
Qǐng gěi wǒ diǎn ānmiányào.
칭 게이 워 디엔 안미엔야오

\# 진통제 있어요?

有止痛药吗?
Yǒu zhǐtòngyào ma?
여우 즈퉁야오 마?

\# 연고 주세요.

请给我膏药。
Qǐng gěi wǒ gāoyào.
칭 게이 워 까오야오

\# 생리대 있어요?

有卫生巾吗?
Yǒu wèishēngjīn ma?
여우 웨이성진 마?

\# 콘돔 주세요.

请给我避孕套。
Qǐng gěi wǒ bìyùntào.
칭 게이 워 삐윈타오

\# 처방전이 없으면 약을 살 수 없습니다.

没有处方的话不能买药。
Méiyǒu chǔfāng dehuà bùnéng mǎi yào.
메이여우 추팡 더후아 뿌넝 마이 야오

은행 - 계좌

\# 저축 계좌를 개설하려고 하는데요.

我想开个存款账户。
Wǒ xiǎng kāi ge cúnkuǎn zhànghù.
워 시앙 카이 거 춘쿠안 장후

\# 어떤 종류의 예금을 하시겠습니까?

您想存哪种类型的?
Nín xiǎng cún nǎ zhǒng lèixíngde?
닌 시앙 춘 나 중 레이싱더?

\# 이율은 얼마죠?

利率是多少?
Lìlǜ shì duōshao?
리뤼 스 뚜어사오?

\# 신분증을 보여 주세요.

请给我看一下您的身份证。
Qǐng gěi wǒ kàn yíxià nín de shēnfènzhèng.
칭 게이 워 칸 이시아 닌 더 선펀정

\# 체크 카드도 만드실 건가요?

您还想办理借记卡吗?
Nín hái xiǎng bànlǐ jièjìkǎ ma?
닌 하이 시앙 빤리 지에지카 마?

꼭! 짚고 가기

중국의 화폐

1999년 제5차 화폐개혁으로, 앞면이 모두 마오저둥(毛泽东 Máo Zédōng 마오쩌뚱)의 초상으로 변경된 지폐가 지금까지 통용되고 있습니다. 그런데 제4차 화폐개혁 때의 구권도 사용 가능하기 때문에, 중국에서 종종 만날 수 있습니다. 중국 화폐의 앞면은 모두 마오저둥이지만, 뒷면은 각각 다른 그림이 있습니다.

- 一元 yīyuán 이위엔 1위안
  지폐의 뒷면은 항주(杭州 Hángzhōu 항저우)에 있는 서호(西湖 Xīhú 시후)입니다. 1위안은 동전도 함께 통용됩니다.
- 五元 wǔyuán 우위엔 5위안
  지폐의 뒷면은 중국인이 가장 좋아하는 산인 태산(泰山 Tàishān 타이산)입니다.
- 十元 shíyuán 스위엔 10위안
  지폐의 뒷면은 장강삼협(长江三峡 Chángjiāng sānxiá 창지앙 산시아)입니다.
- 二十元 èrshíyuán 얼스위엔 20위안
  지폐의 뒷면은 계림(桂林 Guìlín 꾸이린)의 리강(漓江 Líjiāng 리지앙)입니다. 이곳의 아름다운 경치는 천하제일이라고 칭합니다.
- 五十元 wǔshíyuán 우스위엔 50위안
  지폐의 뒷면은 티베트(西藏 Xīzàng 시짱)의 포탈라궁(布达拉宫 Bùdálāgōng 뿌다라꿍)입니다.
- 一百元 yībǎiyuán 이바이위엔 100위안
  지폐의 뒷면은 인민대회당(人民大会堂 Rénmín dàhuìtáng 런민 따후이탕)입니다.

입출금

지금부터 입출금을 할 수 있습니다.

从现在开始可以存取款了。
Cóng xiànzài kāishǐ kěyǐ cúnqǔkuǎn le.
충 시엔짜이 카이스 커이 춘취쿠안 러

오늘 얼마를 예금하시겠습니까?

您今天要存多少?
Nín jīntiān yào cún duōshao?
닌 진티엔 야오 춘 뚜어사오?

500위안을 예금하려고 합니다.

我打算存500块。
Wǒ dǎsuan cún wǔbǎi kuài.
워 다쑤안 춘 우바이 콰이

100위안을 인출하려고 합니다.

我打算取100块。
Wǒ dǎsuan qǔ yìbǎi kuài.
워 다쑤안 취 이바이 콰이

얼마를 인출하려고 합니까?

您要取多少钱?
Nín yào qǔ duōshao qián?
닌 야오 취 뚜어사오 치엔?

송금

이 계좌로 송금해 주세요.

请往这个账号上汇钱。
Qǐng wǎng zhè ge zhànghàoshang huìqián.
칭 왕 저 거 장하오상 후이치엔

실례지만 국내 송금인가요 해외 송금인가요?

请问是国内汇款还是国际汇款?
Qǐngwèn shì guónèi huìkuǎn háishi guójì huìkuǎn?
칭원 스 구어네이 후이쿠안 하이스 구어지 후이쿠안?

캐나다로 송금하려고 합니다.

我想汇款到加拿大。
Wǒ xiǎng huìkuǎn dào Jiānádà.
워 시앙 후이쿠안 따오 지아나따

송금 수수료가 있습니까?

汇款有手续费吗?
Huìkuǎn yǒu shǒuxùfèi ma?
후이쿠안 여우 서우쉬페이 마?

수수료는 3위안입니다.

手续费是三块。
Shǒuxùfèi shì sān kuài.
서우쉬페이 스 싼 콰이

중국 은행의 송금 수수료는 일반적으로 1~50위안으로, 송금액에 따라 정해집니다.

ATM

ATM은 어디에 있어요?

哪儿有自动提款机?
Nǎr yǒu zìdòng tíkuǎnjī?
나알 여우 쯔뚱 티쿠안지?

어떻게 입금해요?

怎么存钱呢?
Zěnme cúnqián ne?
쩐머 춘치엔 너?

카드를 여기에 넣으세요.

把卡插到这里。
Bǎ kǎ chādào zhèli.
바 카 차따오 저리

비밀번호를 누르세요.

请输入密码。
Qǐng shūrù mìmǎ.
칭 수루 미마

잔고가 부족합니다.

您的余额不足。
Nín de yú'é bùzú.
닌 더 위어 뿌쭈

신용 카드

신용 카드를 신청하려고 하는데요.

我想申请一张信用卡。
Wǒ xiǎng shēnqǐng yì zhāng xìnyòngkǎ.
워 시앙 선칭 이 장 신융카

언제 신용 카드가 발급되나요?

什么时候可以发放信用卡?
Shénme shíhou kěyǐ fāfàng xìnyòngkǎ?
선머 스허우 커이 파팡 신융카?

유효 기간은 언제까지입니까?

有效期间是到什么时候?
Yǒuxiào qījiān shì dào shénme shíhou?
여우샤오 치지엔 스 따오 선머 스허우?

최근 신용 카드 사용 명세를 확인하고 싶은데요.

我想确认一下最近信用卡的使用明细。
Wǒ xiǎng quèrèn yíxià zuìjìn xìnyòngkǎ de shǐyòng míngxì.
워 시앙 취에런 이시아 쭈이진 신융카 더 스융 밍시

신용 카드를 도난당했어요. 해지해 주세요.

我的信用卡被偷了，我要销卡。
Wǒ de xìnyòngkǎ bèi tōu le, wǒ yào xiāo kǎ.
워 더 신융카 뻬이 터우 러, 워 야오 샤오 카

환전

환전할 수 있어요?

这儿能换钱吗?

Zhèr néng huànqián ma?

저얼 넝 후안치엔 마?

원화를 위안으로 바꾸고 싶어요.

我要用韩币换人民币。

Wǒ yào yòng Hánbì huàn Rénmínbì.

워 야오 융 한삐 후안 런민삐

여행자 수표를 위안으로 바꾸고 싶어요.

我要用旅行支票换人民币。

Wǒ yào yòng lǚxíng zhīpiào huàn Rénmínbì.

워 야오 융 뤼싱 즈퍄오 후안 런민삐

환전 비용의 10%를 수수료로 받습니다.

我们将收取换钱费用的10%作为手续费。

Wǒmen jiāng shōuqǔ huànqián fèiyòng de bǎifēnzhī shí zuòwéi shǒuxùfèi.

워먼 지앙 서우취 후안치엔 페이융 더 바이펀즈 스 쭈어웨이 서우쉬페이

길 건너편에 환전소가 있습니다.

路对面有换钱所。

Lù duìmiàn yǒu huànqiánsuǒ.

루 뚜이미엔 여우 후안치엔쑤어

환율

오늘 환율은 얼마입니까?

今天的汇率是多少?

Jīntiān de huìlǜ shì duōshao?

진티엔 더 후이뤼 스 뚜어사오?

오늘 위안의 환율은 얼마입니까?

今天兑人民币的汇率是多少?

Jīntiān duì Rénmínbì de huìlǜ shì duōshao?

진티엔 뚜이 런민삐 더 후이뤼 스 뚜어사오?

원화로 위안을 환전하면 환율이 얼마입니까?

用韩币换人民币的话汇率是多少?

Yòng Hánbì huàn Rénmínbì dehuà huìlǜ shì duōshao?

융 한삐 후안 런민삐 더후아 후이뤼 스 뚜어사오?

오늘 환율은 1위안에 184원입니다.

今天的汇率是1比184。

Jīntiān de huìlǜ shì yī bǐ yìbǎi bāshísì.

진티엔 더 후이뤼 스 이 비 이바이 빠스쓰

환율은 벽의 전광판에 있습니다.

汇率在墙上的电子牌上。

Huìlǜ zài qiángshang de diànzipáishang.

후이뤼 짜이 치앙상 더 띠엔쯔파이상

대출 ①

대출받고 싶은데요.

我想贷款。

Wǒ xiǎng dàikuǎn.

워 시앙 따이쿠안

대출 문제로 상담하고 싶은데요.

我想咨询一下贷款问题。

Wǒ xiǎng zīxún yíxià dàikuǎn wèntí.

워 시앙 쯔쉰 이시아 따이쿠안 원티

대출 관련 사항을 알고 싶은데요.

我想了解一下贷款相关事项。

Wǒ xiǎng liǎojiě yíxià dàikuǎn xiāngguān shìxiàng.

워 시앙 랴오지에 이시아 따이쿠안 시앙꾸안 스시앙

제가 대출 자격을 갖췄나요?

我具备贷款资格吗?

Wǒ jùbèi dàikuǎn zīgé ma?

워 쥐뻬이 따이쿠안 쯔거 마?

제 대출이 승인되었나요?

我的贷款批下来了吗?

Wǒ de dàikuǎn pīxiàlai le ma?

워 더 따이쿠안 피시아라이 러 마?

• 批 pī 승인하다, 허가하다

대출 ②

학자금 대출을 신청하고 싶은데요.

我想申请助学贷款。

Wǒ xiǎng shēnqǐng zhùxué dàikuǎn.

워 시앙 선칭 주쉬에 따이쿠안

집을 담보로 대출을 받았어요.

我拿到了住房抵押贷款。

Wǒ nádào le zhùfáng dǐyā dàikuǎn.

워 나따오 러 주팡 디야 따이쿠안

이자는 얼마죠?

利息是多少?

Lìxī shì duōshao?

리시 스 뚜어사오?

대출에는 15%의 이자가 포함되어 있습니다.

贷款中包括15%的利息。

Dàikuǎn zhōng bāokuò bǎifēnzhī shíwǔ de lìxī.

따이쿠안 중 빠오쿠어 바이펀즈 스우 더 리시

대출 한도는 얼마입니까?

贷款的限度是多少?

Dàikuǎn de xiàndù shì duōshao?

따이쿠안 더 시엔뚜 스 뚜어사오?

• 抵押 dǐyā 저당하다, 저당잡히다

편지 발송 ①

5마오짜리 우표 세 장 주세요.

给我三张5毛钱的邮票。
Gěi wǒ sān zhāng wǔ máoqián de yóupiào.
게이 워 싼 장 우 마오치엔 더 여우퍄오

이 편지를 보내는 데, 얼마짜리 우표가 필요한가요?

寄这封信，要多少钱的邮票?
Jì zhè fēng xìn, yào duōshao qián de yóupiào?
지 저 펑 신, 야오 뚜어사오 치엔 더 여우퍄오?

빠른 우편으로 보내나요 보통 우편으로 보내나요?

寄快件还是慢件?
Jì kuàijiàn háishi mànjiàn?
지 콰이지엔 하이스 만지엔?

긴급하게 우편물을 보낼 때 이용하는 EMS는 邮政特快专递服务라고 합니다.

빠른 우편으로 보내면 얼마예요?

寄快件要多少钱?
Jì kuàijiàn yào duōshao qián?
지 콰이지엔 야오 뚜어사오 치엔?

등기 우편으로 보내려고 합니다.

我要寄挂号信。
Wǒ yào jì guàhàoxìn.
워 야오 지 꾸아하오신

편지 발송 ②

우편번호가 뭐예요?

邮政编码是什么?
Yóuzhèng biānmǎ shì shénme?
여우정 삐엔마 스 선머?

서울까지 도착하는 데 얼마나 걸려요?

寄到首尔需要多长时间?
Jìdào Shǒu'ěr xūyào duōcháng shíjiān?
지따오 서우얼 쉬야오 뚜어창 스지엔?

발신인의 이름과 주소를 어디에 써야 해요?

寄信人的姓名和地址应该写在哪里?
Jìxìnrén de xìngmíng hé dìzhǐ yīnggāi xiě zài nǎli?
지신런 더 싱밍 허 띠즈 잉까이 시에 짜이 나리?

이 편지를 우루무치로 보내고 싶은데요.

我想寄信到乌鲁木齐。
Wǒ xiǎng jìxìndào Wūlǔmùqí.
워 시앙 지신따오 우루무치

이 편지는 언제 도착해요?

这封信什么时候能寄到?
Zhè fēng xìn shénme shíhou néng jìdào?
저 펑 신 선머 스허우 넝 지따오?

사흘 후에 도착합니다.

三天后能寄到。
Sān tiān hòu néng jìdào.
싼 티엔 허우 넝 지따오

소포

\# 소포 무게를 달아 주세요.

请帮我称一下包裹的重量。
Qǐng bāng wǒ chēng yíxià bāoguǒ de zhòngliàng.
칭 빵 워 청 이시아 빠오구어 더 중리앙

\# 이 소포를 포장해 주세요.

这个包裹请帮我包装一下。
Zhè ge bāoguǒ qǐng bāng wǒ bāozhuāng yíxià.
저 거 빠오구어 칭 빵 워 빠오주앙 이시아

\# 소포 안에는 뭐죠?

包裹里边是什么?
Bāoguǒ lǐbian shì shénme?
빠오구어 리비엔 스 선머?

\# 조심해 주세요, 깨지기 쉬운 물건입니다.

请小心，是易碎物品。
Qǐng xiǎoxīn, shì yìsuì wùpǐn.
칭 샤오신, 스 이쑤이 우핀

\# 도착하는 데 얼마나 걸릴까요?

多长时间能寄到?
Duōcháng shíjiān néng jìdào?
뚜어창 스지엔 넝 지따오?

• 易碎 yìsuì 깨지기 쉽다

미용실

\# 새로운 헤어스타일을 하고 싶어요.

我想换个新发型。
Wǒ xiǎng huàn ge xīn fàxíng.
워 시앙 후안 거 신 파싱

\# 어떤 헤어스타일을 원하세요?

您要什么样的发型?
Nín yào shénmeyàng de fàxíng?
닌 야오 선머양 더 파싱?

\# 헤어스타일 책을 보여 드릴까요?

给你看一下发型书怎么样?
Gěi nǐ kàn yíxià fàxíng shū zěnmeyàng?
게이 니 칸 이시아 파싱 수 쩐머양?

\# 저에게 어울리는 헤어스타일을 추천해 주세요.

请推荐给我一个适合我的发型。
Qǐng tuījiàn gěi wǒ yí ge shìhé wǒ de fàxíng.
칭 투이지엔 게이 워 이 거 스허 워 더 파싱

\# 이 사진의 모델 헤어스타일을 하고 싶어요.

我想做这个照片上的模特的发型。
Wǒ xiǎng zuò zhè ge zhàopiànshang de mótè de fàxíng.
워 시앙 쭈어 저 거 자오피엔상 더 모터 더 파싱

커트 ①

\# 커트하려고요.

我想剪头发。

Wǒ xiǎng jiǎn tóufa.

워 시앙 지엔 터우파

\# 어떻게 잘라 드릴까요?

您想怎么剪?

Nín xiǎng zěnme jiǎn?

닌 시앙 쩐머 지엔?

\# 이 정도 자르려고요.

我想剪到这个程度。

Wǒ xiǎng jiǎndào zhè ge chéngdù.

워 시앙 지엔따오 저 거 청뚜

\# 좀 짧게 자르고 싶어요.

我想剪得短一点。

Wǒ xiǎng jiǎn de duǎn yìdiǎn.

워 시앙 지엔 더 두안 이디엔

\# 머리끝을 살짝 다듬어 주세요.

发尾的部分稍微修一下。

Fàwěi de bùfen shāowēi xiū yíxià.

파웨이 더 뿌펀 사오웨이 시우 이시아

\# 이렇게 긴머리 자르는 거, 안 아까워요?

这么长的头发剪掉，不可惜吗?

Zhème cháng de tóufa jiǎndiào, bù kěxī ma?

저머 창 더 터우파 지엔때오, 뿌 커시 마?

커트 ②

\# 스포츠형으로 잘라 주세요.

请给我剪个运动型的发型。

Qǐng gěi wǒ jiǎn ge yùndòngxíng de fàxíng.

칭 게이 워 지엔 거 윈뚱싱 더 파싱

\# 앞머리도 조금 잘라 주세요.

刘海也要剪一点。

Liúhǎi yě yào jiǎn yìdiǎn.

리우하이 이에 야오 지엔 이디엔

\# 앞머리는 자르지 마세요.

不要剪刘海。

Búyào jiǎn liúhǎi.

부야오 지엔 리우하이

\# 커트만 할 건데, 얼마예요?

只剪头发，多少钱?

Zhǐ jiǎn tóufa, duōshao qián?

즈 지엔 터우파, 뚜어사오 치엔?

\# 머리 감고 커트하고 드라이하려고요.

我要洗剪吹。

Wǒ yào xǐjiǎnchuī.

워 야오 시지엔추이

파마

\# 파마하려고요.

我要烫发。
Wǒ yào tàngfà.
워 야오 탕파

\# 어떤 헤어스타일로 파마하시겠어요?

您想烫什么发型?
Nín xiǎng tàng shénme fàxíng?
닌 시앙 탕 선머 파싱?

\# 웨이브 파마로 해 주세요.

我想烫大卷。
Wǒ xiǎng tàng dàjuàn.
워 시앙 탕 따쥐엔

\# 너무 곱슬거리지 않게 해 주세요.

别给我烫得太卷。
Bié gěi wǒ tàng de tài juàn.
비에 게이 워 탕 더 타이 쥐엔

\# 파마가 잘 나왔네요!

烫得不错啊!
Tàng de búcuò a!
탕 더 부추어 아!

\# 요즘 스트레이트 머리가 유행인가요?

最近流行直发吗?
Zuìjìn liúxíng zhífà ma?
쪼이진 리우싱 즈파 마?

꼭! 짚고 가기

중국의 미용실

중국의 미용실은 어떻게 다를까요?
우선, 머리를 자르기 전에 앉은 자리에서 샴푸를 해 줍니다. 이 점이 우리나라와 가장 다른 점인데요. 거리를 지나다가 앉은 자리에서 샴푸를 하는 것을 처음 봤을 때는 상당히 신기했습니다. 게다가 자리에서 샴푸를 하니 샴푸가 흘러내릴 것 같은데, 미용사가 기술이 좋은지 절대 그런 법은 없답니다. 샴푸를 하면서 두피 마사지까지 해 주는데, 보통은 비용에 포함되어 있지만 저렴한 곳에서는 따로 비용을 받기도 합니다. 그런 후에, 샴푸실로 가서 머리를 헹구고 나서 커트나 파마를 하는데요. 우리나라처럼 커트나 파마는 미용사가 해 줍니다.
이런 서비스를 '干洗头 gānxǐtóu 깐시터우'라고 하는데, 50~200위안 등 가격은 다양합니다. 소도시의 저렴한 곳은 보통 머리 감고 커트와 드라이까지 여자는 68위안 정도, 남자는 58위안 정도, 파마는 커트 포함 128위안에서 시작하는 수준입니다.
중국 미용실의 비용은 우리나라보다 대체로 저렴한 편이지만, 자신이 원하는 스타일을 잘 설명해야 낭패를 보지 않을 수 있습니다. 이럴 때는 원하는 스타일을 가져가서 보여 주는 것이 가장 좋은 방법이겠죠.

염색

\# 염색해 주세요.

请给我染发。
Qǐng gěi wǒ rǎnfà.
칭 게이 워 란파

\# 어떤 색으로 염색하고 싶으세요?

您想染什么颜色?
Nín xiǎng rǎn shénme yánsè?
닌 시앙 란 선머 이엔써?

\# 갈색으로 염색해 주세요.

请给我染栗子色。
Qǐng gěi wǒ rǎn lìzisè.
칭 게이 워 란 리쯔써

请给我染棕色。
Qǐng gěi wǒ rǎn zōngsè.
칭 게이 워 란 쭝써

\# 좀 밝은색으로 염색하면 젊어 보여요.

染亮一点的颜色看上去会很年轻。
Rǎnliàng yìdiǎn de yánsè kànshàngqu huì hěn niánqīng.
란리앙 이디엔 더 이엔써 칸상취 후이 헌 니엔칭

\# 새치 머리가 많아서 염색했어요.

我白发很多，所以染发了。
Wǒ báifà hěn duō, suǒyǐ rǎnfà le.
워 바이파 헌 뚜어, 쑤어이 란파 러

세탁물 맡기기

\# 이 옷은 내가 세탁소에 세탁하러 가져갈게요.

这件衣服我要拿到洗衣店去洗。
Zhè jiàn yīfu wǒ yào nádào xǐyīdiàn qù xǐ.
저 지엔 이푸 워 야오 나따오 시이띠엔 취 시

\# 이 양복을 세탁소에 맡겨 주세요.

请帮我把西服送到洗衣店去。
Qǐng bāng wǒ bǎ xīfú sòngdào xǐyīdiàn qù.
칭 빵 워 바 시푸 쑹따오 시이띠엔 취

\# 이 양복을 세탁해 주세요.

请帮我洗一下这件西服。
Qǐng bāng wǒ xǐ yíxià zhè jiàn xīfú.
칭 빵 워 시 이시아 저 지엔 시푸

\# 이 바지를 다려 주세요.

请帮我烫一下这条裤子。
Qǐng bāng wǒ tàng yíxià zhè tiáo kùzi.
칭 빵 워 탕 이시아 저 탸오 쿠쯔

\# 이 코트를 드라이클리닝해 주세요.

这件大衣请帮我干洗。
Zhè jiàn dàyī qǐng bāng wǒ gānxǐ.
저 지엔 따이 칭 빵 워 깐시

세탁물 찾기

언제 찾을 수 있어요?

什么时候能取?
Shénme shíhou néng qǔ?
선머 스허우 넝 취?

옷 찾으러 왔어요.

我来拿衣服。
Wǒ lái ná yīfu.
워 라이 나 이푸

제 옷은 세탁이 다 됐나요?

我的衣服都洗好了吗?
Wǒ de yīfu dōu xǐhǎo le ma?
워 더 이푸 떠우 시하오 러 마?

세탁비는 얼마예요?

洗衣费是多少?
Xǐyīfèi shì duōshao?
시이페이 스 뚜어사오?

이 외투의 드라이클리닝 비용은 얼마예요?

这件外套的干洗费用是多少?
Zhè jiàn wàitào de gānxǐ fèiyòng shì duōshao?
저 지옌 와이타오 더 깐시 페이융 스 뚜어사오?

얼룩 제거

얼룩을 제거해 주세요.

请帮我把污渍去掉。
Qǐng bāng wǒ bǎ wūzì qùdiào.
칭 빵 워 바 우쯔 취따오

이 바지의 얼룩을 제거해 주실래요?

请帮我把这条裤子上的污渍去掉好吗?
Qǐng bāng wǒ bǎ zhè tiáo kùzishang de wūzì qùdiào hǎo ma?
칭 빵 워 바 저 탸오 쿠쯔상 더 우쯔 취따오 하오 마?

커피를 치마에 쏟았어요.

咖啡洒到裙子上了。
Kāfēi sǎdào qúnzishang le.
카페이 싸따오 췬쯔상 러

이 얼룩은 빨아도 안 지워져요.

这个污渍洗也洗不掉。
Zhè ge wūzì xǐ yě xǐbudiào.
저 거 우쯔 시 이에 시부땨오

이 얼룩은 완전히 제거되지 않아요.

这个污渍不能完全去掉。
Zhè ge wūzì bùnéng wánquán qùdiào.
저 거 우쯔 뿌넝 완취엔 취따오

수선

\# 옷을 수선할 수 있나요?

你会修补衣服吗?
Nǐ huì xiūbǔ yīfu ma?
니 후이 시우부 이푸 마?

\# 이 외투를 좀 수선해 주세요.

请帮我修补一下这件外套。
Qǐng bāng wǒ xiūbǔ yíxià zhè jiàn wàitào.
칭 빵 워 시우부 이시아 저 지엔 와이타오

\# 이 바지를 좀 줄여 주세요.

这条裤子请帮我改短一点儿。
Zhè tiáo kùzi qǐng bāng wǒ gǎiduǎn yìdiǎnr.
저 타오 쿠쯔 칭 빵 워 가이두안 이디알

\# 이 바지를 좀 늘려 주세요.

这条裤子请帮我加长一点。
Zhè tiáo kùzi qǐng bāng wǒ jiācháng yìdiǎn.
더 탸오 쿠쯔 칭 빵 워 지아창 이디엔

\# 죄송하지만, 수선할 수 없어요.

对不起，这个不能修补。
Duìbuqǐ, zhè ge bùnéng xiūbǔ.
뚜이부치, 저 거 뿌넝 시우부

\# 단추를 달아 주시겠어요?

请帮我缝个扣子好吗?
Qǐng bāng wǒ féng ge kòuzi hǎo ma?
칭 빵 워 펑 거 커우쯔 하오 마?

• 扣子 kòuzi 단추

렌터카 이용 ①

\# 이번 주 토요일에 차를 빌리려고요.

这个周六我想租辆车。
Zhè ge zhōuliù wǒ xiǎng zū liàng chē.
저 거 저우리우 워 시앙 쭈 리앙 처

\# 어떤 차를 빌리시겠어요?

您想租什么样的车?
Nín xiǎng zū shénmeyàng de chē?
닌 시앙 쭈 선머양 더 처?

\# 소형차를 빌리려고 합니다.

我想租一辆小型车。
Wǒ xiǎng zū yí liàng xiǎoxíngchē.
워 시앙 쭈 이 리앙 샤오싱처

\# 오토매틱만 운전할 수 있어요.

我只会开自动挡的车。
Wǒ zhǐ huì kāi zìdòngdǎng de chē.
워 즈 후이 카이 쯔뚱당 더 처

\# 5일 동안 빌리려고요.

我想租五天。
Wǒ xiǎng zū wǔ tiān.
워 시앙 쭈 우 티엔

렌터카 이용 ②

렌터카 요금은 얼마입니까?

租车的费用是多少?
Zūchē de fèiyòng shì duōshao?
쭈처 더 페이융 스 뚜어사오?

하루에 350위안입니다.

一天350元。
Yì tiān sānbǎi wǔshí yuán.
이 티엔 싼바이 우스 위엔

보험에 가입하시겠어요?

您想上保险吗?
Nín xiǎng shàng bǎoxiǎn ma?
닌 시앙 상 바오시엔 마?

종합 보험에 가입해 주세요.

请帮我上综合险。
Qǐng bāng wǒ shàng zōnghéxiǎn.
칭 빵 워 상 쭝허시엔

차를 반납할 때 어디로 하나요?

还车的时候把车送到哪里?
Huánchē de shíhou bǎ chē sòngdào nǎli?
후안처 더 스허우 바 처 쑹따오 나리?

전국 지점 어느 곳으로나 반납이 가능합니다.

在全国的任何一家分店都可以还车。
Zài quánguó de rènhé yì jiā fēndiàn dōu kěyǐ huánchē.
짜이 취엔구어 더 런허 이 지아 펀띠엔 떠우 커이 후안처

주유소 ①

이 근처에 주유소가 있나요?

这附近有加油站吗?
Zhè fùjìn yǒu jiāyóuzhàn ma?
저 푸진 여우 지아여우잔 마?

주유소에 들러야 해요.

得在加油站停一下。
Děi zài jiāyóuzhàn tíng yíxià.
데이 짜이 지아여우잔 팅 이시아

다른 목적지로 가는 도중 주유소 근처에 차를 세우라는 뜻으로 쓰는 표현입니다.

여기에서 가장 가까운 주유소는 어디입니까?

离这儿最近的加油站在哪里?
Lí zhèr zuì jìn de jiāyóuzhàn zài nǎli?
리 저얼 쭈이 진 더 지아여우잔 짜이 나리?

기름이 충분해요?

油够了吗?
Yóu gòu le ma?
여우 꺼우 러 마?

다음 주유소에 가면 차를 세워요.

走到下个加油站的时候停一下车。
Zǒudào xià ge jiāyóuzhàn de shíhou tíng yíxià chē.
쩌우따오 시아 거 지아여우잔 더 스허우 팅 이시아 처

주유소 ②

\# 주유소에 가야 해, 기름을 넣어야 하거든.

我得去趟加油站，得加油了。

Wǒ děi qù tàng jiāyóuzhàn, děi jiāyóu le.

워 데이 취 탕 지아여우잔, 데이 지아여우 러

\# 그는 주유소에서 주유하고 있어요.

他正在加油站加油。

Tā zhèngzài jiāyóuzhàn jiāyóu.

타 정짜이 지아여우잔 지아여우

\# 기름을 가득 넣어 주세요.

请给我加满。

Qǐng gěi wǒ jiāmǎn.

칭 게이 워 지아만

\# 휘발유요, 가득 넣어 주세요!

汽油，请加满!

Qìyóu, qǐng jiāmǎn!

치여우, 칭 지아만!

\# 300위안어치 기름 넣어 주세요.

请给我加300块钱的油。

Qǐng gěi wǒ jiā sānbǎi kuàiqián de yóu.

칭 게이 워 지아 싼바이 콰이치엔 더 여우

\# 주유소에서 어떻게 셀프 주유해요?

加油站如何自助加油?

Jiāyóuzhàn rúhé zìzhù jiāyóu?

지아여우잔 루허 쯔주 지아여우?

세차 & 정비

\# 세차해 주세요.

请给我洗车。

Qǐng gěi wǒ xǐchē.

칭 게이 워 시처

\# 세차하고, 왁스를 발라 주세요.

请给我洗车，再打点蜡。

Qǐng gěi wǒ xǐchē, zài dǎ diǎn là.

칭 게이 워 시처, 짜이 다 디엔 라

\# 세차 한 번 하는 데 얼마예요?

洗一次车多少钱?

Xǐ yí cì chē duōshao qián?

시 이 츠 처 뚜어사오 치엔?

\# 배터리가 떨어졌어요, 충전해 주세요!

电不足了，请充点电!

Diàn bùzú le, qǐng chōng diǎn diàn!

띠엔 뿌쭈 러, 칭 충 디엔 띠엔!

\# 타이어 좀 점검해 주세요.

请帮我检查一下轮胎。

Qǐng bāng wǒ jiǎnchá yíxià lúntāi.

칭 빵 워 지엔차 이시아 룬타이

서점

\# 책꽂이에서 저 책 꺼내는 것 좀 도와줘.

请帮我从书架上拿下一本书。

Qǐng bāng wǒ cóng shūjiàshang náxià yì běn shū.

칭 빵 워 충 수지아상 나시아 이 번 수

\# 저 카트를 밀고 가는 사람이 점원이네, 그에게 물어봐!

那个推着小推车的是店员，问他吧!

Nà ge tuīzhe xiǎotuīchēde shì diànyuán, wèn tā ba!

나 거 투이저 샤오투이처더 스 띠엔위엔, 원 타 바!

\# 전부 다섯 권입니다.

一共有五本书。

Yígòng yǒu wǔ běn shū.

이꿍 여우 우 번 수

\# 이 책은 상하권으로 나뉘어 있어요.

这本书分上下册。

Zhè běn shū fēn shàngxià cè.

저 번 수 펀 상시아 처

\# 저 헌책방은 새 책과 헌 책 모두 팔아요.

那个二手书店新书旧书都卖。

Nà ge èrshǒu shūdiàn xīnshū jiùshū dōu mài.

나 거 얼서우 수띠엔 신수 지우수 떠우 마이

꼭! 짚고 가기

중국의 4대 시인

중국의 고전 문학은 우리나라에도 영향력을 끼쳤을 정도로 유구한 역사 및 훌륭한 작품과 위인들이 많습니다. 그 중 네 명을 꼽자면, 과연 누구일까요?

① **이백**(李白) (701~762)
자는 태백(太白), 당나라 시인으로, '시선(诗仙)'이라 불렸습니다. 낭만주의 시인으로, 쓰촨성의 면주(绵州) 출신입니다. 대표작으로 《장진주(将进酒)》, 《촉도난(蜀道难)》 등이 있습니다.

② **두보**(杜甫) (712~770)
자는 자미(子美)이며, 자신을 소릉야노(少陵野老)라고 하기도 했습니다. 두보는 '시성(诗圣)'이라 불렸습니다. 고상한 인품의 그는 나라와 백성을 많이 걱정했고, 약 400여 수의 작품은 중국 고대 시가에 깊은 영향을 끼쳤습니다. 대표작은 《춘망(春望)》, 《삼별(三别)》 등이 있습니다.

③ **왕유**(王维) (701~761)
당나라 때 시인으로 '시불(诗佛)'이라는 칭호가 있습니다. 성당(盛唐) 시기의 대표 시인으로, 주요 작품은 《상사(相思)》, 《산거추명(山居秋暝)》 등이 있습니다. 불교에 정통하여 종교적으로 많은 영향을 끼쳤으며 그림과 음악에도 재능이 보이는 등 다재다능했습니다.

④ **백거이**(白居易) (772~846)
자는 낙천(乐天), 오늘날 허난성의 정주(郑州)에서 태어났습니다. 당나라 현실주의 시인으로 그의 작품은 소재가 다양하고 쉬운 것이 특징입니다. 대표작으로 《장한가(长恨歌)》, 《비파행(琵琶行)》 등이 있습니다.

책 찾기 ①

\# 실례지만, 〈인생〉이라는 책 있나요?

请问，有《人生》这本书吗?

Qǐngwèn, yǒu 〈Rénshēng〉 zhè běn shū ma?

칭원, 여우 《런성》 저 번 수 마?

\# 실례지만, 역사에 관한 책은 어디 있죠?

请问，历史方面的书在哪里?

Qǐngwèn, lìshǐ fāngmiàn de shū zài nǎli?

칭원, 리스 팡미엔 더 수 짜이 나리?

\# 책을 찾는 방법 중 하나는 책의 제목으로 찾는 것이다.

找书的方法之一就是用书的题目来找。

Zhǎo shū de fāngfǎ zhīyī jiùshì yòng shū de tímù lái zhǎo.

자오 수 더 팡파 즈이 지우스 융 수 더 티무 라이 자오

\# 제가 사려는 책을 찾을 수 없어요.

我找不到我要买的书。

Wǒ zhǎobudào wǒ yào mǎi de shū.

워 자오부따오 워 야오 마이 더 수

책 찾기 ②

\# 그 책은 언제 출간됩니까?

那本书什么时候出版?

Nà běn shū shénme shíhou chūbǎn?

나 번 수 선머 스허우 추반?

\# 그 책은 곧 나옵니다.

那本书就要出来了。

Nà běn shū jiùyào chūlai le.

나 번 수 지우야오 추라이 러

\# 이 책은 올해 9월에 출간되었어요.

这本书在今年九月出版了。

Zhè běn shū zài jīnnián jiǔyuè chūbǎn le.

저 번 수 짜이 진니엔 지우위에 추반 러

\# 이 책은 이미 절판되었습니다.

这本书已经绝版了。

Zhè běn shū yǐjīng juébǎn le.

저 번 수 이징 쥐에반 러

\# 원하시는 책 제목을 알려 주세요.

您要的书的书名告诉我。

Nín yào de shū de shūmíng gàosu wǒ.

닌 야오 더 수 더 수밍 까오쑤 워

\# 어떤 출판사의 책인지 아세요?

您知道是哪家出版社的书吗?

Nín zhīdao shì nǎ jiā chūbǎnshè de shū ma?

닌 즈다오 스 나 지아 추반서 더 수 마?

인기 도서

\# 이 책이 가장 잘 팔렸어요.

这本书卖得最好。
Zhè běn shū mài de zuì hǎo.
저 번 수 마이 더 쭈이 하오

\# 이 책의 독자는 주로 가정주부이다.

这本书的主要读者就是家庭主妇。
Zhè běn shū de zhǔyào dúzhě jiùshì jiātíng zhǔfù.
저 번 수 더 주야오 두저 지우스 지아팅 주푸

\# 지금은 이런 책이 인기예요.

现在这种书很受欢迎。
Xiànzài zhè zhǒng shū hěn shòu huānyíng.
시엔짜이 저 중 수 헌 서우 후안잉

\# 이 책은 최근 인기가 많아요.

这本书最近很红。
Zhè běn shū zuìjìn hěn hóng.
저 번 수 쭈이진 헌 훙

\# 이 책은 독자가 많아요.

这本书的读者很多。
Zhè běn shū de dúzhě hěn duō.
저 번 수 더 두저 헌 뚜어

책 구매

\# 책을 한 권 샀는데, 8위안이다.

我买了一本书，八块钱。
Wǒ mǎi le yì běn shū, bā kuàiqián.
워 마이 러 이 번 수, 빠 콰이치엔

\# 그 책은 아마 12위안쯤 할 걸요!

那本书大概要12块钱左右吧!
Nà běn shū dàgài yào shí'èr kuàiqián zuǒyòu ba!
나 번 수 따까이 야오 스얼 콰이치엔 쭈어여우 바!

\# 책 아닌가요, 왜 그리 비싸요?

不就是本书嘛，怎么那么贵?
Bújiùshì běn shū ma, zěnme nàme guì?
부지우스 번 수 마, 쩐머 나머 꾸이?

\# 원래 한 권에 15위안인데, 권당 20% 할인해 드립니다.

本来是15块一本，给您每本打八折。
Běnlái shì shíwǔ kuài yì běn, gěi nín měi běn dǎ bāzhé.
번라이 스 스우 콰이 이 번, 게이 닌 메이 번 다 빠저

\# 책은 우편으로 보내 드릴 수 있습니다.

我们会把书邮寄给您。
Wǒmen huì bǎ shū yóujì gěi nín.
워먼 후이 바 수 여우지 게이 닌

도서관 ①

\# 도서관에 어떻게 가요?

图书馆怎么走?
Túshūguǎn zěnme zǒu?
투수구안 쩐머 쩌우?

\# 이 도서관은 3만 권의 책을 소장하고 있습니다.

这个图书馆馆藏是三万册。
Zhè ge túshūguǎn guǎncáng shì sānwàn cè.
저 거 투수구안 구안창 스 싼완 처

\# 도서관에는 네가 찾는 책이 있다.

图书馆有你要找的书。
Túshūguǎn yǒu nǐ yào zhǎo de shū.
투수구안 여우 니 야오 자오 더 수

\# 그는 도서관에 책을 기증했어요.

他向图书馆赠了书。
Tā xiàng túshūguǎn zèng le shū.
타 시앙 투수구안 쩡 러 수

\# 그는 도서관에서 책을 빌린다.

他在图书馆借书。
Tā zài túshūguǎn jiè shū.
타 짜이 투수구안 지에 수

도서관 ②

\# 우리는 도서관에서 책을 보고 있다.

我们在图书馆看书。
Wǒmen zài túshūguǎn kàn shū.
워먼 짜이 투수구안 칸 수

\# 도서관의 책은 정리가 잘 되어 있어, 책을 찾기 쉽다.

图书馆的书都整理有序，让人容易查找。
Túshūguǎn de shū dōu zhěnglǐ yǒuxù, ràng rén róngyì cházhǎo.
투수구안 더 수 떠우 정리 여우쉬, 랑 런 룽이 차자오

\# 그 책은 5층의 서가에 있습니다.

那本书在五楼的书架上。
Nà běn shū zài wǔ lóu de shūjiàshang.
나 번 수 짜이 우 러우 더 수지아상

\# 도서관의 책을 복사해도 돼요?

我可以复印图书馆的书吗?
Wǒ kěyǐ fùyìn túshūguǎn de shū ma?
워 커이 푸인 투수구안 더 수 마?

\# 도서관은 30분 후에 문을 닫습니다.

图书馆30分钟后关门。
Túshūguǎn sānshí fēnzhōng hòu guānmén.
투수구안 싼스 펀중 허우 꾸안먼

도서 대출

어떤 책을 빌리려고 하세요?

您要借哪种类型的书?

Nín yào jiè nǎ zhǒng lèixíng de shū?

닌 야오 지에 나 중 레이싱 더 수?

도서관의 책 대출과 반납에 관련된 규정을 설명해 드릴게요.

给您说明一下图书馆图书的借阅和归还的相关规定。

Gěi nín shuōmíng yíxià túshūguǎn túshū de jièyuè hé guīhuán de xiāngguān guīdìng.

게이 닌 수어밍 이시아 투수구안 투수 더 지에위에 허 꾸이후안 더 시앙꾸안 꾸이띵

도서는 최대한 다섯 권을 대출할 수 있습니다.

图书最多可以借五本。

Túshū zuì duō kěyǐ jiè wǔ běn.

투수 쭈이 뚜어 커이 지에 우 번

이 네 권을 대출하려고요.

我想借这四本书。

Wǒ xiǎng jiè zhè sì běn shū.

워 시앙 지에 저 쓰 번 수

대출하려면 어떻게 해야 하죠?

想借书的话应该怎么办理呢?

Xiǎng jiè shū dehuà yīnggāi zěnme bànlǐ ne?

시앙 지에 수 더후아 잉까이 쩐머 빤리 너?

도서 반납

도서관의 책은 내일 오전 9시까지 반납해야 합니다.

图书馆的书到明天上午九点为止应该归还。

Túshūguǎn de shū dào míngtiān shàngwǔ jiǔ diǎn wéizhǐ yīnggāi guīhuán.

투수구안 더 수 따오 밍티엔 상우 지우 디엔 웨이즈 잉까이 꾸이후안

책을 반납하려고 왔어요.

我是来还书的。

Wǒ shì lái huán shū de.

워 스 라이 후안 수 더

이 책은 이미 다음 주 월요일까지 대출되어 있습니다.

这本书已经借出了，下周一到期。

Zhè běn shū yǐjīng jièchū le, xià zhōuyī dàoqī.

저 번 수 이징 지에추 러, 시아 저우이 따오치

반납 기한이 지난 책을 반납하려고 왔습니다.

我是来还过期的书的。

Wǒ shì lái huán guòqī de shū de.

워 스 라이 후안 꾸어치 더 수 더

미술관

이번 주말에 나랑 같이 미술관에 갈래요?

这个周末和我一起去趟美术馆怎么样?

Zhè ge zhōumò hé wǒ yìqǐ qù tàng měishùguǎn zěnmeyàng?

저 거 저우모 허 워 이치 취 탕 메이수구안 쩐머양?

대한미술관은 무슨 요일에 문을 닫나요?

大韩美术馆星期几关门?

Dàhán měishùguǎn xīngqī jǐ guānmén?

따한 메이수구안 싱치 지 꾸안먼?

미술관은 언제 문을 여나요?

美术馆什么时候开门?

Měishùguǎn shénme shíhou kāimén?

메이수구안 선머 스허우 카이먼?

오전 9시 반부터 오후 5시까지입니다.

上午九点半开门，下午五点关门。

Shàngwǔ jiǔ diǎn bàn kāimén, xiàwǔ wǔ diǎn guānmén.

상우 지우 디엔 빤 카이먼, 시아우 우 디엔 꾸안먼

국립미술관에 현재 추상파 전시회가 열리고 있어요.

国立美术馆现在正在举办抽象派画展。

Guólì měishùguǎn xiànzài zhèngzài jǔbàn chōuxiàngpài huàzhǎn.

구어리 메이수구안 시엔짜이 정짜이 쥐빤 처우시앙파이 후아잔

박물관

박물관 입장권을 사고 싶은데요.

我想买博物馆的门票。

Wǒ xiǎng mǎi bówùguǎn de ménpiào.

워 시앙 마이 보우구안 더 먼퍄오

모처럼 왔는데, 박물관이 오늘 휴관이어서 정말 실망이야.

好不容易来了，博物馆今天却休馆，真是太失望了。

Hǎoburóngyì lái le, bówùguǎn jīntiān què xiūguǎn, zhēnshi tài shīwàng le.

하오부룽이 라이 러, 보우구안 진티엔 취에 시우구안, 전스 타이 스왕 러

그 박물관은 연중무휴이다.

那个博物馆全年无休。

Nà ge bówùguǎn quánnián wúxiū.

나 거 보우구안 취엔니엔 우시우

이 박물관은 어린이들에게 인기가 많아요.

这个博物馆很受孩子们的欢迎。

Zhè ge bówùguǎn hěn shòu háizimen de huānyíng.

저 거 보우구안 헌 서우 하이쯔먼 더 후안잉

이 과학 박물관은 체험 프로그램이 있어요.

这个科学博物馆有体验项目。

Zhè ge kēxué bówùguǎn yǒu tǐyàn xiàngmù.

저 거 커쉬에 보우구안 여우 티이엔 시앙무

놀이동산

놀이동산에 가는 거 좋아하니?

你喜欢去游乐场吗?
Nǐ xǐhuan qù yóulèchǎng ma?
니 시후안 취 여우러창 마?

어떤 놀이 기구를 좋아하니?

你喜欢哪种游乐项目?
Nǐ xǐhuan nǎ zhǒng yóulè xiàngmù?
니 시후안 나 중 여우러 시앙무?

나는 저 놀이 기구들을 타는 것이 무서워요.

我害怕玩那些游乐项目。
Wǒ hàipà wán nàxiē yóulè xiàngmù.
워 하이파 완 나시에 여우러 시앙무

롤러코스터 타는 것 안 무서워요?

你坐过山车不害怕吗?
Nǐ zuò guòshānchē bú hàipà ma?
니 쭈어 꾸어산처 부 하이파 마?

이 자유이용권이 있으면, 놀이동산의 모든 기구를 탈 수 있어.

有这张通票的话，游乐场所有的项目都可以玩。
Yǒu zhè zhāng tōngpiào dehuà, yóulèchǎng suǒyǒu de xiàngmù dōu kěyǐ wán.
여우 저 장 퉁퍄오 더후아, 여우러창 쑤어여우 더 시앙무 떠우 커이 완

꼭! 짚고 가기

중국인과 친구 되기

중국어 실력도 기를 겸, 좋은 중국인 친구 한 명이 있다면 든든하겠죠.
중국어에 '在家靠父母，出外靠朋友。Zài jiā kào fùmǔ, chūwài kào péngyou. 짜이 지아 카오 푸무, 추와이 카오 펑여우 (집에서는 부모님께 의지하고, 밖에서는 친구에게 의지한다.)'라는 말이 있듯이, 타지에 있을 때 친구의 도움이 특히 귀하다는 것은 인지상정입니다.
그런데, 중국인 친구 사귀기가 생각처럼 쉽지는 않습니다. 중국인과 단순히 알고 지내는 사이를 넘어서 마음을 나누는 사이가 되기까지는 두터운 신뢰를 쌓아야 하는데, 바로 '关系文化 guānxi wénhuà 꾸안시 원후아(꽌시 문화)' 때문입니다. 처음에는 상대방을 쉽게 믿지 않지만, 어렵사리 쌓인 신뢰의 관계는 어지간하면 깨지지 않고 지속되며, 그렇게 맺은 관계에서는 깊은 속까지 아낌없이 나누는 중국인 특유의 정서를 말합니다.
이런 문화 때문에, 아직 관계가 형성되기 전 서먹한 중국인과의 관계에서 '중국인은 꿍꿍이를 모르겠다, 믿을 수 없다'는 불만이 나오게 됩니다. 하지만 꽌시 문화를 이해하며 내가 먼저 나의 진심을 보여 주고 나를 신뢰할 수 있도록 한다면, 중국인 친구와의 관계가 발전할 수 있겠죠. 만약 내가 중국인과 신뢰의 관계가 잘 형성되었다면, 좋은 중국인 친구를 하나 얻은 것입니다. 물론, 이 관계를 유지하기 위한 본인의 꾸준한 노력도 중요합니다.

헬스클럽

나는 이미 헬스클럽에 가입했어.

我已经加入健身俱乐部了。
Wǒ yǐjīng jiārù jiànshēn jùlèbù le.
워 이징 지아루 지엔선 쥐러뿌 러

다음 달에 헬스클럽에 등록해야 해.

下个月我得报健身房了。
Xià ge yuè wǒ děi bào jiànshēnfáng le.
시아 거 위에 워 데이 빠오 지엔선팡 러

새로 등록한 헬스클럽은 어때요?

新报名的健身房怎么样?
Xīn bàomíng de jiànshēnfáng zěnmeyàng?
신 빠오밍 더 지엔선팡 쩐머양?

나는 보통 퇴근 후 헬스클럽에서 한 시간 운동을 한다.

我一般下班后去健身房运动一个小时。
Wǒ yìbān xiàbān hòu qù jiànshēnfáng yùndòng yí ge xiǎoshí.
워 이빤 시아빤 허우 취 지엔선팡 윈뚱 이 거 샤오스

영화관 ①

기분 전환하러, 극장에 가자!

想换换心情，去看个电影吧!
Xiǎng huànhuan xīnqíng, qù kàn ge diànyǐng ba!
시앙 후안후안 신칭, 취 칸 거 띠엔잉 바!

요즘 인터넷에서 영화표를 예매할 수 있고, 심지어 자리도 고를 수 있어.

最近在网上可以预订电影票，甚至可以选座。
Zuìjìn zài wǎngshang kěyǐ yùdìng diànyǐngpiào, shènzhì kěyǐ xuǎnzuò.
쭈이진 짜이 왕상 커이 위띵 띠엔잉퍄오, 선즈 커이 쉬엔쭈어

6시 반에 극장 입구에서 만나!

六点半在电影院门口见!
Liù diǎn bàn zài diànyǐngyuàn ménkǒu jiàn!
리우 디엔 빤 짜이 띠엔잉위엔 먼커우 지엔!

우리는 순서대로 입장합니다.

我们按先后顺序入场。
Wǒmen àn xiānhòu shùnxù rùchǎng.
워먼 안 시엔허우 순쉬 루창

극장에 늦게 가면, 영화를 처음부터 볼 수 없어.

电影院去晚了的话，电影不能从头看。
Diànyǐngyuàn qùwǎn le dehuà, diànyǐng bùnéng cóng tóu kàn.
띠엔잉위엔 취완 러 더후아, 띠엔잉 뿌넝 충 터우 칸

영화관 ②

\# 여기에서 가장 가까운 극장은 어디예요?

离这里最近的电影院在哪儿?

Lí zhèli zuì jìn de diànyǐngyuàn zài nǎr?

리 저리 쭈이 진 더 띠엔잉위엔 짜이 나알?

\# 어느 극장으로 갈 거예요?

去哪个电影院?

Qù nǎ ge diànyǐngyuàn?

취 나 거 띠엔잉위엔?

\# 저 영화는 메이메이극장에서 상영해요.

那个电影在美美电影院上映。

Nà ge diànyǐng zài Měiměi diànyǐngyuàn shàngyìng.

나 거 띠엔잉위엔 짜이 메이메이 띠엔잉위엔 상잉

\# 실례지만 여기 사람 있나요?

请问这里有人吗?

Qǐngwèn zhèli yǒu rén ma?

칭원 저리 여우 런 마?

자리를 가리키며 하는 표현입니다.

\# 자리 있어요.

没人坐。

Méi rén zuò.

메이 런 쭈어

자리가 비었으니 앉아도 된다는 표현입니다.

영화표

\# 지금 아직 영화표를 살 수 있나요?

现在还能买到电影票吗?

Xiànzài hái néng mǎidào diànyǐngpiào ma?

시엔짜이 하이 넝 마이따오 띠엔잉퍄오 마?

\# 지금 표를 사려고 줄 서 있어요.

现在正在排队买票。

Xiànzài zhèngzài páiduì mǎi piào.

시엔짜이 정짜이 파이뚜이 마이 퍄오

\# 예약한 7시 표 두 장 주세요.

请给我两张七点的票。

Qǐng gěi wǒ liǎng zhāng qī diǎn de piào.

칭 게이 워 리앙 장 치 디엔 더 퍄오

\# 7시 표 더 있어요?

还有七点的票吗?

Háiyǒu qī diǎn de piào ma?

하이여우 치 디엔 더 퍄오 마?

\# 영화표 샀어요?

买电影票了吗?

Mǎi diànyǐngpiào le ma?

마이 띠엔잉퍄오 러 마?

영화관 에티켓

영화관에서 음식을 먹을 수 없습니다.

在电影院里不可以吃东西。
Zài diànyǐngyuànli bùkěyǐ chī dōngxi.
짜이 띠엔잉위엔리 뿌커이 츠 뚱시

영화 시작 전에 휴대 전화를 꺼 두세요.

在电影开始前，请关掉手机。
Zài diànyǐng kāishǐ qián, qǐng guāndiào shǒujī.
짜이 띠엔잉 카이스 치엔, 칭 꾸안땨오 서우지

앞좌석을 발로 차지 마세요.

请别蹬踹前座。
Qǐng bié dēngchuài qiánzuò.
칭 비에 떵촤이 치엔쭈어

상영 중 촬영 금지.

放映中禁止摄影。
Fàngyìng zhōng jìnzhǐ shèyǐng.
팡잉 중 진즈 서잉

조용히 해 주세요.

请保持安静。
Qǐng bǎochí ānjìng.
칭 바오츠 안징

기타 공연

이 연극은 지금 국립극장에서 공연 중이에요.

这个戏剧现在在国立剧场上演。
Zhè ge xìjù xiànzài zài guólì jùchǎng shàngyǎn.
저 거 시쥐 시엔짜이 짜이 구어리 쥐창 상이엔

이 극장에서 자선 공연이 열릴 거예요.

这个剧场要义演。
Zhè ge jùchǎng yào yìyǎn.
저 거 쥐창 야오 이이엔

저녁 식사하고 경극 보러 가자.

吃晚饭后去看京剧吧。
Chī wǎnfàn hòu qù kàn jīngjù ba.
츠 완판 허우 취 칸 징쥐 바

뮤지컬은 20분 후에 시작합니다.

歌剧在二十分钟后开演。
Gējù zài èrshí fēnzhōng hòu kāiyǎn.
꺼쥐 짜이 얼스 펀중 허우 카이이엔

시민회관에서 정기 공연이 있어.

在居民会馆里有定期表演。
Zài jūmín huìguǎnli yǒu dìngqī biǎoyǎn.
짜이 쥐민 후이구안리 여우 띵치 뱌오이엔

술집 ①

\# 나는 퇴근 후 종종 술집에 가.

我下班后常去酒吧。
Wǒ xiàbān hòu cháng qù jiǔbā.
워 시아빤 허우 창 취 지우빠

\# 여기는 내가 자주 가는 술집이야.

这是我常去的酒吧。
Zhè shì wǒ cháng qù de jiǔbā.
저 스 워 창 취 더 지우빠

\# 우리 단골집에 가서 한잔 어때요?

我们去老地方喝一杯怎么样?
Wǒmen qù lǎodìfang hē yì bēi zěnmeyàng?
워먼 취 라오띠팡 허 이 뻬이 쩐머양?

\# 이곳 술은 괜찮은데!

这里的酒不错啊!
Zhèli de jiǔ búcuò a!
저리 더 지우 부추어 아!

\# 대부분 술집은 담배 연기가 가득하다.

大部分的酒吧都是烟气弥漫。
Dàbùfen de jiǔbā dōushì yānqì mímàn.
따뿌펀 더 지우빠 떠우스 이엔치 미만

꼭! 짚고 가기

경극

경극은 서피(西皮)와 이황(二黄)을 메인 곡조로 하며, 호금(胡琴), 징, 북 등의 타악기로 반주를 하는 중국의 전통적인 공연 예술입니다.

경극의 시작은 청나라 때(1790년)로, 처음에는 남쪽 지방의 공연들이 베이징으로 들어와 후베이 지역 예술인들과 협력하여 공연 형식으로 만들어졌습니다. 그 후 끊임없는 교류와 융합을 통해 지금의 경극이 형성되었습니다.

경극은 청나라 때 궁정에서 시작하여 빠르게 발전하여 전국적으로 인기 있는 예술 공연 장르가 되었습니다. 서양의 오페라나 뮤지컬과 비슷하다 해서, 영어로는 'Beijing Opera'라고 합니다.

경극은 노래(唱), 리듬이 있는 대사(念), 몸놀림과 춤(做), 무술(打)로 구성되어 다채로운 재미가 있습니다.

주요 등장인물은 남자 역할을 하는 생(生), 여자 역할을 하는 단(旦), 조연 역할을 하는 정(净), 광대 역의 추(丑)가 있습니다. 경극의 배우는 한 역할만 계속 맡기 때문에, 상당히 전문적입니다.

현재 경극은 중국을 대표하는 전통 예술의 하나로, 전 세계적으로 명성을 누리고 있습니다.

유명한 경극 작품으로는 영화를 통해 친근한 초나라 항우와 우희의 사랑 이야기를 담은 《패왕별희(霸王别姬)》, 항일전쟁 시기의 철도 노동자들의 이야기를 그린 《홍등기(红灯记)》, 여우가 주인공인 전설을 바탕으로 하는 《유월설(六月雪)》 등이 있습니다.

술집 ②

술집에 가서 맥주 한잔 하자!

去酒吧喝杯啤酒吧!
Qù jiǔbā hē bēi píjiǔ ba!
취 지우빠 허 뻬이 피지우 바!

오늘 저녁에 술집에 가는 거 어때?

今天晚上去酒吧怎么样?
Jīntiān wǎnshang qù jiǔbā zěnmeyàng?
진티엔 완상 취 지우빠 쩐머양?

우리 술집에 가서 술이나 한잔 하자!

咱们去酒吧喝杯酒什么的!
Zánmen qù jiǔbā hē bēi jiǔ shénmede!
짠먼 취 지우빠 허 뻬이 지우 선머더!

일 끝나고 내가 맥주 한잔 낼게요!

工作结束后我请你喝杯啤酒!
Gōngzuò jiéshù hòu wǒ qǐng nǐ hē bēi píjiǔ!
꿍쭈어 지에수 허우 워 칭 니 허 뻬이 피지우!

이 술집의 스타일은 괜찮고, 술도 좋다.

这家酒吧的风格很不错，酒也很好。
Zhè jiā jiǔbā de fēnggé hěn búcuò, jiǔ yě hěn hǎo.
저 지아 지우빠 더 펑거 헌 부추어, 지우 이에 헌 하오

술 권하기 ①

건배!

干杯!
Gānbēi!
깐뻬이!

건배할까요?

干一杯怎么样?
Gān yì bēi zěnmeyàng?
깐 이 뻬이 쩐머양?

두 분의 결혼을 축하하며, 건배!

恭喜两位结婚，干杯!
Gōngxǐ liǎng wèi jiéhūn, gānbēi!
꿍시 리앙 웨이 지에훈, 깐뻬이!

한 잔 더 할래요?

再来一杯怎么样?
Zài lái yì bēi zěnmeyàng?
짜이 라이 이 뻬이 쩐머양?

한 잔 더 주세요!

请再给我一杯!
Qǐng zài gěi wǒ yì bēi!
칭 짜이 게이 워 이 뻬이!

좀 더 마셔요!

再喝点吧!
Zài hē diǎn ba!
짜이 허 디엔 바!

한 잔 더 따라 드릴까요?

我再给您倒一杯怎么样?
Wǒ zài gěi nín dào yì bēi zěnmeyàng?
워 짜이 게이 닌 따오 이 뻬이 쩐머양?

술 권하기 ②

\# 오늘 취할 때까지 마셔요!

今天不醉不归!

Jīntiān bú zuì bù guī!

진티엔 부 쭈이 뿌 꾸이!

\# 맥주 마실래 위스키 마실래?

你要喝啤酒还是威士忌?

Nǐ yào hē píjiǔ háishi wēishìjì?

니 야오 허 피지우 하이스 웨이스지?

\# 레드와인 좋아해요 아니면 화이트와인 좋아해요?

你喜欢红葡萄酒还是白葡萄酒?

Nǐ xǐhuan hóngpútaojiǔ háishi báipútaojiǔ?

니 시후안 홍푸타오지우 하이스 바이푸타오지우?

\# 생맥주 두 잔 주세요.

我要两杯扎啤。

Wǒ yào liǎng bēi zhāpí.

워 야오 리앙 뻬이 자피

\# 나는 역시 중국의 바이주가 좋아.

我还是喜欢中国的白酒。

Wǒ háishi xǐhuan Zhōngguó de báijiǔ.

워 하이스 시후안 중구어 더 바이지우

白酒는 곡물을 발효시켜 만든 중국술의 일종입니다.

\# 난 독한 술은 마실 수 없어.

我喝不了烈酒。

Wǒ hēbuliǎo lièjiǔ.

워 허부랴오 리에지우

안주 고르기

\# 여기 무슨 안주가 있죠?

这儿有什么下酒菜?

Zhèr yǒu shénme xiàjiǔcài?

저얼 여우 선머 시아지우차이?

\# 안주 더 시켜요!

再来点下酒菜吧!

Zài lái diǎn xiàjiǔcài ba!

짜이 라이 디엔 시아지우차이 바!

\# 이것은 와인과 어울리는 안주예요!

这是和红酒很配的下酒菜!

Zhè shì hé hóngjiǔ hěn pèi de xiàjiǔcài!

저 스 허 홍지우 헌 페이 더 시아지우차이!

\# 맥주 마실 때 어떤 안주를 시키면 좋을까?

喝啤酒来点什么下酒菜好呢?

Hē píjiǔ lái diǎn shénme xiàjiǔcài hǎo ne?

허 피지우 라이 디엔 선머 시아지우차이 하오 너?

\# 나는 술 마실 때 이 안주가 가장 좋아요!

我喝酒时这个下酒菜是最棒的!

Wǒ hē jiǔ shí zhè ge xiàjiǔcài shì zuì bàng de!

워 허 지우 스 저 거 시아지우차이 스 쭈이 빵 더!

Chapter 06

그녀는 변덕쟁이!

Chapter 06

Unit 1 좋은 감정

Unit 2 좋지 않은 감정

Unit 3 성격

Unit 4 기호&기타

感情 Gǎnqíng 간칭 **감정**

正面的情绪
zhèngmiàn de qíngxù
정미엔 더 칭쉬
긍정적인 기분

快乐 kuàilè 콰이러
= 欢乐 huānlè 후안러
형 즐겁다, 유쾌하다

愉快 yúkuài 위콰이
형 기쁘다, 유쾌하다

高兴 gāoxìng 까오싱
= 开心 kāixīn 카이신
= 喜悦 xǐyuè 시위에
형 기쁘다, 즐겁다

快乐 kuàilè 콰이러
형 즐겁다, 행복하다, 유쾌하다

有意思 yǒu yìsi 여우 이쓰
형 재미있다

乐趣 lèqù 러취
명 재미, 즐거움

幸福 xìngfú 싱푸
명 행복 형 행복하다

兴奋 xīngfèn 싱펀
형 흥분하다 동 흥분시키다

感兴趣 gǎn xìngqù 간 싱취
관심이 있다, 흥미가 있다, 좋아하다

笑 xiào 샤오
동 웃다

大笑 dàxiào 따샤오
명 큰 웃음
동 크게 웃다

微笑 wēixiào 웨이샤오
명 미소 동 미소를 짓다

满足 mǎnzú 만쭈
동 만족하다, 만족시키다

满意 mǎnyì 만이
형 만족스럽다, 만족하다

放心 fàngxīn 팡신
형 안심하다, 안도하다

负面的情绪
fùmiàn de qíngxù
푸미엔 더 칭쉬
부정적인 기분

伤心 shāngxīn 상신
형 슬프다

悲哀 bēi'āi 뻬이아이
명 비애, 슬픔
형 비통해 하다

悲伤 bēishāng 뻬이상
명 슬픔

痛苦 tòngkǔ 퉁쿠
명 고통, 아픔
형 고통스럽다, 괴롭다

悲惨 bēicǎn 뻬이찬
형 비참하다

紧张 jǐnzhāng 진장
형 긴장해 있다, 불안하다

焦虑 jiāolǜ 쟈오뤼
형 초조하다, 불안해 하다

害羞 hàixiū 하이시우
동 부끄러워하다, 수줍어하다

丢脸 diūliǎn 띠우리엔
동 체면을 잃다, 창피하다

愁闷 chóumèn 처우먼
명 우울함, 번민
형 우울하다

沮丧 jǔsàng 쥐쌍
형 낙담하다
동 낙담하게 하다

胆小 dǎnxiǎo 단샤오
형 소심하다, 베짱이 없다

心烦 xīnfán 신판
형 귀찮다, 착잡하다

可怕 kěpà 커파
형 두렵다, 무섭다

恐怖 kǒngbù 콩뿌
명 공포, 무서움

失望 shīwàng 스왕
형 실망하다, 낙담하다

生气 shēngqì 성치
동 화가 나다

性格 Xìnggé 싱거 성격

MP3. Word_C06_02

好的性格 hǎo de xìnggé 하오 더 싱거 좋은 성격	善良 shànliáng 산리앙 형 착하다 温柔 wēnróu 원러우 형 온유하다, 상냥하다 	亲切 qīnqiè 친치에 형 친절하다, 친밀하다 
	谦卑 qiānbēi 치엔뻬이 = 虚心 xūxīn 쉬신 형 겸손하다	诚实 chéngshí 청스 형 성실하다 
	细心 xìxīn 시신 형 세심하다 周到 zhōudào 저우따오 형 세심하다, 꼼꼼하다	坦率 tǎnshuài 탄솨이 형 솔직하다 
	审慎 shěnshèn 선선 형 면밀하고 신중하다 	体贴 tǐtiē 티티에 동 자상하게 돌보다 
	活泼 huópo 후어포 형 활발하다, 생동감이 있다	外向 wàixiàng 와이시앙 형 (성격이) 외향적이다
	友好 yǒuhǎo 여우하오 형 우호적이다 	乐观 lèguān 러꾸안 형 낙관적이다 
	主动 zhǔdòng 주뚱 형 주동적이다, 능동적이다 	活跃 huóyuè 후어위에 형 활동적이다, 활기차다 동 활기를 띠게 하다 
不好的性格 bù hǎo de xìnggé 뿌 하오 더 싱거 나쁜 성격	坏 huài 화이 형 나쁘다, 불량하다 	自私 zìsī 쯔쓰 형 이기적이다 
	粗心 cūxīn 추신 형 세심하지 못하다, 부주의하다	粗糙 cūcāo 추차오 형 (일하는 데) 어설프다, 서투르다

	悲观 bēiguān 뻬이꾸안 형 비관하다, 비관적이다 	消极 xiāojí 샤오지 형 소극적이다, 부정적이다 
	粗鲁 cūlǔ 추루 형 거칠고 우악스럽다, 교양이 없다 	懒惰 lǎnduò 란뚜어 형 게으르다, 나태하다 
	贪婪 tānlán 탄란 형 탐욕스럽다  贪心 tānxīn 탄신 명 탐심 형 탐욕스럽다	生硬 shēngyìng 성잉 형 (태도가) 무뚝뚝하다 

好恶 Hàowù 하오우 호불호

MP3. Word_C06_03

喜欢 xǐhuan 시후안 동 좋아하다, 호감을 가지다 	疼 téng 텅 동 몹시 귀여워하다, 끔찍이 아끼다 	疼爱 téng'ài 텅아이 동 매우 귀여워하다, 사랑하다 
爱 ài 아이 동 사랑하다 	诱惑 yòuhuò 여우후어 동 꾀다, 유혹하다 	想 xiǎng 시앙 동 ~하고 싶다 愿意 yuànyì 위엔이 동 바라다 
不喜欢 bù xǐhuan 뿌 시후안 좋아하지 않다, 싫어하다 	讨厌 tǎoyàn 타오이엔 형 밉살스럽다, 혐오스럽다 	可恶 kě'wù 커우 형 밉다, 싫다 
	不愉快 bù yúkuài 뿌 위콰이 불쾌하다 	麻烦 máfan 마판 명 귀찮음, 성가심 형 귀찮다, 성가시다

기쁘다 ①

나는 아주 기뻐요!

我高兴极了!
Wǒ gāoxìng jíle!
워 까오싱 지러!

기분이 정말 좋아요!

心情真好!
Xīnqíng zhēn hǎo!
신칭 전 하오!

나는 기뻐서 거의 뛰어오를 지경이에요!

我高兴得差点跳起来!
Wǒ gāoxìng de chàdiǎn tiàoqǐlai!
워 까오싱 더 차디엔 탸오치라이!

나는 기뻐서 날아오를 것 같아요!

我高兴得要飞起来!
Wǒ gāoxìng de yào fēiqǐlai!
워 까오싱 더 야오 페이치라이!

기뻐서 말이 안 나와요!

高兴得说不出话来!
Gāoxìng de shuōbuchū huà lai!
까오싱 더 수어부추 후아 라이!

감동 받았어요!

很受感动!
Hěn shòu gǎndòng!
헌 서우 간뚱!

기쁘다 ②

당신을 위해 이렇게 할 수 있어서 기뻐요.

很高兴为您这样做。
Hěn gāoxìng wèi nín zhèyàng zuò.
헌 까오싱 웨이 닌 저양 쭈어

네가 이렇게 말해 주는 걸 들으니 기뻐.

听到你这样说我很高兴。
Tīngdào nǐ zhèyàng shuō wǒ hěn gāoxìng.
팅따오 니 저양 수어 워 헌 까오싱

당신을 뵙게 되어 정말 기뻐요!

见到你真的很高兴!
Jiàndào nǐ zhēnde hěn gāoxìng!
지엔따오 니 전더 헌 까오싱!

너 왜 이렇게 기쁜 거야?

你怎么这么高兴?
Nǐ zěnme zhème gāoxìng?
니 쩐머 저머 까오싱?

당신과 함께 있어 즐거워요.

跟你在一起我很快乐。
Gēn nǐ zài yìqǐ wǒ hěn kuàilè.
껀 니 짜이 이치 워 헌 콰이러

나는 백만장자가 된 것 같아요!

我感觉我成了百万富翁!
Wǒ gǎnjué wǒ chéng le bǎiwànfùwēng!
워 간쥐에 워 청 러 바이완푸웡!

행복하다

\# 나는 행복해요!

我很幸福!
Wǒ hěn xìngfú!
워 헌 싱푸!

\# 나는 더할 나위 없이 행복해요!

我幸福得不能再幸福了!
Wǒ xìngfú de bùnéng zài xìngfú le!
워 싱푸 더 뿌넝 짜이 싱푸 러!

\# 내 인생에서 지금보다 더 행복한 적은 없어요!

我人生当中没有比现在更幸福的了!
Wǒ rénshēng dāngzhōng méiyǒu bǐ xiànzài gèng xìngfúde le!
워 런성 땅중 메이여우 비 시엔짜이 껑 싱푸더 러!

\# 하나님 감사합니다!

谢谢老天爷!
Xièxie lǎotiānyé!
시에시에 라오티엔이에!

\# 꿈을 꾸는 것 같아요!

好像做梦一样!
Hǎoxiàng zuòmèng yíyàng!
하오시앙 쭈어멍 이양!

꼭! 짚고 가기

변검

쓰촨(四川 Sìchuān 쓰촨)의 중동부 지역과 윈난(云南 Yúnnán 윈난)의 일부에서 유행한 전통 연극의 한 종류인 천극변검(川剧变脸 chuānjùbiànliǎn 추안쥐삐엔리엔) 중 인물을 만드는 분장 기술로, 등장인물의 마음속 심정과 생각을 표현합니다. 변검(变脸 biànliǎn 삐엔리엔)은 그 뜻 그대로 '얼굴을 바꾸다'라는 것처럼 다양하게 얼굴 분장을 순식간에 바꾸는 기술로, 공연을 보면 그 기술이 마치 마법을 부리는 것처럼 신기합니다. 변검은 옛날 사람들이 맹수를 맞닥뜨렸을 때, 살기 위해 자신의 얼굴 표정을 무섭게 바꿔 겁을 주던 것에서 전해져 온 것이라고 합니다.
변검은 크게 세 가지 기술로 얼굴을 바꿀 수 있습니다. 하나는 抹脸 mòliǎn 모리엔으로, 물감을 이마나 눈썹에 칠해 놓고 얼굴을 바꿀 때 얼굴이나 코에만 색을 칠하는 것입니다. 吹脸 chuīliǎn 추이리엔은 금가루, 은가루, 먹가루 등 가루로 된 화장품을 이용합니다. 때로는 무대 위에 작은 상자를 차려 놓고 사용하기도 합니다. 扯脸 chěliǎn 처리엔은 극이 진행되면서 동작 중에 한 장 한 장 찢어서 표현합니다. 각기 다른 색의 분장용 얼굴 가면을 한 장씩 찢어내면서 얼굴을 바꾸는 기술입니다. 이 밖에, 기공을 통해 얼굴을 바꾸는 기술인 运气变脸 yùnqì biànliǎn 윈치 삐엔리엔이 있습니다.

안심하다

\# 안심했어!

放下心了!

Fàngxià xīn le!

팡시아 신 러!

\# 이 소식을 듣고 나서, 나는 안심했다.

听到这个消息之后，我放心了。

Tīngdào zhè ge xiāoxi zhīhòu, wǒ fàngxīn le.

팅따오 저 거 샤오시 즈허우, 워 팡신 러

\# 마음이 든든해!

心里很踏实!

Xīnli hěn tàshí!

신리 헌 타스!

\# 안심해라!

放心吧!

Fàngxīn ba!

팡신 바!

\# 그 일은 네가 얼마든지 안심해!

那件事你尽管放心!

Nà jiàn shì nǐ jǐnguǎn fàngxīn!

나 지엔 스 니 진구안 팡신!

만족하다

\# 나는 만족해.

我感到很满足。

Wǒ gǎndào hěn mǎnzú.

워 간따오 헌 만쭈

\# 지금 나는 아주 만족해.

现在我觉得非常满足。

Xiànzài wǒ juéde fēicháng mǎnzú.

시엔짜이 워 쥐에더 페이창 만쭈

\# 나는 그 느낌에 만족해.

我对那个感觉很满足。

Wǒ duì nà ge gǎnjué hěn mǎnzú.

워 뚜이 나 거 간쥐에 헌 만쭈

\# 이것은 내가 만족하는 결과예요.

这是我满意的结果。

Zhè shì wǒ mǎnyì de jiéguǒ.

저 스 워 만이 더 지에구어

\# 그는 스스로 만족한다.

他自我满足。

Tā zìwǒ mǎnzú.

타 쯔워 만쭈

• 踏实 tàshí 마음이 놓이다, 안정되다

재미있다

아주 재미있어!

非常有意思!
Fēicháng yǒu yìsi!
페이창 여우 이쓰!

이 책이 그렇게 재미있니?

这本书那么有意思吗?
Zhè běn shū nàme yǒu yìsi ma?
저 번 수 나머 여우 이쓰 마?

정말 즐거워!

真的很开心!
Zhēnde hěn kāixīn!
전더 헌 카이신!

즐거운 시간을 보냈어!

度过了愉快的时间!
Dùguò le yúkuài de shíjiān!
뚜꾸어 러 위콰이 더 스지엔!

유쾌해!

很愉快!
Hěn yúkuài!
헌 위콰이!

이것은 재미있는 그림이야, 좀 봐 봐.

这是很开心的图片，你看一看。
Zhè shì hěn kāixīn de túpiàn, nǐ kànyikàn.
저 스 헌 카이신 더 투피엔, 니 칸이칸

슬프다

나는 슬퍼요.

我很难过。
Wǒ hěn nánguò.
워 헌 난꾸어

나는 우울해요.

我很忧郁。
Wǒ hěn yōuyù.
워 헌 여우위

나는 너무 괴로워요.

我太痛苦了。
Wǒ tài tòngkǔ le.
워 타이 퉁쿠 러

나는 마음이 아파요.

我感到很心痛。
Wǒ gǎndào hěn xīntòng.
워 간따오 헌 신퉁

슬퍼서 울고 싶어요!

难过得想哭!
Nánguò de xiǎng kū!
난꾸어 더 시앙 쿠!

내 마음이 찢어지는 것 같아요.

我的心像被撕裂一样。
Wǒ de xīn xiàng bèi sīliè yíyàng.
워 더 신 시앙 뻬이 쓰리에 이양

화나다 ①

너무 화나!

太气人了!
Tài qìrén le!
타이 치런 러!

그는 그야말로 날 화가 나 죽을 지경으로 만들어.

他简直把我气死了。
Tā jiǎnzhí bǎ wǒ qìsǐ le.
타 지엔즈 바 워 치쓰 러

어떻게 이렇게 말할 수 있니?

你怎么能这么说话呢?
Nǐ zěnme néng zhème shuōhuà ne?
니 쩐머 넝 저머 수어후아 너?

자주 화를 내면 건강에 안 좋아.

经常生气对健康不好。
Jīngcháng shēngqì duì jiànkāng bù hǎo.
징창 성치 뚜이 지엔캉 뿌 하오

그가 왜 그렇게 화를 내는지 나는 모르겠어.

我不知道他为什么那么生气。
Wǒ bùzhīdao tā wèi shénme nàme shēngqì.
워 뿌즈다오 타 웨이 선머 나머 성치

어떻게 해야 자신이 화내지 않을 수 있을까요?

怎样才能让自己不生气呢?
Zěnyàng cái néng ràng zìjǐ bù shēngqì ne?
쩐양 차이 넝 랑 쯔지 뿌 성치 너?

화나다 ②

나는 더 이상 참을 수 없어.

我再也受不了了。
Wǒ zàiyě shòubuliǎo le.
워 짜이이에 서우부랴오 러

내 인내심이 한계가 있어.

我的忍耐是有限度的。
Wǒ de rěnnài shì yǒu xiàndù de.
워 더 런나이 스 여우 시엔뚜 더

지금은 농담할 때가 아니야.

现在不是开玩笑的时候。
Xiànzài búshì kāiwánxiào de shíhou.
시엔짜이 부스 카이완샤오 더 스허우

입 닥쳐!

闭嘴!
Bì zuǐ!
삐 쭈이!

너 정말 어처구니없네.

你真是不可理喻。
Nǐ zhēnshi bùkělǐyù.
니 전스 뿌커리위

너는 날 뭘로 보니?

你把我当成什么了?
Nǐ bǎ wǒ dāngchéng shénme le?
니 바 워 땅청 선머 러?

• 不可理喻 bùkělǐyù 이해할 수 없다

절망하다

\# 세상의 마지막 날인 것 같아요!

感觉世界末日到了!
Gǎnjué shìjiè mòrì dào le!
간쥐에 스지에 모르 따오 러!

\# 나는 절망적이에요.

我感到绝望。
Wǒ gǎndào juéwàng.
워 간따오 쥐에왕

\# 더 이상 희망이 없어요!

再也没有希望了!
Zàiyě méiyǒu xīwàng le!
짜이이에 메이여우 시왕 러!

\# 나는 망했다!

我完蛋了!
Wǒ wándàn le!
워 완딴 러!

\# 절망하지 마, 아직 희망이 약간 있어.

别绝望，还有一些希望。
Bié juéwàng, hái yǒu yìxiē xīwàng.
비에 쥐에왕, 하이 여우 이시에 시왕

• 末日 mòrì 세상의 마지막 날

실망하다 ①

\# 실망스러워!

好失望!
Hǎo shīwàng!
하오 스왕!

\# 진짜 실망스러워!

真让人失望!
Zhēn ràng rén shīwàng!
전 랑 런 스왕!

\# 너는 날 실망시켰어!

你让我失望了!
Nǐ ràng wǒ shīwàng le!
니 랑 워 스왕 러!

\# 그야말로 시간을 낭비한 거야!

简直就是浪费时间!
Jiǎnzhí jiùshì làngfèi shíjiān!
지엔즈 지우스 랑페이 스지엔!

\# 노력한 게 전부 허탕이 됐어!

一切努力都白费了!
Yíqiè nǔlì dōu báifèi le!
이치에 누리 떠우 바이페이 러!

• 白费 báifèi 허비하다, 괜한 노력을 하다

실망하다 ②

그 일은 정말 실망이야.

那件事真让人失望。
Nà jiàn shì zhēn ràng rén shīwàng.
나 지엔 스 전 랑 런 스왕

날 실망시키지 마.

你别让我失望。
Nǐ bié ràng wǒ shīwàng.
니 비에 랑 워 스왕

너한테 너무 실망했어.

我对你太失望了。
Wǒ duì nǐ tài shīwàng le.
워 뚜이 니 타이 스왕 러

정말 유감이다!

真遗憾!
Zhēn yíhàn!
전 이한!

당신이 가장 실망한 순간은 어떤 것들이 있어요?

最让你失望的瞬间有哪些?
Zuì ràng nǐ shīwàng de shùnjiān yǒu nǎxiē?
쭈이 랑 니 스왕 더 순지엔 여우 나시에?

믿음을 잃는 것이 바로 실망이다.

丧失信心就是失望。
Sàngshī xìnxīn jiùshì shīwàng.
쌍스 신신 지우스 스왕

밉다

순식간에 혐오감에 북받친다.

一阵厌恶感涌上心头。
Yízhèn yànwùgǎn yǒngshàngxīntóu.
이전 이엔우간 융상신터우

너무 혐오스러워!

太可恶了!
Tài kěwù le!
타이 커우 러!

나는 성범죄를 혐오한다.

我讨厌性犯罪。
Wǒ tǎoyàn xìngfànzuì.
워 타오이엔 싱판쭈이

그는 혐오감 가득한 눈길로 나를 보고 있다.

他用充满厌恶的眼神看着我。
Tā yòng chōngmǎn yànwù de yǎnshén kànzhe wǒ.
타 융 충만 이엔우 더 이엔선 칸저 워

나는 그에게 아주 반감을 가진다.

我对他非常反感。
Wǒ duì tā fēicháng fǎngǎn.
워 뚜이 타 페이창 판간

왜 그렇게 선생님을 미워하니?

为什么那么讨厌老师?
Wèi shénme nàme tǎoyàn lǎoshī?
웨이 선머 나머 타오이엔 라오스?

- 涌上心头 yǒngshàngxīntóu 북받치다

억울하다

\# 나는 억울해.

我很委屈。
Wǒ hěn wěiqu.
워 헌 웨이취

\# 나는 억울해서 눈물을 흘렸다.

我留下了委屈的眼泪。
Wǒ liúxià le wěiqu de yǎnlèi.
워 리우시아 러 웨이취 더 이엔레이

\# 그는 억울하게 재판을 받았다.

他进了冤狱。
Tā jìn le yuānyù.
타 진 러 위엔위

\# 불공평한 대우를 받으면, 억울하다고 느껴요.

受到不公平的待遇，觉得很委屈。
Shòudào bùgōngpíng de dàiyù, juéde hěn wěiqu.
서우따오 뿌꽁핑 더 따이위, 쥐에더 헌 웨이취

\# 남들이 나를 욕하면, 억울해요.

别人骂我，我觉得很委屈。
Biéren mà wǒ, wǒ juéde hěn wěiqu.
비에런 마 워, 워 쥐에더 헌 웨이취

• 冤狱 yuānyù 억울하게 재판받은 사건

꼭! 짚고 가기

중국인 관광객, 유커 vs 싼커

한국으로 관광 오는 중국 관광객들을 흔히 '유커'라고 하는데, 이는 중국어로 '여행객, 관광객'을 뜻하는 '游客 yóukè 여우커'입니다. 그 중, 여행사의 패키지나 단체 여행을 이용하지 않고 개인적으로 자유롭게 계획하고 여행을 오는 여행객을 따로 '싼커(散客 sǎnkè)'라고 합니다. 주요 관광지마다 깃발을 들고 몰려다니는 단체 관광객을 '유커'라고 한다면, '싼커'는 개별적인 해외 여행 경험이 많은 젊은 층이다 보니 SNS 기반으로 여행 정보를 검색하여 숙박, 교통, 식사를 혼자 해결하고 잘 알려지지 않는 관광지들을 찾아 다닙니다.
1980년대에 태어난 '80后 bālínghòu 빠링허우'와 1990년대에 태어난 '90后 jiǔlínghòu 지우링허우'가 한국 관광의 주를 이루면서 유커보다 싼커의 비중이 늘어나는 추세입니다.
이 같은 중국 개별 관광객들의 증가는 단체 관광이 가진 문제점을 줄이고 여행의 질을 높일 수 있다는 장점이 있습니다. 우리나라 관광 산업이 중국 여행객에 대한 의존도가 매우 높다는 점을 감안하면, 그들의 성향 변화를 빠르게 파악하고 그것에 맞추어 대응해야 할 것입니다.

창피하다

\# 나는 내 자신이 창피하다.

我为自己感到羞耻。
Wǒ wèi zìjǐ gǎndào xiūchǐ.
워 웨이 쯔지 간따오 시우츠

\# 나는 내 자신이 한 일 때문에 창피하다.

我为自己做的事感到惭愧。
Wǒ wèi zìjǐ zuò de shì gǎndào cánkuì.
워 웨이 쯔지 쭈어 더 스 간따오 찬쿠이

\# 나는 태어날 때부터 수줍음을 타요.

我生来就很害羞。
Wǒ shēnglái jiù hěn hàixiū.
워 성라이 지우 헌 하이시우

我天性有些害羞。
Wǒ tiānxìng yǒuxiē hàixiū.
워 티엔싱 여우시에 하이시우

\# 그녀의 얼굴은 수줍어서 빨개졌다.

她的脸羞得通红。
Tā de liǎn xiū de tōnghóng.
타 더 리엔 시우 더 통훙

\# 나는 귀가 다 빨개질 정도로 부끄러웠다.

我羞得耳根子都红了。
Wǒ xiū de ěrgēnzi dōu hóng le.
워 시우 더 얼껀쯔 떠우 훙 러

- 惭愧 cánkuì 창피하다, 부끄럽다
- 生来 shēnglái 태어날 때부터

걱정하다 ①

\# 무슨 일 있어?

有事吗?
Yǒu shì ma?
여우 스 마?

\# 무슨 일이 일어났어?

发生了什么事吗?
Fāshēng le shénme shì ma?
파성 러 선머 스 마?

\# 무슨 걱정 있니?

有什么心事吗?
Yǒu shénme xīnshì ma?
여우 선머 신스 마?

\# 왜 그렇게 초조하고 불안한 거야?

怎么那么焦躁不安的?
Zěnme nàme jiāozào bù'ān de?
쩐머 나머 쟈오짜오 뿌안 더?

\# 오늘 네 기분이 안 좋아 보이는데.

看起来你今天心情不好。
Kànqǐlai nǐ jīntiān xīnqíng bù hǎo.
칸치라이 니 진티엔 신칭 뿌 하오

\# 너 별일 없지?

你没事吧?
Nǐ méi shì ba?
니 메이 스 바?

- 焦躁不安 jiāozào bù'ān 초조하고 불안하다

걱정하다 ②

정말 걱정되는데.

真让人担心。
Zhēn ràng rén dānxīn.
전 랑 런 딴신

나는 지금 초조하고 불안해.

我现在焦躁不安。
Wǒ xiànzài jiāozào bù'ān.
워 시엔짜이 쟈오짜오 뿌안

가슴이 쿵쾅쿵쾅 뛴다.

心砰砰直跳。
Xīn pēngpēng zhítiào.
신 펑펑 즈탸오

지금 내가 어떻게 해야 하지?

现在我该怎么办?
Xiànzài wǒ gāi zěnme bàn?
시엔짜이 워 까이 쩐머 빤?

모든 것이 좋아질 거야.

一切都会好起来的。
Yíqiè dōu huì hǎoqǐlai de.
이치에 떠우 후이 하오치라이 더

두렵다

나는 두렵다.

我很害怕。
Wǒ hěn hàipà.
워 헌 하이파

소름이 돋는다.

让人毛骨悚然。
Ràng rén máogǔsǒngrán.
랑 런 마오구쑹란

毛骨悚然은 '소름 끼치게 무섭다'라는 뜻으로 우리말에서 자주 쓰이는 '모골송연'과 한자가 같습니다. 이처럼 이미 우리말에서 접한 한자 표현과 유사한 중국어가 많답니다.

생각하면 무서워.

想起来就害怕。
Xiǎngqǐlai jiù hàipà.
시앙치라이 지우 하이파

식은 땀이 날 정도로 놀랐어, 무서웠어.

吓得一身冷汗，很害怕。
Xià de yìshēn lěnghàn, hěn hàipà.
시아 더 이선 렁한, 헌 하이파

너는 어떻게 두려움을 극복할 수 있니?

你怎么能克服恐惧?
Nǐ zěnme néng kèfú kǒngjù?
니 쩐머 넝 커푸 쿵쥐?

- 砰砰直跳 pēngpēng zhítiào (가슴이) 쿵쾅쿵쾅 뛰다

놀라다 ①

\# 맙소사!

我的天啊!
Wǒ de tiān a!
워 더 티엔 아!

\# 정말 대단해!

真棒!
Zhēn bàng!
전 빵!

\# 그야말로 믿을 수 없어.

简直不敢相信。
Jiǎnzhí bùgǎn xiāngxìn.
지엔즈 뿌간 시앙신

\# 이것은 정말 놀라운데.

这真是个惊喜。
Zhè zhēnshi ge jīngxǐ.
저 전스 거 징시

\# 이것이 어떻게 가능하지.

这怎么可能。
Zhè zěnme kěnéng.
저 쩐머 커넝

\# 그럴 리가 없어, 말도 안 돼.

不会吧，不像话。
Búhuì ba, búxiànghuà.
부후이 바, 부시앙후아

\# 진짜야 가짜야?

真的假的?
Zhēnde jiǎde?
전더 지아더?

놀라다 ②

\# 깜짝 놀라서 펄쩍 뛰겠네.

吓了我一大跳。
Xià le wǒ yí dà tiào.
시아 러 워 이 따 탸오

\# 이 소식을 듣고 나는 아주 놀랐어요.

听到这个消息我非常吃惊。
Tīngdào zhè ge xiāoxi wǒ fēicháng chījīng.
팅따오 저 거 샤오시 워 페이창 츠징

\# 놀라서 말이 안 나와.

惊讶得说不出话来。
Jīngyà de shuōbuchū huà lai.
징야 더 수어부추 후아 라이

\# 완전히 생각도 못 했어.

完全没想到。
Wánquán méi xiǎngdào.
완취엔 메이 시앙따오

\# 나는 감히 내 눈을 믿을 수 없어.

我不敢相信我的眼睛。
Wǒ bùgǎn xiāngxìn wǒ de yǎnjing.
워 뿌간 시앙신 워 더 이엔징

\# 나는 감히 내 귀를 믿을 수 없다.

我不敢相信自己的耳朵。
Wǒ bùgǎn xiāngxìn zìjǐ de ěrduo.
워 뿌간 시앙신 쯔지 더 얼두어

\# 나는 놀라서 죽을 지경이다.

我快吓死了。
Wǒ kuài xiàsǐ le.
워 콰이 시아쓰 러

지루하다

\# 정말 재미없어.

真没意思。
Zhēn méi yìsi.
전 메이 이쓰

\# 나는 심심해서 죽을 지경이야.

我都快无聊死了。
Wǒ dōu kuài wúliáo sǐle.
워 떠우 콰이 우랴오 쓰러

\# 나는 지금 좀 질렸어.

我现在感到有点腻了。
Wǒ xiànzài gǎndào yǒudiǎn nì le.
워 시엔짜이 간따오 여우디엔 니 러

\# 나는 지금 싫증났어.

我现在感到厌烦了。
Wǒ xiànzài gǎndào yànfán le.
워 시엔짜이 간따오 이엔판 러

\# 이런 말은 지금 듣기에 짜증 난다.

这种话现在听到都觉得烦。
Zhè zhǒng huà xiànzài tīngdào dōu juéde fán.
저 중 후아 시엔짜이 팅따오 떠우 쥐에더 판

\# 생각해 보니 지긋지긋해.

想想都觉得腻歪。
Xiǎngxiang dōu juéde nìwāi.
시앙시앙 떠우 쥐에더 니와이

- 厌烦 yànfán 싫증나다, 짜증 나다
- 腻歪 nìwāi 지긋지긋하다

짜증 나다

\# 너랑 같이 있으면 특히 심란해.

跟你在一起特别闹心。
Gēn nǐ zài yìqǐ tèbié nàoxīn.
껀 니 짜이 이치 터비에 나오신

\# 이것은 쓸데없이 일을 만드는 거야.

你这是没事找事。
Nǐ zhè shì méishìzhǎoshì.
니 저 스 메이스자오스

\# 또 시작이네, 또 시작이야!

又来了，又来了！
Yòu lái le, yòu lái le!
여우 라이 러, 여우 라이 러!

\# 어지간히 한다.

差不多就行了。
Chàbuduō jiù xíng le.
차부뚜어 지우 싱 러

\# 정말 됐어, 여기까지 하자!

真够了，到此为止吧！
Zhēn gòu le, dàocǐwéizhǐ ba!
전 꺼우 러, 따오츠웨이즈 바!

- 闹心 nàoxīn 심란하다, 괴롭다
- 没事找事 méishìzhǎoshì
  쓸데없이 일을 만들다, 괜히 흠을 잡다

귀찮다 ①

\# 정말 귀찮아.

真烦。
Zhēn fán.
전 판

真麻烦。
Zhēn máfan.
전 마판

\# 너는 정말 귀찮아.

你真麻烦。
Nǐ zhēn máfan.
니 전 마판

\# 날 귀찮게 하지 마.

别烦我了。
Bié fán wǒ le.
비에 판 워 러

不要烦我。
Búyào fán wǒ.
부야오 판 워

\# 귀찮아 죽을 지경이야.

快烦死我了。
Kuài fánsǐ wǒ le.
콰이 판쓰 워 러

귀찮다 ②

\# 걔 때문에 귀찮아 죽을 지경이야.

因为他[她]都快烦死了。
Yīnwèi tā [tā] dōu kuài fánsǐ le.
인웨이 타 [타] 떠우 콰이 판쓰 러

\# 정말 됐어, 넌 사람을 너무 귀찮게 해.

真够了，你太烦人了。
Zhēn gòu le, nǐ tài fánrén le.
전 꺼우 러, 니 타이 판런 러

\# 귀찮지만, 약속이 있어서 나가야 해.

虽然很麻烦，但是我有约得出去。
Suīrán hěn máfan, dànshì wǒ yǒu yuē děi chūqu.
쑤이란 헌 마판, 딴스 워 여우 위에 데이 추취

\# 오늘 운동하려는데, 귀찮네.

今天要运动，很麻烦。
Jīntiān yào yùndòng, hěn máfan.
진티엔 야오 윈뚱, 헌 마판

• 烦人 fánrén 성가시다, 귀찮다

아쉽다

너무 아쉽다.

太可惜了。
Tài kěxī le.
타이 커시 러

그 일은 유감스럽다.

那件事很遗憾。
Nà jiàn shì hěn yíhàn.
나 지엔 스 헌 이한

그 노력들이 모두 허사가 되었다.

那些努力都白费了。
Nàxiē nǔlì dōu báifèi le.
나시에 누리 떠우 바이페이 러

내가 꼭 봤어야 하는 건데.

我本来是一定要看的。
Wǒ běnlái shì yídìng yào kàn de.
워 번라이 스 이띵 야오 칸 더

그 일은 피할 수 있었는데.

那个本来是可以避免的。
Nà ge běnlái shì kěyǐ bìmiǎn de.
나 거 번라이 스 커이 삐미엔 더

• 避免 bìmiǎn 피하다, 모면하다

꼭! 짚고 가기

전지

중국의 전통 종이 공예인 '剪纸 jiǎnzhǐ 지엔즈'는 '종이를 자른다'는 의미로, 쉽게 이해하자면 종이 오리기입니다.
가위나 칼을 이용하여 종이를 잘라 다양한 문양을 만드는 공예인데, 이미 1,500년이 넘는 역사를 가진 중국 전통 공예 중 하나입니다.
전지는 2009년 유네스코 무형문화유산으로 등재되었을 정도로 예술적 가치를 인정받고 있습니다.
단색 전지는 전지의 가장 기본적인 형식으로, 붉은색, 녹색, 금색 등 다양한 색의 종이를 이용합니다. 주로 창문 장식이나 자수의 밑그림용으로 많이 쓰입니다.
채색 전지는 전지의 표현 방식이 발전하면서 생겨난 새로운 형식으로, 양각으로 새긴 후 양각 면을 색칠하거나 이와 반대로 배경을 색칠하는 기법도 있습니다. 두 가지 색지로 만든 전지를 서로 이어 붙이는 형식도 있습니다. 이 외에도 여러 가지 방법으로 표현해 내는 전지의 예술 경지는 끝이 없습니다.
전지 공예는 보통 단 한 번의 가위질로 끊어지지 않게 잘라서 하나의 작품으로 만드는데, 실제 만드는 모습을 보고 있자면, 절로 감탄이 나온답니다.

긴장하다

\# 나는 좀 긴장된다.

我有点紧张。
Wǒ yǒudiǎn jǐnzhāng.
워 여우디엔 진장

\# 지금 긴장돼.

现在很紧张。
Xiànzài hěn jǐnzhāng.
시엔짜이 헌 진장

\# 나는 마음이 조마조마해.

我提心吊胆的。
Wǒ tíxīndiàodǎnde.
워 티신땨오단더

\# 나는 안절부절이야.

我坐立不安的。
Wǒ zuòlìbù'ānde.
워 쭈어리뿌안더

\# 너는 지금 안절부절못하고 있어!

你现在坐立不安呢!
Nǐ xiànzài zuòlìbù'ān ne!
니 시엔짜이 쭈어리뿌안 너!

\# 긴장하지 마, 좀 편하게 있어.

别紧张，轻松一点。
Bié jǐnzhāng, qīngsōng yìdiǎn.
비에 진장, 칭쑹 이디엔

불평하다

\# 불평하지 마.

别抱怨了。
Bié bàoyuàn le.
비에 빠오위엔 러

\# 또 불평하네!

又抱怨!
Yòu bàoyuàn!
여우 빠오위엔!

\# 나한테 무슨 의견 있니?

对我有什么意见吗?
Duì wǒ yǒu shénme yìjiàn ma?
뚜이 워 여우 선머 이지엔 마?
불만이 있냐고 묻는 의미입니다.

\# 어디 그렇게 불만이 많니?

哪儿来那么多不满啊?
Nǎr lái nàme duō bùmǎn a?
나알 라이 나머 뚜어 뿌만 아?

\# 우리는 아무런 불만이 없다.

我们没有任何不满。
Wǒmen méiyǒu rènhé bùmǎn.
워먼 메이여우 런허 뿌만

\# 네가 이렇게 말하는 것은 너무 심하잖아.

你这么说就太过分了吧。
Nǐ zhème shuō jiù tài guòfèn le ba.
니 저머 수어 지우 타이 꾸어펀 러 바

• 提心吊胆 tíxīndiàodǎn 마음이 조마조마하다

신경질적이다

그는 좀 신경질적이다.

他有点神经质。

Tā yǒudiǎn shénjīngzhì.

타 여우디엔 선징즈

그녀는 좀 다혈질이야.

她有点多血质。

Tā yǒudiǎn duōxuèzhì.

타 여우디엔 뚜어쉬에즈

임신부는 극도로 민감하다.

孕妇极度敏感。

Yùnfù jídù mǐngǎn.

윈푸 지뚜 민간

그녀는 신경질적인 사람이야.

她是个很神经质的人。

Tā shì ge hěn shénjīngzhì de rén.

타 스 거 헌 선징즈 더 런

그녀가 신경질을 부리면, 아무것도 견딜 수 없다.

她一使性子，就什么都忍不住。

Tā yì shǐxìngzi, jiù shénme dōu rěnbuzhù.

타 이 스싱쯔, 지우 선머 떠우 런부주

후회하다 ①

나는 지금 후회해.

我现在后悔。

Wǒ xiànzài hòuhuǐ.

워 시엔짜이 허우후이

너는 분명히 후회하게 될 거야.

你一定会后悔的。

Nǐ yídìng huì hòuhuǐ de.

니 이띵 후이 허우후이 더

나는 내 자신이 한 일을 후회해.

我后悔自己做的事。

Wǒ hòuhuǐ zìjǐ zuò de shì.

워 허우후이 쯔지 쭈어 더 스

나는 그렇게 한 것을 정말 후회해.

我真后悔那样做。

Wǒ zhēn hòuhuǐ nàyàng zuò.

워 전 허우후이 나양 쭈어

너는 나중에 반드시 후회할 것이다.

你以后一定会后悔的。

Nǐ yǐhòu yídìng huì hòuhuǐ de.

니 이허우 이띵 후이 허우후이 더

우리 후회 없이 살자!

让我们过得一生无悔吧!

Ràng wǒmen guò de yìshēng wúhuǐ ba!

랑 워먼 꾸어 더 이성 우후이 바!

후회하다 ②

\# 너는 지금까지 무슨 일이 가장 후회스럽니?

你到现在什么事是最后悔的?

Nǐ dào xiànzài shénme shì shì zuì hòuhuǐ de?

니 따오 시엔짜이 선머 스 스 쭈이 허우후이 더?

\# 언젠가 너는 후회할 거야.

总有一天你会后悔的。

Zǒngyǒuyìtiān nǐ huì hòuhuǐ de.

쭝여우이티엔 니 후이 허우후이 더

\# 후회하지 마.

别后悔。

Bié hòuhuǐ.

비에 허우후이

\# 나는 절대 후회하지 않아.

我绝不后悔。

Wǒ jué bú hòuhuǐ.

워 쥐에 부 허우후이

\# 나는 후회한 적 없어.

我没后悔过。

Wǒ méi hòuhuǐguo.

워 메이 허우후이구어

\# 나는 지금껏 후회한 적 없어.

我从来没有后悔过。

Wǒ cónglái méiyǒu hòuhuǐguo.

워 충라이 메이여우 허우후이구어

후회하다 ③

\# 그에게 사과했으면 좋을걸.

我要是给他道歉就好了。

Wǒ yàoshi gěi tā dàoqiàn jiù hǎo le.

워 야오스 게이 타 따오치엔 지우 하오 러

\# 그런 말을 안 했으면 좋았을 텐데.

我要是没说那些话就好了。

Wǒ yàoshi méi shuō nàxiē huà jiù hǎo le.

워 야오스 메이 수어 나시에 후아 지우 하오 러

\# 내가 바로 바보구나.

我就是个傻瓜。

Wǒ jiùshì ge shǎguā.

워 지우스 거 사꾸아

\# 후회막급이다.

追悔无及。

Zhuīhuǐwújí.

쭈이후이우지

后悔莫及。

Hòuhuǐmòjí.

허우후이모지

\# 지금 후회해도, 소용없다.

现在后悔，也没用。

Xiànzài hòuhuǐ, yě méi yòng.

시엔짜이 허우후이, 이에 메이 융

• 傻瓜 shǎguā 바보, 멍텅구리

낙천적이다

\# 그는 낙천주의자입니다.

他是个乐天派。
Tā shì ge lètiānpài.
타 스 거 러티엔파이

\# 나는 매사에 낙천적이다.

我对每件事都很乐观。
Wǒ duì měi jiàn shì dōu hěn lèguān.
워 뚜이 메이 지엔 스 떠우 헌 러꾸안

我事事都很乐观。
Wǒ shìshì dōu hěn lèguān.
워 스스 떠우 헌 러꾸안

\# 그는 낙천적인 인생 철학을 가지고 있다.

他有乐观的人生哲学。
Tā yǒu lèguān de rénshēng zhéxué.
타 여우 러꾸안 더 런성 저쉬에

\# 그녀는 지나치게 낙천적이에요.

她过分乐观了。
Tā guòfèn lèguān le.
타 꾸어펀 러꾸안 러

\# 그는 아무런 근심이 없다.

他无忧无虑。
Tā wúyōuwúlǜ.
타 우여우우뤼

- 乐天派 lètiānpài 낙천주의자
- 无忧无虑 wúyōuwúlǜ 아무런 근심이 없다

착하다

\# 그는 착하다.

他很善良。
Tā hěn shànliáng.
타 헌 산리앙

\# 그녀는 정을 중히 여기는 사람이다.

她是个很重情的人。
Tā shì ge hěn zhòngqíng de rén.
타 스 거 헌 중칭 더 런

\# 그는 비록 착하지만, 눈치가 없다.

他虽然很善良，但是没有眼力见。
Tā suīrán hěn shànliáng, dànshì méiyǒu yǎnlìjiàn.
타 쑤이란 헌 산리앙, 딴스 메이여우 이엔리지엔

\# 그는 태도가 별로지만, 마음은 착해요.

他态度很差，但是心地很善良。
Tā tàidù hěn chà, dànshì xīndì hěn shànliáng.
타 타이뚜 헌 차, 딴스 신띠 헌 산리앙

\# 이리 온, 착하지!

过来，乖!
Guòlai, guāi!
꾸어라이, 꽈이!
아이에게 많이 쓰는 표현입니다.

- 重情 zhòngqíng 정을 중히 여기다

적극적이다

\# 내 성격은 적극적이고 외향적이다.

我的性格积极外向。
Wǒ de xìnggé jījí wàixiàng.
워 더 싱거 지지 와이시앙

\# 내 성격은 명랑하고, 사귐성이 좋다.

我性格开朗，善于交际。
Wǒ xìnggé kāilǎng, shànyú jiāojì.
워 싱거 카이랑, 산위 쟈오지

\# 그의 성격은 외향적이야.

他性格外向。
Tā xìnggé wàixiàng.
타 싱거 와이시앙

\# 그는 적극적이고 열정적이다.

他积极热情。
Tā jījí rèqíng.
타 지지 러칭

\# 그녀는 매사에 모두 적극적이죠.

她事事都很积极。
Tā shìshì dōu hěn jījí.
타 스스 떠우 헌 지지

순진하다

\# 그녀는 순수하다.

她很纯真。
Tā hěn chúnzhēn.
타 헌 춘전

\# 그를 믿다니, 너는 확실히 너무 순진해.

相信他，你实在是太天真了。
Xiāngxìn tā, nǐ shízài shì tài tiānzhēn le.
시앙신 타, 니 스짜이 스 타이 티엔전 러

\# 너는 어떻게 그렇게 순진할 수 있니?

你怎么会那么天真呢?
Nǐ zěnme huì nàme tiānzhēn ne?
니 쩐머 후이 나머 티엔전 너?

\# 순수한 척 하지 마!

别装纯真了!
Bié zhuāng chúnzhēn le!
비에 주앙 춘전 러!

\# 그는 다른 사람과 교제할 때 너무 순진하다.

他在与人交往时太天真了。
Tā zài yǔ rén jiāowǎng shí tài tiānzhēn le.
타 짜이 위 런 쟈오왕 스 타이 티엔전 러

내성적이다

내 성격은 좀 내성적이에요.

我的性格有点内向。
Wǒ de xìnggé yǒudiǎn nèixiàng.
워 더 싱거 여우디엔 네이시앙

나는 소극적인 편입니다.

我比较消极。
Wǒ bǐjiào xiāojí.
워 비쟈오 샤오지

그는 성격을 드러내지 않는 사람이다.

他是个性格不外露的人。
Tā shì ge xìnggé bú wàilòu de rén.
타 스 거 싱거 부 와이러우 더 런

그녀는 말이 적은 사람입니다.

她是个少言寡语的人。
Tā shì ge shǎoyánguǎyǔ de rén.
타 스 거 사오이엔구아위 더 런

她是个沉默寡言的人。
Tā shì ge chénmòguǎyán de rén.
타 스 거 천모구아이엔 더 런

- 外露 wàilòu (밖으로) 드러내다, 드러나다
- 沉默寡言 shǎoyánguǎyǔ 과묵하다, 입이 무겁다

꼭! 짚고 가기

밀가루 인형

'捏面人 Niēmiànrén 니에미엔런'은 밀가루나 찹쌀가루 반죽을 빚어서 만든 조형 공예로, 그 역사는 한나라 때 이미 문자로 그 기록이 남겨져 있는 것으로 미루어 보아 오랫동안 이어져 온 중국의 전통 예술 중 하나입니다. 결혼식 예물, 장례식 제물, 생일 선물 등 다양하게 사용되었습니다.

단순하게 밀가루만 사용하면 점성이 약해 쉽게 붙지 않고 오랜 시간 방치하면 부패하거나 갈라지기 때문에, 파라핀이나 꿀 등을 이용하여 부패를 방지합니다. 밀가루 공예는 소장용과 식용이 있고 그 용도에 따라 재료의 차이가 있습니다.

소장용은 밀가루, 찹쌀가루, 소금, 방부제, 참기름 등을 쓰고, 식용은 녹말가루, 콩가루 등을 씁니다. 이 반죽에 색소를 넣어 다채로운 색깔이 됩니다. 이렇게 만들어진 반죽은 장인의 손길을 통해 여러 가지 작품이 탄생하는데, 규모가 작아서 작은 대나무칼을 이용하여 정교하게 점을 찍고 자르고 새겨서 몸과 손, 머리, 의상 등을 표현합니다.

밀가루 공예는 정교하고 색이 다채로우며 또한 크기도 작아 휴대하기 좋아서, 중국인은 물론 외국인들에게도 여행 기념품으로 인기가 좋습니다.

우유부단하다

\# 그는 우유부단한 사람이다.

他是个优柔寡断的人。

Tā shì ge yōuróuguǎduàn de rén.

타 스 거 여우러우구아뚜안 더 런

\# 내 성격은 우유부단해.

我的性格很优柔寡断。

Wǒ de xìnggé hěn yōuróuguǎduàn.

워 더 싱거 헌 여우러우구아뚜안

\# 그는 의지가 약해.

他的意志薄弱。

Tā de yìzhì bóruò.

타 더 이즈 보루어

\# 너는 이 문제를 처리하는 데 사실 너무 우유부단했어.

你对这个问题的处理实在是太优柔寡断了。

Nǐ duì zhè ge wèntí de chùlǐ shízài shì tài yōuróuguǎduàn le.

니 뚜이 저 거 원티 더 추리 스짜이 스 타이 여우러우구아뚜안 러

\# 우유부단하지 마!

别犹豫不决!

Bié yōuyùbùjué!

비에 여우위뿌쥐에!

\# 우유부단하지 말고, 결정을 해!

别优柔寡断了，做决定吧!

Bié yōuróuguǎduàn le, zuò juédìng ba!

비에 여우러우구아뚜안 러, 쭈어 쥐에띵 바!

비관적이다

\# 너는 너무 비관적이야.

你太悲观了。

Nǐ tài bēiguān le.

니 타이 뻬이꾸안 러

\# 그는 모든 일에 비관적이다.

他对所有的事情都很悲观。

Tā duì suǒyǒu de shìqing dōu hěn bēiguān.

타 뚜이 쑤어여우 더 스칭 떠우 헌 뻬이꾸안

\# 나는 비교적 비관적인 사람이다.

我是个比较悲观的人。

Wǒ shì ge bǐjiào bēiguān de rén.

워 스 거 비쟈오 뻬이꾸안 더 런

\# 내 인생관은 소극적이고 비관적인 편이다.

我的人生观是比较消极悲观的。

Wǒ de rénshēngguān shì bǐjiào xiāojí bēiguān de.

워 더 런성꾸안 스 비쟈오 샤오지 뻬이꾸안 더

\# 너무 비관적으로 생각하지 마.

不要想得太悲观。

Búyào xiǎng de tài bēiguān.

부야오 시앙 더 타이 뻬이꾸안

이기적이다

그는 너무 이기적이다.

他太自私了。
Tā tài zìsī le.
타 타이 쯔쓰 러

너는 단지 너밖에 몰라.

你只知道自己。
Nǐ zhǐ zhīdao zìjǐ.
니 즈 즈다오 쯔지

그렇게 이기적으로 굴지 마라.

别那么自私。
Bié nàme zìsī.
비에 나머 쯔쓰

그녀는 좀 이기적인 경향이 있다.

她有点自私的倾向。
Tā yǒudiǎn zìsī de qīngxiàng.
타 여우디엔 쯔쓰 더 칭시앙

그는 여태껏 다른 사람의 생각을 고려한 적 없다.

他从来不考虑别人的想法。
Tā cónglái bù kǎolǜ biéren de xiǎngfǎ.
타 충라이 뿌 카오뤼 비에런 더 시앙파

좋아하다

나는 음악을 좋아한다.

我喜欢音乐。
Wǒ xǐhuan yīnyuè.
워 시후안 인위에

나는 운동을 특히 좋아한다.

我特别喜欢运动。
Wǒ tèbié xǐhuan yùndòng.
워 터비에 시후안 윈뚱

커피와 비교하자면, 나는 차를 더 좋아한다.

跟咖啡相比，我更喜欢茶。
Gēn kāfēi xiāngbǐ, wǒ gèng xǐhuan chá.
껀 카페이 시앙비, 워 껑 시후안 차

나는 미치도록 그를 좋아하고 있다.

我疯狂地喜欢着他。
Wǒ fēngkuángde xǐhuanzhe tā.
워 펑쿠앙더 시후안저 타

그녀는 내가 좋아하는 사람이다.

她是我喜欢的人。
Tā shì wǒ xǐhuan de rén.
타 스 워 시후안 더 런

• 疯狂 fēngkuáng 미친 듯이 날뛰다

싫어하다

나는 별로 좋아하지 않는다.

我不太喜欢。
Wǒ bútài xǐhuan.
워 부타이 시후안

그것은 내가 가장 싫어하는 것이다.

那是我最讨厌的。
Nà shì wǒ zuì tǎoyàn de.
나 스 워 쭈이 타오이엔 더

나는 이런 요리를 좋아하지 않는다.

我不喜欢这类菜。
Wǒ bùxǐhuan zhèlèi cài.
워 뿌시후안 저레이 차이

그는 나를 특히 싫어해요.

他特别讨厌我。
Tā tèbié tǎoyàn wǒ.
타 터비에 타오이엔 워

그는 내 친구들을 별로 좋아하지 않는다.

他不太喜欢我的朋友们。
Tā bútài xǐhuan wǒ de péngyoumen.
타 부타이 시후안 워 더 펑여우먼

격려하다 ①

힘내! / 파이팅!

加油!
Jiāyóu!
지아여우!

원래 '기름을 넣다'라는 의미인데, 응원하거나 격려할 때도 쓰이는 표현입니다.

힘내, 너는 분명히 해낼 거야!

加油，你一定做得到!
Jiāyóu, nǐ yídìng zuòdedào!
지아여우, 니 이띵 쭈어더따오!

너는 할 수 있어.

你可以的。
Nǐ kěyǐ de.
니 커이 더

다시 힘내.

再加把劲。
Zài jiābǎjìn.
짜이 지아바진

절대 포기하지 마.

千万别放弃。
Qiānwàn bié fàngqì.
치엔완 비에 팡치

행운을 빌어!

祝你好运!
Zhù nǐ hǎoyùn!
주 니 하오윈!

- 加把劲 jiābǎjìn 힘을 내다

격려하다 ②

\# 이건 별 거 아니야.

这不是大不了的事。

Zhè búshì dàbuliǎo de shì.

저 부스 따부랴오 더 스

\# 널 지지해!

我支持你!

Wǒ zhīchí nǐ!

워 즈츠 니!

\# 항상 네 옆에 있어.

我一直在你的旁边。

Wǒ yìzhí zài nǐ de pángbiān.

워 이즈 짜이 니 더 팡삐엔

\# 나는 언제나 네 편이야.

我永远站在你这边。

Wǒ yǒngyuǎn zhànzài nǐ zhèbiān.

워 융위엔 잔 짜이 니 저삐엔

\# 인생은 새옹지마야.

塞翁失马。

Sāiwēngshīmǎ.

싸이웡스마

福祸相依。

Fúhuòxiāngyī.

푸후어시앙이

\# 언젠가, 너는 성공할 거야.

总有一天，你会成功的。

Zǒngyǒuyìtiān, nǐ huì chénggōng de.

쭝여우이티엔, 니 후이 청꿍 더

꼭! 짚고 가기

중국의 머리 자르는 날

중국은 음력 2월 2일에 이발을 하는 풍습이 있는데, 이날 이발하는 것을 剃龙头 tì lóngtóu 티 룽터우(용의 머리를 밀다)라고 합니다.

이발을 하지 않아 머리가 길면 무거워서 고개를 들기 어렵다고 여겨 龙抬头 lóng táitóu 룽 타이터우(용이 머리를 들다)를 할 수 없다고 생각하기 때문에, 정월이 지나 2월 2일이 되면 머리를 자릅니다. 이는 龙抬头라는 길시를 이용하여, 아이가 건강하게 자라서 출세를 하라는 바람을 담거나, 어른들에게는 이발을 하여 옛것을 버리고 새 것을 맞이한다는 것을 의미하여 행운이 깃들기를 바라는 마음을 담은 풍습 때문입니다.

'二月二剃龙头，一年都有精神头 Èryuè èr tì lóngtóu, yì nián dōu yǒu jīngshéntóu 얼위에 얼 티 룽터우, 이 니엔 떠우 여우 징선터우(2월 2일에 용의 머리를 밀면, 일 년 내내 활기가 차다)'라는 속담이 있기도 합니다.

Chapter 07

지금은 사랑 중!

Chapter 07

爱情 Àiqíng 아이칭 사랑

见面 jiànmiàn 지엔미엔
동 만나다

约 yuē 위에
명 약속 동 약속하다

约会 yuēhuì 위에후이
명 약속, 데이트
동 만날 약속을 하다

相亲 xiāngqīn 시앙친
동 맞선을 보다

交朋友
jiāo péngyou 쟈오 펑여우
친구를 사귀다

看上 kànshàng 칸상
동 마음에 들다, 반하다

一见钟情
yíjiànzhōngqíng 이지엔중칭
성 첫눈에 반하다

理想型 lǐxiǎngxíng 리시앙싱
명 이상형

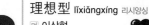

梦中情人
mèngzhōngqíngrén 멍중칭런
명 이상형, 꿈속의 연인

谈恋爱
tán liàn'ài 탄 리엔아이
동 연애하다

情侣 qínglǚ 칭뤼
명 연인, 커플

情人 qíngrén 칭런
= **恋人** liànrén 리엔런
명 애인, 연인

男朋友 nánpéngyou 난펑여우
= **男友** nányǒu 난여우
명 남자 친구

女朋友 nǚpéngyou 뉘펑여우
= **女友** nǚyǒu 뉘여우
명 여자 친구

爱情 àiqíng 아이칭
명 사랑, 애정

爱 ài 아이
동 사랑하다

身体接触
shēntǐ jiēchù 선티 지에추
스킨십

抱 bào 빠오
= **拥抱** yōngbào 융빠오
동 안다, 포옹하다

亲吻 qīnwěn 친원
= **接吻** jiēwěn 지에원
= **吻** wěn 원
동 키스하다, 입맞추다

使眼色 shǐ yǎnsè 스 이엔써
동 눈짓하다, 윙크하다

结婚 Jiéhūn 지에훈 결혼

求婚 qiúhūn 치우훈
동 청혼하다

订婚 dìnghūn 띵훈
동 약혼하다

未婚夫 wèihūnfū 웨이훈푸
명 약혼자(남자)

未婚妻 wèihūnqī 웨이훈치
명 약혼녀

结婚 jiéhūn 지에훈
동 결혼하다

婚姻 hūnyīn 훈인
명 결혼

婚礼 hūnlǐ 훈리
명 결혼식; 결혼 축하 선물

结婚戒指
jiéhūn jièzhǐ 지에훈 지에즈
= 婚戒 hūnjiè 훈지에
결혼 반지

喜帖 xǐtiē 시티에
청첩장

婚纱 hūnshā 훈사
명 웨딩 드레스

新娘捧花
xīnniáng pěnghuā 신니앙 펑후아
부케

礼服 lǐfú 리푸
명 예복

婚宴 hūnyàn 훈이엔
명 결혼 피로연

新郎 xīnláng 신랑
명 신랑

新娘 xīnniáng 신니앙
명 신부

夫妇 fūfù 푸푸
명 부부

配偶 pèi'ǒu 페이어우
= 伴侣 bànlǚ 빤뤼
명 배우자, 반려자

丈夫 zhàngfu 장푸
= 先生 xiānsheng 시엔성
= 老公 lǎogōng 라오꽁
명 남편

妻子 qīzi 치쯔
= 老婆 lǎopó 라오포
명 아내, 처

夫人 fūrén 푸런
명 부인(아내에 대한 존칭)

矛盾和离别 Máodùn hé líbié 마오뚠 허 리비에 갈등과 이별

MP3. Word_C07_03

矛盾 máodùn 마오뚠
명 갈등, 대립

说谎 shuōhuǎng 수어후앙
동 (의도적으로) 거짓말하다

撒谎 sāhuǎng 싸후앙
동 거짓말을 하다, 허튼 소리를 하다

欺骗 qīpiàn 치피엔
동 속이다, 사기치다

嫉妒 jídù 지뚜
동 질투하다, 시기하다

吃野食 chī yěshí 츠 이에스
신 남녀가 몰래 정을 통하다

花花公子 huāhuāgōngzi 후아후아꿍쯔
명 바람둥이, 플레이보이

不和 bùhé 뿌허
명 불화

背叛 bèipàn 뻬이판
동 배신하다

甩 shuǎi 쏴이
동 (애인을) 차다

离别 líbié 리비에
= 分手 fēnshǒu 펀서우
동 이별하다, 헤어지다

退婚 tuìhūn 투이훈
= 退亲 tuìqīn 투이친
동 파혼하다, 혼사를 물리다

忘记 wàngjì 왕지
= 忘掉 wàngdiào 왕따오
동 잊어버리다

分居 fēnjū 펀쥐
동 별거하다, 분가해 살다

离婚 líhūn 리훈
명 이혼

再婚 zàihūn 짜이훈
= 复婚 fùhūn 푸훈
동 재혼하다

养育 Yǎngyù 양위 양육

婴儿 yīng'ér 잉얼
명 아기

怀孕 huáiyùn 화이윈
= **有喜** yǒu xǐ 여우 시
동 임신하다

孕妇 yùnfù 윈푸
명 임산부

孕吐 yùntù 윈투
명 입덧

预产期 yùchǎnqī 위찬치
출산 예정일

生孩子 shēng háizi 성 하이즈
출산하다

喂奶 wèinǎi 웨이나이
동 수유하다

母乳 mǔrǔ 무루
명 모유

奶粉 nǎifěn 나이펀
명 분유

奶瓶 nǎipíng 나이핑
명 젖병

断奶食品
duànnǎi shípǐn 뚜안나이 스핀
이유식

戒子 jièzi 지에즈
= **尿不湿** niàobushī 냐오부스
명 1회용 기저귀

小推车 xiǎotuīchē 샤오투이처
= **婴儿车** yīng'érchē 잉얼처
명 유모차

婴儿床 yīng'érchuáng 잉얼추앙
= **摇篮** yáolán 야오란
명 아기 침대

保姆 bǎomǔ 바오무
명 보모

奶妈 nǎimā 나이마
명 유모

照顾 zhàogù 자오꾸
동 돌보다

哄 hǒng 훙
동 (어린 아이를) 어르다, 달래다

소개팅 ①

만나는 사람 있니?

你有对象吗?
Nǐ yǒu duìxiàng ma?
니 여우 뚜이시앙 마?

나는 여자 친구 없어.

我没有女朋友。
Wǒ méiyǒu nǚpéngyou.
워 메이여우 뉘펑여우

나는 혼자야.

我是单身。
Wǒ shì dānshēn.
워 스 딴선

우리는 단지 아는 친구일 뿐이야.

我们只是认识的朋友而已。
Wǒmen zhǐshì rènshi de péngyou éryǐ.
워먼 즈스 런스 더 펑여우 얼이

소개팅 시켜 줘!

给我介绍对象吧!
Gěi wǒ jièshào duìxiàng ba!
게이 워 지에사오 뚜이시앙 바!

소개팅 ②

좋은 남자 한 명 소개해 줄게.

我给你介绍一个好男人。
Wǒ gěi nǐ jièshào yí ge hǎo nánrén.
워 게이 니 지에사오 이 거 하오 난런

너는 어떤 스타일 좋아하니?

你喜欢什么类型的?
Nǐ xǐhuan shénme lèixíngde?
니 시후안 선머 레이싱더?

어떻든 다 괜찮아.

什么样的都行。
Shénmeyàngde dōu xíng.
선머양더 떠우 싱

저 여자애는 남자 친구 있니?

那个女孩儿有男朋友吗?
Nà ge nǚháir yǒu nánpéngyou ma?
나 거 뉘하알 여우 난펑여우 마?

저 남자애를 나한테 소개시켜 줄 수 있니?

能把那个男孩儿介绍给我吗?
Néng bǎ nà ge nánháir jièshào gěi wǒ ma?
넝 바 나 거 난하알 지에사오 게이 워 마?

연락처 주실 수 있나요?

可以给我你的联系方式吗?
Kěyǐ gěi wǒ nǐ de liánxì fāngshì ma?
커이 게이 워 니 더 리엔시 팡스 마?

• 对象 duìxiàng (연애나 결혼의) 상대

소개팅 후 느낌 ①

\# 나는 그에게 아무 감정이 없다.

我对他没什么感觉。
Wǒ duì tā méi shénme gǎnjué.
워 뚜이 타 메이 선머 간쥐에

\# 그녀는 내가 좋아하는 스타일이 아니다.

她不是我喜欢的那种类型。
Tā búshì wǒ xǐhuan de nà zhǒng lèixíng.
타 부스 워 시후안 더 나 중 레이싱

\# 그는 내 이상형이야.

他是我的梦中情人。
Tā shì wǒ de mèngzhōngqíngrén.
타 스 워 더 멍중칭런

\# 그는 바로 나의 백마 탄 왕자님이다.

他就是我的白马王子。
Tā jiùshì wǒ de báimǎ wángzǐ.
타 지우스 워 더 바이마 왕쯔

\# 나는 완전히 그에게 빠졌다.

我完全被他迷住了。
Wǒ wánquán bèi tā mízhù le.
워 완취엔 뻬이 타 미주 러

\# 제 눈에 안경.

情人眼里出西施。
Qíngrén yǎnli chū Xīshī.
칭런 이엔리 추 시스

'연인의 눈에는 서시(중국 당나라 4대 미인 중 한 명)가 나타난다'는 뜻으로, 우리 속담의 '제 눈에 안경, 눈에 콩깍지가 씌다'라는 의미와 상통합니다.

꼭! 짚고 가기

중국의 4대 미인

중국은 역사적으로 많은 미인들이 있었고, 그와 관련된 여러 가지 이야기들도 있습니다. 많은 미인들 중에서 중국인이 꼽는 4대 미인은 누구일까요?

- **서시**(西施 Xīshī 시스)
  沉鱼 chényú 천위 :
  물고기가 물속으로 숨을 정도로, 서시의 미모가 그 정도로 아름답다는 것을 상징하는 말입니다.

- **왕소군**(王昭君 Wáng Zhāojūn 왕자오쥔)
  落雁 luòyàn 루어이엔 :
  왕소군의 미모는 기러기가 보고 모래톱에 내려앉을 정도라는 의미입니다.

- **초선**(貂蝉 Diāochán 땨오찬)
  闭月 bìyuè 삐위에 :
  초선의 아름다움은 달이 부끄러워 숨는다고 비유했습니다.

- **양옥환**(杨玉环 Yáng Yùhuán 양 위후안)
  羞花 xiūhuā 시우후아 :
  양귀비(杨贵妃 Yángguìfēi 양꾸이페이)로 더 잘 알려진 그녀는 아름다운 꽃조차 양옥환 앞에서는 부끄러울 정도로 곱다고 칭했습니다.

이 4대 미인을 한 마디로 '沉鱼落雁之容, 闭月羞花之貌 chényú luòyàn zhī róng, bìyuè xiūhuā zhī mào 천위 루어이엔 즈 롱, 삐위에 시우후아 즈 마오(물고기가 숨고 기러기가 내려올 만한 얼굴, 달이 숨고 꽃이 부끄러울 정도의 외모)'라고 표현합니다.

소개팅 후 느낌 ②

\# 나는 상사병에 걸렸어.

我得了相思病。
Wǒ dé le xiāngsībìng.
워 더 러 시앙쓰삥

\# 알고 보니 네가 그녀를 좋아하는구나!

原来你喜欢她啊!
Yuánlái nǐ xǐhuan tā a!
위엔라이 니 시후안 타 아!

\# 이것은 분명히 그녀가 너에게 보내는 사랑의 신호야!

这明明是她对你释放出来的爱的信号啊!
Zhè míngmíng shì tā duì nǐ shìfàngchūlai de ài de xìnhào a!
저 밍밍 스 타 뚜이 니 스팡추라이 더 아이 더 신하오 아!

\# 그는 믿을 만한 남자야!

他是个值得信任的男人!
Tā shì ge zhídé xìnrèn de nánrén!
타 스 거 즈더 신런 더 난런!

\# 나는 새 남자 친구와 계속 사귀고 싶다.

我想和新男朋友继续交往下去。
Wǒ xiǎng hé xīn nánpéngyou jìxù jiāowǎngxiàqu.
워 시앙 허 신 난펑여우 지쉬 쟈오왕시아취

• 释放 shìfàng 내보내다, 방출하다

연애 ①

\# 데이트 어땠어?

约会怎么样?
Yuēhuì zěnmeyàng?
위에후이 쩐머양?

\# 이런 걸 데이트했다고 하죠.

这就叫做约会。
Zhè jiù jiào zuò yuēhuì.
저 지우 쟈오 쭈어 위에후이

\# 나는 회사에서 사귀는 남자 친구가 있다.

我在公司里交了一个男朋友。
Wǒ zài gōngsīli jiāo le yí ge nánpéngyou.
워 짜이 꿍쓰리 쟈오 러 이 거 난펑여우

\# 우리는 서로 한눈에 반했다.

我们对彼此一见钟情。
Wǒmen duì bǐcǐ yíjiànzhōngqíng.
워먼 뚜이 비츠 이지엔중칭

\# 우리는 잘 사귀고 있다.

我们交往得很好。
Wǒmen jiāowǎng de hěn hǎo.
워먼 쟈오왕 더 헌 하오

연애 ②

\# 요즘 우리는 자주 만난다.

最近我们常见面。
Zuìjìn wǒmen cháng jiànmiàn.
쭈이진 워먼 창 지엔미엔

\# 그녀는 나와 세 번 데이트했다.

她和我约会了三次。
Tā hé wǒ yuēhuì le sān cì.
타 허 워 위에후이 러 산 츠

\# 그들은 이미 오랫동안 사귀었다.

他们已经交往了很久。
Tāmen yǐjīng jiāowǎng le hěn jiǔ.
타먼 이징 쟈오왕 러 헌 지우

\# 우리는 열애 중이다.

我们正在热恋中。
Wǒmen zhèngzài rèliàn zhōng.
워먼 정짜이 러리엔 중

\# 허니! / 달링! / 자기야!

我的亲爱的啊!
Wǒ de qīn'àide a!
워 더 친아이더 아!

亲爱的는 애인, 배우자는 물론 사랑하는 사람을 부르는 말입니다.

꼭! 짚고 가기

별자리

관상이나 운세 보기를 좋아하는 중국인들에게 별자리 운세도 빼놓을 수 없는 관심사입니다. 물론 별자리는 고대 그리스 신화를 기초로 하고 있지만, 중국인들도 흔히 찾아보곤 합니다. 12좌의 별자리 중 나의 별자리는 중국어로 뭐라고 하는지 알아보세요.

- 星座 xīngzuò 싱쭈어 별자리

① 白羊座 báiyángzuò 바이양쭈어 양자리
② 金牛座 jīnniúzuò 진니우쭈어 황소자리
③ 双子座 shuāngzizuò 수앙즈쭈어 쌍둥이자리
④ 巨蟹座 jùxièzuò 쥐시에쭈어 게자리
⑤ 狮子座 shīzizuò 스쯔쭈어 사자자리
⑥ 处女座 chùnǚzuò 추뉘쭈어 처녀자리
⑦ 天秤座 tiānchèngzuò 티엔청쭈어 천칭자리
⑧ 天蝎座 tiānxiēzuò 티엔시에쭈어 전갈자리
⑨ 射手座 shèshǒuzuò 서서우쭈어 사수자리
⑩ 摩羯座 mójiézuò 모지에쭈어 염소자리
⑪ 水瓶座 shuǐpíngzuò 수이핑쭈어 물병자리
⑫ 双鱼座 shuāngyúzuò 수앙위쭈어 물고기자리

연애 ③

\# 너희는 좀 더 친밀하게 행동해도 돼.

你们可以有一些亲密行为。
Nǐmen kěyǐ yǒu yìxiē qīnmì xíngwéi.
니먼 커이 여우 이시에 친미 싱웨이

\# 너는 연애의 어떤 비결이 있니?
한 수 가르쳐 줘.

你恋爱有什么秘诀?
请教我一手。
Nǐ liàn'ài yǒu shénme mìjué?
Qǐng jiāo wǒ yì shǒu.
니 리엔아이 여우 선머 미쥐에? 칭 쟈오 워 이 서우

\# 나는 첫눈에 반한 사람이 없다.

我没有一见钟情的人。
Wǒ méiyǒu yíjiànzhōngqíng de rén.
워 메이여우 이지엔중칭 더 런

\# 나는 그녀와 다시 사귀고 싶다.

我想再和她谈恋爱。
Wǒ xiǎng zài hé tā tán liàn'ài.
워 시앙 짜이 허 타 탄 리엔아이

\# 나는 단지 그와 잠깐 사귀었을 뿐이다.

我只是跟他短暂地交往过。
Wǒ zhǐshì gēn tā duǎnzànde jiāowǎngguo.
워 즈스 껀 타 두안짠더 쟈오왕꾸어

사랑

\# 널 사랑해.

我爱你。
Wǒ ài nǐ.
워 아이 니

\# 널 좋아해.

我喜欢你。
Wǒ xǐhuan nǐ.
워 시후안 니

\# 나는 한눈에 그를 사랑하게 됐다.

我一眼就爱上了他。
Wǒ yì yǎn jiù àishàng le tā.
워 이 이엔 지우 아이상 러 타

\# 나는 너 없이 살아갈 수 없어.

没有你我活不下去。
Méiyǒu nǐ wǒ huóbuxiàqu.
메이여우 니 워 후어부시아취

\# 그는 나에게 빠졌다.

他迷上了我。
Tā míshàng le wǒ.
타 미상 러 워

\# 나는 왕리를 짝사랑하고 있다.

我在单恋王丽。
Wǒ zài dānliàn Wáng Lì.
워 짜이 딴리엔 왕리

질투 & 배신

그들은 길어야 3개월이면 끝나.

他们在一起最多也就是三个月。
Tāmen zài yìqǐ zuì duō yě jiùshì sān ge yuè.
타먼 짜이 이치 쭈이 뚜어 이에 지우스 싼 거 위에

他们俩不出三个月肯定完蛋。
Tāmen liǎ bù chū sān ge yuè kěndìng wándàn.
타먼 리아 뿌 추 싼 거 위에 컨띵 완딴

여자들마다 추파를 던지니, 이놈이 바로 나쁜 놈이야!

对每个女人都抛媚眼，这个家伙就是个坏蛋!
Duì měi ge nǚrén dōu pāomèiyǎn, zhè ge jiāhuǒ jiùshì ge huàidàn!
뚜이 메이 거 뉘런 떠우 파오메이이엔, 저 거 지아후어 지우스 거 화이딴!

너는 날 가지고 놀았어.

你玩弄了我。
Nǐ wánnòng le wǒ.
니 완눙 러 워

너는 내게 상처를 줬어.

你伤害了我。
Nǐ shānghài le wǒ.
니 상하이 러 워

그녀는 여러 번 양다리를 걸쳤어.

她多次脚踏两只船。
Tā duōcì jiǎotà liǎng zhī chuán.
타 뚜어츠 쟈오타 리앙 즈 추안

갈등 ①

솔직히 말해서, 너는 아직 날 사랑하는 거 맞지?

坦白地说，你还在爱着我对吧?
Tǎnbáide shuō, nǐ hái zài àizhe wǒ duì ba?
탄바이더 수어, 니 하이 짜이 아이저 워 뚜이 바?

우리 관계는 위기에 빠졌다.

我们的关系陷入危机了。
Wǒmen de guānxi xiànrù wēijī le.
워먼 더 꾸안시 시엔루 웨이지 러

결혼해야 할지 말아야 할지, 너는 지금도 생각 중인 거지?

是否该结婚，你现在也在重新考虑吧?
Shìfǒu gāi jiéhūn, nǐ xiànzài yě zài chóngxīn kǎolǜ ba?
스포우 까이 지에훈, 니 시엔짜이 이에 짜이 충신 카오뤼 바?

원래 사랑은 이미 끝났어.

原来爱情已死。
Yuánlái àiqíng yǐ sǐ.
위엔라이 아이칭 이 쓰

나는 이미 너한테 질렸어.

我对你已经腻了。
Wǒ duì nǐ yǐjīng nì le.
워 뚜이 니 이징 니 러

• 坦白 tǎnbái 솔직하다

갈등 ②

다시 나한테 기회를 주겠니?

再给我一次机会，好吗?

Zài gěi wǒ yí cì jīhuì, hǎo ma?

짜이 게이 워 이 츠 지후이, 하오 마?

우리 다시 시작하자.

让我们重新开始吧。

Ràng wǒmen chóngxīn kāishǐ ba.

랑 워먼 충신 카이스 바

어쨌든, 우리는 끝이야.

无论如何，我们已经完蛋了。

Wúlùnrúhé, wǒmen yǐjīng wándàn le.

우룬루허, 워먼 이징 완딴 러

나 혼자 짝사랑하는구나!

我一个人单相思啊!

Wǒ yí ge rén dānxiāngsī a!

워 이 거 런 딴시앙쓰 아!

너는 어떻게 이렇게 말할 수 있니?

你怎么能这么说?

Nǐ zěnme néng zhème shuō?

니 쩐머 넝 저머 수어?

이별 ①

우리 둘은 안 좋게 헤어졌다.

我们俩不欢而散。

Wǒmen liǎ bùhuān'érsàn.

워먼 리아 뿌후안얼싼

우리는 연애하지 않았다.

我们没有谈恋爱。

Wǒmen méiyǒu tán liàn'ài.

워먼 메이여우 탄 리엔아이

그들 둘은 2주 전에 헤어졌다.

他们俩两周以前分手了。

Tāmen liǎ liǎng zhōu yǐqián fēnshǒu le.

타먼 리아 리앙 저우 이치엔 펀서우 러

우리는 헤어졌다.

我们分手了。

Wǒmen fēnshǒu le.

워먼 펀서우 러

나는 그와 헤어졌다.

我跟他分手了。

Wǒ gēn tā fēnshǒu le.

워 껀 타 펀서우 러

나는 지금 연애하고 싶은 마음이 없다.

我现在没有谈恋爱的心情。

Wǒ xiànzài méiyǒu tán liàn'ài de xīnqíng.

워 시엔짜이 메이여우 탄 리엔아이 더 신칭

• 不欢而散 bùhuān'érsàn 기분 나쁘게 헤어지다

이별 ②

\# 나는 그를 차 버렸다.

我把他踹了。
Wǒ bǎ tā chuài le.
워 바 타 좌이 러

\# 시간이 모든 것을 해결해 줄 거야.

时间能解决一切。
Shíjiān néng jiějué yíqiè.
스지엔 넝 지에쥐에 이치에

\# 너는 좋아질 거야.

你会好起来的。
Nǐ huì hǎoqǐlai de.
니 후이 하오치라이 더

\# 헤어졌어도 친구가 될 수 있어.

分手了也能做朋友。
Fēnshǒu le yě néng zuò péngyou.
펀서우 러 이에 넝 쭈어 펑여우

\# 나는 우리가 친구로 지내는 것이 더 좋을 것 같아.

我觉得我们还是做朋友更好。
Wǒ juéde wǒmen háishi zuò péngyou gèng hǎo.
워 쥐에더 워먼 하이스 쭈어 펑여우 껑 하오

• 踹 chuài 걷어차다

꼭! 짚고 가기

중국의 전통 혼례

중국 전통 혼례는 붉은색을 좋아하는 중국인의 취향이 반영되어, 결혼 예복이나 장식 모두 붉은색입니다. 흰 봉투는 조의금 봉투라 생각하므로, 축의금(礼金 lǐjīn 리진)은 반드시 붉은색 봉투(红包 hóngbāo 홍빠오)에 넣어 줍니다.
전통 혼례의 기본 절차를 알아봅시다.

① 신랑은 신부 집에 가서 신부를 가마에 태웁니다.
② 가마꾼이 신부를 태운 가마를 들고 북과 징을 치면서 신랑의 집으로 갑니다. 도중에 가마를 뒤집는데, 이는 악귀를 쫓는 것을 의미합니다.
③ 신부가 가마에서 내리면 붉은색 양탄자를 깔아 신부의 신발에 흙이 묻지 않도록 합니다.
④ 화살을 세 번 쏩니다. 하늘을 향해 쏘는 화살은 하늘의 축복을, 땅을 향해 쏘는 화살은 오래 함께하기를, 먼 곳을 향해 쏘는 화살은 앞으로의 행복을 의미합니다.
⑤ 날마다 불이 활활 타오르듯 살아가라는 의미로 화로를 지나갑니다.
⑥ 사과를 놓은 말 안장을 넘어가는데, 이는 평안하게 지내라는 의미입니다.
⑦ 먼저 하늘과 땅을 향해 절을 하고, 그 다음 부모에게 절을 한 다음, 부부가 서로 맞절을 합니다.
⑧ 신부 얼굴을 가렸던 붉은 천을 들어 올려 신부의 얼굴을 공개하고, 잔을 교환하며 술을 마시는데, 이는 부부가 하나가 됨을 상징합니다.
⑨ 상대의 부모에게 차를 올리며, '아버지, 어머니'라고 부릅니다.
⑩ 신혼방에 들어가는 신혼부부에게 '아이가 어서 생기라'는 의미로 대추와 밤을 줍니다.

청혼

\# 왕밍은 나에게 청혼했다.

王明向我求婚了。
Wáng Míng xiàng wǒ qiúhūn le.
왕 밍 시앙 워 치우훈 러

\# 나랑 결혼해 줄래?(남자가 여자에게)

你愿意嫁给我吗?
Nǐ yuànyì jià gěi wǒ ma?
니 위엔이 지아 게이 워 마?

\# 나는 그의 청혼을 받아들였다.

我接受了他的求婚。
Wǒ jiēshòu le tā de qiúhūn.
워 지에서우 러 타 더 치우훈

\# 나는 그의 청혼을 거절했다.

我拒绝了他的求婚。
Wǒ jùjué le tā de qiúhūn.
워 쥐줴에 러 타 더 치우훈

\# 여자 친구한테 어떻게 청혼해야 좋을까?

我怎么向女友求婚才好呢?
Wǒ zěnme xiàng nǚyǒu qiúhūn cái hǎo ne?
워 쩐머 시앙 뉘여우 치우훈 차이 하오 너?

\# 나는 낭만적인 청혼식을 준비했다.

我准备了浪漫的求婚。
Wǒ zhǔnbèi le làngmàn de qiúhūn.
워 준뻬이 러 랑만 더 치우훈

결혼 준비

\# 너희는 언제 결혼하니?

你们什么时候结婚?
Nǐmen shénme shíhou jiéhūn?
니먼 선머 스허우 지에훈?

\# 결혼 전에 준비해야 할 것이 너무 많다.

婚前要准备的东西太多了。
Hūnqián yào zhǔnbèi de dōngxi tài duō le.
훈치엔 야오 준뻬이 더 뚱시 타이 뚜어 러

\# 신혼여행은 어디로 갈 거야?

新婚旅行打算去哪儿?
Xīnhūn lǚxíng dǎsuan qù nǎr?
신훈 뤼싱 다쑤안 취 나알?

\# 우리는 하이난다오로 갈 거야.

我们打算去海南岛。
Wǒmen dǎsuan qù Hǎinándǎo.
워먼 다쑤안 취 하이난다오

海南岛는 중국 최남단에 있는 섬으로 '중국의 하와이'라 불릴 만큼 아름다운 경치와 따뜻한 기후, 리조트 시설이 잘 되어 있습니다.

\# 피로연은 호텔에서 하려고 합니다.

婚宴打算在酒店里办。
Hūnyàn dǎsuan zài jiǔdiànli bàn.
훈이엔 다쑤안 짜이 지우띠엔리 빤

결혼식 초대

\# 내 결혼식에 반드시 와야 돼.

一定要来参加我的婚礼。
Yídìng yào lái cānjiā wǒ de hūnlǐ.
이띵 야오 라이 찬지아 워 더 훈리

\# 이것은 내 결혼 청첩장이야.

这是我的结婚请柬。
Zhè shì wǒ de jiéhūn qǐngjiǎn.
저 스 워 더 지에훈 칭지엔

\# 정말 미안해, 네 결혼식에 갈 수 없어.

真不好意思，我不能参加你的婚礼。
Zhēn bùhǎoyìsi, wǒ bùnéng cānjiā nǐ de hūnlǐ.
전 뿌하오이쓰, 워 뿌넝 찬지아 니 더 훈리

\# 우리는 몇백 장의 청첩장을 보냈다.

我们发了几百张请柬。
Wǒmen fā le jǐ bǎi zhāng qǐngjiǎn.
워먼 파 러 지 바이 장 칭지엔

\# 친척과 친구들 모두 결혼식에 참석했다.

亲戚朋友们都来参加婚礼了。
Qīnqī péngyoumen dōu lái cānjiā hūnlǐ le.
친치 펑여우먼 떠우 라이 찬지아 훈리 러

결혼식 ①

\# 누가 부케를 받니?

谁接花球?
Shéi jiē huāqiú?
세이 지에 후아치우?

\# 신부가 면사포를 썼다.

新娘戴了面纱。
Xīnniáng dài le miànshā.
신니앙 따이 러 미엔사

\# 결혼 반지는 부부의 결합을 상징한다.

结婚戒指象征着夫妻的结合。
Jiéhūn jièzhǐ xiàngzhēngzhe fūqī de jiéhé.
지에훈 지에즈 시앙정저 푸치 더 지에허

\# 신랑 신부, 입장!

新郎新娘，入场!
Xīnláng xīnniáng, rùchǎng!
신랑 신니앙, 루창!

\# 그들은 결혼 서약을 하고 있어!

他们正在进行结婚宣誓!
Tāmen zhèngzài jìnxíng jiéhūn xuānshì!
타먼 정짜이 진싱 지에훈 쉬엔스!

결혼식 ②

\# 결혼식이 정말 성대해!

婚礼真隆重啊!
Hūnlǐ zhēn lóngzhòng a!
훈리 전 룽중 아!

\# 진심으로 백년해로하시길 바라요!

衷心祝愿你们白头偕老!
Zhōngxīn zhùyuàn nǐmen báitóuxiélǎo!
중신 주위엔 니먼 바이터우시에라오!

\# 행복하시길 바랍니다!

祝你们幸福!
Zhù nǐmen xìngfú!
주 니먼 싱푸!

\# 정말 잘 어울리는 한 쌍이네요!

真是天生的一对!
Zhēnshi tiānshēng de yí duì!
전스 티엔성 더 이 뚜이!

\# 신부가 정말 예쁘다!

新娘子真漂亮!
Xīnniángzi zhēn piàoliang!
신니앙쯔 전 퍄오리앙!

결혼식 ③

\# 중국 전통 혼례복은 빨간색이다.

中国的传统礼服是红色的。
Zhōngguó de chuántǒng lǐfú shì hóngsè de.
중구어 더 추안퉁 리푸 스 훙써 더

\# 신부 들러리가 정말 예뻐요.

伴娘真是漂亮。
Bànniáng zhēnshi piàoliang.
빤니앙 전스 퍄오리앙

\# 이 결혼식의 하객이 아주 많다.

这个婚礼的宾客非常多。
Zhè ge hūnlǐ de bīnkè fēicháng duō.
저 거 훈리 더 삔커 페이창 뚜어

\# 신부가 친구에게 부케를 던지는 순서가 되었다.

轮到新娘向朋友抛花束的时候了。
Lúndào xīnniáng xiàng péngyou pāo huāshù de shíhou le.
룬따오 신니앙 시앙 펑여우 파오 후아수 더 스허우 러

\# 그들의 웨딩 사진은 어디에서 찍었대?

他们的婚纱照在哪儿拍的?
Tāmen de hūnshāzhào zài nǎr pāi de?
타먼 더 훈사자오 짜이 나알 파이 더?

• 隆重 lóngzhòng 성대하다

결혼 생활

결혼 생활은 행복해요?

婚后生活幸福吗?
Hūnhòu shēnghuó xìngfú ma?
훈허우 성후어 싱푸 마?

그들은 결혼 후 더할 나위없이 행복하다.

他们结婚后无比的幸福。
Tāmen jiéhūn hòu wúbǐ de xìngfú.
타먼 지에훈 허우 우비 더 싱푸

나는 결혼한 지 이미 8년이다.

我结婚已经八年了。
Wǒ jiéhūn yǐjīng bā nián le.
워 지에훈 이징 빠 니엔 러

나는 배우자와 결혼한 지 이미 5년이다.

我跟对象结婚已经五年了。
Wǒ gēn duìxiàng jiéhūn yǐjīng wǔ nián le.
워 껀 뚜이시앙 지에훈 이징 우 니엔 러

그녀는 결혼 후 두 명의 아이를 낳았다.

她婚后生了两个孩子。
Tā hūnhòu shēng le liǎng ge háizi.
타 훈허우 성 러 리앙 거 하이쯔

꼭! 짚고 가기

인척 호칭 관련 어휘

부부가 되면서 형성되는 인척 관계 호칭은 우리말도 복잡한데, 중국어로는 어떻게 표현하는지 알아볼까요?

- 夫妇 fūfù 푸푸 부부
- 丈夫 zhàngfu 장푸 남편
- 妻子 qīzi 치쯔 아내
- 公公 gōnggong 꽁궁 시아버지
- 岳父 yuèfù 위에푸 장인
- 婆婆 pópo 포포 시어머니
- 岳母 yuèmǔ 위에무 장모
- 小叔子 xiǎoshūzi 샤오수쯔 시동생
- 大伯子 dàbǎizi 따바이쯔 시아주버니
- 姑子 gūzi 꾸쯔 시누이
- 大姨子 dàyízi 따이쯔 처형
- 小姨子 xiǎoyízi 샤오이쯔 처제
- 舅子 jiùzi 지우쯔 처남
- 姐夫 jiěfu 지에푸 매형; 형부
- 妹夫 mèifu 메이푸 매부
- 妯娌 zhóulǐ 저우리 (여자) 동서
- 连襟 liánjīn 리엔진 (남자) 동서
- 嫂子 sǎozi 싸오쯔 올케; 형수

별거 & 이혼

나는 지금 별거 중이다.

我现在分居。

Wǒ xiànzài fēnjū.

워 시엔짜이 펀쥐

정확하게 말하자면, 그들은 이혼한 것이 아니라, 별거 중이다.

准确地说，他们不是离婚，而是在分居。

Zhǔnquède shuō, tāmen búshì líhūn, érshì zài fēnjū.

준취에더 수어, 타먼 부스 리훈, 얼스 짜이 펀쥐

우리 이혼하자!

我们离婚吧!

Wǒmen líhūn ba!

워먼 리훈 바!

그들은 결국 이혼했다.

他们最终还是离婚了。

Tāmen zuìzhōng háishi líhūn le.

타먼 쭈이중 하이스 리훈 러

우리는 성격이 안 맞아서, 이혼했다.

我们性格不合，就离婚了。

Wǒmen xìnggé bù hé, jiù líhūn le.

워먼 싱거 뿌 허, 지우 리훈 러

요즘 황혼이혼률이 갈수록 높아진다.

最近黄昏离婚的比率越来越高。

Zuìjìn huánghūn líhūn de bǐlǜ yuèláiyuè gāo.

쭈이진 후앙훈 리훈 더 비뤼 위에라이위에 까오

임신

내 아내가 임신했다.

我的妻子怀孕了。

Wǒ de qīzi huáiyùn le.

워 더 치즈 화이윈 러

임신했어요, 3개월 됐어요.

有喜啦，三个月了。

Yǒu xǐ la, sān ge yuè le.

여우 시 라, 싼 거 위에 러

有喜는 임신한 당사자가 아닌, 다른 사람이 쓰는 표현입니다. 따라서 이 표현은 남편 등이 할 수 있어요.

그녀가 임신했다고 한다.

听说她怀孕了。

Tīngshuō tā huáiyùn le.

팅수어 타 화이윈 러

그녀는 임신한 지 8개월이다.

她怀孕八个月了。

Tā huáiyùn bā ge yuè le.

타 화이윈 빠 거 위에 러

출산 예정일이 언제예요?

预产期是什么时候?

Yùchǎnqī shì shénme shíhou?

위찬치 스 선머 스허우?

아기 먹이기

지금 젖 먹일 시간이야.

现在是吃奶的时间。
Xiànzài shì chī nǎi de shíjiān.
시엔짜이 스 츠 나이 더 스지엔

아기에게 우유 먹였어요?

给孩子喂奶了吗?
Gěi háizi wèi nǎi le ma?
게이 하이쯔 웨이 나이 러 마?

아이에게 모유를 먹이나요?

你给孩子喂母乳吗?
Nǐ gěi háizi wèi mǔrǔ ma?
니 게이 하이쯔 웨이 무루 마?

그녀는 우유로 아이를 키운다.

她用牛奶喂养孩子。
Tā yòng niúnǎi wèiyǎng háizi.
타 융 니우나이 웨이양 하이쯔

모유 수유는 직장 여성에게는 어려운 일이다.

母乳喂养对职场女性来说是一件很难的事。
Mǔrǔ wèiyǎng duì zhíchǎng nǚxìng láishuō shì yí jiàn hěn nán de shì.
무루 웨이양 뚜이 즈창 뉘싱 라이수어 스 이 지엔 헌 난 더 스

아기 돌보기

내가 아이를 돌볼게요.

我来照顾孩子。
Wǒ lái zhàogù háizi.
워 라이 자오꾸 하이쯔

나는 갈게요, 아이를 돌보러 돌아가야 해요.

我要走了，得回去照顾孩子。
Wǒ yào zǒu le, děi huíqu zhàogù háizi.
워 야오 쩌우 러, 데이 후이취 자오꾸 하이쯔

나는 아이 볼 사람을 구하고 있다.

我正在找看孩子的人。
Wǒ zhèngzài zhǎo kān háizi de rén.
워 정짜이 자오 칸 하이쯔 더 런

看은 '돌보다'라는 뜻일 때, kān이라고 읽습니다.

아이 기저귀 갈아 줄 수 있어요?

能给孩子换个戒子吗?
Néng gěi háizi huàn ge jièzi ma?
넝 게이 하이쯔 후안 거 지에쯔 마?

아이 목욕시키는데, 도와줄 수 있어요?

我给孩子洗澡，你能帮个忙吗?
Wǒ gěi háizi xǐzǎo, nǐ néng bāng ge máng ma?
워 게이 하이쯔 시짜오, 니 넝 빵 거 망 마?

Chapter 08

그리운 학창 시절!

Chapter 08

学校 Xuéxiào 쉬에샤오 학교

学校 xuéxiào 쉬에샤오
명 학교

老师 lǎoshī 라오스
명 선생님, 스승

教 jiāo 쟈오
동 가르치다

学生 xuésheng 쉬에성
명 학생

同学 tóngxué 통쉬에
명 학우, 학교 친구

小学 xiǎoxué 샤오쉬에
명 초등학교

小学生
xiǎoxuéshēng 샤오쉬에성
명 초등학생

初中 chūzhōng 추중
명 중학교

初中生
chūzhōngshēng 추중성
명 중학생

中学 zhōngxué 중쉬에
명 중고등학교

中学生 zhōngxuéshēng 중쉬에성
명 중고등학생

高中 gāozhōng 까오중
명 고등학교

高中生
gāozhōngshēng 까오중성
명 고등학생

大学 dàxué 따쉬에
명 (종합)대학

大学生
dàxuéshēng 따쉬에성
명 대학생

出席 chūxí 추시
= 到场 dàochǎng 따오창
동 출석하다, 참가하다

迟到 chídào 츠따오
동 지각하다

缺席 quēxí 취에시
= 不在场 búzàichǎng 부짜이창
동 결석하다

学 xué 쉬에
동 배우다, 익히다

学习 xuéxí 쉬에시
동 공부하다

问 wèn 원
동 묻다, 질문하다

问题 wèntí 원티
명 문제

回答 huídá 후이다
명 대답
동 대답하다

教室 Jiàoshì 쟈오스 **교실**

MP3. Word_C08_02

教室 jiàoshì 쟈오스
명 교실

黑板 hēibǎn 헤이반
명 칠판(분필을 사용하는 녹색 칠판)

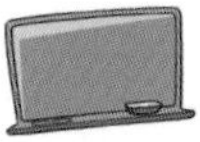

粉笔 fěnbǐ 펀비
명 분필, 백묵

黑板擦 hēibǎncā 헤이반차
명 칠판지우개

铅笔 qiānbǐ 치엔비
명 연필

圆珠笔 yuánzhūbǐ 위엔주비
명 볼펜

橡皮 xiàngpí 시앙피
명 지우개

记录 jìlù 지루
동 필기하다

笔记 bǐjì 비지
명 필기
동 필기하다

笔记本 bǐjìběn 비지번
명 공책

课本 kèběn 커번
명 교과서

书包 shūbāo 수빠오
명 책가방

学期 Xuéqī 쉬에치 **학기**

MP3. Word_C08_03

作业 zuòyè 쭈어이에
명 숙제

做作业 zuò zuòyè 쭈어 쭈어이에
숙제하다

考试 kǎoshì 카오스
명 시험
동 시험을 치다

分数 fēnshù 펀수
명 점수

成绩 chéngjì 청지
명 성적

野餐 yěcān 이에찬
명 소풍

郊游 jiāoyóu 쟈오여우
동 교외로 소풍 가다

暑假 shǔjià 수지아
명 여름 방학; 여름 휴가

寒假 hánjià 한지아
명 겨울 방학

등교 ①

\# 나는 보통 걸어서 등교합니다.

我一般走着上学。
Wǒ yìbān zǒuzhe shàngxué.
워 이빤 쩌우저 상쉬에

\# 걸어서 등교하는 데 얼마나 걸려요?

走着上学要多长时间?
Zǒuzhe shàngxué yào duōcháng shíjiān?
쩌우저 상쉬에 야오 뚜어창 스지엔?

\# 걸어서 등교하면 너무 멀어요.

走着上学的话太远了。
Zǒuzhe shàngxué dehuà tài yuǎn le.
쩌우저 상쉬에 더후아 타이 위엔 러

\# 자전거 타고 갑니까?

你骑自行车去吗?
Nǐ qí zìxíngchē qù ma?
니 치 쯔싱처 취 마?

\# 메일 버스를 타고 등교합니다.

每天坐公交车上学。
Měitiān zuò gōngjiāochē shàngxué.
메이티엔 쭈어 꿍쟈오처 상쉬에

등교 ②

\# 등교할 때 교복을 입어야 합니다.

上学的时候要穿校服。
Shàngxué de shíhou yào chuān xiàofú.
상쉬에 더 스허우 야오 추안 샤오푸

\# 매일 아침 친구와 함께 등교합니다.

每天早上和朋友一起上学。
Měitiān zǎoshang hé péngyou yìqǐ shàngxué.
메이티엔 짜오상 허 펑여우 이치 상쉬에

\# 그는 매일 시간에 맞춰 학교에 가려고 노력합니다.

他努力每天按时到校。
Tā nǔlì měitiān ànshí dào xiào.
타 누리 메이티엔 안스 따오 샤오

\# 나는 등교하는 길에 문방구에 들릅니다.

我在去上学的路上会顺便去文具店。
Wǒ zài qù shàngxué de lùshang huì shùnbiàn qù wénjùdiàn.
워 짜이 취 상쉬에 더 루상 후이 순삐엔 취 원쥐띠엔

\# 눈이 아주 많이 와서, 오늘 학교는 쉽니다.

雪下得非常大，所以今天学校停课。
Xuě xià de fēicháng dà, suǒyǐ jīntiān xuéxiào tíngkè.
쉬에 시아 더 페이창 따, 쑤어이 진티엔 쉬에샤오 팅커

하교

\# 엄마가 학교에 나를 데리러 오셨어요.

妈妈到学校来接我了。

Māma dào xuéxiào lái jiē wǒ le.

마마 따오 쉬에샤오 라이 지에 워 러

\# 학교 끝나고 뭐 해?

你放学后做什么?

Nǐ fàngxué hòu zuò shénme?

니 팡쉬에 허우 쭈어 선머?

\# 남자 친구가 교문에서 나를 기다려요.

男朋友在校门口等我。

Nánpéngyou zài xiàoménkǒu děng wǒ.

난펑여우 짜이 샤오먼커우 덩 워

\# 학교 끝나고, 우리 같이 집에 갈래?

放学后，我们一起回家好不好?

Fàngxué hòu, wǒmen yìqǐ huíjiā hǎobuhǎo?

팡쉬에 허우, 워먼 이치 후이지아 하오부하오?

\# 학교 끝나고 우리 좀 놀다가 가자!

放学后我们玩一会儿再走吧!

Fàngxué hòu wǒmen wán yíhuìr zài zǒu ba!

팡쉬에 허우 워먼 완 이후얼 짜이 쩌우 바!

꼭! 짚고 가기

중국의 학제와 교육열

중국은 보통 만 6~7세에 초등학교에 입학하며, 초등학교 과정은 5~6년 동안 다니는 의무 교육입니다. 초등학교를 졸업하면 중학교 3년, 고등학교 3년을 합친 중등학교에 진학합니다. 일반 인문계 학교 외에 농업 학교나 기술 학교 등이 있습니다. 중등 학교를 마치면 대학이나 전문 학교 등의 고등 교육 기관으로 올라갑니다. 일반적으로 4년이지만, 학업 내용이나 전공에 따라 5년이 될 수도 있습니다.

중국의 학교는 9월에 시작하는 것이 우리와 가장 큰 차이입니다. 따라서 상급 학교로 진학하기 위한 입시도 6~7월에 실시됩니다.

중국의 학교는 체육복을 교복으로 입고 다니며, 수업 시간 사이에 눈 건강 체조(眼保健操 yǎn bǎo jiāncāo 이엔 바오 지엔 차오), 휴식 시간 체조(课间操 kèjiāncāo 커지엔 차오) 시간이 있어 학업 중의 피로를 풀도록 합니다. 그리고 점심 시간이 긴 편이라 학생들은 이 시간을 이용하여 낮잠을 자기도 합니다.

우리나라 못지않은 교육열로, 성적이 우수한 학생들은 초등학교 때부터 각종 과외와 학원 등을 다니며 바쁜 일정을 보내기도 합니다. 우리식으로 보자면 과학고나 외국어고 등 특정 고등학교를 가기 위해 밤늦게까지 공부하는 것처럼 중국에도 重点学校 zhōngdiǎn xuéxiào 중디엔 쉬에샤오라는 우수 학교를 가기 위한 열풍이 뜨거운데요. 重点学校가 명문대학 합격률도 높고 우수한 학생들이 모여 공부하기 때문에 많은 학부모들이 눈독을 들이고 있습니다.

입학 ①

\# 왕리는 작년 봄에 대학에 갔다.

王丽去年春天上了大学。
Wáng Lì qùnián chūntiān shàng le dàxué.
왕 리 취니엔 춘티엔 상 러 따쉬에

\# 그녀는 올해 대학에 합격했다.

她今年考上了大学。
Tā jīnnián kǎoshàng le dàxué.
타 진니엔 카오상 러 따쉬에

\# 나는 아이를 이 학교에 보내려 한다.

我想送孩子去这所学校。
Wǒ xiǎng sòng háizi qù zhè suǒ xuéxiào.
워 시앙 쑹 하이쯔 취 저 쑤어 쉬에샤오

\# 그는 침착하게 입학 시험을 마쳤다.

他冷静地考完了入学考试。
Tā lěngjìngde kǎowán le rùxué kǎoshì.
타 렁징더 카오완 러 루쉬에 카오스

\# 나는 시험을 치르지 않고 대학에 입학했다.

我没有参加考试就进入了大学。
Wǒ méiyǒu cānjiā kǎoshì jiù jìnrù le dàxué.
워 메이여우 찬지아 카오스 지우 진루 러 따쉬에

입학 ②

\# 나는 장학금을 받아서, 자랑스럽게 입학했다.

我拿到了奖学金，所以很自豪地入了学。
Wǒ nádào le jiǎngxuéjīn, suǒyǐ hěn zìháode rù le xué.
워 나따오 러 지앙쉬에진, 쑤어이 헌 쯔하오더 루 러 쉬에

\# 등록자가 많아서, 이 학교에 들어가려는 것이 매우 어렵게 되었다.

由于报名者众多，所以想要进入这所学校变得非常难。
Yóuyú bàomíngzhě zhòngduō, suǒyǐ xiǎngyào jìnrù zhè suǒ xuéxiào biàn de fēicháng nán.
여우위 빠오밍저 중뚜어, 쑤어이 시앙야오 진루 저 쑤어 쉬에샤오 삐엔 더 페이창 난

\# 입학할 때 어떤 수속이 필요하죠?

入学时需要哪些手续?
Rùxué shí xūyào nǎxiē shǒuxù?
루쉬에 스 쉬야오 나시에 서우쉬?

\# 입학 지원서를 학교 웹사이트에서 다운로드할 수 있는 것을 알고 있어요?

你是否知道入学志愿书在学校的网站可以下载?
Nǐ shìfǒu zhīdao rùxué zhìyuànshū zài xuéxiào de wǎngzhàn kěyǐ xiàzài?
니 스포우 즈다오 루쉬에 즈위엔수 짜이 쉬에샤오 더 왕잔 커이 시아짜이?

진학

나는 베이징대학에 응시하려고 합니다.

我打算考北京大学。
Wǒ dǎsuan kǎo Běijīng dàxué.
워 다쑤안 카오 베이징 따쉬에

가고 싶은 학교와 갈 수 있는 학교는 전혀 다르지.

想上的学校和能上的学校根本不一样。
Xiǎng shàng de xuéxiào hé néng shàng de xuéxiào gēnběn bù yíyàng.
시앙 상 더 쉬에샤오 허 넝 상 더 쉬에샤오 껀번 뿌 이양

그는 대학 시험을 포기했습니다.

他放弃了考大学。
Tā fàngqì le kǎo dàxué.
타 팡치 러 카오 따쉬에

그는 대학교 4학년으로 편입했어요.

他插班到大四。
Tā chābāndào dàsì.
타 차빤따오 따쓰

선생님은 그들을 3학년에 편입시켰습니다.

老师让他们插班到三年级。
Lǎoshī ràng tāmen chābāndào sān niánjí.
라오스 랑 타먼 차빤따오 싼 니엔지

신입생

신입생 환영회가 학생회관에서 열립니다.

新生欢迎会在学生会馆举行。
Xīnshēng huānyínghuì zài xuésheng huìguǎn jǔxíng.
신성 후안잉후이 짜이 쉬에성 후이구안 쥐싱

우리 학교는 올해 신입생이 많이 입학했다.

我们学校今年有很多新生入学。
Wǒmen xuéxiào jīnnián yǒu hěn duō xīnshēng rùxué.
워먼 쉬에샤오 진니엔 여우 헌 뚜어 신성 루쉬에

장밍은 신입생이 대학 생활에 적응할 수 있도록 도와준다.

张明帮助新生适应大学生活。
Zhāng Míng bāngzhù xīnshēng shìyīng dàxué shēnghuó.
장 밍 빵주 신성 스잉 따쉬에 성후어

학교 끝나고 그는 학우들을 집에 데리고 가서 놀았고, 그들은 친구가 되었다.

放学后他带着同学们到家里玩，和他们交了朋友。
Fàngxué hòu tā dàizhe tóngxuémen dào jiāli wán, hé tāmen jiāo le péngyou.
팡쉬에 허우 타 따이저 퉁쉬에먼 따오 지아리 완, 허 타먼 쟈오 러 펑여우

졸업

\# 졸업까지 한 학기밖에 안 남았다.

离毕业只剩下一个学期了。
Lí bìyè zhǐ shèngxià yí ge xuéqī le.
리 삐이에 즈 성시아 이 거 쉬에치 러

\# 그는 막 대학을 졸업한 것 같은데.

他好像刚从大学毕业。
Tā hǎoxiàng gāng cóng dàxué bìyè.
타 하오시앙 깡 충 따쉬에 삐이에

\# 졸업 후 뭐 할 거예요?

毕业后你想做什么?
Bìyè hòu nǐ xiǎng zuò shénme?
삐이에 허우 니 시앙 쭈어 선머?

\# 졸업 후 어떤 일을 할지 모르겠어요.

我不知道毕业后要做什么工作。
Wǒ bùzhīdaào bìyè hòu yào zuò shénme gōngzuò.
워 뿌즈다오 삐이에 허우 야오 쭈어 선머 꿍쭈어

\# 언제 대학교 졸업해요?

什么时候大学毕业?
Shénme shíhou dàxué bìyè?
선머 스허우 따쉬에 삐이에?

\# 내년에 졸업해요?

明年毕业吗?
Míngnián bìyè ma?
밍니엔 삐이에 마?

졸업 성적

\# 졸업할 때 영어 2학점이 필요하다.

毕业时需要有两学分的英语成绩。
Bìyè shí xūyào yǒu liǎng xuéfēn de Yīngyǔ chéngjì.
삐이에 스 쉬야오 여우 리앙 쉬에펀 더 잉위 청지

\# 너는 반에서 1등으로 졸업했구나, 축하해!

你是班里第一个毕业的，恭喜恭喜!
Nǐ shì bānli dì yī ge bìyè de, gōngxǐ gōngxǐ!
니 스 빤리 띠 이 거 삐이에 더, 꿍시 꿍시!

\# 리둥은 우수한 성적으로 졸업했다.

李东以优异的成绩毕业了。
Lǐ Dōng yǐ yōuyì de chéngjì bìyè le.
리 뚱 이 여우이 더 청지 삐이에 러

\# 졸업하려면, 아직 3학점을 더 따야 해요.

要毕业，我还得修三学分。
Yào bìyè, wǒ hái děi xiū sān xuéfēn.
야오 삐이에, 워 하이 데이 시우 싼 쉬에펀

\# 그는 성적이 안 좋아서, 올해 졸업할 수 없다.

他成绩不好，今年毕不了业。
Tā chéngjì bù hǎo, jīnnián bìbuliǎo yè.
타 청지 뿌 하오, 진니엔 삐부랴오 이에

졸업 기타

천슈팡은 졸업 파티에 참석 중입니다.

陈秀芳正在参加毕业晚会。

Chén Xiùfāng zhèngzài cānjiā bìyè wǎnhuì.

천 시우팡 정짜이 찬지아 삐이에 완후이

졸업 후 포부를 말해 주세요.

请说一下你毕业后的打算。

Qǐng shuō yíxià nǐ bìyè hòu de dǎsuan.

칭 수어 이시아 니 삐이에 허우 더 다쑤안

졸업 선물로 뭘 받았니?

你拿到什么毕业礼物呢?

Nǐ nádào shénme bìyè lǐwù ne?

니 나따오 선머 삐이에 리우 너?

졸업 후, 나는 스스로를 돌봐야 한다.

毕业后，我应该照顾自己。

Bìyè hòu, wǒ yīnggāi zhàogù zìjǐ.

삐이에 허우, 워 잉까이 자오꾸 쯔지

경제적으로 독립해야 한다, 즉 자신의 생계를 책임져야 한다는 의미입니다.

졸업은 바로 새로운 출발이다.

毕业就是新的开始。

Bìyè jiùshì xīn de kāishǐ.

삐이에 지우스 신 더 카이스

Unit 3 수업 MP3. C08_U03

수업 전후 ①

학교 수업은 5시에 끝나요.

学校的课五点结束。

Xuéxiào de kè wǔ diǎn jiéshù.

쉬에샤오 더 커 우 디엔 지에수

다음 주 화요일에 제8회 개교기념일 행사가 열려서, 그날 수업이 취소됐다.

下个星期二举办第八届建校纪念日活动，所以那天的课取消了。

Xià ge xīngqī'èr jǔbàn dì bā jiè jiànxiào jiniànrì huódòng, suǒyǐ nàtiān de kè qǔxiāo le.

시아 거 싱치얼 쥐빤 띠 빠 지에 지엔샤오 지니엔르 후어뚱, 쑤어이 나티엔 더 커 취샤오 러

선생님이 출석 체크 다 했어?

老师点完名了吗?

Lǎoshī diǎnwán míng le ma?

라오스 디엔완 밍 러 마?

쉬는 시간은 10분입니다.

休息时间是十分钟。

Xiūxi shíjiān shì shí fēnzhōng.

시우시 스지엔 스 스 펀중

9시에 수업이 시작합니다.

九点开始上课。

Jiǔ diǎn kāishǐ shàngkè.

지우 디엔 카이스 상커

수업 전후 ②

\# 지난 수업에 어디까지 했죠?

上节课讲到哪儿了?
Shàng jié kè jiǎngdào nǎr le?
상 지에 커 지앙따오 나알 러?

\# 죄송해요, 늦었습니다.

很抱歉，我迟到了。
Hěn bàoqiàn, wǒ chídào le.
헌 빠오치엔, 워 츠따오 러

\# 이 수업은 모두 중국어로 말해야 합니다.

这个课大家都要用汉语会话。
Zhè ge kè dàjiā dōu yào yòng Hànyǔ huìhuà.
저 거 커 따지아 떠우 야오 융 한위 후이후아

\# 수업 중에 마음대로 자리를 뜨면 안 됩니다.

上课的过程中请不要随便离开。
Shàngkè de guòchéng zhōng qǐng búyào suíbiàn líkāi.
상커 더 꾸어청 중 칭 부야오 쑤이삐엔 리카이

\# 오늘 수업은 여기까지입니다.

今天的课就上到这里。
Jīntiān de kè jiù shàngdào zhèli.
진티엔 더 커 지우 상따오 저리

수업 시간표 ①

\# 다음 수업은 무슨 과목이지?

下节上什么课?
Xià jié shàng shénme kè?
시아 지에 상 선머 커?

\# 이번 학기에 몇 과목 들어?

这个学期你听几门课?
Zhè ge xuéqī nǐ tīng jǐ mén kè?
저 거 쉬에치 니 팅 지 먼 커?

\# 어떤 과목을 좋아해요?

你喜欢哪个科目?
Nǐ xǐhuan nǎ ge kēmù?
니 시후안 나 거 커무?

\# 매주 영어 수업을 6시간 수강한다.

每周上六节英语课。
Měizhōu shàng liù jié Yīngyǔ kè.
메이저우 상 리우 지에 잉위 커

\# 오늘 수업이 꽉 찼다.

今天课满了。
Jīntiān kè mǎn le.
진티엔 커 만 러

\# 중국어 수업은 일주일에 세 번 있다.

汉语课一周有三次。
Hànyǔ kè yì zhōu yǒu sān cì.
한위 커 이 저우 여우 싼 츠

수업 시간표 ②

\# 수업을 벌써 다 신청했어?

课你已经都申请了?

Kè nǐ yǐjīng dōu shēnqǐng le?

커 니 이징 떠우 선칭 러?

\# 중국어 수업 잘 돼가요?

汉语课上得还不错吗?

Hànyǔ kè shàng de hái búcuò ma?

한위 커 상 더 하이 부추어 마?

\# 무슨 요일에 수업이 있어요?

周几有课?

Zhōu jǐ yǒu kè?

저우 지 여우 커?

\# 어떤 과목을 들어야 할지 모르겠어요.

不知道该听什么科目。

Bùzhīdao gāi tīng shénme kēmù.

뿌즈다오 까이 팅 선머 커무

\# 오늘은 학교 밖에서 수업했어요.

今天在校外上了课。

Jīntiān zài xiàowài shàng le kè.

진티엔 짜이 샤오와이 상 러 커

꼭! 짚고 가기

공자

공자(孔子 Kǒngzi 쿵쯔)는 중국인들이 모두 존경하는 성인 중 한 사람으로, 유교의 창시자로 알려져 있습니다. 지금도 중국에서 교육과 스승에 대해 말할 때 빠질 수 없는 부분이 바로 공자에 대한 이야기입니다.

중국 최초의 민간 사상가이자 교육자인 공자는 중국 노(魯)나라 사람으로, 기원전 551년에 태어났습니다. 그는 어릴 때부터 예(禮)와 인(仁)에 관심이 많았고 학문에 대한 열정 또한 남달랐습니다.

그의 명성은 일찌감치 알려져 많은 사람들이 제자가 되길 원했고, 공자는 젊은 시절부터 교육을 시작하여 3천 명이 넘는 제자를 양성했습니다. 그와 얽힌 많은 에피소드와 명언들은 지금도 중국은 물론 많은 나라에서 교육과 사상 방면으로 많은 영향력을 끼치고 있습니다.

공자는 덕 있는 임금을 만나 어진 정치를 베풀게 하여 세상을 바로 잡기 원했으나, 그런 임금을 만나지 못하고 노년에 고국인 노나라를 떠나 방랑했습니다. 오랜 시간의 방랑을 마친 공자는 고향에 돌아와 유익한 자료들을 편찬하는 일에 힘썼습니다.

공자는 스스로의 말과 행동거지 하나하나 제자들에게 모범을 보였고, 많은 이들이 이 점을 높이 사고 따랐기에, 오늘날까지 존경받는 사상가이자 교육자로 추앙받고 있습니다. 그의 정신을 담은 서적인 〈논어(論語)〉는 그의 제자들이 구전과 문서로 보존된 공자의 말씀을 바탕으로 편찬한 것으로, 지금도 많은 사람들에게 읽혀지는 지침서 중 하나이기도 합니다.

수업 난이도 & 기타

이 수업은 잘 못 알아듣겠어.

这个课我听不懂。

Zhè ge kè wǒ tīngbudǒng.

저 거 커 워 팅부둥

저 수업은 너무 어렵다.

那门课太难了。

Nà mén kè tài nán le.

나 먼 커 타이 난 러

수학 수업은 지겨워.

数学课很无聊。

Shùxué kè hěn wúliáo.

수쉬에 커 헌 우랴오

곧 수업이 시작해, 나는 가야 해.

马上要上课了，我得走了。

Mǎshàng yào shàngkè le, wǒ děi zǒu le.

마상 야오 상커 러, 워 데이 쩌우 러

그는 필기를 특히 잘해.

他的笔记做得特别好。

Tā de bǐjì zuò de tèbié hǎo.

타 더 비지 쭈어 더 터비에 하오

불량한 수업 태도

수업 시간에 휴대 전화 가지고 놀면 선생님한테 혼날 거야.

上课时间玩手机的话会挨批评的。

Shàngkè shíjiān wán shǒujī dehuà huì ái pīpíng de.

상커 스지엔 완 서우지 더후아 후이 아이 피핑 더

그녀는 종종 수업 때 잔다.

她常常上课时睡觉。

Tā chángcháng shàngkè shí shuìjiào.

타 창창 상커 스 수이쟈오

어제 너 왜 수업에 안 왔니?

昨天你怎么没来上课?

Zuótiān nǐ zěnme méi lái shàngkè?

쭈어티엔 니 쩐머 메이 라이 상커?

선생님은 학생들이 열심히 수업하지 않도록 두지 않는다.

老师不让学生们不认真地上课。

Lǎoshī bú ràng xuéshengmen bú rènzhēnde shàngkè.

라오스 부 랑 쉬에성먼 부 런전더 상커

나는 1교시 수업을 빼먹었다.

我逃了一节课。

Wǒ táo le yì jié kè.

워 타오 러 이 지에 커

• 挨批评 ái pīpíng 혼나다, 욕을 먹다

숙제

숙제 다 하려면 얼마나 걸려요?

要多久可以做完作业?
Yào duōjiǔ kěyǐ zuòwán zuòyè?
야오 뚜어지우 커이 쭈어완 쭈어이에?

그녀는 숙제하는 데 두 시간 걸렸다.

她做作业做了两个小时。
Tā zuò zuòyè zuò le liǎng ge xiǎoshí.
타 쭈어 쭈어이에 쭈어 러 리앙 거 샤오스

나는 숙제를 다 해야 한다.

我得把作业做完。
Wǒ děi bǎ zuòyè zuòwán.
워 데이 바 쭈어이에 쭈어완

나는 6시 전에 숙제를 다 해야 한다.

我得在六点之前完成作业。
Wǒ děi zài liù diǎn zhīqián wánchéng zuòyè.
워 데이 짜이 리우 디엔 즈치엔 완청 쭈어이에

나는 집에서 숙제를 하는 게 낫겠어.

我还是在家写作业吧。
Wǒ háishi zài jiā xiě zuòyè ba.
워 하이스 짜이 지아 시에 쭈어이에 바

숙제 평가

샤오밍이 숙제를 안 한 것 같은데요.

小明好像没有做作业。
Xiǎomíng hǎoxiàng méiyǒu zuò zuòyè.
샤오밍 하오시앙 메이여우 쭈어 쭈어이에

선생님은 왕밍이 숙제를 잘했다고 칭찬했다.

老师表扬王明作业做得好。
Lǎoshī biǎoyáng Wáng Míng zuòyè zuò de hǎo.
라오스 뱌오양 왕 밍 쭈어이에 쭈어 더 하오

선생님은 숙제를 많이 내 주셨다.

老师布置了很多作业。
Lǎoshī bùzhì le hěn duō zuòyè.
라오스 뿌즈 러 헌 뚜어 쭈어이에

학생이 숙제를 안 하면 선생님께 혼난다.

学生不做作业的话会挨老师的训。
Xuésheng bú zuò zuòyè dehuà huì ái lǎoshī de xùn.
쉬에성 부 쭈어 쭈어이에 더후아 후이 아이 라오스 더 쉰

내 숙제는 망했다.

我的作业完蛋了。
Wǒ de zuòyè wándàn le.
워 더 쭈어이에 완딴 러

숙제를 마친 후

오늘 숙제는 쉽게 끝냈다.

今天的作业完成得很轻松。
Jīntiān de zuòyè wánchéng de hěn qīngsōng.
진티엔 더 쭈어이에 완청 더 헌 칭쑹

어제 수학 숙제를 한밤중까지 했다.

昨天数学作业一直做到深夜。
Zuótiān shùxué zuòyè yìzhí zuòdào shēnyè.
쭈어티엔 수쉬에 쭈어이에 이즈 쭈어따오 선이에

숙제하느라고, 밤새 눈도 못 붙였다.

因为写作业，一夜都没有合眼。
Yīnwèi xiě zuòyè, yíyè dōu méiyǒu héyǎn.
인웨이 시에 쭈어이에, 이이에 떠우 메이여우 허이엔

그는 숙제 때문에 불평하고 있다.

他在抱怨作业。
Tā zài bàoyuàn zuòyè.
타 짜이 빠오위엔 쭈어이에

숙제를 이메일로 제출해도 되나요?

可以用伊妹儿交作业吗?
Kěyǐ yòng yīmèi'ér jiāo zuòyè ma?
커이 융 이메이얼 쟈오 쭈어이에 마?

• 合眼 héyǎn 잠을 자다, 눈을 감다

숙제 기타 ①

숙제해야 해!

一定要做作业!
Yídìng yào zuò zuòyè!
이띵 야오 쭈어 쭈어이에!

지금 숙제해야 해.

现在该做作业了。
Xiànzài gāi zuò zuòyè le.
시엔짜이 까이 쭈어 쭈어이에 러

다음 주까지 숙제를 제출해야 한다.

到下个星期为止一定要交作业。
Dào xià ge xīngqī wéizhǐ yídìng yào jiāo zuòyè.
따오 시아 거 싱치 웨이즈 이띵 야오 쟈오 쭈어이에

나는 숙제 제출하는 날을 잊어버렸어.

我忘了交作业的日期。
Wǒ wàng le jiāo zuòyè de rìqī.
워 왕 러 쟈오 쭈어이에 더 르치

나 숙제하는 거 도와줄 수 있어?

你能帮我做作业吗?
Nǐ néng bāng wǒ zuò zuòyè ma?
니 넝 빵 워 쭈어 쭈어이에 마?

숙제 다 하고 자렴!

做完作业睡觉吧!
Zuòwán zuòyè shuìjiào ba!
쭈어완 쭈어이에 수이쟈오 바!

숙제 기타 ②

\# 오늘 숙제 없니?

今天你没有作业吗?
Jīntiān nǐ méiyǒu zuòyè ma?
진티엔 니 메이여우 쭈어이에 마?

\# 너는 이번 주는 숙제 안 해도 돼.

这个星期你不做作业也可以。
Zhè ge xīngqī nǐ bú zuò zuòyè yě kěyǐ.
저 거 싱치 니 부 쭈어 쭈어이에 이에 커이

\# 네 숙제는 바로 틀린 부분을 고쳐 쓰는 거야.

你的作业就是改错的部分。
Nǐ de zuòyè jiùshì gǎi cuò de bùfen.
니 더 쭈어이에 지우스 가이 추어 더 뿌펀

\# 숙제 때문에, 도서관에서 책을 빌려야 해.

为了作业，我该去图书馆借书。
Wèile zuòyè, wǒ gāi qù túshūguǎn jiè shū.
웨이러 쭈어이에, 워 까이 취 투수구안 지에 수

\# 아뿔싸! 숙제 가져오는 걸 잊었어.

糟糕! 我忘了带作业。
Zāogāo! Wǒ wàng le dài zuòyè.
짜오까오! 워 왕 러 따이 쭈어이에

Unit 5 시험 MP3. C08_U05

시험 전 ①

\# 최대한 노력해서 시험을 준비해라.

尽最大努力准备考试。
Jìn zuì dà nǔlì zhǔnbèi kǎoshì.
진 쭈이 따 누리 준뻬이 카오스

\# 매번 시험 때마다 나는 마음을 못 놓는다.

每次考试我的心都悬着。
Měicì kǎoshì wǒ de xīn dōu xuánzhe.
메이츠 카오스 워 더 신 떠우 쉬엔저

\# 그들은 시험 준비 중이라 바쁘다.

他们正在忙碌地准备考试。
Tāmen zhèngzài mánglùde zhǔnbèi kǎoshì.
타먼 정짜이 망루더 준뻬이 카오스

\# 정밍은 시험만 생각하면 긴장한다.

正明一想到考试就紧张。
Zhèngmíng yì xiǎngdào kǎoshì jiù jǐnzhāng.
정밍 이 시앙따오 카오스 지우 진장

\# 시험 범위가 어디까지예요?

考试的范围到哪儿?
Kǎoshì de fànwéi dào nǎr?
카오스 더 판웨이 따오 나알?

• 悬 xuán 걱정하다, 마음을 못 놓다

시험 전 ②

그는 매번 시험 전에 벼락치기로 준비한다.

他每次考试之前临阵磨枪。
Tā měicì kǎoshì zhīqián línzhènmóqiāng.
타 메이츠 카오스 즈치엔 린전모치앙

곧 기말고사야.

期末考试快要到了。
Qīmò kǎoshì kuàiyào dào le.
치모 카오스 콰이야오 따오 러

다음 주에 중간고사가 있다.

下个星期有期中考试。
Xià ge xīngqī yǒu qīzhōng kǎoshì.
시아 거 싱치 여우 치중 카오스

나는 이번에 시험을 면제받았다.

我这次免试了。
Wǒ zhècì miǎnshì le.
워 저츠 미엔스 러

이번에 어법 시험은 없다.

这次没有语法考试。
Zhècì méiyǒu yǔfǎ kǎoshì.
저츠 메이여우 위파 카오스
중국어에서는 '문법'을 '어법(语法)'이라고 합니다.

• 临阵磨枪 línzhènmóqiāng
일이 닥치고 나서야 황급히 준비하다

시험 후

시험이 끝났다.

考完试了。
Kǎowán shì le.
카오완 스 러

이번 시험은 매우 쉬웠다.

这次考试非常简单。
Zhècì kǎoshì fēicháng jiǎndān.
저츠 카오스 페이창 지엔딴

그 문제는 시험 때 나왔다.

那个问题考试的时候出来了。
Nà ge wèntí kǎoshì de shíhou chūlai le.
나 거 원티 카오스 더 스허우 추라이 러

이번 시험은 하나도 모르겠어.

这次考试我一点也不会。
Zhècì kǎoshì wǒ yìdiǎn yě búhuì.
저츠 카오스 워 이디엔 이에 부후이

시험이 끝나서, 마음이 편해졌다.

考完试了，心情放松了。
Kǎowán shì le, xīnqíng fàngsōng le.
카오완 스 러, 신칭 팡쑹 러

나는 시험 때 내 실력을 충분히 발휘한 것 같다.

我觉得考试的时候充分地发挥了我的实力。
Wǒ juéde kǎoshì de shíhou chōngfènde fāhuī le wǒ de shílì.
워 쥐에더 카오스 더 스허우 충펀더 파후이 러 워 더 스리

시험 결과

\# 시험 결과가 좋아서, 그는 마음이 매우 좋다.

考试结果很好，所以他心情非常好。

Kǎoshì jiéguǒ hěn hǎo, suǒyǐ tā xīnqíng fēicháng hǎo.

카오스 지에구어 헌 하오, 쑤어이 타 신칭 페이창 하오

\# 그녀는 시험 결과를 초조하게 기다리고 있다.

她紧张地等待着考试的结果。

Tā jǐnzhāngde děngdàizhe kǎoshì de jiéguǒ.

타 진장더 덩따이저 카오스 더 지에구어

\# 그는 시험 결과 때문에 마음을 졸이고 있다.

他为考试结果而心焦。

Tā wèi kǎoshì jiéguǒ ér xīnjiāo.

타 웨이 카오스 지에구어 얼 신쟈오

\# 시험 결과를 보고 그는 온몸에 힘이 빠졌다.

看到考试结果后他浑身都没了力气。

Kàndào kǎoshì jiéguǒ hòu tā húnshēn dōu méi le lìqì.

칸따오 카오스 지에구어 허우 타 훈선 떠우 메이 러 리치

꼭! 짚고 가기

중국의 4대 발명

중국의 4대 발명은 중국 과학 기술의 역사와 관련이 깊으며, 전 세계적으로 문명과 기술의 발전에 끼친 영향력도 상당합니다. 중국은 이 발명품들로 자신의 나라가 고대 문명국 중 하나라는 자부심이 굉장합니다.

- **화약**(火药 huǒ yào 후어야오)
  불로장생의 단약(丹藥) 만드는 과정에서 초석, 유황, 숯이 혼합하면 폭발한다는 사실을 발견하면서 화약이 발명되었습니다.

- **나침반**(指南针 zhǐnánzhen 스난전)
  옛날 일꾼들이 일을 하다가 발견한 자석을 기초로, 연구와 실험을 거쳐 발전하게 되었습니다. 11세기경 송나라의 심괄(沈括)이 나침반의 바늘을 자석으로 만든 자침(磁針)을 연구했다고 전해집니다.

- **종이 제조술**
  (造纸术 zàozhǐshù 짜오즈수)
  전한 시대 대마(大麻)와 모시로 만든 초보적인 형태의 종이가 등장했고, 105년경 후한의 채륜(蔡倫)이 식물섬유 종이를 만들면서 본격적으로 종이가 발전하기 시작했습니다.

- **인쇄술**(印刷术 yìnshuāshù 인수아수)
  종이와 발명에 기초한 중국 인쇄술의 발명은 인쇄물의 발전으로 이어집니다. 우리나라의 〈무구정광대다라니경〉이 발견되기 전까지는 중국 당나라의 〈금강반야바라밀경(金剛般若波羅蜜經)〉이 현존하는 최고(最古)의 인쇄물이었습니다.

시험 합격

\# 그는 겨우 시험에 통과했다.

他勉强通过了考试。
Tā miǎnqiǎng tōngguò le kǎoshì.
타 미엔치앙 퉁꾸어 러 카오스

\# 그는 쉽게 시험에 통과했다.

他轻松地通过了考试。
Tā qīngsōngde tōngguò le kǎoshì.
타 칭쑹더 퉁꾸어 러 카오스

\# 나는 시험에 합격했다.

我通过了考试。
Wǒ tōngguò le kǎoshì.
워 퉁꾸어 러 카오스

\# 그는 아마 합격할 것이다.

也许他会及格的。
Yěxǔ tā huì jígé de.
이에쉬 타 후이 지거 더

\# 장산은 운이 좋아서, 시험에 통과했다.

张三运气很好，通过了考试。
Zhāng Sān yùnqì hěn hǎo, tōngguò le kǎoshì.
장 싼 윈치 헌 하오, 퉁꾸어 러 카오스

\# 너는 어떻게 베이징 대학에 합격했니?

你怎么考上北大的?
Nǐ zěnme kǎoshàng Běidà de?
니 쩐머 카오상 베이따 더?

시험 불합격 & 부정행위

\# 그녀는 시험에 실패해서 낙담했다.

她因考试失败而沮丧。
Tā yīn kǎoshì shībài ér jǔsàng.
타 인 카오스 스빠이 얼 쥐쌍

\# 그는 시험을 통과할 수 없을 것이다.

他不可能通过考试。
Tā bùkěnéng tōngguò kǎoshì.
타 뿌커넝 퉁꾸어 카오스

\# 왕리는 시험에 떨어져서 창피했다.

王丽因为考试落榜而感到丢脸。
Wáng Lì yīnwèi kǎoshì luòbǎng ér gǎndào diūliǎn.
왕 리 인웨이 카오스 루어방 얼 간따오 띠우리엔

\# 그녀는 남에게 대리 시험을 치르게 했다.

她找别人代考。
Tā zhǎo biérén dàikǎo.
타 자오 비에런 따이카오

别人 biérén이라고 읽으면, '(나 또는 특정한 사람 이외의) 다른 사람'이라는 뜻이고, biéren이라고 읽으면 '(일반적인) 남, 타인'이라는 의미가 됩니다.

\# 그의 고백에 따르면, 그는 시험볼 때 커닝했다.

据他自己交代，他考试时作了弊。
Jù tā zìjǐ jiāodài, tā kǎoshì shí zuò le bì.
쥐 타 쯔지 쟈오따이, 타 카오스 스 쭈어 러 삐

성적표

\# 그는 물리가 낙제였다.

他物理考砸了。

Tā wùlǐ kǎozá le.

타 우리 카오짜 러

\# 수학 시험이 낙제야, 잘해야 C를 받을 거야.

数学考试考砸了，最多也就是能得个C。

Shùxué kǎoshì kǎozá le, zuì duō yě jiùshì néng dé ge C.

수쉬에 카오스 카오짜 러, 쭈이 뚜어 이에 지우스 넝 더 거 씨

\# 기말고사에서 좋은 성적을 받았다.

期末考试取得了好成绩。

Qīmò kǎoshì qǔdé le hǎo chéngjì.

치모 카오스 취더 러 하오 청지

\# 나는 시험에서 0점을 받았다.

我考了个零蛋。

Wǒ kǎo le ge língdàn.

워 카오 러 거 링딴

\# 나는 시험에서 만점을 받았다.

我得了满分。

Wǒ dé le mǎnfèn.

워 더 러 만펀

• 砸 zá 망치다, 실패하다

우수한 성적

\# 그는 학교에서 성적이 뛰어나다.

他在学校成绩拔尖。

Tā zài xuéxiào chéngjì bájiān.

타 짜이 쉬에샤오 청지 바지엔

\# 그는 성적이 우수해서, 칭찬받았다.

他成绩优异，受到了表扬。

Tā chéngjì yōuyì, shòudào le biǎoyáng.

타 청지 여우이, 서우따오 러 뱌오양

\# 내 성적은 중간 이상이다.

我的成绩中等偏上。

Wǒ de chéngjì zhōngděng piānshàng.

워 더 청지 중덩 피엔상

\# 그는 좋은 성적을 받기 위해, 노력을 많이 했다.

他为了得到优异的成绩，付出了很多的努力。

Tā wèile dédào yōuyì de chéngjì, fùchū le hěn duō de nǔlì.

타 웨이러 더따오 여우이 더 청지, 푸추 러 헌 뚜어 더 누리

\# 이번 학기에 내 수학 성적은 향상되었다.

这个学期我的数学成绩进步了。

Zhè ge xuéqī wǒ de shùxué chéngjì jìnbù le.

저 거 쉬에치 워 더 수쉬에 청지 진뿌 러

• 拔尖 bájiān 뛰어나다, 출중하다

나쁜 성적

성적이 상상한 것보다 나빴다.

成绩比想象的要糟。
Chéngjì bǐ xiǎngxiàngde yào zāo.
청지 비 시앙시앙더 야오 짜오

그는 성적이 너무 떨어져서 대학에서 잘렸다.

他因成绩太差被大学开除了。
Tā yīn chéngjì tài chà bèi dàxué kāichú le.
타 인 청지 타이 차 뻬이 따쉬에 카이추 러

최근 우리 학교 등급이 떨어지고 있다.

最近我们学校的等级在下降。
Zuìjìn wǒmen xuéxiào de děngjí zài xiàjiàng.
쭈이진 워먼 쉬에샤오 더 덩지 짜이 시아지앙

비록 성적은 망쳤지만, 간신히 통과했다.

虽然成绩很糟糕，但是勉强通过了。
Suīrán chéngjì hěn zāogāo, dànshì miǎnqiǎng tōngguò le.
쑤이란 청지 헌 짜오까오, 딴스 미엔치앙 통꾸어 러

그녀는 이번 학기 성적이 좋지 않다.

她这个学期的成绩不好。
Tā zhè ge xuéqī de chéngjì bù hǎo.
타 저 거 쉬에치 더 청지 뿌 하오

방학 전

곧 여름 방학이다.

快放暑假了。
Kuài fàng shǔjià le.
콰이 팡 수지아 러

방학이 언제 시작해요?

假期什么时候开始?
Jiàqī shénme shíhou kāishǐ?
지아치 선머 스허우 카이스?

그들은 방학이 오기를 기다리고 있다.

他们等待着假期的到来。
Tāmen děngdàizhe jiàqī de dàolái.
타먼 덩따이저 지아치 더 따오라이

시험이 끝났어, 방학이야.

考完试了，就放假了。
Kǎowán shì le, jiù fàngjià le.
카오완 스 러, 지우 팡지아 러

방학 때 나는 기숙사에 머문다.

假期时我留在宿舍。
Jiàqī shí wǒ liú zài sùshè.
지아치 스 워 리우 짜이 쑤서

중국은 각 지역에서 모인 지방 출신 학생들이 많아서 대부분 기숙사 생활을 합니다.

방학 기대 & 계획

방학했으니, 여행 가자.

放假了，去旅行吧。
Fàngjià le, qù lǚxíng ba.
팡지아 러, 취 뤼싱 바

여름 방학에 너는 뭘 할 거니?

暑假你打算做什么?
Shǔjià nǐ dǎsuan zuò shénme?
수지아 니 다쑤안 쭈어 선머?

그들은 방학하면 유럽으로 여행 가려고 한다.

他们放假的时候要去欧洲旅行。
Tāmen fàngjià de shíhou yào qù Ōuzhōu lǚxíng.
타먼 팡지아 더 스허우 야오 취 어우저우 뤼싱

겨울 방학하면 나는 스키장에 갈 것이다.

放寒假以后我要去滑雪场。
Fàng hánjià yǐhòu wǒ yào qù huáxuěchǎng.
팡 한지아 이허우 워 야오 취 후아쉬에창

여름 방학에 할머니 댁에 갈 거야.

暑假我要去奶奶的家。
Shǔjià wǒ yào qù nǎinai de jiā.
수지아 워 야오 취 나이나이 더 지아

방학 후

방학이 끝났다.

假期结束了。
Jiàqī jiéshù le.
지아치 지에수 러

겨울 방학 잘 보냈어요?

寒假过得好吗?
Hánjià guò de hǎo ma?
한지아 꾸어 더 하오 마?

그녀는 방학을 즐겁게 보냈다.

她度过了愉快的假期。
Tā dùguò le yúkuài de jiàqī.
타 뚜꾸어 러 위콰이 더 지아치

그녀는 여름 방학 때 피부가 까맣게 탔다.

她暑假时皮肤都晒黑了。
Tā shǔjià shí pífū dōu shàihēi le.
타 수지아 스 피푸 떠우 사이헤이 러

나는 여름 방학 때 내내 텔레비전만 보고, 아무것도 안 했다.

我在暑假里一直看电视，什么也没做。
Wǒ zài shǔjiàli yìzhí kàn diànshì, shénme yě méi zuò.
워 짜이 수지아리 이즈 칸 띠엔스, 선머 이에 메이 쭈어

소풍 ①

우리 산에 가서 놀자!

我们去山里玩吧!
Wǒmen qù shānli wán ba!
워먼 취 산리 완 바!

내일 소풍 간다!

明天去郊游!
Míngtiān qù jiāoyóu!
밍티엔 취 쟈오여우!

소풍 가면 분명히 재미있을 거야.

去郊游的话肯定很有意思。
Qù jiāoyóu dehuà kěndìng hěn yǒu yìsi.
취 쟈오여우 더후아 컨띵 헌 여우 이쓰

그들은 소풍 가기로 계획했다.

他们计划去郊游。
Tāmen jìhuà qù jiāoyóu.
타먼 지후아 취 쟈오여우

다음 주에 학교에 소풍이 있다.

下个星期学校有郊游活动。
Xià ge xīngqī xuéxiào yǒu jiāoyóu huódòng.
시아 거 싱치 쉬에샤오 여우 쟈오여우 후어뚱

소풍 ②

소풍 어디로 가니?

郊游去哪里?
Jiāoyóu qù nǎli?
쟈오여우 취 나리?

나는 이번 소풍이 기대돼.

我期待这次郊游。
Wǒ qīdài zhècì jiāoyóu.
워 치따이 저츠 쟈오여우

비가 와서, 소풍은 망쳤다.

因为下雨，所以郊游泡汤了。
Yīnwèi xiàyǔ, suǒyǐ jiāoyóu pàotāng le.
인웨이 시아위, 쑤어이 쟈오여우 파오탕 러

날씨가 안 좋아서, 소풍이 취소됐다.

天气不好，郊游取消了。
Tiānqì bù hǎo, jiāoyóu qǔxiāo le.
티엔치 뿌 하오, 쟈오여우 취샤오 러

소풍에서 돌아가기 전에, 치울 것들은 잘 치워야 한다.

郊游回去之前，该整理的要整理好。
Jiāoyóu huíqu zhīqián, gāi zhěnglǐde yào zhěnglǐhǎo.
쟈오여우 후이취 즈치엔, 까이 정리더 야오 정리하오

• 泡汤 pàotāng 수포로 돌아가다

운동회 ①

우리 반 학생들은 운동회에서 승리하기 위해, 굉장히 단결했다.

我们班的同学们为了运动会的胜利，非常团结。

Wǒmen bān de tóngxuémen wèile yùndònghuì de shènglì, fēicháng tuánjié.

워먼 빤 더 퉁쉬에먼 웨이러 윈뚱후이 더 성리, 페이창 투안지에

우리는 운동회 날 파란색 셔츠를 입기로 정했다.

我们决定运动会那天穿蓝色的衬衫。

Wǒmen juédìng yùndònghuì nàtiān chuān lánsè de chènshān.

워먼 쥐에띵 윈뚱후이 나티엔 추안 란써 더 천산

다음 주에 학교에서 운동회가 열린다.

下个星期学校举行运动会。

Xià ge xīngqī xuéxiào jǔxíng yùndònghuì.

시아 거 싱치 쉬에샤오 쥐싱 윈뚱후이

비가 와서 운동회가 엉망이 되었다.

因为下雨运动会开得一团糟。

Yīnwèi xiàyǔ yùndònghuì kāi de yìtuánzāo.

인웨이 시아위 윈뚱후이 카이 더 이투안짜오

4월 5일에 운동회가 열린다.

四月五号举行运动会。

Sì yuè wǔ hào jǔxíng yùndònghuì.

쓰 위에 우 하오 쥐싱 윈뚱후이

운동회 ②

내일, 우리는 운동회를 위해 연습할 거야.

明天，我们要为了这次运动会练习一下。

Míngtiān, wǒmen yào wèile zhècì yùndònghuì liànxí yíxià.

밍티엔, 워먼 야오 웨이러 저츠 윈뚱후이 리엔시 이시아

내일이 바로 우리가 오랫동안 기다리던 운동회야.

明天就是我们期待已久的运动会。

Míngtiān jiùshì wǒmen qīdài yǐ jiǔ de yùndònghuì.

밍티엔 지우스 워먼 치따이 이 지우 더 윈뚱후이

계주는 운동회에서 인기가 많은 종목이야.

赛跑就是很热门的运动会项目。

Sàipǎo jiùshì hěn rèmén de yùndònghuì xiàngmù.

싸이파오 지우스 헌 러먼 더 윈뚱후이 시앙무

운동회에서, 그를 당할 사람이 없다.

在运动会上，没有人比得上他。

Zài yùndònghuìshang, méiyǒu rén bǐdeshàng tā.

짜이 윈뚱후이상, 메이여우 런 비더상 타

이번 운동회는 인기가 많았다.

这次运动会很受大家的欢迎。

Zhècì yùndònghuì hěn shòu dàjiā de huānyíng.

저츠 윈뚱후이 헌 서우 따지아 더 후안잉

Chapter 09

직장인이 봉이냐!

Chapter 09

Unit 1 출·퇴근

Unit 2 업무

Unit 3 회사 생활

Unit 4 회의

Unit 5 비즈니스

Unit 6 사직&구직

公司 Gōngsī 꿍쓰 **회사**

公司 gōngsī 꿍쓰
명 회사, 직장

岗位 gǎngwèi 강웨이
명 직장, 근무처

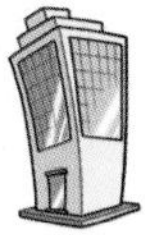

工作 gōngzuò 꿍쭈어
명 일, 직업 동 일하다

开工 kāigōng 카이꿍
동 일을 시작하다

停工 tínggōng 팅꿍
동 일을 멈추다

办公室 bàngōngshì 빤꿍스
명 사무실

业务 yèwù 이에우
명 업무

上班 shàngbān 상빤
동 출근하다

会议 huìyì 후이이
명 회의

下班 xiàbān 시아빤
동 퇴근하다

加班 jiābān 지아빤
동 초과 근무를 하다, 잔업하다

升职 shēngzhí 성즈
동 승진하다

出差 chūchāi 추차이
동 출장 가다

部门 bùmen 뿌먼
명 부, 부서

总务部 zǒngwùbù 쭝우뿌
명 총무부

人事部 rénshìbù 런스뿌
명 인사부

营业部 yíngyèbù 잉이에뿌
명 영업부

工资和假期 Gōngzī hé jiàqī 꿍쯔 허 지아치 급여와 휴가

MP3. Word_C09_02

工资 gōngzī 꿍쯔
명 임금, 노임

薪水 xīnshuǐ 신수이
명 봉급, 급여

月薪 yuèxīn 위에신
= 月工资 yuègōngzī 위에꿍쯔
명 월급

年薪 niánxīn 니엔신
명 연봉

津贴 jīntiē 진티에
= 补贴 bǔtiē 부티에
명 수당

奖金 jiǎngjīn 지앙진
명 상여금, 보너스

加薪 jiāxīn 지아신
동 임금이 오르다

减薪 jiǎnxīn 지엔신
동 감봉하다

假期 jiàqī 지아치
명 휴가

休假 xiūjià 시우시아
= 度假 dùjià 뚜지아
동 휴가를 보내다

病假 bìngjià 삥지아
명 병가

产假 chǎnjià 찬지아
(여성의) 출산 휴가

陪产假 péichǎnjià 페이찬지아
(남성의) 출산 휴가

求职 Qiúzhí 치우즈 구직

MP3. Word_C09_03

求职 qiúzhí 치우즈
동 구직하다

申请 shēnqǐng 선칭
동 신청하다

应聘 yìngpìn 잉핀
동 지원하다

雇佣 gùyòng 꾸융
동 고용하다

招聘 zhāopìn 자오핀
동 모집하다

面试 miànshì 미엔스
명 면접시험
동 면접시험 보다

简历 jiǎnlì 지엔리
명 이력서

简介 jiǎnjiè 지엔지에
명 간단한 소개서
동 간단하게 소개하다

学历 xuélì 쉬에리
명 학력

职业生涯
zhíyè shēngyá 즈이에 성야
직업 경력

출근 ①

\# 나는 8시에 출근한다.

我八点上班。
Wǒ bā diǎn shàngbān.
워 빠 디엔 상빤

\# 그는 제시간에 출근한다.

他准时上班。
Tā zhǔnshí shàngbān.
타 준스 상빤

\# 내일 30분 당겨서 출근하는 게 좋겠어요.

明天最好提前30分钟上班。
Míngtiān zuìhǎo tíqián sānshí fēnzhōng shàngbān.
밍티엔 쭈이하오 티치엔 싼스 펀중 상빤

\# 왕밍은 매일 일찍 출근한다.

王明每天提前上班。
Wáng Míng měitiān tíqián shàngbān.
왕 밍 메이티엔 티치엔 상빤

\# 출근하는 중입니까?

你在上班路上吗?
Nǐ zài shàngbān lùshàng ma?
니 짜이 상빤 루상 마?

출근 ②

\# 당신은 어떻게 출근합니까?

你怎么上班?
Nǐ zěnme shàngbān?
니 쩐머 상빤?

\# 나는 동료와 카풀해요.

我和同事拼车。
Wǒ hé tóngshì pīnchē.
워 허 퉁스 핀처

\# 나는 정장을 입고 출근한다.

我穿正装上班。
Wǒ chuān zhèngzhuāng shàngbān.
워 추안 정주앙 상빤

\# 취직한 거 축하해요, 언제 출근해요?

恭喜你找到工作了，什么时候开始上班呢?
Gōngxǐ nǐ zhǎodào gōngzuò le, shénme shíhou kāishǐ shàngbān ne?
꽁시 니 자오따오 꿍쭈어 러, 선머 스허우 카이스 상빤 너?

\# 늦게 와서 죄송해요, 출근하는 길에 버스가 고장 났어요.

很抱歉来晚了，上班路上公车出故障了。
Hěn bàoqiàn láiwǎn le, shàngbān lùshàng gōngchē chū gùzhàng le.
헌 빠오치엔 라이완 러, 상빤 루상 꿍처 추 꾸장 러

출근 ③

리빙은 언제 출근하는지 알려 주세요.

请告诉我李冰何时上班。
Qǐng gàosu wǒ Lǐ Bīng héshí shàngbān.
칭 까오쑤 워 리 삥 허스 상빤

왜 제시간에 출근할 수 없는 거죠?

为什么不能准时上班呢?
Wèi shénme bùnéng zhǔnshí shàngbān ne?
웨이 선머 뿌넝 준스 상빤 너?

오늘 출근하지 못할 거 같아요.

今天好像不能去上班了。
Jīntiān hǎoxiàng bùnéng qù shàngbān le.
진티엔 하오시앙 뿌넝 취 상빤 러

주말에는 출근하지 않아요.

周末不上班。
Zhōumò bú shàngbān.
저우모 부 상빤

내일 한 시간 늦게 출근해도 될까요?

我明天上班能晚一个小时吗?
Wǒ míngtiān shàngbān néng wǎn yí ge xiǎoshí ma?
워 밍티엔 상빤 넝 완 이 거 샤오스 마?

꼭! 짚고 가기

부녀자의 날

중국에는 3월 8일을 '부녀자의 날'이라 하여, 여성 근로자를 위한 날이 있습니다. 이는 UN 여성 권익과 국제 평화의 날에 맞추어 지정한 날로, 国际妇女节(Guójì fùnǚjié 구어지 푸뉘지에), 三八节(Sānbājié 싼빠지에), 三八妇女节(Sānbā fùnǚjié 싼빠 푸뉘지에) 등으로 부릅니다.

1857년 3월 8일 미국 뉴욕의 방직 공장에서 일어난 비인도적 환경과 낮은 임금에 대한 항의에서 비롯되었으며 그 후 여러 차례 관련된 시위가 이어졌고, 1909년 3월 8일 미국 시카고에서 있었던 남녀 평등 시위 집회에서 발전되어, 1911년 정식으로 '부녀자의 날'이 지정되었습니다. 우리나라에서는 따로 쉬지 않지만 현재 중국을 비롯한 여러 나라에서 기념하는 날입니다.

중국은 1922년에 '부녀자의 날'을 공식 기념일로 지정했고, 부녀자들은 반나절을 휴가로 쉴 수 있도록 정했습니다. 축하 행사 등에 참여하기 위해 근무를 하지 않아도 급여는 지급됩니다. 만약 토요일이나 일요일과 겹치면 대체하여 쉬지는 않지만, 시간 외의 업무로 간주하여 휴가 수당을 지급합니다.

퇴근 ①

\# 당신은 몇 시에 퇴근할 수 있어요?

你觉得几点能下班?
Nǐ juéde jǐ diǎn néng xiàbān?
니 쥐에더 지 디엔 넝 시아빤?

\# 언제 퇴근해요?

什么时候下班?
Shénme shíhou xiàbān?
선머 스허우 시아빤?

\# 나는 7시 정각에 퇴근해요.

我七点整下班。
Wǒ qī diǎn zhěng xiàbān.
워 치 디엔 정 시아빤

\# 그는 10시가 넘어서야 퇴근한다.

他十点多才下班。
Tā shí diǎn duō cái xiàbān.
타 스 디엔 뚜어 차이 시아빤

\# 그녀는 막 퇴근했다.

她刚才下班了。
Tā gāngcái xiàbān le.
타 깡차이 시아빤 러

\# 그는 정시에 퇴근한다.

他准点下班。
Tā zhǔndiǎn xiàbān.
타 준디엔 시아빤

퇴근 ②

\# 무슨 일이 없으면 저는 퇴근합니다.

没有什么事的话我下班了。
Méiyǒu shénme shì dehuà wǒ xiàbān le.
메이여우 선머 스 더후아 워 시아빤 러

\# 네, 퇴근하고 봐요.

好，下班后见。
Hǎo, xiàbān hòu jiàn.
하오, 시아빤 허우 지엔

\# 퇴근하고 한잔 어때요?

下班后喝一杯怎么样?
Xiàbān hòu hē yì bēi zěnmeyàng?
시아빤 허우 허 이 뻬이 쩐머양?

\# 퇴근하고 종종 술 마시러 가요?

下班后常去喝酒吗?
Xiàbān hòu cháng qù hē jiǔ ma?
시아빤 허우 창 취 허 지우 마?

\# 좀 배고픈데, 퇴근하고 우리 먼저 간단하게 좀 먹자.

有点饿，下班后我们先简单吃点。
Yǒudiǎn è, xiàbān hòu wǒmen xiān jiǎndān chī diǎn.
여우디엔 어, 시아빤 허우 워먼 시엔 지엔딴 츠 디엔

조퇴

\# 오늘 조금 일찍 퇴근하면 어때요?

今天早点下班怎么样?
Jīntiān zǎo diǎn xiàbān zěnmeyàng?
진티엔 짜오 디엔 시아빤 쩐머양?

\# 리둥은 일찍 퇴근했다.

李东早早就下班了。
Lǐ Dōng zǎozǎo jiù xiàbān le.
리 뚱 짜오짜오 지우 시아빤 러

\# 어제 리리는 한 시간 앞당겨서 퇴근했다.

昨天李丽提前一个小时下班的。
Zuótiān Lǐ Lì tíqián yí ge xiǎoshí xiàbānde.
쭈어티엔 리 리 티치엔 이 거 샤오스 시아빤더

\# 어제 몸이 별로 안 좋아서 조퇴했다.

昨天身体不舒服，所以早退了。
Zuótiān shēntǐ bù shūfu, suǒyǐ zǎotuì le.
쭈어티엔 선티 뿌 수푸, 쑤어이 짜오투이 러

\# 조퇴하면 감봉될 것이다.

早退会减薪的。
Zǎotuì huì jiǎnxīn de.
짜오투이 후이 지엔신 더

Unit 2 업무 MP3. C09_U02

담당 업무 ①

\# 당신은 어느 부서에서 일하세요?

你在什么部门工作?
Nǐ zài shénme bùmen gōngzuò?
니 짜이 선머 뿌먼 꿍쭈어?

\# 당신은 담당하는 업무가 뭐예요?

你负责的是什么工作?
Nǐ fùzéde shì shénme gōngzuò?
니 푸쩌더 스 선머 꿍쭈어?

\# 저는 마케팅을 담당합니다.

我负责市场营销。
Wǒ fùzé shìchǎng yíngxiāo.
워 푸쩌 스창 잉샤오

\# 저는 영업을 담당합니다.

我负责销售。
Wǒ fùzé xiāoshòu.
워 푸쩌 샤오서우

\# 저는 왕밍과 함께 일합니다.

我和王明一起工作。
Wǒ hé Wáng Míng yìqǐ gōngzuò.
워 허 왕 밍 이치 꿍쭈어

\# 저는 주임입니다.

我是主任。
Wǒ shì zhǔrèn.
워 스 주런

主任은 우리나라의 '주임'과 달리 중간 관리자급에 해당하는 상위 직급입니다.

담당 업무 ②

\# 당신은 어떤 방면의 업무 경력이 있나요?

你有哪方面的工作经验?
Nǐ yǒu nǎ fāngmiàn de gōngzuò jīngyàn?
니 여우 나 팡미엔 더 꿍쭈어 징이엔?

\# 그는 업무 능력도 뛰어나고, 인간관계도 좋다.

他工作能力很强，人际关系也很好。
Tā gōngzuò nénglì hěn qiáng, rénjì guānxi yě hěn hǎo.
타 꿍쭈어 넝리 헌 치앙, 런지 꾸안시 이에 헌 하오

\# 이 일은 그가 감당할 수 없다.

这个工作他担不起来。
Zhè ge gōngzuò tā dānbuqǐlai.
저 거 꿍쭈어 타 딴부치라이

\# 제가 바로 이 일을 담당합니다.

这个工作由我来担当。
Zhè ge gōngzuò yóu wǒ lái dāndāng.
저 거 꿍쭈어 여우 워 라이 딴땅

\# 누가 회계 업무를 담당하나요?

谁担任会计业务?
Shéi dānrèn kuàijì yèwù?
세이 딴런 콰이지 이에우?

바쁜 업무 ①

\# 나는 열심히 일한다.

我拼命工作。
Wǒ pīnmìng gōngzuò.
워 핀밍 꿍쭈어

\# 요즘 잠자는 것 빼고는 그저 일한다.

最近我除了睡觉就是工作。
Zuìjìn wǒ chúle shuìjiào jiùshì gōngzuò.
쭈이진 워 추러 수이쟈오 지우스 꿍쭈어

\# 요즘 일이 바쁘다.

最近工作繁忙。
Zuìjìn gōngzuò fánmáng.
쭈이진 꿍쭈어 판망

\# 오늘 일정이 빠듯한 편이다.

今天日程比较紧张。
Jīntiān rìchéng bǐjiào jǐnzhāng.
진티엔 르청 비쟈오 진장

\# 저는 바빠서 밤을 샐 거예요.

我要忙一个通宵。
Wǒ yào máng yí ge tōngxiāo.
워 야오 망 이 거 통샤오

\# 요즘 일손이 부족해요.

最近人手不够。
Zuìjìn rénshǒu búgòu.
쭈이진 런서우 부꺼우

- 通宵 tōngxiāo 밤새도록

바쁜 업무 ②

\# 할 업무가 산더미처럼 쌓였다.

要做的工作堆积如山。

Yào zuò de gōngzuò duījīrúshān.

야오 쭈어 더 꿍쭈어 뚜이지루산

\# 오늘 끝내야 할 일이 아직 많다.

今天要做的工作还很多。

Jīntiān yào zuò de gōngzuò hái hěn duō.

진티엔 야오 쭈어 더 꿍쭈어 하이 헌 뚜어

\# 나는 기한 안에 다 할 방법이 없어요.

我在期限内无法完成。

Wǒ zài qīxiàn nèi wúfǎ wánchéng.

워 짜이 치시엔 네이 우파 완청

\# 그녀는 산더미 같은 서류 업무를 겨우 다 했다.

她才做完了大堆的文件工作。

Tā cái zuòwán le dàduī de wénjiàn gōngzuò.

타 짜이 쭈어완 러 따뚜이 더 원지엔 꿍쭈어

\# 천웨이는 과도한 업무 때문에 피곤해 죽을 지경이다.

陈伟因为过度的工作快要累死了。

Chén Wěi yīnwèi guòdù de gōngzuò kuàiyào lèisǐ le.

천 웨이 인웨이 꾸어뚜 더 꿍쭈어 콰이야오 레이쓰 러

업무 지시 ①

\# 돌아가서 네 일을 해라.

回去做你的工作。

Huíqu zuò nǐ de gōngzuò.

후이취 쭈어 니 더 꿍쭈어

\# 일 처리를 잘하세요.

好好儿工作。

Hǎohāor gōngzuò.

하오하올 꿍쭈어

\# 오늘 프레젠테이션 준비 다 됐어요?

你准备好今天的PPT演示稿了吗?

Nǐ zhǔnbèihǎo jīntiān de PPT yǎnshìgǎo le ma?

니 준뻬이하오 진티엔 더 피피티 이옌스가오 러 마?

\# 새 프로젝트는 어떻게 진행되고 있나요?

新项目进行得怎么样了?

Xīn xiàngmù jìnxíng de zěnmeyàng le?

신 시앙무 진싱 더 쩐머양 러?

\# 이 프로젝트는 잘 진행되고 있겠죠.

这个项目进行得顺利吧。

Zhè ge xiàngmù jìnxíng de shùnlì ba.

저 거 시앙무 진싱 더 순리 바

업무 지시 ②

\# 서류를 제출해 주세요.

请提交文件。
Qǐng tíjiāo wénjiàn.
칭 티쟈오 원지엔

\# 시장 조사 결과를 내 책상에 놔줘요.

请把市场调查的结果放在我的桌子上。
Qǐng bǎ shìchǎng diàochá de jiéguǒ fàng zài wǒ de zhuōzishang.
칭 바 스창 땨오차 더 지에구어 팡 짜이 워 더 주어쯔상

\# 서류를 정리해 주세요.

请把文件整理好。
Qǐng bǎ wénjiàn zhěnglǐhǎo.
칭 바 원지엔 정리하오

\# 오늘 이 보고서를 다 마치세요.

今天做完这个报告吧。
Jīntiān zuòwán zhè ge bàogào ba.
진티엔 쭈어완 저 거 빠오까오 바

\# 다섯 장 복사해 줄 수 있어요?

可以给我复印五张吗?
Kěyǐ gěi wǒ fùyìn wǔ zhāng ma?
커이 게이 워 푸인 우 장 마?

• 调查 diàochá 조사하다

업무 진행

\# 언제 필요하시죠?

您何时需要?
Nín héshí xūyào?
닌 허스 쉬야오?

\# 바로 시작하겠습니다.

我马上开始。
Wǒ mǎshàng kāishǐ.
워 마상 카이스

\# 문제없습니다.

没问题。
Méi wèntí.
메이 원티

\# 잘되어 가고 있습니다.

进展顺利。
Jìnzhǎn shùnlì.
진잔 순리

\# 최선을 다하겠습니다.

我会竭尽全力的。
Wǒ huì jiéjìnquánlì de.
워 후이 지에진취엔리 더

• 进展 jìnzhǎn 진행하다, 진척하다
• 竭尽全力 jiéjìnquánlì 모든 힘을 다 기울이다

업무 기타

\# 그는 업무차 충칭에 있습니다.

他在重庆有业务。
Tā zài Chóngqìng yǒu yèwù.
타 짜이 충칭 여우 이에우

\# 나는 외지로 출장을 갈 것이다.

我要到外地出差。
Wǒ yào dào wàidì chūchāi.
워 야오 따오 와이띠 추차이

\# 그는 업무 때문에 출장 중이라, 제가 그 대신 업무를 합니다.

他因为业务原因在出差，我给他代班。
Tā yīnwèi yèwù yuányīn zài chūchāi, wǒ gěi tā dàibān.
타 인웨이 이에우 위엔인 짜이 추차이, 워 게이 타 따이빤

\# 나중에 전화할게, 지금 일하는 중이야.

以后给你回电话，现在在工作。
Yǐhòu gěi nǐ huí diànhuà, xiànzài zài gōngzuò.
이허우 게이 니 후이 띠엔후아, 시엔짜이 짜이 꿍쭈어

\# 이 분은 마케팅을 담당하는 과장님이십니다.

这位是负责市场营销的科长。
Zhè wèi shì fùzé shìchǎng yíngxiāo de kēzhǎng.
저 웨이 스 푸쩌 스창 잉샤오 더 커장

근무 조건

\# 토요일에는 일하지 않는다.

周六不工作。
Zhōuliù bù gōngzuò.
저우리우 뿌 꿍쭈어

\# 매주 5일 일한다.

每周工作五天。
Měi zhōu gōngzuò wǔ tiān.
메이 저우 꿍쭈어 우 티엔

\# 격주로 토요일에 일한다.

隔周周六工作。
Gé zhōu zhōuliù gōngzuò.
거 저우 저우리우 꿍쭈어

\# 사무실에서는 정장을 입어야 한다.

在办公室要穿正装。
Zài bàngōngshì yào chuān zhèngzhuāng.
짜이 빤꿍스 야오 추안 정주앙

\# 업무 시간은 자유로운 편이다.

工作时间比较自由。
Gōngzuò shíjiān bǐjiào zìyóu.
꿍쭈어 스지엔 비쟈오 쯔여우

\# 우리는 3교대라서, 8시간마다 교대로 출근한다.

我们是三班倒，每班上八个小时。
Wǒmen shì sānbāndǎo, měi bān shàng bā ge xiǎoshí.
워먼 스 싼빤다오, 메이 빤 상 빠 거 샤오스

회식

\# 자주 회식하나요?

你们常常聚餐吗?
Nǐmen chángcháng jùcān ma?
니먼 창창 쥐찬 마?

\# 지난주에 당신은 그들과 회식했어요?

上周你和他们聚餐了吗?
Shàngzhōu nǐ hé tāmen jùcān le ma?
상저우 니 허 타먼 쥐찬 러 마?

\# 오늘 저녁에 회식이 있다.

今晚有聚餐。
Jīnwǎn yǒu jùcān.
진완 여우 쥐찬

\# 저녁에 식사하면서 이야기하자.

晚上边吃饭边说吧。
Wǎnshang biān chīfàn biān shuō ba.
완상 삐엔 츠판 삐엔 수어 바

\# 무더운 날 맥주 한잔 마시는 것만큼 시원한 게 없지.

闷热的天气没有比喝一杯啤酒更爽的事了。
Mènrè de tiānqì méiyǒu bǐ hē yì bēi píjiǔ gèng shuǎng de shì le.
먼러 더 티엔치 메이여우 비 허 이 뻬이 피지우 껑 수앙 더 스 러

\# 우리 함께 건배!

我们一起干杯!
Wǒmen yìqǐ gānbēi!
워먼 이치 깐뻬이!

급여 ①

\# 급여 나오는 날이 언제예요?

发工资是哪天?
Fā gōngzī shì nǎ tiān?
파 꿍쯔 스 나 티엔?

\# 매월 25일에 급여가 나온다.

每月25号发工资。
Měi yuè èrshíwǔ hào fā gōngzī.
메이 위에 얼스우 하오 파 꿍쯔

\# 내 월급은 정말 불쌍할 정도로 적다.

我的工资真是少得可怜。
Wǒ de gōngzī zhēnshì shǎo de kělián.
워 더 꿍쯔 전스 사오 더 커리엔

\# 이 급여로 살기에 빠듯한 편이다.

用这点工资过日子比较紧张。
Yòng zhè diǎn gōngzī guò rìzi bǐjiào jǐnzhāng.
융 저 디엔 꿍쯔 꾸어 르쯔 비쟈오 진장

\# 이 급여로 살기에 남는 돈이 없다.

用这点工资过日子没有余钱。
Yòng zhè diǎn gōngzī guò rìzi méiyǒu yúqián.
융 저 디엔 꿍쯔 꾸어 르쯔 메이여우 위치엔

\# 매달 급여를 받을 때 세금을 공제한다.

每月收到工资时都会扣税。
Měi yuè shōudào gōngzī shí dōu huì kòushuì.
메이 위에 서우따오 꿍쯔 스 떠우 후이 커우수이

급여 ②

어제 급여를 받아서, 주머니가 두둑하다.

昨天收到工资，荷包鼓鼓的。
Zuótiān shōudào gōngzī, hébāo gǔgǔde.
쭈어티엔 서우따오 꽁쯔, 허빠오 구구더

월급을 올려 달라고 하고 싶다.

我想要求加薪。
Wǒ xiǎng yāoqiú jiāxīn.
워 시앙 야오치우 지아신

월급을 올려 달라고 한 적 있어요?

你提出过加薪吗?
Nǐ tíchūguo jiāxīn ma?
니 티추구어 지아신 마?

이번 달에 월급이 올랐다.

这个月的薪水涨了。
Zhè ge yuè de xīnshuǐ zhǎng le.
저 거 위에 더 신수이 장 러

이번 달 월급이 이상한데, 어떻게 계산한 거지?

这个月的工资有点不对，怎么给我算的啊?
Zhè ge yuè de gōngzī yǒudiǎn búduì, zěnme gěi wǒ suàn de a?
저 거 위에 더 꽁쯔 여우디엔 부뚜이, 쩐머 게이 워 쑤안 더 아?

- 荷包 hébāo 호주머니
- 鼓鼓 gǔgǔ 불룩하다, 두둑하다

꼭! 짚고 가기

부서명 관련 어휘

- 总务部 zǒngwùbù 쭝우뿌 총무부
- 财务部 cáiwùbù 차이우뿌 경리부, 재무부
- 人事部 rénshìbù 런스뿌 인사부
- 营业部 yíngyèbù 잉이에뿌 영업부
- 营销部 yíngxiāobù 잉샤오뿌 마케팅부
- 公关部 gōngguānbù 꿍꾸안뿌 홍보부
- 研究开发部 yánjiūkāifābù 이엔지우카이파뿌 = 研发部 yánfābù 이엔파뿌 연구개발부
- 生产部 shēngchǎnbù 성찬뿌 생산부
- 采购部 cǎigòubù 차이꺼우뿌 구매부
- 装运部 zhuāngyùnbù 주앙윈뿌 배송부
- 客户服务部 kèhùfúwùbù 커후푸우뿌 = 客服部 kèfúbù 커푸뿌 고객 서비스부
- 编辑部 biānjíbù 삐엔지뿌 편집부
- 设计部 shèjìbù 서지뿌 디자인부

수당

\# 잔업 수당 있어요?

有加班补助吗?

Yǒu jiābān bǔzhù ma?

여우 지아빤 부주 마?

\# 초과 근무를 하면 보너스가 있다.

超时工作的话有奖金。

Chāoshí gōngzuò dehuà yǒu jiǎngjīn.

차오스 꿍쭈어 더후아 여우 지앙진

\# 야근을 했는데 잔업 수당을 받지 못했다.

加了夜班却没有收到加班补助。

Jiā le yèbān què méiyǒu shōudào jiābān bǔzhù.

지아 러 이에빤 취에 메이여우 서우따오 지아빤 부주

\# 나는 실업 수당을 신청했다.

我申请了失业补助。

Wǒ shēnqǐng le shīyè bǔzhù.

워 선칭 러 스이에 부주

我申请了失业金。

Wǒ shēnqǐng le shīyèjīn.

워 선칭 러 스이에진

\# 그는 실업 수당을 받았다.

他收到了失业补助。

Tā shōudào le shīyè bǔzhù.

타 서우따오 러 스이에 부주

他收到了失业金。

Tā shōudào le shīyèjīn.

타 서우따오 러 스이에진

상여금

\# 나는 일 년에 다섯 번 상여금을 받는다.

我一年发五次奖金。

Wǒ yì nián fā wǔ cì jiǎngjīn.

워 이 니엔 파 우 츠 지앙진

\# 상여금을 어떻게 쓸 거예요?

奖金你打算怎么花?

Jiǎngjīn nǐ dǎsuan zěnme huā?

지앙진 니 다쑤안 쩐머 후아?

\# 수익이 좋아야 상여금이 나온다.

收益好才会发奖金。

Shōuyì hǎo cái huì fā jiǎngjīn.

서우이 하오 차이 후이 파 지앙진

\# 그는 특별 상여금을 받았다.

他收到了特别奖金。

Tā shōudào le tèbié jiǎngjīn.

타 서우따오 러 터비에 지앙진

\# 사장님이 인색해서, 상여금을 절대 안 줄 거야.

老板特别小气，绝对不会发奖金的。

Lǎobǎn tèbié xiǎoqì, juéduì búhuì fā jiǎngjīn de.

라오반 터비에 샤오치, 쥐에뚜이 부후이 파 지앙진 더

老板是铁公鸡，绝对不会发奖金的。

Lǎobǎn shì tiěgōngjī, juéduì búhuì fā jiǎngjīn de.

라오반 스 티에꿍지, 쥐에뚜이 부후이 파 지앙진 더

출장

\# 다음 주에 출장을 갑니다.

下周要出差。
Xiàzhōu yào chūchāi.
시아저우 야오 추차이

\# 베이징으로 당일치기 출장을 간다.

去北京出差当天去当天回。
Qù Běijīng chūchāi dāngtiān qù dāngtiān huí.
취 베이징 추차이 땅티엔 취 땅티엔 후이

\# 한 달 동안 해외로 출장을 갔다.

去国外出差了一个月。
Qù guówài chūchāi le yí ge yuè.
취 구어와이 추차이 러 이 거 위에

\# 그것도 출장 경비로 청구할 수 있어요?

那个也能算做出差费报销吗?
Nàge yě néng suàn zuò chūchāifèi bàoxiāo ma?
나거 이에 넝 쑤안 쭈어 추차이페이 빠오샤오 마?

\# 이번 유럽으로 출장 간 것은 어땠어요?

这次去欧洲出差怎么样?
Zhècì qù Ōuzhōu chūchāi zěnmeyàng?
저츠 취 어우저우 추차이 쩐머양?

- 报销 bàoxiāo 청구하다

스트레스 & 불만

\# 나는 업무로 받는 스트레스가 가장 크다.

我工作受到的压力最大。
Wǒ gōngzuò shòudào de yālì zuì dà.
워 꿍쭈어 서우따오 더 야리 쭈이 따

\# 당신은 어떻게 스트레스를 풀어요?

你怎样缓解压力呢?
Nǐ zěnyàng huǎnjiě yālì ne?
니 쩐양 후안지에 야리 너?

\# 이 스트레스는 내 건강에 영향을 끼친다.

这些压力影响着我的健康。
Zhèxiē yālì yǐngxiǎngzhe wǒ de jiànkāng.
저시에 야리 잉시앙저 워 더 지엔캉

\# 나는 계속 이렇게 일할 수 없어요.

我不能这样工作下去。
Wǒ bùnéng zhèyàng gōngzuòxiàqu.
워 뿌넝 저양 꿍쭈어시아취

\# 나는 더 이상 참지 못하겠어요.

我再也忍不下去了。
Wǒ zàiyě rěnbuxiàqu le.
워 짜이이에 런부시아취 러

\# 이 일을 제가 다 해야 하나요?

这个工作我得都做完吗?
Zhè ge gōngzuò wǒ děi dōu zuòwán ma?
저 거 꿍쭈어 워 데이 떠우 쭈어완 마?

직장 동료

그와 함께 일하기에 어때요?

和他一起工作感觉如何?
Hé tā yìqǐ gōngzuò gǎnjué rúhé?
허 타 이치 꿍쭈어 간쥐에 루허?

그 사람은 낙하산으로 들어왔다.

那个人是走后门进来的。
Nà ge rén shì zǒuhòumén jìnlai de.
나 거 런 스 쩌우허우먼 진라이 더

그녀는 일하는 것이 항상 반 박자 늦다.

她做事总是慢半拍。
Tā zuòshì zǒngshì màn bànpāi.
타 쭈어스 쭝스 만 빤파이

그는 승부욕이 강하다.

他的好胜心很强。
Tā de hǎoshèngxīn hěn qiáng.
타 더 하오성신 헌 치앙

그녀는 일 중독자이다.

她是个工作狂。
Tā shì ge gōngzuòkuáng.
타 스 거 꿍쭈어쿠앙

- 走后门 zǒuhòumén
  연줄 따위로 입학하거나 취직하다
- 慢半拍 màn bànpāi 반박자 늦다
- 好胜 hǎoshèng 지려고 하지 않다
- 工作狂 gōngzuòkuáng 일 중독자, 워커홀릭

승진 ①

승진 축하해!

恭喜你升职了!
Gōngxǐ nǐ shēngzhí le!
꿍시 니 성즈 러!

당신은 승진해야 해요.

你应该升职。
Nǐ yīnggāi shēngzhí.
니 잉까이 성즈

당신은 이번에 승진할 수 있을 것 같아요?

你觉得这次你能升职吗?
Nǐ juéde zhècì nǐ néng shēngzhí ma?
니 쥐에더 저츠 니 넝 성즈 마?

왕리리는 열심히 일해서 승진했다.

王丽丽努力工作，所以升职了。
Wáng Lìlì nǔlì gōngzuò, suǒyǐ shēngzhí le.
왕 리리 누리 꿍쭈어, 쑤어이 성즈 러

그가 영업부 부장으로 승진했대요.

听说他升职做了营业部部长。
Tīngshuō tā shēngzhí zuò le yíngyèbù bùzhǎng.
팅수어 타 성즈 쭈어 러 잉이에뿌 뿌장

내년에 당신이 승진하기를 바랍니다.

希望你明年升职。
Xīwàng nǐ míngnián shēngzhí.
시왕 니 밍니엔 성즈

승진 ②

그는 승진한 지 1년이 안 됐다.

他升职不到一年。
Tā shēngzhí búdào yì nián.
타 성즈 부따오 이 니엔

그는 승진하기 위해 상사한테 아부한다.

他为了升职讨好上司。
Tā wèile shēngzhí tǎohǎo shàngsī.
타 웨이러 성즈 타오하오 상쓰

그는 이번 승진에서 나를 제외했다.

这次升职他把我排除在外。
Zhècì shēngzhí tā bǎ wǒ páichú zàiwài.
저츠 성즈 타 바 워 파이추 짜이와이

그는 승진하고 잘난 척한다.

他升职了，很骄傲。
Tā shēngzhí le, hěn jiāo'ào.
타 성즈 러, 헌 쟈오아오

리우후아밍이 승진했다는데, 들었어?

刘华明升职了，你听说了吗?
Liú Huámíng shēngzhí le, nǐ tīngshuō le ma?
리우 후아밍 성즈 러, 니 팅수어 러 마?

휴가 ①

리밍은 휴가 중입니다.

李明在休假。
Lǐ Míng zài xiūjià.
리 밍 짜이 시우지아

과장님은 휴가 중이신데요.

科长正在休假。
Kēzhǎng zhèngzài xiūjià.
커장 정짜이 시우지아

당신 휴가는 언제 끝나나요?

你休假什么时候结束?
Nǐ xiūjià shénme shíhou jiéshù?
니 시우지아 선머 스허우 지에수?

내일 휴가 낼 수 있을까요?

我能明天休假吗?
Wǒ néng míngtiān xiūjià ma?
워 넝 밍티엔 시우지아 마?

올해 휴가는 어떻게 짰어요?

今年的休假你怎么安排?
Jīnnián de xiūjià nǐ zěnme ānpái?
진니엔 더 시우지아 니 쩐머 안파이?

장밍은 즐겁게 휴가를 보내고, 회사에 돌아왔다.

张明度过了一个愉快的假期，回到了公司。
Zhāng Míng dùguò le yí ge yúkuài de jiàqī, huídào le gōngsī.
장 밍 뚜꾸어 러 이 거 위콰이 더 지아치, 후이따오 러 꽁쓰

휴가 ②

\# 상사에게 휴가 낸다고 말할 거야.

我要跟上司说我想休假。
Wǒ yào gēn shàngsī shuō wǒ xiǎng xiūjià.
워 야오 껀 상쓰 수어 워 시앙 시우지아

\# 안심하고 휴가를 즐기세요.

请安心地享受你的休假。
Qǐng ānxīnde xiǎngshòu nǐ de xiūjià.
칭 안신더 시앙서우 니 더 시우지아

\# 그녀는 자신의 휴가를 연기할 수밖에 없다.

她不得不把自己的休假延期。
Tā bùdebù bǎ zìjǐ de xiūjià yánqī.
타 뿌더뿌 바 쯔지 더 시우지아 이엔치

\# 나는 휴가를 위해, 돈을 아껴 썼다.

我为了假期，节约用钱。
Wǒ wèile jiàqī, jiéyuē yòngqián.
워 웨이러 지아치, 지에위에 융치엔

\# 오늘 병가를 냈다.

今天我休病假。
Jīntiān wǒ xiū bìngjià.
진티엔 워 시우 삥지아

\# 그녀는 출산 휴가 중이다.

她正在休产假。
Tā zhèngzài xiū chǎnjià.
타 정짜이 시우 찬지아

회의 시작

\# 회의를 소집하겠습니다!

召开会议!
Zhàokāi huìyì!
자오카이 후이이!

\# 나는 2시에 회의에 참석해야 합니다.

我得参加2点的会议。
Wǒ děi cānjiā liǎng diǎn de huìyì.
워 데이 찬지아 리앙 디엔 더 후이이

\# 지금 회의를 시작합니다!

现在会议开始!
Xiànzài huìyì kāishǐ!
시엔짜이 후이이 카이스!

\# 오늘의 의제부터 진행하겠습니다!

从今天的议题开始进行吧!
Cóng jīntiān de yìtí kāishǐ jìnxíng ba!
충 진티엔 더 이티 카이스 진싱 바!

\# 이 항목은 안건이 두 가지입니다.

这个项目有两个议案。
Zhè ge xiàngmù yǒu liǎng ge yì'àn.
저 거 시앙무 여우 리앙 거 이안

\# 매 안건마다 약 25분간 토론합니다.

每个议案大概讨论25分钟。
Měi ge yì'àn dàgài tǎolùn èrshíwǔ fēnzhōng.
메이 거 이안 따까이 타오룬 얼스우 펀중

회의 진행 ①

\# 다음.

下一个。
Xià yí ge.
시아 이 거

\# 다음 의제를 보십시오.

看看下一个议题。
Kànkan xià yí ge yìtí.
칸칸 시아 이 거 이티

\# 주목하여 보십시오.

请注意看。
Qǐng zhùyì kàn.
칭 주이 칸

\# 지금 본론을 말하겠습니다.

现在该说重点了。
Xiànzài gāi shuō zhòngdiǎn le.
시엔짜이 까이 수어 중디엔 러

\# 계속 진행합시다!

继续进行吧!
Jìxù jìnxíng ba!
지쉬 진싱 바!

\# 30분 쉬고 다시 진행하겠습니다.

休息30分钟后再进行吧。
Xiūxi sānshí fēnzhōng hòu zài jìnxíng ba.
시우시 싼스 펀중 허우 짜이 진싱 바

꼭! 짚고 가기

직업 관련 어휘

- 销售员 xiāoshòuyuán 샤오서우위엔 판매원
- 程序设计者 chéngxùshèjìzhě 청쉬서지저 프로그래머
- 律师 lǜshī 뤼스 변호사
- 法官 fǎguān 파꾸안 판사, 법관
- 会计师 kuàijìshī 콰이지스 회계사
- 警察 jǐngchá 징차 경찰관
- 老师 lǎoshī 라오스 선생님
- 救火队员 jiùhuǒ duìyuán 지우후어 뚜이위엔 소방관
- 建筑师 jiànzhùshī 지엔주스 건축가
- 邮递员 yóudìyuán 여우띠위엔 우편 배달부
- 记者 jìzhě 지저 기자
- 工程师 gōngchéngshī 꿍청스 엔지니어
- 厨师 chúshī 추스 요리사, 조리사
- 面包师 miànbāoshī 미엔빠오스 제빵사
- 服务员 fúwùyuán 푸우위엔 종업원, 웨이터
- 医生 yīshēng 이성 의사
- 牙科医生 yákē yīshēng 야커 이성 치과 의사
- 兽医 shòuyī 서우이 수의사
- 护士 hùshi 후스 간호사
- 药剂师 yàojìshī 야오지스 약사
- 理发师 lǐfàshī 리파스 이발사
- 美容师 měiróngshī 메이룽스 미용사
- 花商 huāshāng 후아상 플로리스트
- 农夫 nóngfū 눙푸 농부
- 渔夫 yúfū 위푸 어부
- 秘书 mìshū 미수 비서
- 设计师 shèjìshī 서지스 디자이너
- 编辑者 biānjízhě 삐엔지저 편집자

회의 진행 ②

\# 질문 있으신 분?

哪位还有问题?
Nǎ wèi hái yǒu wèntí?
나 웨이 하이 여우 원티?

\# 이것에 대해 이견 있습니까?

对这个有异议吗?
Duì zhè ge yǒu yìyì ma?
뚜이 저 거 여우 이이 마?

\# 이 안건에 대해 모두 찬성합니까?

这个议案都赞成吗?
Zhè ge yì'àn dōu zànchéng ma?
저 거 이안 떠우 짠청 마?

\# 이 안건에 대해 반대하는 분?

这个议案有反对的?
Zhè ge yì'àn yǒu fǎnduìde?
저 거 이안 여우 판뚜이더?

\# 다시 확인해 봅시다.

再次确认一下。
Zàicì quèrèn yíxià.
짜이츠 취에런 이시아

\# 그래서 말하자면, 제 말씀은 이겁니다.

所以说嘛，我就是这个意思。
Suǒyǐ shuō ma, wǒ jiùshì zhè ge yìsi.
쑤어이 수어 마, 워 지우스 저 거 이쓰

회의 마무리

\# 다음에 대답해 드려도 될까요?

以后回答你可以吗?
Yǐhòu huídá nǐ kěyǐ ma?
이허우 후이다 니 커이 마?

\# 오늘 모든 의제 토론을 마쳤습니다.

今天所有的议题都讨论完了。
Jīntiān suǒyǒu de yìtí dōu tǎolùnwán le.
진티엔 쑤어여우 더 이티 떠우 타오룬완 러

\# 오늘의 회의는 여기까지 하겠습니다.

今天的会议就进行到这里。
Jīntiān de huìyì jiù jìnxíng dào zhèli.
진티엔 더 후이이 지우 진싱 따오 저리

\# 이후에 온라인 회의로 진행되니, 참고하세요.

以后进行网上会议，请参考。
Yǐhòu jìnxíng wǎngshàng huìyì, qǐng cānkǎo.
이허우 진싱 왕상 후이이, 칭 찬카오

\# 회의를 연기했다.

会议延期了。
Huìyì yánqī le.
후이이 이엔치 러

거래처 방문 ①

\# 이것은 제 명함입니다.

这是我的名片。
Zhè shì wǒ de míngpiàn.
저 스 워 더 밍피엔

\# 저는 황젠궈 씨를 만나러 왔습니다.

我是来见黄建国的。
Wǒ shì lái jiàn Huáng Jiànguó de.
워 스 라이 지엔 후앙 지엔구어 더

\# 약속하셨나요?

您约好了吗?
Nín yuēhǎo le ma?
닌 위에하오 러 마?

\# 오시기 전에 시간 약속을 하셨나요?

您来之前约好了时间吗?
Nín lái zhīqián yuēhǎo le shíjiān ma?
닌 라이 즈치엔 위에하오 러 스지엔 마?

\# 그가 당신을 기다리고 있습니다.

他正在等您。
Tā zhèngzài děng nín.
타 정짜이 덩 닌

\# 들어오세요.

请进去吧。
Qǐng jìnqu ba.
칭 진취 바

거래처 방문 ②

\# 담당자와 만날 수 있어요?

我可以跟责任人见面吗?
Wǒ kěyǐ gēn zérènrén jiànmiàn ma?
워 커이 껀 쩌런런 지엔미엔 마?

\# 언제든지 됩니다.

什么时候都可以。
Shénme shíhou dōu kěyǐ.
선머 스허우 떠우 커이

\# 그럼 오후 3시에 만납시다!

那下午三点见!
Nà xiàwǔ sān diǎn jiàn!
나 시아우 싼 디엔 지엔!

\# 내일 제가 만나뵐 수 있을까요?

明天我可以见面吗?
Míngtiān wǒ kěyǐ jiànmiàn ma?
밍티엔 워 커이 지엔미엔 마?

\# 담당자가 곧 돌아오니, 여기에서 잠시만 기다리세요.

责任人马上回来，请您在这里稍等一下。
Zérènrén mǎshàng huílai, qǐng nín zài zhèli shāoděng yíxià.
쩌런런 마상 후이라이, 칭 닌 짜이 저리 사오덩 이시아

\# 이 근처를 지나는 길에 왔습니다.

路过这附近顺便来看看。
Lùguò zhè fùjìn shùnbiàn lái kànkan.
루꾸어 저 푸진 순삐엔 라이 칸칸

홍보

구체적인 내용은 저희 회사의 공식 웹사이트를 참고하세요.

具体内容请参考我们公司的官网。

Jùtǐ nèiróng qǐng cānkǎo wǒmen gōngsī de guānwǎng.

쥐티 네이룽 칭 찬카오 워먼 꿍쓰 더 꾸안왕

저희 회사의 홈페이지를 보신 적 있습니까?

您看过我们公司的主页吗?

Nín kànguo wǒmen gōngsī de zhǔyè ma?

닌 칸구어 워먼 꿍쓰 더 주이에 마?

이것은 최신 브로슈어입니다.

这是最新的宣传册。

Zhè shì zuì xīn de xuānchuáncè.

저 스 쭈이 신 더 쉬엔추안처

상품 목록을 보여 주세요.

请给我看一下你们产品目录。

Qǐng gěi wǒ kàn yíxià nǐmen chǎnpǐn mùlù.

칭 게이 워 칸 이시아 니먼 찬핀 무루

만약 원하신다면, 우선 상품 목록을 보내 드리겠습니다.

如果您愿意的话，我们先把产品目录发给您。

Rúguǒ nín yuànyì dehuà, wǒmen xiān bǎ chǎnpǐn mùlù fā gěi nín.

루구어 닌 위엔이 더후아, 워먼 시엔 바 찬핀 무루 파 게이 닌

상품 소개 ①

상품의 기능을 소개해 드리겠습니다.

我给您介绍一下产品的功能。

Wǒ gěi nín jièshào yíxià chǎnpǐn de gōngnéng.

워 게이 닌 지에사오 이시아 찬핀 더 꿍넝

이 상품의 상세한 정보를 소개해 드리겠습니다.

我给您介绍一下该产品的详细信息。

Wǒ gěi nín jièshào yíxià gāi chǎnpǐn de xiángxì xìnxī.

워 게이 닌 지에사오 이시아 까이 찬핀 더 시앙시 신시

이것은 저희 회사에서 가장 좋고 잘 팔리는 모델 중 하나입니다.

这是我们公司最佳、最畅销的款式之一。

Zhè shì wǒmen gōngsī zuì jiā、zuì chàngxiāo de kuǎnshì zhīyī.

저 스 워먼 꿍쓰 쭈이 지아, 쭈이 창샤오 더 쿠안스 즈이

이 상품의 기술은 현재 가장 발달된 최첨단입니다.

这个产品的技术目前是最先进、最尖端的。

Zhè ge chǎnpǐn de jìshù mùqián shì zuì xiānjìn、zuì jiānduānde.

저 거 찬핀 더 지수 무치엔 스 쭈이 시엔진, 쭈이 지엔뚜안더

상품 소개 ②

이 사이즈는 주머니에 딱 맞아서, 휴대하기 편리합니다.

这个尺寸适合放在口袋里，便于携带。

Zhè ge chǐcùn shìhé fàng zài kǒudàili, biànyú xiédài.

저 거 츠춘 스허 팡 짜이 커우따이리, 삐엔위 시에따이

배송이 번개처럼 빠릅니다.

发货快如闪电。

Fāhuò kuài rú shǎndiàn.

파후어 콰이 루 산띠엔

오래도록 쓸 수 있습니다.

经久耐用。

Jīngjiǔnàiyòng.

징지우나이융

마음에 들지 않으시면, 환불하실 수 있습니다.

如果您不满意，可以退款。

Rúguǒ nín bù mǎnyì, kěyǐ tuìkuǎn.

루구어 닌 뿌 만이, 커이 투이쿠안

품질을 보장합니다.

品质有保证。

Pǐnzhì yǒu bǎozhèng.

핀즈 여우 바오정

• 经久耐用 jīngjiǔnàiyòng 오래도록 쓸 수 있다

상담

가격이 제일 중요합니다.

价格最重要。

Jiàgé zuì zhòngyào.

지아거 쭈이 중야오

시장 점유율이 어떻게 되나요?

市场占有率如何?

Shìchǎng zhànyǒulǜ rúhé?

스창 잔여우뤼 루허?

보증 기간은 얼마나 되나요?

保修期是多久?

Bǎoxiūqī shì duōjiǔ?

바오시우치 스 뚜어지우?

본 협상의 유효 기간은 언제까지입니까?

本协议有效期何时截止?

Běn xiéyì yǒuxiàoqī héshí jiézhǐ?

번 시에이 여우샤오치 허스 지에즈?

상품 단가는 얼마입니까?

产品单价是多少?

Chǎnpǐn dānjià shì duōshao?

찬핀 딴지아 스 뚜어사오?

문의 사항이 있으면, 저희에게 알려 주세요.

如果您有任何问题，请告诉我们。

Rúguǒ nín yǒu rènhé wèntí, qǐng gàosu wǒmen.

루구어 닌 여우 런허 원티, 칭 까오쑤 워먼

주문

\# 2천 개를 구매하겠습니다.

我购买两千个。
Wǒ gòumǎi liǎng qiān ge.
워 꺼우마이 리앙 치엔 거

\# 주문량이 얼마나 됩니까?

订单量是多少?
Dìngdānliàng shì duōshao?
띵딴리앙 스 뚜어사오?

\# 이 상품의 최소 주문량은 얼마입니까?

这个产品的最小起订量是多少?
Zhè ge chǎnpǐn de zuì xiǎo qǐdìngliàng shì duōshao?
저 거 찬핀 더 쭈이 샤오 치띵리앙 스 뚜어사오?

\# 제 주문을 변경하려고 합니다.

我想改变我的订单。
Wǒ xiǎng gǎibiàn wǒ de dìngdān.
워 시앙 가이삐엔 워 더 띵딴

\# 결정하신 후 저희와 연락해 주세요.

决定后请与我们联系。
Juédìng hòu qǐng yǔ wǒmen liánxì.
쥐에띵 허우 칭 위 워먼 리엔시

• 起订量 qǐdìngliàng 최소 주문량

협상 ①

\# 재구매 시 가격은 얼마나 하향 조정됩니까?

再购买时价格可以下调多少?
Zài gòumǎi shí jiàgé kěyǐ xiàtiáo duōshao?
짜이 꺼우마이 스 지아거 커이 시아탸오 뚜어사오?

\# 가격을 이렇게 많이 하향 조정하면, 저희가 곤란합니다.

价格下调这么大幅度，我们感到很为难。
Jiàgé xiàtiáo zhème dàfúdù, wǒmen gǎndào hěn wéinán.
지아거 시아탸오 저머 따푸뚜, 워먼 간따오 헌 웨이난

\# 가격은 구매 수량이 얼마만큼이냐에 따라 다를 수 있습니다.

价格根据购买数量的多少会有所不同。
Jiàgé gēnjù gòumǎi shùliàng de duōshao huì yǒusuǒbùtóng.
지아거 껀쥐 꺼우마이 수리앙 더 뚜어사오 후이 여우쑤어뿌퉁

\# 2천 개 이상 구매하시면, 10% 할인해 드립니다.

购买两千个以上的话，可以优惠百分之十。
Gòumǎi liǎng qiān ge yǐshàng dehuà, kěyǐ yōuhuì bǎifēnzhī shí.
꺼우마이 리앙 치엔 거 이상 더후아, 커이 여우후이 바이펀즈 스

협상 ②

\# 협상의 여지가 없습니다.

没有协商的余地。
Méiyǒu xiéshāng de yúdì.
메이여우 시에상 더 위띠

\# 이것은 좀 곤란합니다.

这个恐怕有点困难。
Zhège kǒngpà yǒudiǎn kùnnán.
저거 쿵파 여우디엔 쿤난

\# 이것은 저희 측의 최저 가격입니다.

这是我方的最低价格。
Zhè shì wǒfāng de zuì dī jiàgé.
저 스 워팡 더 쭈이 띠 지아거

\# 최저 가격을 제시해 주세요.

请提出最低价格。
Qǐng tíchū zuì dī jiàgé.
칭 티추 쭈이 띠 지아거

\# 이번 주 내로 답변 드리겠습니다.

在这个星期内给您答复。
Zài zhè ge xīngqī nèi gěi nín dáfù.
짜이 저 거 싱치 네이 게이 닌 다푸

\# 거래를 받아들이겠습니다.

我们接受交易。
Wǒmen jiēshòu jiāoyì.
워먼 지에서우 쟈오이

\# 귀측에 곧 연락 드리겠습니다.

马上联系贵方。
Mǎshàng liánxì guìfāng.
마상 리엔시 꾸이팡

꼭! 짚고 가기

베이징 덕

베이징 덕(北京烤鸭 Běijīng kǎoyā 베이징 카오야)은 베이징의 유명한 음식으로, 그 기원은 중국의 남북조 시대로 거슬러 올라갑니다.
당시 궁정 음식이었던 베이징 덕은 품질 좋은 오리고기를 과일나무 숯으로 구워 윤기가 흐르고, 고기는 기름지지만 느끼하지 않으며, 겉은 바삭하고 속은 부드럽게 익힌 것이 특징입니다.
처음에는 오리의 위를 채워서 키운다 해서, 填鸭(tiányā 티엔야)라고 했습니다. 명나라 초기에 백성들과 황제 모두 난징 오리구이(南京烤鸭 Nánjīng kǎoyā 난징 카오야)를 즐겨 먹었습니다. '명나라 태조 주원장(朱元璋)은 하루에 한 마리를 먹는다'는 말이 있을 정도로 오리구이를 좋아해서 궁정 요리사는 오리구이의 새로운 조리법을 연구했습니다. 그렇게 탄생한 두 가지 방법은 현재 베이징 덕의 대표 음식점인 全聚德(Quánjùdé 취엔쥐더)의 조리법인 叉烧(chāshāo 차사오, 절인 살코기를 꼬챙이에 꽂아 화로 안에 넣어 굽는 방식)와 또 다른 베이징 덕 음식점으로 유명한 便宜坊(Piányifāng 피엔이팡)의 조리법인 焖炉(mènlú 먼루, 화로의 열로 굽는 방식)입니다.
명 성조 때 베이징으로 천도한 후, 난징 오리구이 고수들이 함께 오게 되었고, 명 세종 시기에 궁중의 오리구이가 민간으로 퍼지면서 중국을 대표하는 음식 중 하나로 자리잡게 되었습니다.

납품

\# 언제 납품할 수 있습니까?

何时可以交货?
Héshí kěyǐ jiāohuò?
허스 커이 쟈오후어?

\# 저희는 내일 정오 이전에 납품할 것을 약속합니다.

我们保证明天中午以前交货。
Wǒmen bǎozhèng míngtiān zhōngwǔ yǐqián jiāohuò.
워먼 바오정 밍티엔 중우 이치엔 쟈오후어

\# 빨라도 일주일 후에 납품할 수 있습니다.

最快一周后可以交货。
Zuì kuài yì zhōu hòu kěyǐ jiāohuò.
쭈이 콰이 이 저우 허우 커이 쟈오후어

\# 다른 납품 업체를 찾을 수 있습니까?

你能找到其他的供应商吗?
Nǐ néng zhǎodào qítā de gōngyīngshāng ma?
니 넝 자오따오 치타 더 꿍잉상 마?

\# 재고가 있어서, 즉시 납품할 수 있습니다.

有库存，及时可以交货。
Yǒu kùcún, jíshí kěyǐ jiāohuò.
여우 쿠춘, 지스 커이 쟈오후어

클레임

\# 귀사의 상품에 문제가 있습니다.

贵公司产品有问题。
Guì gōngsī chǎnpǐn yǒu wèntí.
꾸이 꿍쓰 찬핀 여우 원티

\# 저희쪽은 클레임을 제기할 것입니다.

我方将提出索赔。
Wǒfāng jiāng tíchū suǒpéi.
워팡 지앙 티추 쑤어페이

\# 유감이지만, 상품의 일부가 운송 도중 손상되었습니다.

很遗憾地告诉您，一部分货物在运送途中受损。
Hěn yíhànde gàosu nín, yíbùfen huòwù zài yùnsòng túzhōng shòusǔn.
헌 이한더 까오쑤 닌, 이뿌펀 후어우 짜이 윈쑹 투중 서우쑨

\# 주문한 상품이 아직 도착하지 않았습니다.

订购的产品还没到。
Dìnggòu de chǎnpǐn hái méi dào.
띵꺼우 더 찬핀 하이 메이 따오

\# 책임자와 이야기하고 싶습니다.

我想和负责人谈一谈。
Wǒ xiǎng hé fùzérén tányitán.
워 시앙 허 푸쩌런 탄이탄

클레임 대응

곧 처리하겠습니다.

马上处理好。
Mǎshàng chǔlǐhǎo.
마상 추리하오

조사하고 바로 연락 드리겠습니다.

调查后立刻联系。
Diàochá hòu lìkè liánxì.
땨오차 허우 리커 리엔시

최선을 다해 빨리 수리하겠습니다.

尽快修理。
Jìn kuài xiūlǐ.
진 콰이 시우리

다시는 이런 일이 일어나지 않을 것입니다.

再也不会发生这种事。
Zàiyě búhuì fāshēng zhè zhǒng shì.
짜이이에 부후이 파성 저 중 스

귀측에 불편을 드려, 죄송합니다.

给贵方带来诸多不便，我方实感抱歉。
Gěi guìfāng dàilai zhūduō búbiàn, wǒfāng shígǎn bàoqiàn.
게이 꾸이팡 따이라이 주뚜어 부삐엔, 워팡 스간 빠오치엔

Unit 6 사직 & 구직 MP3. C09_U06

해고

리샤오둥은 해고되었다.

李小东被解雇了。
Lǐ Xiǎodōng bèi jiěgù le.
리 샤오똥 뻬이 지에꾸 러

그들은 해고될 것이다.

他们会被解雇的。
Tāmen huì bèi jiěgù de.
타먼 후이 뻬이 지에꾸 더

그는 영문도 모른 채 해고되었다.

他被莫名其妙地炒了鱿鱼。
Tā bèi mòmíngqímiàode chǎo le yóuyú.
타 뻬이 모밍치먀오더 차오 러 여우위

당신 또 실수하면 해고할 거예요.

你再有失误的话就炒了你。
Nǐ zài yǒu shīwù dehuà jiù chǎo le nǐ.
니 짜이 여우 스우 더후아 지우 차오 러 니

그는 실수 때문에 해고되었다.

他因为失误被解雇了。
Tā yīnwèi shīwù bèi jiěgù le.
타 인웨이 스우 뻬이 지에꾸 러

이것은 부당한 해고였다.

这是不当解雇。
Zhè shì búdàng jiěgù.
저 스 부땅 지에꾸

• 莫名其妙 mòmíngqímiào 영문을 알 수 없다

퇴직

\# 그는 무능했기 때문에 회사에서 강제로 퇴직당했다.

因为他无能所以被公司强制离职了。

Yīnwèi tā wúnéng suǒyǐ bèi gōngsī qiángzhì lízhí le.

인웨이 타 우넝 쑤어이 뻬이 꿍쓰 치앙즈 리즈 러

\# 샤오류가 퇴직할 거라는 소식 들었어요?

你听到了小刘要退休的消息了吗?

Nǐ tīngdào le Xiǎoliú yào tuìxiū de xiāoxi le ma?

니 팅따오 러 샤오리우 야오 투이시우 더 샤오시 러 마?

\# 퇴직 후 생활을 준비하기 위해, 저축해야 한다.

为了准备退休后的生活，应该存钱。

Wèile zhǔnbèi tuìxiū hòu de shēnghuó, yīnggāi cúnqián.

웨이러 준뻬이 투이시우 허우 더 성후어, 잉까이 춘치엔

\# 퇴직금을 얼마나 받을 수 있어요?

能拿到多少退休金?

Néng nádào duōshao tuìxiūjīn?

넝 나따오 뚜어사오 투이시우진?

• 离职 lízhí 사직하다, 직장을 완전히 그만두다

구직

\# 그는 요즘 일자리를 찾고 있다.

他最近在找工作。

Tā zuìjìn zài zhǎo gōngzuò.

타 쭈이진 짜이 자오 꿍쭈어

\# 실례지만, 사람을 구하나요?

请问，这里招人吗?

Qǐngwèn, zhèli zhāo rén ma?

칭원, 저리 자오 런 마?

\# 웹사이트에서 모집 공고를 보고, 귀사에 전화 드렸습니다.

我在网上看到招聘启事后给贵公司打了电话。

Wǒ zài wǎngshàng kàndào zhāopìn qǐshì hòu gěi guì gōngsī dǎ le diànhuà.

워 짜이 왕상 칸따오 자오핀 치스 허우 게이 꾸이 꿍쓰 다 러 띠엔후아

\# 이 자리에 지원하고 싶습니다.

我想应聘这个职位。

Wǒ xiǎng yīngpìn zhè ge zhíwèi.

워 시앙 잉핀 저 거 즈웨이

\# 언제 면접입니까?

什么时候面试?

Shénme shíhou miànshì?

선머 스허우 미엔스?

• 招 zhāo 모집하다, 초빙하다

이력서

나는 이력서를 무수하게 보냈다.

我投了无数简历。
Wǒ tóu le wúshù jiǎnlì.
워 터우 러 우수 지엔리

우편으로 이력서를 보내도 되나요?

可以通过邮件发简历吗?
Kěyǐ tōngguò yóujiàn fā jiǎnlì ma?
커이 퉁꾸어 여우지엔 파 지엔리 마?

이력서를 이메일로 보내 주세요.

请把简历用邮件发过来。
Qǐng bǎ jiǎnlì yòng yóujiàn fāguòlai.
칭 바 지엔리 융 여우지엔 파꾸어라이

이력서는 간단명료하게 쓰세요.

写简历应该简单明了。
Xiě jiǎnlì yīnggāi jiǎndān míngliǎo.
시에 지엔리 잉까이 지엔딴 밍랴오

이력서를 쓸 때, 학력, 자격증, 업무 경력, 프로젝트 경력, 수상 내역 등을 써야 한다.

写简历时，要写教育背景、各种获奖经历、工作经历、项目经验、各种资格证等。
Xiě jiǎnlì shí, yào xiě jiàoyù bèijǐng、gè zhǒng huòjiǎng jīnglì、gōngzuò jīnglì、xiàngmù jīngyàn、gè zhǒng zīgézhèng děng.
시에 지엔리 스, 야오 시에 쟈오위 뻬이징,
꺼 중 후어지앙 징리, 꿍쭈어 징리, 시앙무 징이엔,
꺼 중 쯔거정 덩

면접 예상 질문

연봉은 어느 정도 원하십니까?

你的年薪期待值是多少?
Nǐ de niánxīn qīdàizhí shì duōshao?
니 더 니엔신 치따이즈 스 뚜어사오?

你所期望的年薪是多少?
Nǐ suǒ qīwàng de niánxīn shì duōshao?
니 쑤어 치왕 더 니엔신 스 뚜어사오?

언제부터 일할 수 있습니까?

你可以从何时开始工作?
Nǐ kěyǐ cóng héshí kāishǐ gōngzuò?
니 커이 충 허스 카이스 꿍쭈어?

왜 우리 회사에 지원했습니까?

为什么应聘我们公司?
Wèi shénme yìngpìn wǒmen gōngsī?
웨이 선머 잉핀 워먼 꿍쓰?

5년 후 어떤 사람이 되고 싶습니까?

五年后你想成为什么样的人?
Wǔ nián hòu nǐ xiǎng chéngwéi shénmeyàng de rén?
우 니엔 허우 니 시앙 청웨이 선머양 더 런?

당신의 장점을 말해 보세요.

请说一下你的优点。
Qǐng shuō yíxià nǐ de yōudiǎn.
칭 수어 이시아 니 더 여우디엔

Chapter 10

여행 가서도 척척!

Chapter 10

机场和机内 Jīchǎng hé jīnèi 지창 허 지네이 공항과 기내

MP3. Word_C10_01

机场 jīchǎng 지창
명 공항

机票 jīpiào 지퍄오
명 항공권

登机牌 dēngjīpái 떵지파이
= **登机卡** dēngjīkǎ 떵지카
명 (비행기의) 탑승권

值机柜台
zhíjī guìtái 즈지 꾸이타이
공항 탑승 수속 창구

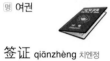

护照 hùzhào 후자오
명 여권

签证 qiānzhèng 치엔정
명 비자

航站楼
hángzhànlóu 항잔러우
명 터미널

登机口 dēngjīkǒu 떵지커우
명 탑승구

飞机餐 fēijīcān 페이지찬
명 기내식

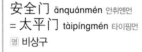

安全门 ānquánmén 안취엔먼
= **太平门** tàipíngmén 타이핑먼
명 비상구

救生衣 jiùshēngyī 지우성이
명 구명조끼

座位 zuòwèi 쭈어웨이
= **位子** wèizi 웨이쯔
명 좌석

出发 chūfā 추파
동 출발하다, 떠나다

到达 dàodá 따오다
동 도착하다

免税店
miǎnshuìdiàn 미엔수이띠엔
명 면세점

起飞 qǐfēi 치페이
동 (비행기가) 이륙하다

降落 jiàngluò 지앙루어
= **着陆** zhuólù 주어루
동 착륙하다

火车站 Huǒchēzhàn 후어처잔 기차역

MP3. Word_C10_02

火车 huǒchē 후어처 = 列车 lièchē 리에처 명 기차, 열차 	火车站 huǒchēzhàn 후어처잔 명 기차역 	月台 yuètái 위에타이 = 站台 zhàntái 잔타이 명 승강장, 플랫폼 
售票处 shòupiàochù 서우퍄오추 명 매표소 	火车时刻表 huǒchē shíkèbiǎo 후어처 스커뱌오 명 기차 운행 시간표	检票口 jiǎnpiàokǒu 지엔퍄오커우 = 剪票口 jiǎnpiàokǒu 지엔퍄오커우 명 개찰구
火车票 huǒchēpiào 후어처퍄오 명 기차표 	硬座 yìngzuò 잉쭈어 명 일반석(딱딱한 좌석) 软座 ruǎnzuò 루안쭈어 명 상등석(푹신한 좌석)	硬卧 yìngwò 잉워 명 일반 침대석(딱딱한 침대) 软卧 ruǎnwò 루안워 명 일등 침대석(푹신한 침대)

饭店 Fàndiàn 판띠엔 호텔

MP3. Word_C10_03

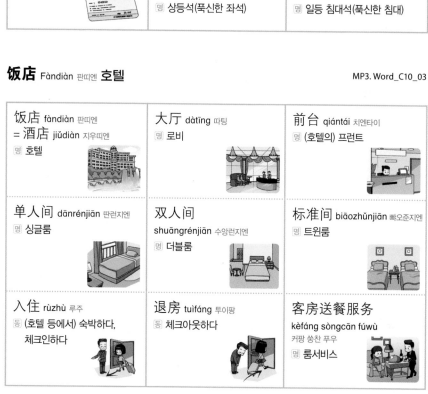

饭店 fàndiàn 판띠엔 = 酒店 jiǔdiàn 지우띠엔 명 호텔 	大厅 dàtīng 따팅 명 로비 	前台 qiántái 치엔타이 명 (호텔의) 프런트 
单人间 dānrénjiān 딴런지엔 명 싱글룸 	双人间 shuāngrénjiān 수앙런지엔 명 더블룸 	标准间 biāozhǔnjiān 뺘오준지엔 명 트윈룸 
入住 rùzhù 루주 동 (호텔 등에서) 숙박하다, 체크인하다 	退房 tuìfáng 투이팡 동 체크아웃하다 	客房送餐服务 kèfáng sòngcān fúwù 커팡 쑹찬 푸우 명 룸서비스 

항공권 예약 ①

\# 어떤 종류의 여행 방식을 선택할 거예요? 비행기 타고 갈 거예요?

你想选择哪种旅行方式? 坐飞机去吗?

Nǐ xiǎng xuǎnzé nǎ zhǒng lǚxíng fāngshì? Zuò fēijī qù ma?

니 시앙 쉬엔쩌 나 중 뤼싱 팡스? 쭈오 페이지 취 마?

\# 목적지가 어디죠?

目的地是哪里呢?

Mùdìdì shì nǎli ne?

무띠띠 스 나리 너?

\# 편도표로 하실 거예요 아니면 왕복표로 하실 거예요?

您要单程票还是往返票?

Nín yào dānchéngpiào háishi wǎngfǎnpiào?

닌 야오 딴청퍄오 하이스 왕판퍄오?

\# 편도표는 500위안, 왕복표는 700위안입니다.

单程票是500元，往返票是700元。

Dānchéngpiào shì wǔbǎi yuán, wǎngfǎnpiào shì qībǎi yuán.

딴청퍄오 스 우바이 위엔, 왕판퍄오 스 치바이 위엔

\# 그럼 왕복표를 주세요!

那给我往返票吧!

Nà gěi wǒ wǎngfǎnpiào ba!

나 게이 워 왕판퍄오 바!

항공권 예약 ②

\# 베이징으로 가는 항공권을 예약하려고 하는데요.

我想预定去北京的机票。

Wǒ xiǎng yùdìng qù Běijīng de jīpiào.

워 시앙 위띵 취 베이징 더 지퍄오

\# 베이징에서 서울로 가는 항공권을 예약하려고 하는데요.

我想预定北京飞首尔的机票。

Wǒ xiǎng yùdìng Běijīng fēi Shǒu'ěr de jīpiào.

워 시앙 위띵 베이징 페이 서우얼 더 지퍄오

\# 대한항공 201편으로 예약하려고 하는데요.

我想预定大韩航空的201次航班。

Wǒ xiǎng yùdìng Dàhán hángkōng de èr líng yāo cì hángbān.

워 시앙 위띵 따한 항쿵 더 얼 링 야오 츠 항빤

\# 베이징으로 가는 편도표 한 장 주세요.

请给我一张去北京的单程票。

Qǐng gěi wǒ yì zhāng qù Běijīng de dānchéngpiào.

칭 게이 워 이 장 취 베이징 더 딴청퍄오

\# 가장 싼 편도표는 얼마입니까?

最便宜的单程票是多少钱?

Zuì piányi de dānchéngpiào shì duōshao qián?

쭈이 피엔이 더 딴청퍄오 스 뚜어사오 치엔?

예약 확인 및 변경

\# 예약한 항공권을 확인하려고 합니다.

我想确认一下预定的机票。
Wǒ xiǎng quèrèn yíxià yùdìng de jīpiào.
워 시앙 취에런 이시아 위띵 더 지퍄오

\# 성함과 항공편 번호를 말씀해 주세요.

请说一下您的姓名和航班号。
Qǐng shuō yíxià nín de xìngmíng hé hángbānhào.
칭 수어 이시아 닌 더 싱밍 허 항빤하오

\# 항공권 예약 번호를 말씀해 주세요.

请说一下您的机票订单号码。
Qǐng shuō yíxià nín de jīpiào dìngdān hàomǎ.
칭 수어 이시아 닌 더 지퍄오 띵딴 하오마

\# 12월 1일 서울로 가는 704편이고, 예약 번호는 123456입니다.

十二月一号飞首尔的704次航班，订单号是123456。
Shí'èryuè yī hào fēi Shǒu'ěr de qī líng sì cì hángbān, dìngdānhào shì yī èr sān sì wǔ liù.
스얼위에 이 하오 페이 서우얼 더 치 링 쓰 츠 항빤, 띵딴하오 스 이 얼 싼 쓰 우 리우

\# 4월 1일 표를 취소하고, 4월 10일 출발로 바꿔 주세요.

请帮我取消四月一号的票，改为四月十号出发。
Qǐng bāng wǒ qǔxiāo sìyuè yī hào de piào, gǎiwéi sìyuè shí hào chūfā.
칭 빵 워 취샤오 쓰위에 이 하오 더 퍄오, 가이웨이 쓰위에 스 하오 추파

꼭! 짚고 가기

중국 국내 여행

국토가 넓은 중국에서 국내 여행을 할 때 가장 많이 이용하는 교통수단은 기차입니다.
철도 교통이 매우 발달되어 있으며, 대부분 장거리 여행이기 때문에 침대석도 시설이 좋은 편입니다. 물론 요금보다 시간이 중요한 사람은 비행기를 이용하기도 합니다.
요즘에는 중국도 인터넷으로 운행편을 검색하고 예약이 가능하기 때문에 표를 쉽고 편하게 구할 수 있지만, 춘제(春节 Chūnjié 춘지에)나 국경절(国庆节 Guóqìngjié 구어칭지에) 등 연휴 기간에는 많은 사람들이 고향으로 놀아가거나 여행을 즐기기 때문에 표를 구하기가 상당히 힘듭니다. 그래서 암표 거래가 성행하기도 합니다.
항공권이 특급 기차표보다 저렴한 경우도 있는데, 부지런히 검색하고 예약하는 수고가 필요합니다.
소요 시간을 살펴보면 베이징에서 상하이까지 비행기로는 2시간 20분 정도 걸리는데, 기차를 탈 경우 5시간 정도 걸립니다.
서쪽 도시인 우루무치까지 가려면 비행기로 4시간 좀 넘게 걸리는데, 기차는 31~40시간 정도 소요됩니다.
만약 여행을 통해 중국인들과 친해지고 싶거나 중국인들의 생활을 엿보고 싶다면, 기차를 이용해 보면 어떨까요?

여권

\# 나는 여권을 만들려고 하는데요.

我想办护照。
Wǒ xiǎng bàn hùzhào.
워 시앙 빤 후자오

\# 여권을 발급하려면 어디로 가서 처리해야 하나요?

办护照的话应该去哪儿办?
Bàn hùzhào dehuà yīnggāi qù nǎr bàn?
빤 후자오 더후아 잉까이 취 나알 빤?

\# 여권을 만드는 데 얼마나 걸려요?

办护照的话需要多长时间?
Bàn hùzhào dehuà xūyào duōcháng shíjiān?
빤 후자오 더후아 쉬야오 뚜어창 스지엔?

\# 여권을 발급하려면 어떤 서류를 준비해야 하나요?

办护照的话需要准备哪些材料?
Bàn hùzhào dehuà xūyào zhǔnbèi nǎxiē cáiliào?
빤 후자오 더후아 쉬야오 준뻬이 나시에 차이랴오?

\# 제 여권은 올해 말로 만기가 됩니다.

我的护照今年到期。
Wǒ de hùzhào jīnnián dàoqī.
워 더 후자오 진니엔 따오치

비자 ①

\# 중국 비자를 발급하려고 하는데요.

我想办中国签证。
Wǒ xiǎng bàn Zhōngguó qiānzhèng.
워 시앙 빤 중구어 치엔정

\# 이번에 제가 두 번째 비자 신청입니다.

这是我第二次申请签证。
Zhè shì wǒ dì èr cì shēnqǐng qiānzhèng.
저 스 워 띠 얼 츠 선칭 치엔정

\# 비자를 신청하는 데 얼마나 걸립니까?

申请签证需要多长时间?
Shēnqǐng qiānzhèng xūyào duōcháng shíjiān?
선칭 치엔정 쉬야오 뚜어창 스지엔?

\# 이 비자의 유효 기간은 한 달입니다.

这个签证的有效期是一个月。
Zhè ge qiānzhèng de yǒuxiàoqī shì yí ge yuè.
저 거 치엔정 더 여우샤오치 스 이 거 위에

\# 비자가 발급되었는지 물어보려고요.

我想问一下签证签下来了没有。
Wǒ xiǎng wèn yíxià qiānzhèng qiānxiàlai le méiyǒu.
워 시앙 원 이시아 치엔정 치엔시아라이 러 메이여우

비자 ②

호주로 여행 가려고 하는데, 비자가 필요한가요?

我要去澳大利亚旅游，需要签证吗?

Wǒ yào qù Àodàlìyà lǚyóu, xūyào qiānzhèng ma?

워 야오 취 아오따리야 뤼여우, 쉬야오 치엔정 마?

호주는 3개월간 비자 면제입니다.

澳大利亚可以三个月免签。

Àodàlìyà kěyǐ sān ge yuè miǎnqiān.

아오따리야 커이 싼 거 위에 미엔치엔

비자가 어떤 종류입니까?

您的签证种类是什么?

Nín de qiānzhèng zhǒnglèi shì shénme?

닌 더 치엔정 중레이 스 선머?

알고 보니 학생 비자였군요!

原来你用的是学生签证啊!

Yuánlái nǐ yòngde shì xuésheng qiānzhèng a!

위엔라이 니 융더 스 쉬에성 치엔정 아!

- 免签 miǎnqiān 비자를 면제하다

Unit 2 공항 MP3. C10_U02

공항 이용

늦어도 이륙하기 한 시간 전에 탑승 수속을 해야 합니다.

最晚也要在起飞前一个小时去办票。

Zuì wǎn yě yào zài qǐfēi qián yí ge xiǎoshí qù bànpiào.

쭈이 완 이에 야오 짜이 치페이 치엔 이 거 샤오스 취 반퍄오

탑승 수속을 위해 적어도 두 시간 전에 공항에 도착해야 합니다.

为了办票，起码要提前两个小时到达机场。

Wèile bànpiào, qǐmǎ yào tíqián liǎng ge xiǎoshí dàodá jīchǎng.

웨이러 빤퍄오, 치마 야오 티치엔 리앙 거 샤오스 따오다 지창

위탁 수화물이 있습니까?

您有要托运的行李吗?

Nín yǒu yào tuōyùn de xíngli ma?

닌 여우 야오 투어윈 더 싱리 마?

국제선 터미널은 어디입니까?

国际出发的航站楼在哪里?

Guójì chūfā de hángzhànlóu zài nǎli?

구어지 추파 더 항잔러우 짜이 나리?

비행기가 연착되어, 연결편을 놓쳤어요.

飞机晚点，所以误了转机的时间。

Fēijī wǎn diǎn, suǒyǐ wù le zhuǎnjī de shíjiān.

페이지 완 디엔, 쑤어이 우 러 주안지 더 스지엔

티켓팅

아시아나항공은 어느 카운터에서 탑승 수속합니까?

韩亚航空在哪个柜台办票?

Hányà hángkōng zài nǎ ge guìtái bànpiào?

한야 항쿵 짜이 나 거 꾸이타이 빤퍄오?

다음 창구로 가세요.

请去下一个窗口。

Qǐng qù xià yí ge chuāngkǒu.

칭 취 시아 이 거 추앙커우

인터넷에서 항공권을 예약했습니다.

我在网上订了机票。

Wǒ zài wǎngshàng dìng le jīpiào.

워 짜이 왕상 띵 러 지퍄오

창가 쪽 자리로 주세요.

请给我靠窗的座位。

Qǐng gěi wǒ kào chuāng de zuòwèi.

칭 게이 워 카오 추앙 더 쭈어웨이

비행기에서 좋은 자리에 앉으려면, 미리 공항에 가서 탑승 수속을 해야 한다.

坐飞机要坐好座位，应该提前去机场办票。

Zuò fēijī yào zuò hǎo zuòwèi, yīnggāi tíqián qù jīchǎng bànpiào.

쭈어 페이지 야오 쭈어 하오 쭈어웨이, 잉까이 티치엔 취 지창 빤퍄오

보딩

언제 탑승합니까?

什么时候登机?

Shénme shíhou dēngjī?

선머 스허우 떵지?

어느 탑승구로 가야 합니까?

应该去哪个登机口?

Yīnggāi qù nǎ ge dēngjīkǒu?

잉까이 취 나 거 떵지커우?

곧 탑승합니다.

很快就可以登机了。

Hěn kuài jiù kěyǐ dēngjī le.

헌 콰이 지우 커이 떵지 러

탑승권을 보여 주세요.

请出示一下您的登机牌。

Qǐng chūshì yíxià nín de dēngjīpái.

칭 추스 이시아 닌 더 떵지파이

오전 10시에 출발하는 605편의 탑승구가 B29로 변경되었습니다.

上午十点出发的605次航班登机口变更为B29。

Shàngwǔ shí diǎn chūfā de liù líng wǔ cì hángbān dēngjīkǒu biàngèngwéi B èrshí jiǔ.

상우 스 디엔 추파 더 리우 링 우 츠 항빤 떵지커우 삐엔껑웨이 비 얼스 지우

세관

\# 세관 신고서를 기입해 주세요.

请填写一下海关申报单。

Qǐng tiánxiě yíxià hǎiguān shēnbàodān.

칭 티엔시에 이시아 하이꾸안 선빠오딴

\# 세관 신고서를 보여 주세요.

请出示一下海关申报单。

Qǐng chūshì yíxià hǎiguān shēnbàodān.

칭 추스 이시아 하이꾸안 선빠오딴

\# 신고할 물품이 있습니까?

您有要申报的物品吗?

Nín yǒu yào shēnbào de wùpǐn ma?

닌 여우 야오 선빠오 더 우핀 마?

\# 신고할 것이 없습니다.

我没有要申报的东西。

Wǒ méiyǒu yào shēnbào de dōngxi.

워 메이여우 야오 선빠오 더 뚱시

\# 이것은 제가 쓰는 것입니다.

这是我自用的。

Zhè shì wǒ zìyòngde.

저 스 워 쯔융더

면세점

\# 면세점이 어디 있습니까?

免税店在哪儿?

Miǎnshuìdiàn zài nǎr?

미엔수이띠엔 짜이 나알?

\# 면세점에서 쇼핑할 시간 있어요?

在免税店有时间购物吗?

Zài miǎnshuìdiàn yǒu shíjiān gòuwù ma?

짜이 미엔수이띠엔 여우 스지엔 꺼우우 마?

\# 이것은 면세점에서 사면 훨씬 싸게 살 수 있다.

这个在免税店买，能便宜很多。

Zhège zài miǎnshuìdiàn mǎi, néng piányi hěn duō.

저거 짜이 미엔수이띠엔 마이, 넝 피엔이 헌 뚜어

\# 여기 여행자 수표 받나요?

这里收旅行支票吗?

Zhèli shōu lǚxíng zhīpiào ma?

저리 서우 뤼싱 즈퍄오 마?

\# 네, 저희는 받습니다. 신분증을 가지고 있으세요?

是的，我们这里收，您带身份证了吗?

Shìde, wǒmen zhèli shōu, nín dài shēnfènzhèng le ma?

스더, 워먼 저리 서우, 닌 따이 선펀정 러 마?

출국 심사

여권을 보여 주세요.

请出示一下您的护照。
Qǐng chūshì yíxià nín de hùzhào.
칭 추스 이시아 닌 더 후자오

어디에 가십니까?

您要去哪儿?
Nín yào qù nǎr?
닌 야오 취 나알?

우루무치에 갑니다.

我要去乌鲁木齐。
Wǒ yào qù Wūlǔmùqí .
워 야오 취 우루무치

언제 귀국합니까?

什么时候回国?
Shénme shíhou huíguó?
선머 스허우 후이구어

일행이 있습니까?

有同行的人吗?
Yǒu tóngxíng de rén ma?
여우 퉁싱 더 런 마?

상사와 함께 갑니다.

和我的上司一起去。
Hé wǒ de shàngsī yìqǐ qù.
허 워 더 상쓰 이치 취

입국 심사

여권과 입국 신고서를 보여 주세요.

请出示一下护照和入境申请单。
Qǐng chūshì yíxià hùzhào hé rùjìng shēnqǐngdān.
칭 추스 이시아 후자오 허 루징 선칭딴

중국의 목적지가 어디입니까?

去中国的目的地是哪里?
Qù Zhōngguó de mùdìdì shì nǎli?
취 중구어 더 무띠띠 스 나리?

방문 목적이 무엇입니까?

访问目的是什么?
Fǎngwèn mùdì shì shénme?
팡원 무띠 스 선머?

관광차 왔습니다.

我是来旅行的。
Wǒ shì lái lǚxíng de.
워 스 라이 뤼싱 더

출장차 왔습니다.

我是来出差的。
Wǒ shì lái chūchāi de.
워 스 라이 추차이 더

돌아가는 표가 있습니까?

您有回去的机票吗?
Nín yǒu huíqu de jīpiào ma?
닌 여우 후이취 더 지퍄오 마?

짐 찾을 때

어디에서 짐을 찾습니까?

在哪儿提取行李呢?
Zài nǎr tíqǔ xíngli ne?
짜이 나알 티취 싱리 너?

수화물계로 가세요.

请去行李提取处。
Qǐng qù xíngli tíqǔchù.
칭 취 싱리 티취추

제 짐을 못 찾겠어요.

我找不到我的行李。
Wǒ zhǎobudào wǒ de xíngli.
워 자오부따오 워 더 싱리

제 짐이 어디에 있는지 확인해 주세요.

请帮我确认一下我的行李在哪里。
Qǐng bāng wǒ quèrèn yíxià wǒ de xíngli zài nǎli.
칭 빵 워 취에런 이시아 워 더 싱리 짜이 나리

제 짐이 아직 나오지 않았어요.

我的行李还没出来。
Wǒ de xíngli hái méi chūlai.
워 더 싱리 하이 메이 추라이

마중

누가 공항에 마중 나오니?

谁到机场去接你?
Shéi dào jīchǎng qù jiē nǐ?
세이 따오 지창 취 지에 니?

공항에 나를 마중 나올 수 있어요?

能到机场接我吗?
Néng dào jīchǎng jiē wǒ ma?
넝 따오 지창 지에 워 마?

당신을 마중하려고 차를 예약했어요.

我订了车去机场接你。
Wǒ dìng le chē qù jīchǎng jiē nǐ.
워 띵 러 처 취 지창 지에 니

공항에 우리를 마중 나와 줘서 고마워요.

谢谢你到机场来接我们。
Xièxie nǐ dào jīchǎng lái jiē wǒmen.
시에시에 니 따오 지창 라이 지에 워먼

내가 공항에 널 마중 갈게.

我去机场接你。
Wǒ qù jīchǎng jiē nǐ.
워 취 지창 지에 니

공항에 마중 나올 필요 없어요.

不用来机场接我。
Búyòng lái jīchǎng jiē wǒ.
부융 라이 지창 지에 워

기내 ①

\# 탑승권을 보여 주세요.

请出示一下登机牌。

Qǐng chūshì yíxià dēngjīpái.

칭 추스 이시아 떵지파이

\# 좌석 찾는 것을 도와드릴까요?

我来帮您找座位好吗?

Wǒ lái bāng nín zhǎo zuòwèi hǎo ma?

워 라이 빵 닌 자오 쭈어웨이 하오 마?

\# 이쪽으로 오세요. 손님 자리는 저기입니다.

请走这边，您的座位在那儿。

Qǐng zǒu zhèbiān, nín de zuòwèi zài nàr.

칭 쩌우 저삐엔, 닌 더 쭈어웨이 짜이 나알

\# 이 가방 올리는 걸 도와주실래요?

能帮我把这个包放上去吗?

Néng bāng wǒ bǎ zhè ge bāo fàngshàngqu ma?

넝 빵 워 바 저 거 빠오 팡상취 마?

\# 본 비행기는 곧 이륙합니다.

本机即将起飞。

Běnjī jíjiāng qǐfēi.

번지 지지앙 치페이

\# 본 비행기는 곧 착륙합니다.

本机即将着陆。

Běnjī jíjiāng zhuólù.

번지 지지앙 주어루

• 着陆 zhuólù 비행기가 착륙하다

기내 ②

\# 안전벨트를 매 주십시오!

请系好安全带!

Qǐng jìhǎo ānquándài!

칭 지하오 안취엔따이!

\# 실례지만, 좀 지나가겠습니다.

不好意思，请借过一下。

Bùhǎoyìsi, qǐng jièguò yíxià.

뿌하오이쓰, 칭 지에꾸어 이시아

\# 신문과 잡지를 좀 주세요.

能给我一些报刊杂志吗?

Néng gěi wǒ yìxiē bàokān zázhì ma?

넝 게이 워 이시에 빠오칸 짜즈 마?

\# 베개와 담요를 주세요.

请给我枕头和毯子。

Qǐng gěi wǒ zhěntou hé tǎnzi.

칭 게이 워 전터우 허 탄쯔

\# 비행시간은 얼마입니까?

飞行时间是多少?

Fēixíng shíjiān shì duōshao?

페이싱 스지엔 뚜어사오?

\# 죄송하지만, 저와 자리를 바꿔 주실 수 있어요?

对不起，你能和我换一下位子吗?

Duìbuqǐ, nǐ néng hé wǒ huàn yíxià wèizi ma?

뚜이부치, 니 넝 허 워 후안 이시아 웨이쯔 마?

기내식

\# 음료를 좀 주세요.

请给我一点饮料。
Qǐng gěi wǒ yìdiǎn yǐnliào.
칭 게이 워 이디엔 인랴오

\# 실례지만 어떤 음료로 하시겠습니까?

请问您要什么饮料?
Qǐngwèn nín yào shénme yǐnliào?
칭원 닌 야오 선머 인랴오?

\# 소고기 식사와 해물 식사 중, 어떤 것으로 하시겠습니까?

牛肉餐和海鲜餐，请问您要哪种?
Niúròucān hé hǎixiāncān, qǐngwèn nín yào nǎ zhǒng?
니우러우찬 허 하이시엔찬, 칭원 닌 야오 나 중?

\# 소고기로 할게요.

我要牛肉餐。
Wǒ yào niúròucān.
워 야오 니우러우찬

\# 어린이 메뉴 있어요?

有没有儿童餐?
Yǒuméiyǒu értóngcān?
여우메이여우 얼퉁찬?

\# 사전에 칭전식(이슬람식) 메뉴로 달라고 했어요.

我事先要求清真餐了。
Wǒ shìxiān yāoqiú qīngzhēn cān le.
워 스시엔 야오치우 칭전 찬 러

清真은 이슬람식 음식으로 중국 국적의 항공사 기내식으로 많이 나오는 메뉴입니다.

꼭! 짚고 가기

중국 항공사

중국 내에서는 물론 우리나라에서 다른 나라를 갈 때 이용할 수 있는 다양한 중국 국적의 항공사가 있습니다. 중국의 대표적 항공사는 다음과 같습니다.

- Air China (CA)
  中国国际航空公司
  Zhōngguó Guójì hángkōng gōngsī
  중구어 구어지 항쿵 꿍쓰
- China Eastern Airlines (MU)
  中国东方航空公司
  Zhōngguó Dōngfāng hángkōng gōngsī 중구어 똥팡 항쿵 꿍쓰
- China Southern Airlines (CZ)
  中国南方航空公司
  Zhōngguó Nánfāng hángkōng gōngsī 중구어 난팡 항쿵 꿍쓰
- Hainan Northern Airlines (HU)
  海南航空公司
  Hǎinán hángkōng gōngsī
  하이난 항쿵 꿍쓰
- Shandong Airlines (SC)
  山东航空公司
  Shāndōng hángkōng gōngsī
  산똥 항쿵 꿍쓰
- Sichuan Airlines (3U)
  四川航空公司
  Sìchuān hángkōng gōngsī
  쓰추안 항쿵 꿍쓰
- Shenzhen Airlines (ZH)
  深圳航空公司
  Shēnzhèn hángkōng gōngsī
  선전 항쿵 꿍쓰
- Shanghai Airlines (FM)
  中国上海航空公司
  Zhōngguó Shànghǎi hángkōng gōngsī 중구어 상하이 항쿵 꿍쓰

이 중, CA, MU, CZ는 국제선으로 많이 이용하는 항공사입니다.

숙박 예약 ①

방을 예약하려고 하는데요.

我想订房间。
Wǒ xiǎng dìng fángjiān.
워 시앙 띵 팡지엔

죄송합니다만, 방이 만실입니다.

对不起，房间都满了。
Duìbuqǐ, fángjiān dōu mǎn le.
뚜이부치, 팡지엔 떠우 만 러

어떤 방을 예약하시겠습니까?

您想订什么样的房间?
Nín xiǎng dìng shénmeyàng de fángjiān?
닌 시앙 띵 선머양 더 팡지엔?

싱글룸 있어요?

有单人间吗?
Yǒu dānrénjiān ma?
여우 딴런지엔 마?

욕실이 딸린 싱글룸으로 하려고요.

我想要一间带浴室的单人间。
Wǒ xiǎngyào yì jiān dài yùshì de dānrénjiān.
워 시앙야오 이 지엔 따이 위스 더 딴런지엔

방을 바꾸고 싶어요.

我想换个房间。
Wǒ xiǎng huàn ge fángjiān.
워 시앙 후안 거 팡지엔

숙박 예약 ②

실례지만 며칠 묵으시겠습니까?

请问您要住几天?
Qǐngwèn nín yào zhù jǐ tiān?
칭원 닌 야오 주 지 티엔?

사흘이요, 일요일 오전에 체크아웃합니다.

三天，周日上午退房。
Sān tiān, Zhōurì shàngwǔ tuìfáng.
싼 티엔, 저우르 상우 투이팡

숙박비가 얼마예요?

住宿费是多少?
Zhùsùfèi shì duōshao?
주쑤페이 스 뚜어사오?

이 가격에 조식이 포함되었습니까?

这个价格包括早餐吗?
Zhè ge jiàgé bāokuò zǎocān ma?
저 거 지아거 빠오쿠어 짜오찬 마?

좀 더 싼 방 있어요?

有便宜点的房间吗?
Yǒu piányí diǎn de fángjiān ma?
여우 피엔이 디엔 더 팡지엔 마?

바다가 보이는 방은 숙박비가 더 비싸요?

海景房房费更贵吗?
Hǎijǐngfáng fángfèi gèng guì ma?
하이징팡 팡페이 껑 꾸이 마?

체크인 ①

체크인하려고요.

我要办入住。

Wǒ yào bàn rùzhù.

워 야오 빤 루주

지금 체크인 수속할 수 있습니까?

现在可以办入住手续吗?

Xiànzài kěyǐ bàn rùzhù shǒuxù ma?

시엔짜이 커이 빤 루주 서우쉬 마?

몇 시에 체크인할 수 있어요?

几点可以入住?

Jǐ diǎn kěyǐ rùzhù?

지 디엔 커이 루주?

예약하셨습니까?

您预定了吗?

Nín yùdìng le ma?

닌 위띵 러 마?

싱글룸 예약했어요, 류밍이라고 합니다.

我定的单人间，叫刘明。

Wǒ dìng de dānrénjiān, jiào Liú Míng.

워 띵 더 딴런지엔, 쟈오 리우 밍

체크아웃할 때, 보증금을 돌려드립니다.

退房时，会退还押金。

Tuìfáng shí, huì tuìhuán yājīn.

투이팡 스, 후이 투이후안 야진

체크인 ②

다시 한번 제 예약을 확인해 주세요.

请再次确认我的预定信息。

Qǐng zàicì quèrèn wǒ de yùdìng xìnxī.

칭 짜이츠 취에런 워 더 위띵 신시

숙박비를 미리 지불했습니다.

我先支付好了住宿费。

Wǒ xiān zhīfùhǎo le zhùsùfèi.

워 시엔 즈푸하오 러 주쑤페이

숙박 카드를 기입해 주세요.

请填写住宿卡。

Qǐng tiánxiě zhùsùkǎ.

칭 티엔시에 주쑤카

제 짐을 보관해 주세요.

请把我的行李保管好。

Qǐng bǎ wǒ de xíngli bǎoguǎnhǎo.

칭 바 워 더 싱리 바오구안하오

객실은 201호입니다.

您的房间是201号。

Nín de fángjiān shì èr líng yāo hào.

닌 더 팡지엔 스 얼 링 야오 하오

객실 번호나 전화번호를 읽을 때, '1'은 'yāo'라고 합니다. 이는 '1(yī)'와 '7(qī)'의 발음이 서로 연결되면 혼동될 수 있기 때문입니다.

조식은 아침 8시부터 10시까지 제공합니다.

从早上8点到10点提供早餐。

Cóng zǎoshang bā diǎn dào shí diǎn tígòng zǎocān.

충 짜오상 빠 디엔 따오 스 디엔 티꿍 짜오찬

체크아웃

체크아웃하려고요.

我要退房。
Wǒ yào tuìfáng.
워 야오 투이팡

오전 11시 전에, 체크아웃해야 합니다.

上午11点前得退房。
Shàngwǔ shíyī diǎn qián děi tuìfáng.
상우 스이 디엔 치엔 데이 투이팡

몇 시에 체크아웃하시겠습니까?

您打算几点退房?
Nín dǎsuan jǐ diǎn tuìfáng?
닌 다쑤안 지 디엔 투이팡?

10시에 체크아웃하려고요.

我打算十点退房。
Wǒ dǎsuan shí diǎn tuìfáng.
워 다쑤안 스 디엔 투이팡

이 항목은 무슨 비용입니까?

这一项是什么费用?
Zhè yí xiàng shì shénme fèiyòng?
저 이 시앙 스 선머 페이융?

잘못된 것 같은데요.

我想你们搞错了。
Wǒ xiǎng nǐmen gǎocuò le.
워 시앙 니먼 가오추어 러

호텔 서비스 ①

세탁할 옷이 좀 있는데요.

我有些衣服要洗。
Wǒ yǒuxiē yīfu yào xǐ.
워 여우시에 이푸 야오 시

실례지만 여기 귀중품을 보관할 수 있습니까?

请问这里可以保管贵重物品吗?
Qǐngwèn zhèli kěyǐ bǎoguǎn guìzhòng wùpǐn ma?
칭원 저리 커이 바오구안 꾸이중 우핀 마?

귀중품을 보관하고 싶은데요.

我要把贵重物品保管好。
Wǒ yào bǎ guìzhòng wùpǐn bǎo guǎn hǎo.
워 야오 바 꾸이중우핀 바오구안하오

열쇠를 보관해 주실 수 있어요?

请帮我保管一下钥匙好吗?
Qǐng bāng wǒ bǎoguǎn yíxià yàoshi hǎo ma?
칭 빵 워 바오구안 이시아 야오스 하오 마?

제 방 열쇠를 주세요.

请给我房间钥匙。
Qǐng gěi wǒ fángjiān yàoshi.
칭 게이 워 팡지엔 야오스

호텔 서비스 ②

\# 모닝콜 서비스를 해 주세요. 아침 6시에 깨워 주세요.

我要叫早服务，请早上六点叫醒我。

Wǒ yào jiàozǎo fúwù, qǐng zǎoshang liù diǎn jiàoxǐng wǒ.

워 야오 쟈오짜오 푸우, 칭 짜오상 리우 디엔 쟈오싱 워

\# 룸서비스를 해 줄 수 있어요?

可以提供客房送餐服务吗?

Kěyǐ tígōng kèfáng sòngcān fúwù ma?

커이 티꿍 커팡 쑹찬 푸우 마?

\# 하루 연장하려고 하는데, 되나요?

我要延长一天，可以吗?

Wǒ yào yáncháng yì tiān, kěyǐ ma?

워 야오 이엔창 이 티엔, 커이 마?

\# 수건을 바꿔 주세요.

请把毛巾换一下。

Qǐng bǎ máojīn huàn yíxià.

칭 바 마오진 후안 이시아

\# 카드키를 어떻게 사용하죠?

房卡怎么用?

Fángkǎ zěnme yòng?

팡카 쩐머 융?

숙박 시설 트러블

\# 열쇠를 방에 두고 나왔어요.

我把钥匙忘在房间里了。

Wǒ bǎ yàoshi wàng zài fángjiānli le.

워 바 야오스 왕 짜이 팡지엔리 러

\# 실례지만 마스터키를 쓸 수 있을까요?

请问能用一下万能钥匙吗?

Qǐngwèn néng yòng yíxià wànnéng yàoshi ma?

칭원 넝 융 이시아 완넝 야오스 마?

\# 방에 온수가 나오지 않아요.

房间里不出热水了。

Fángjiānli bù chū rèshuǐ le.

팡지엔리 뿌 추 러수이 러

\# 변기가 막혔어요.

马桶堵了。

Mǎtǒng dǔ le.

마퉁 두 러

\# 방 청소가 안 됐어요.

房间没有打扫。

Fángjiān méiyǒu dǎsǎo.

팡지엔 메이여우 다싸오

\# 옆 방이 시끄러워 죽겠어요.

隔壁房间吵死了。

Gébì fángjiān chǎo sǐle.

거삐 팡지엔 차오 쓰러

관광 안내소

관광 안내소가 어디에 있습니까?

旅游咨询处在哪儿?
Lúyóu zīxúnchù zài nǎr?
뤼여우 쯔쉰추 짜이 나알?

이 도시의 관광 지도 한 장 주세요.

请给我一张这个城市的旅游地图。
Qǐng gěi wǒ yì zhāng zhè ge chéngshì de lǚyóu dìtú.
칭 게이 워 이 장 저 거 청스 더 뤼여우 띠투

근처에 가 볼 만한 관광지를 추천해 주세요.

请推荐一下附近值得去看的景点。
Qǐng tuījiàn yíxià fùjìn zhídé qù kàn de jǐngdiǎn.
칭 투이지엔 이시아 푸진 즈더 취 칸 더 징디엔

가격이 경제적이고 실속 있는 호텔을 추천해 주세요.

请推荐一个价格经济实惠的酒店。
Qǐng tuījiàn yí ge jiàgé jīngjì shíhuì de jiǔdiàn.
칭 투이지엔 이 거 지아거 징지 스후이 더 지우띠엔

대략적인 지도를 그려 줄 수 있어요?

能给我画个大概的地图吗?
Néng gěi wǒ huà ge dàgài de dìtú ma?
넝 게이 워 후아 거 따까이 더 띠투 마?

투어 상담 ①

여행사에 어떤 여행 상품이 있어요?

旅行社有什么旅行商品吗?
Lǚxíngshè yǒu shénme lǚxíng shāngpǐn ma?
뤼싱서 여우 선머 뤼싱 상핀 마?

당일치기 여행 있어요?

有没有一日游?
Yǒuméiyǒu yírìyóu?
여우메이여우 이르여우?

몇 시, 어디에서 출발해요?

几点，从哪儿出发?
Jǐ diǎn, cóng nǎr chūfā?
지 디엔, 충 나알 추파?

몇 시간 걸려요?

需要几个小时?
Xūyào jǐ ge xiǎoshí?
쉬야오 지 거 샤오스?

몇 시에 돌아올 수 있어요?

几点能回来?
Jǐ diǎn néng huílai?
지 디엔 넝 후이라이?

호텔까지 데려다주나요?

有酒店接送服务吗?
Yǒu jiǔdiàn jiēsòng fúwù ma?
여우 지우띠엔 지에쑹 푸우 마?

• 一日游 yírìyóu 1일 코스의 관광

투어 상담 ②

\# 1인당 비용이 얼마예요?

一个人的费用是多少?
Yí ge rén de fèiyòng shì duōshao?
이 거 런 더 페이융 스 뚜어사오?

\# 관광가이드가 있어요?

有导游吗?
Yǒu dǎoyóu ma?
여우 다오여우 마?

\# 야경을 볼 수 있어요?

可以看夜景吗?
Kěyǐ kàn yèjǐng ma?
커이 칸 이예징 마?

\# 점심 식사가 포함되었나요?

包括午餐吗?
Bāokuò wǔcān ma?
빠오쿠어 우찬 마?

\# 오전에 출발하는 것이 있어요?

有没有上午出发的?
Yǒuméiyǒu shàngwǔ chūfāde?
여우메이여우 상우 추파더?

\# 예약금을 내야 하나요?

要付订金吗?
Yào fù dìngjīn ma?
야오 푸 띵진 마?

꼭! 짚고 가기

중국의 명산 삼산오악

중국에는 삼산오악(三山五岳 sān shān wǔ yuè 싼 산 우 위에)이라 하여, 손에 꼽는 명산들이 있습니다.

삼산(三山)은 유명 관광지로, 신선들이 살던 곳이라는 전설이 있습니다. 멋진 경치와 유적이 있어, 많은 시인들이 일찍이 그 아름다움을 작품에 등장시키기도 했습니다. 대부분 도교의 성지이며, 그 중 황산은 세계문화유산이기도 합니다.

① 황산(黄山 Huángshān 후앙산)
② 여산(庐山 Lúshān 루산)
③ 안탕산
(雁荡山 Yàndàngshān 이옌땅산)

손에 꼽는 5대명산을 오악(五岳)이라고 합니다. 이는 예로부터 민간에서 전해져 내려오는 산신 숭배와 오행 관념 및 역대 왕들이 산에 올라 제사를 지냈던 풍습과 관련이 깊습니다.

① 동악(东岳 Dōngyuè 똥위에)_
태산(泰山 Tàishān 타이산)
② 서악(西岳 Xīyuè 시위에)_
화산(华山 Huáshān 후아산)
③ 남악(南岳 Nányuè 난위에)_
형산(衡山 Héngshān 헝산)
④ 북악(北岳 Běiyuè 베이위에)_
항산(恒山 Héngshān 헝산)
⑤ 중악(中岳 Zhōngyuè 중위에)_
숭산(嵩山 Sōngshān 쑹산)

이 중, 태산은 왕들이 산에 올라 하늘과 땅에 제사를 지낸 곳으로, 오악 중에서도 으뜸(五岳至尊 Wǔyuè zhì zūn 우위에 즈 쭌)으로 여기며 중국 화폐 5위안의 뒷면에도 그려져 있습니다.

입장권 구매

\# 입장권은 어디에서 사요?

在哪儿买门票?
Zài nǎr mǎi ménpiào?
짜이 나알 마이 먼퍄오?

\# 입장권이 얼마예요?

门票是多少钱?
Ménpiào shì duōshao qián?
먼퍄오 스 뚜어사오 치엔?

\# 어른표 두 장, 어린이표 한 장 주세요.

请给我两张成人票，一张儿童票。
Qǐng gěi wǒ liǎng zhāng chéngrénpiào, yì zhāng értóngpiào.
칭 게이 워 리앙 장 청런퍄오, 이 장 얼퉁퍄오

\# 1시 공연, 자리 있어요?

一点的表演，有座位吗?
Yī diǎn de biǎoyǎn, yǒu zuòwèi ma?
이 디엔 더 뱌오이엔, 여우 쭈어웨이 마?

\# 단체표 할인돼요?

团体票可以打折吗?
Tuántǐpiào kěyǐ dǎzhé ma?
투안티퍄오 커이 다저 마?

관람

\# 이곳의 경치는 아주 아름다워요!

这地方风景太美了!
Zhè dìfang fēngjǐng tài měi le!
저 띠팡 펑징 타이 메이 러!

\# 관람 시간은 몇 시에 끝나요?

游览时间到几点为止呢?
Yóulǎn shíjiān dào jǐ diǎn wéizhǐ ne?
여우란 스지엔 따오 지 디엔 웨이즈 너?

\# 이 놀이기구는 7세 이하의 어린이만 이용 가능해요.

这个游乐设施只限于七岁以下的儿童。
Zhè ge yóulè shèshī zhǐ xiànyú qī suì yǐxià de értóng.
저 거 여우러 서스 즈 시엔위 치 쑤이 이시아 더 얼퉁

\# 안에 둘러봐도 되나요?

可以在里面转一转吗?
Kěyǐ zài lǐmiàn zhuànyizhuàn ma?
커이 짜이 리미엔 주안이주안 마?

\# 기념품 가게는 어디에 있어요?

纪念品商店在哪儿?
Jìniànpǐn shāngdiàn zài nǎr?
지니엔핀 상띠엔 짜이 나알

\# 출구가 어디에 있어요?

出口在哪儿?
Chūkǒu zài nǎr?
추커우 짜이 나알?

길 묻기 ①

\# 실례지만 국립미술관은 어떻게 가요?

请问国立美术馆怎么走?

Qǐngwèn guólì měishùguǎn zěnme zǒu?

칭원 구어리 메이수구안 쩐머 쩌우?

\# 실례지만 동방명주에 어떻게 가요?

请问东方明珠怎么走?

Qǐngwèn Dōngfāngmíngzhū zěnme zǒu?

칭원 뚱팡밍주 쩐머 쩌우?

东方明珠는 상하이를 상징하는 방송 송신탑으로,
상하이 시내를 한눈에 볼 수 있는 전망대가 있습니다.

\# 정류소로 가는 길을 알려 주세요.

请告诉我去站点的路。

Qǐng gàosu wǒ qù zhàndiǎn de lù.

칭 까오쑤 워 취 잔디엔 더 루

\# 실례지만 근처에 지하철역이 있나요?

请问附近有地铁站吗?

Qǐngwèn fùjìn yǒu dìtiězhàn ma?

칭원 푸진 여우 띠티에잔 마?

\# 여기에서 박물관까지 멀어요?

从这儿到博物馆远吗?

Cóng zhèr dào bówùguǎn yuǎn ma?

충 저얼 따오 보우구안 위엔 마?

길 묻기 ②

\# 여기에서 걸어간다면 멀어요?

从这儿走的话远不远?

Cóng zhèr zǒu dehuà yuǎnbuyuǎn?

충 저얼 쩌우 더후아 위엔부위엔?

\# 걸어서 갈 수 있어요?

可以走着去吗?

Kěyǐ zǒuzhe qù ma?

커이 쩌우저 취 마?

\# 걸어서 가면 몇 분 걸려요?

走着去需要几分钟?

Zǒuzhe qù xūyào jǐ fēnzhōng?

쩌우저 취 쉬야오 지 펀중?

\# 걸어서 가면 5분이면 도착해요.

走着去五分钟就到了。

Zǒuzhe qù wǔ fēnzhōng jiù dào le.

쩌우저 취 우 펀중 지우 따오 러

\# 좀 멀어요, 버스를 타고 가는 편이 좋겠어요.

有点远，还是坐公车比较好。

Yǒudiǎn yuǎn, háishì zuò gōngchē bǐjiào hǎo.

여우디엔 위엔, 하이스 쭈어 꿍처 비쟈오 하오

• 站点 zhàndiǎn 정류소

기차

\# 상하이로 가는 왕복표 한 장 주세요.

请给我一张去上海的往返票。
Qǐng gěi wǒ yì zhāng qù Shànghǎi de wǎngfǎnpiào.
칭 게이 워 이 장 취 상하이 더 왕판퍄오

\# 몇 등석으로 드릴까요?

请问您要几等座?
Qǐngwèn nín yào jǐ děng zuò?
칭원 닌 야오 지 덩 쭈어?

\# 베이징으로 가는 침대석표 한 장이요, 윗칸으로 주세요.

我要一张去北京的卧铺，请给我上铺。
Wǒ yào yì zhāng qù Běijīng de wòpù, qǐng gěi wǒ shàngpù.
워 야오 이 장 취 베이징 더 워푸, 칭 게이 워 상푸

\# 배차 간격이 어떻게 되죠?

多长时间一班车?
Duōcháng shíjiān yì bānchē?
뚜어창 스지엔 이 빤처?

\# 30분마다 한 대 있습니다.

每30分钟有一班车。
Měi sānshí fēnzhōng yǒu yì bānchē.
메이 싼스 펀중 여우 이 빤처

\# 톈진으로 가는 기차가 몇 시에 출발하죠?

去天津的火车几点出发?
Qù Tiānjīn de huǒchē jǐ diǎn chūfā?
취 티엔진 더 후어처 지 디엔 추파?

지하철

\# 실례지만 매표소가 어디예요?

请问售票处在哪儿?
Qǐngwèn shòupiàochù zài nǎr?
칭원 서우퍄오추 짜이 나알?

\# 지하철 노선도 한 장 주실래요?

能给我一张地铁图吗?
Néng gěi wǒ yì zhāng dìtiětú ma?
넝 게이 워 이 장 띠티에투 마?

\# 어디에서 갈아타나요?

在哪里换车呢?
Zài nǎli huàn chē ne?
짜이 나리 후안 처 너?

\# 2호선으로 갈아타세요.

要换二号线。
Yào huàn èr hàoxiàn.
야오 후안 얼 하오시엔

\# 얼마예요?

多少钱呢?
Duōshao qián ne?
뚜어사오 치엔 너?

\# 시단으로 가려면 몇 번 출구로 가야 해요?

去西单应该走几号出口呢?
Qù Xīdān yīnggāi zǒu jǐ hào chūkǒu ne?
취 시딴 잉까이 쩌우 지 하오 추커우 너?

西单은 베이징 서쪽에 있는 쇼핑 지역입니다.

버스 ①

\# 실례지만 가장 가까운 버스정류장이 어디예요?

请问最近的公交车站在哪里?
Qǐngwèn zuì jìn de gōngjiāochēzhàn zài nǎli?
칭원 쭈이 진 더 꿍쟈오처잔 짜이 나리?

\# 이 차가 공항에 갑니까?

这趟车去机场吗?
Zhè tàng chē qù jīchǎng ma?
저 탕 처 취 지창 마?

\# 어디에서 내려야 하는지 알려 줄 수 있어요?

能告诉我应该在哪儿下车吗?
Néng gàosu wǒ yīnggāi zài nǎr xiàchē ma?
넝 까오쑤 워 잉까이 짜이 나알 시아처 마?

\# 여기에 자리 있어요?

这儿有人坐吗?
Zhèr yǒu rén zuò ma?
저얼 여우 런 쭈어 마?

이 자리에 앉은 사람이 있냐 없냐는 질문은 자리가 비었는지 여부를 묻는 표현입니다.

\# 여기에서 내리겠습니다.

我要在这儿下车。
Wǒ yào zài zhèr xiàchē.
워 야오 짜이 저얼 시아처

꼭! 짚고 가기

중국의 기차

중국의 기차는 좌석의 종류에 따라 침대칸과 좌석칸으로 나뉘고, 침대칸은 硬卧 yìngwò 잉워와 软卧 ruǎnwò 루안워로, 좌석칸은 硬座 yìngzuò 잉쭈어와 软座 ruǎnzuò 루안쭈어로 나뉩니다. 硬卧는 보통 上铺 shàngpù 상푸, 中铺 zhōngpù 중푸, 下铺 xiàpù 시아푸로 나뉘며, 下铺가 가장 비싸고 위로 올라갈수록 가격이 쌉니다. 구간에 따라 上铺와 下铺만 있을 수도 있습니다. 硬卧는 별도의 문은 없지만, 간단한 가리개가 설치되어 있기도 합니다.
软卧는 上铺와 下铺로 나뉘며, 역시 下铺가 더 비쌉니다. 그리고 4칸의 침대별로 문이 있어, 외부의 접촉을 받지 않을 수 있습니다.
침대칸은 모두 개별 침구가 구비되어 있고 침대 사이에 작은 탁자가 있어 여러 용도로 편리하게 사용할 수 있습니다.
좌석칸은 침대칸보다 가격이 저렴하지만, 장거리 구간보다는 단거리 구간에서 많이 이용합니다.
기차를 기다리다 보면, 많은 사람들이 컵라면이나 도시락 등 다양한 먹거리를 들고 있는 것을 볼 수 있습니다. 대부분 장거리 여행이다 보니 기차 안에서 식사를 해결해야 하는데, 식당칸을 이용할 수도 있으나 좀 더 저렴하고 다양한 맛을 즐기기 위해 미리 사 가지고 타는 것입니다. 그러다 보니, 뜨거운 물은 매 차량마다 넉넉하게 준비되어 있습니다.

버스 ②

\# 첫차는 몇 시예요?

头班车是几点钟的?

Tóubānchē shì jǐ diǎn zhōng de?

터우빤처 스 지 디엔 중 더?

\# 막차를 놓쳤어요.

我错过了末班车。

Wǒ cuòguò le mòbānchē.

워 추어꾸어 러 모빤처

\# 도중에 내려도 돼요?

我可以中途下车吗?

Wǒ kěyǐ zhōngtú xiàchē ma?

워 커이 중투 시아처 마?

\# 이 버스의 배차는 몇 분 간격이에요?

这个公交车每隔几分钟一趟?

Zhè ge gōngjiāochē měi gé jǐ fēnzhōng yí tàng?

저 거 꿍쟈오처 메이 거 지 펀중 이 탕?

\# 버스 요금은 얼마예요?

公交车票多少钱?

Gōngjiāochēpiào duōshao qián?

꿍쟈오처퍄오 뚜어사오 치엔?

\# 이 버스는 천안문광장에 가나요?

这个公交车去天安门广场吗?

Zhè ge gōngjiāochē qù Tiān'ān Mén guǎngchǎng ma?

저 거 꿍쟈오처 취 티엔안먼 구앙창 마?

택시 ①

\# 택시를 불러 주실래요?

能帮我叫辆出租车吗?

Néng bāng wǒ jiào liàng chūzūchē ma?

넝 빵 워 쟈오 리앙 추쭈처 마?

\# 여기에서 택시 잡자!

在这儿打个的吧!

Zài zhèr dǎ ge dī ba!

짜이 저얼 다 거 띠 바!

\# 택시를 못 잡았어요.

我没打到车。

Wǒ méi dǎdào chē.

워 메이 다따오 처

\# 실례지만 어디에 가십니까?

请问您去哪儿?

Qǐngwèn nín qù nǎr?

칭원 닌 취 나알?

\# 공항에 갑니다.

我要去机场。

Wǒ yào qù jīchǎng.

워 야오 취 지창

\# 주소를 알려 주세요.

请告诉我地址。

Qǐng gàosu wǒ dìzhǐ.

칭 까오쑤 워 띠즈

택시 ②

\# 기사님, 좀 빨리 가 주세요.

师傅，请开快一点。
Shīfu, qǐng kāi kuài yìdiǎn.
스푸, 칭 카이 콰이 이디엔

\# 기사님, 좀 천천히 가 주세요.

师傅，请开慢一点。
Shīfu, qǐng kāi màn yìdiǎn.
스푸, 칭 카이 만 이디엔

\# 저 모퉁이에서 내릴게요.

我在那个拐角处下车。
Wǒ zài nà ge guǎijiǎochù xiàchē.
워 짜이 나 거 과이쟈오추 시아처

\# 곧 도착합니다.

快到了。
Kuài dào le.
콰이 따오 러

\# 제 짐을 꺼내 주실래요?

请帮我把行李拿出来好吗?
Qǐng bāng wǒ bǎ xíngli náchūlai hǎo ma?
칭 빵 워 바 싱리 나추라이 하오 마?

\# 트렁크 좀 열어 주세요. 제 짐이 많아서요.

请打开后备箱，我的行李很多。
Qǐng dǎkāi hòubèixiāng, wǒ de xíngli hěn duō.
칭 다카이 허우뻬이시앙, 워 더 싱리 헌 뚜어

배

\# 1등석표 한 장 주세요.

请给我一张一等舱的票。
Qǐng gěi wǒ yì zhāng yīděngcāng de piào.
칭 게이 워 이 장 이덩창 더 퍄오

\# 나는 매번 배를 탈 때마다 뱃멀미를 해요.

我每次坐船都晕船。
Wǒ měicì zuò chuán dōu yūnchuán.
워 메이츠 쭈어 추안 떠우 윈추안

\# 승선 시간은 몇 시입니까?

上船的时间是几点?
Shàngchuán de shíjiān shì jǐ diǎn?
상추안 더 스지엔 스 지 디엔?

\# 다음 기항지는 어디입니까?

下一个停靠港是哪里?
Xià yí ge tíngkàogǎng shì nǎli?
시아 이 거 팅카오강 스 나리?

\# 곧 입항합니다.

马上就进港了。
Mǎshàng jiù jìngǎng le.
마상 지우 진강 러

\# 이번 주에 특가 배표 있어요?

有没有本周的特价船票?
Yǒuméiyou běnzhōu de tèjià chuánpiào?
여우메이여우 번저우 더 터지아 추안퍄오?

Chapter 11

긴급상황도 OK!

Chapter 11

交通 Jiāotōng 쟈오퉁 교통

交通 jiāotōng 쟈오퉁
명 교통

飞机 fēijī 페이지
명 비행기

火车 huǒchē 후어처
= 列车 lièchē 리에처
명 기차, 열차

地铁 dìtiě 띠티에
명 지하철

电车 diànchē 띠엔처
명 전차

公交车 gōngjiāochē 꿍쟈오처
명 버스

出租车 chūzūchē 추쭈처
명 택시

汽车 qìchē 치처
명 자동차

摩托车 mótuōchē 모투어처
명 오토바이

自行车 zìxíngchē 쯔싱처
명 자전거

船 chuán 추안
명 배, 선박

红绿灯 hónglǜdēng 훙뤼떵
명 교통 신호등

头盔 tóukuī 터우쿠이
명 헬멧

加油站 jiāyóuzhàn 지아여우잔
명 주유소

停车场 tíngchēchǎng 팅처창
명 주차장

洗车场 xǐchēchǎng 시처창
명 세차장

事故 Shìgù 스꾸 사고

MP3. Word_C11_02

交通事故
jiāotōng shìgù 쟈오퉁 스꾸
= 车祸 chēhuò 처후어
명 교통사고

冲突 chōngtū 충투
명 충돌 동 충돌하다

拖吊车
tuōdiàochē 투어땨오처
견인차

火灾 huǒzāi 후어짜이
명 화재

救火车 jiùhuǒchē 지우후어처
명 소방차

消防站 xiāofángzhàn 샤오팡잔
명 소방서

救护车
jiùhùchē 지우후처
명 구급차

警察 jǐngchá 징차
명 경찰

警察局 jǐngchájú 징차쥐
명 경찰서

派出所 pàichūsuǒ 파이추쑤어
명 파출소

迷路儿童
mílù értóng 미루 얼퉁
미아

遗失 yíshī 이스
= 丢失 diūshī 띠우스
동 분실하다, 잃어버리다

遗失物品
yíshī wùpǐn 이스 우핀
분실물

盗贼 dàozéi 따오쩨이
명 도둑

强盗 qiángdào 치앙따오
명 강도

扒手 páshǒu 파서우
명 소매치기

自然灾难 Zìrán zāinàn 쯔란 짜이난 자연재난

MP3. Word_C11_03

地震 dìzhèn 띠전
명 지진

台风 táifēng 타이펑
명 태풍

海啸 hǎixiào 하이샤오
명 해일, 쓰나미

山崩 shānbēng 산뻥
명 산사태

雪崩 xuěbēng 쉬에뻥
명 눈사태

洪水 hóngshuǐ 훙수이
명 홍수

응급 상황

\# 지금 상황이 급박해요.

现在情况紧急。
Xiànzài qíngkuàng jǐnjí.
시엔짜이 칭쿠앙 진지

\# 저를 병원에 보내 주세요.

请送我到医院。
Qǐng sòng wǒ dào yīyuàn.
칭 쑹 워 따오 이위엔

\# 친구가 쓰러졌어요.

朋友晕倒了。
Péngyou yūndǎo le.
펑여우 윈다오 러

\# 그는 다리를 심하게 다쳤어요.

他的腿伤得很严重。
Tā de tuǐ shāng de hěn yánzhòng.
타 더 투이 상 더 헌 이엔중

\# 응급실이 어디예요?

急诊室在哪儿?
Jízhěnshì zài nǎr?
지전스 짜이 나알?

\# 사람 살려!

救命啊!
Jiùmìng a!
지우밍 아!

구급차 ①

\# 구급차를 불러 주실래요?

能帮我叫救护车吗?
Néng bāng wǒ jiào jiùhùchē ma?
넝 빵 워 쟈오 지우후처 마?

\# 구급차를 부를까요?

要不要叫救护车?
Yàobuyào jiào jiùhùchē?
야오부야오 쟈오 지우후처?

\# 어서 구급차를 부르세요.

快叫救护车。
Kuài jiào jiùhùchē.
콰이 쟈오 지우후처

\# 구급차가 오기 전에 먼저 움직이지 마세요.

在救护车来之前先不要动。
Zài jiùhùchē lái zhīqián xiān búyào dòng.
짜이 지우후처 라이 즈치엔 시엔 부야오 뚱

\# 구급차를 부르려면, 전화번호가 몇 번이죠?

叫救护车的急救电话是多少?
Jiào jiùhùchē de jíjiù diànhuà shì duōshao?
쟈오 지우후처 더 지지우 띠엔후아 스 뚜어사오?

구급차 ②

\# 구급차가 올 거예요.

救护车会来的。

Jiùhùchē huì lái de.

지우후처 후이 라이 더

\# 구급차가 바로 갈 거예요.

救护车马上就过去。

Jiùhùchē mǎshàng jiù guòqu.

지우후처 마상 지우 꾸어취

\# 구급차가 바로 도착했어요.

救护车马上就到。

Jiùhùchē mǎshàng jiù dào.

지우후처 마상 지우 따오

\# 다행히 구급차가 제시간에 왔다.

幸亏救护车来得及时。

Xìngkuī jiùhùchē lái de jíshí.

싱쿠이 지우후처 라이 더 지스

\# 구급차가 오기 전에, 제가 뭘 좀 먼저 할 수 있을까요?

救护车到达之前，我能先做点什么吗?

Jiùhùchē dàodá zhīqián, wǒ néng xiān zuò diǎn shénme ma?

지우후처 따오다 즈치엔, 워 넝 시엔 쭈어 디엔 선머 마?

\# 보호자도 같이 차에 타세요.

监护人一起上车吧。

Jiānnhùrén yìqǐ shàngchē ba.

지엔후런 이치 상처 바

꼭! 짚고 가기

중국의 긴급 전화번호

'범죄 신고는 112, 화재 신고는 119' 우리나라의 긴급 전화번호입니다.

우리는 화재 신고가 119이지만, 미국에서는 911인 것처럼 나라마다 조금씩 차이가 있는데요. 그렇다면 중국에서 필요한 긴급 전화번호는 어떻게 될까요?

범죄 신고는 110으로 우리와 다르지만, 화재 신고는 119로 우리와 같습니다.

그밖에 긴급 구조를 요청할 때는 120, 교통사고가 났을 때는 122입니다.

참고로, 긴급 구조를 요청하는 전화번호가 홍콩은 999, 마카오는 000으로 다릅니다. 대만은 119로 긴급 구조를 요청할 수 있습니다.

긴급 상황은 아니지만, 일기예보 문의는 12121, 전화번호 문의는 114 등이 있습니다.

[중국 공공서비스 전화번호]

- 범죄 신고 110
- 화재 신고 119
- 긴급 구조 신고 120
- 교통사고 신고 122
- 전화번호 안내 114
- 시간 안내 12117
- 날씨 안내 12121
- 소비자 고발 12315

※ 국제전화시

- 중국 국가번호 : +86
- 한국 국가번호 : +82

길을 잃음

길을 잃었어요.

我迷路了。
Wǒ mílù le.
워 미루 러

너 지금 어디 있니?

你现在在哪里?
Nǐ xiànzài zài nǎli?
니 시엔짜이 짜이 나리?

여기가 어디인지 모르겠어요.

我不知道这是哪里。
Wǒ bùzhīdao zhè shì nǎli.
워 뿌즈다오 저 스 나리

내가 어디에 있는지 모르겠어요.

我不知道我在哪里。
Wǒ bùzhīdao wǒ zài nǎli.
워 뿌즈다오 워 짜이 나리

주변에 뭐가 있는지 말씀해 주세요.

请告诉我附近有什么。
Qǐng gàosu wǒ fùjìn yǒu shénme.
칭 까오쑤 워 푸진 여우 선머

죄송하지만, 저도 이곳이 처음입니다.

对不起，我也是第一次来这里。
Duìbuqǐ, wǒ yě shì dì yī cì lái zhèli.
뚜이부치, 워 이에 스 띠 이 츠 라이 저리

미아

내 아들이 없어졌어요.

我儿子丢了。
Wǒ érzi diū le.
워 얼쯔 띠우 러

딸을 어디에서 잃어버렸나요?

你和女儿在哪里走失的?
Nǐ hé nǚ'ér zài nǎli zǒushīde?
니 허 뉘얼 짜이 나리 쩌우스더?

그녀의 외모 특징을 알려 주세요.

请告诉我她的外貌特征。
Qǐng gàosu wǒ tā de wàimào tèzhēng.
칭 까오쑤 워 타 더 와이마오 터정

미아 방송을 하세요.

请广播寻找走丢的孩子。
Qǐng guǎngbō xúnzhǎo zǒudiū de háizi.
칭 구앙뽀 쉰자오 쩌우띠우 더 하이쯔

먼저 실종 신고를 하세요.

先办理失踪人口报案。
Xiān bànlǐ shīzōng rénkǒu bào'àn.
시엔 빤리 스쭝 런커우 빠오안

분실

분실물 보관소가 어디예요?

失物招领处在哪儿?
Shīwù zhāolǐngchù zài nǎr?
스우 자오링추 짜이 나알?

언제 어디에서 분실하셨어요?

何时何地丢了东西?
Héshí hédì diū le dōngxi?
허스 허띠 띠우 러 뚱시?

신용 카드를 잃어버렸어요.

信用卡丢了。
Xìnyòngkǎ diū le.
신융카 띠우 러

지갑을 택시에서 잃어버렸어요.

我把钱包丢在出租车上了。
Wǒ bǎ qiánbāo diū zài chūzūchēshang le.
워 바 치엔빠오 띠우 짜이 추쭈처상 러

어디에서 잃어버렸는지 생각나지 않아요.

想不起来在哪里丢的了。
Xiǎngbuqǐlai zài nǎli diūde le.
시앙부치라이 짜이 나리 띠우더 러

분실 신고 & 분실물 센터

분실물은 저희가 일체 책임지지 않습니다.

丢失物品我们概不负责。
Diūshī wùpǐn wǒmen gài bú fùzé.
띠우스 우핀 워먼 까이 부 푸쩌

분실물 신청서를 작성해 주세요.

请填一下寻物申请表。
Qǐng tián yíxià xúnwù shēnqǐngbiǎo.
칭 티엔 이시아 쉰우 선칭뱌오

분실한 짐을 찾으러 왔습니다.

我来找我丢的行李。
Wǒ lái zhǎo wǒ diū de xíngli.
워 라이 자오 워 띠우 더 싱리

신용 카드를 잃어버렸어요, 분실 신고를 하려고요.

我信用卡丢了，我要挂失。
Wǒ xìnyòngkǎ diū le, wǒ yào guàshī.
워 신융카 띠우 러, 워 야오 꾸아스

어서 분실 신고해.

快挂失。
Kuài guàshī.
콰이 꾸아스

이것을 분실물 센터에 갖다줘야 해.

你应该把这个交给失物招领中心。
Nǐ yīnggāi bǎ zhè ge jiāo gěi shīwù zhāolǐng zhōngxīn.
니 잉까이 바 저 거 쟈오 게이 스우 자오링 중신

도난 ①

\# 도둑이야!

有贼啊!

Yǒu zéi a!

여우 쩨이 아!

\# 도둑 잡아라!

抓贼啊!

Zhuā zéi a!

주아 쩨이 아!

\# 내 지갑을 도둑맞았어요.

我的钱包被偷了。

Wǒ de qiánbāo bèi tōu le.

워 더 치엔빠오 뻬이 터우 러

\# 그는 내 지갑을 훔쳤어요.

他偷了我的钱包。

Tā tōu le wǒ de qiánbāo.

타 터우 러 워 더 치엔빠오

\# 어떤 사람이 내 가방을 훔쳤어요.

有人偷了我的包。

Yǒurén tōu le wǒ de bāo.

여우런 터우 러 워 더 빠오

\# 오늘 아침 지하철에서 도둑맞았어요.

今早在地铁上被偷了。

Jīnzǎo zài dìtiěshang bèi tōu le.

진짜오 짜이 띠티에상 뻬이 터우 러

\# 경비원을 불러 주세요.

帮我叫保安。

Bāng wǒ jiào bǎo'ān.

빵 워 쟈오 바오안

도난 ②

\# 이웃은 이미 몇 차례 도난당했어요.

隔壁已经失窃好几次了。

Gébì yǐjīng shīqiè hǎo jǐ cì le.

거삐 이징 스치에 하오 지 츠 러

\# 도난당한 후에 경찰에 신고했어요?

你被盗后报警了吗?

Nǐ bèi dào hòu bàojǐng le ma?

니 뻬이 따오 허우 빠오징 러 마?

\# 그것은 도난을 방지하는 것이에요.

那是防止失窃的。

Nà shì fángzhǐ shīqiè de.

나 스 팡즈 스치에 더

\# 어젯밤 우리 집에 도둑이 들었다.

昨晚我家进贼了。

Zuówǎn wǒ jiā jìn zéi le.

쭈어완 워 지아 진 쩨이 러

\# 외출했을 때 도둑이 들어오면 어떡하죠?

外出时如果盗贼进来怎么办?

Wàichū shí rúguǒ dàozéi jìnlai zěnme bàn?

와이추 스 루구어 따오쩨이 진라이 쩐머 빤?

\# 여기 CCTV 있어요?

这里有监视器吗?

Zhèli yǒu jiānshìqì ma?

저리 여우 지엔스치 마?

- 失窃 shīqiè 도난당하다, 도둑맞다

소매치기 & 좀도둑

좀도둑 잡아라!

抓小偷!

Zhuā xiǎotōu!

주아 샤오터우!

소매치기를 조심하세요!

小心扒手!

Xiǎoxīn páshǒu!

샤오신 파서우!

좀도둑이 내 지갑을 훔쳤어요.

小偷偷了我的钱包。

Xiǎotōu tōu le wǒ de qiánbāo.

샤오터우 터우 러 워 더 치엔빠오

여기는 좀도둑을 만나기 쉬우니, 조심하세요.

这里容易碰到小偷，要小心。

Zhèli róngyì pèngdào xiǎotōu, yào xiǎoxīn.

저리 룽이 펑따오 샤오터우, 야오 샤오신

승객 여러분, 자신의 소지품을 잘 보고, 도난당하지 않도록 조심하세요.

乘客朋友们请注意，请看好自己的物品，小心被盗。

Chéngkè péngyoumen qǐng zhùyì, qǐng kànhǎo zìjǐ de wùpǐn, xiǎoxīn bèi dào.

청커 펑여우먼 칭 주이, 칭 칸하오 쯔지 더 우핀, 샤오신 뻬이 따오

사기 ①

나는 속았어요.

我被骗了。

Wǒ bèi piàn le.

워 뻬이 피엔 러

사기꾼에게 돈을 떼였어요.

钱被骗子骗走了。

Qián bèi piànzi piànzǒu le.

치엔 뻬이 피엔쯔 피엔쩌우 러

그는 사기꾼이에요.

他是个骗子。

Tā shì ge piànzi.

타 스 거 피엔쯔

날 속이지 마라.

别骗我了。

Bié piàn wǒ le.

비에 피엔 워 러

이건 순전히 속임수예요.

这纯粹是一个骗局。

Zhè chúncuì shì yí ge piànjú.

저 춘추이 스 이 거 피엔쥐

보이스피싱 사기를 당했어요.

我被电话诈骗给骗了。

Wǒ bèi diànhuà zhàpiàn gěi piàn le.

워 뻬이 띠엔후아 자피엔 게이 피엔 러

• 骗局 piànjú 속임수, 사기 수단

사기 ②

그는 나를 속여 내 돈을 빼앗았어요.

他骗了我的钱。

Tā piàn le wǒ de qián.

타 피엔 러 워 더 치엔

그는 사기죄로 체포됐어요.

他因诈骗罪被捕了。

Tā yīn zhàpiànzuì bèi bǔ le.

타 인 자피엔쭈이 뻬이 부 러

나는 그 사기꾼의 말을 믿었어요.

我相信了那个骗子的话。

Wǒ xiāngxìn le nà ge piànzi de huà.

워 시앙신 러 나 거 피엔쯔 더 후아

그는 완전히 사기꾼이에요.

他纯粹就是个骗子。

Tā chúncuì jiùshì ge piànzi.

타 춘추이 지우스 거 피엔쯔

나는 택시 기사에게 속았어요.

我被出租车司机骗了。

Wǒ bèi chūzūchē sījī piàn le.

워 뻬이 추쭈처 쓰지 피엔 러

경찰 신고

여기에서 가장 가까운 파출소가 어디예요?

离这儿最近的派出所在哪里?

Lí zhèr zuì jìn de pàichūsuǒ zài nǎli?

리 저얼 쭈이 진 더 파이추쑤어 짜이 나리?

경찰에 신고해.

报警。

Bàojǐng.

빠오징

나는 도둑맞아서, 경찰에 신고할 거야.

我被偷了，我要报警。

Wǒ bèi tōu le, wǒ yào bàojǐng.

워 뻬이 터우 러, 워 야오 빠오징

가장 가까운 파출소에 가서 신고하는 게 좋겠어요.

去最近的派出所报警比较好。

Qù zuì jìn de pàichūsuǒ bàojǐng bǐjiào hǎo.

취 쭈이 진 더 파이추쑤어 빠오징 비쟈오 하오

한국 대사관에 연락해 주세요.

请帮我联系韩国大使馆。

Qǐng bāng wǒ liánxì Hánguó dàshǐguǎn.

칭 빵 워 리엔시 한구어 따스구안

교통사고

\# 교통사고를 목격했어요.

我目击了车祸。
Wǒ mùjī le chēhuò.
워 무지 러 처후어

\# 두 대의 차가 정면 충돌했어요.

两车正面相撞。
Liǎng chē zhèngmiàn xiāngzhuàng.
리앙 처 정미엔 시앙주앙

\# 저 교통사고는 언제 일어났어요?

那场车祸是什么时候发生的?
Nà chǎng chēhuò shì shénme shíhou fāshēng de?
나 창 처후어 스 선머 스허우 파성 더?

\# 교통사고 증명서를 작성하는 것을 도와주세요.

请帮我开具交通事故证明。
Qǐng bāng wǒ kāijù jiāotōng shìgù zhèngmíng.
칭 빵 워 카이쥐 쟈오퉁 스꾸 정밍

\# 운전면허증을 보여 주세요.

请出示您的驾照。
Qǐng chūshì nín de jiàzhào.
칭 추스 닌 더 지아자오

\# 음주 측정기를 불어 주세요.

请吹酒精测试仪。
Qǐng chuī jiǔjīng cèshìyí.
칭 추이 지우징 처스이

• 开具 kāijù (증명서를) 작성하다

꼭! 짚고 가기

중국에서 금기하는 선물

중국인들은 발음이 비슷하여 나쁜 의미가 연상되는 선물을 주고받지 않습니다. 그럼 우리가 조심해야 할 것들에는 무엇이 있을까요?

① **시계**(钟 zhōng 중)
'시계를 주다(送钟 sòng zhōng 쑹중)'는 '임종을 지키다, 장례를 치르다(送终 sòngzhōng 쑹중)'와 발음이 같아 선물로 기피합니다.

② **우산**(伞 sǎn 싼)
'헤어지다, 흩어지다(散 sǎn 싼)'와 발음이 비슷하기 때문입니다.

③ **배**(梨 lí 리)
과일 배는 '이별, 헤어짐(离 lí 리)'과 발음이 비슷하여 선물하지 않으며, 특히 연인들끼리는 배를 반으로 나누어 먹는 것(分梨 fēn lí 펀리)은 '헤어지다(分离 fēnlí 펀리)'를 연상시켜 꺼립니다.

④ **거북**(龟 guī 꾸이)
'귀신(鬼 guǐ 구이)'과 발음이 비슷하여 선물하기를 꺼립니다.

⑤ **부채**(扇 shàn 산)
부채도 역시 '헤어지다, 흩어지다(散 sǎn 싼)'와 발음이 비슷하고, '정을 끊는다'라는 의미도 있어 선물하지 않습니다.

그밖에 조심해야 할 선물로는 녹색 모자(바람난 아내의 남편을 상징), 국화(장례용 꽃이므로 어떤 색이든 선물하지 않음), 거울(깨지기 쉽고 사람의 진면목을 비추지 않는다고 여김) 등이 있습니다.

안전사고 ①

\# 그는 수영할 때 하마터면 익사할 뻔했어요.

他游泳时差点淹死。
Tā yóuyǒng shí chàdiǎn yānsǐ.
타 여우융 스 차디엔 이엔쓰

\# 바다에 빠진 소년은 익사했어요.

坠入海中的少年溺亡了。
Zhuìrù hǎizhōng de shàonián nìwáng le.
쭈이루 하이중 더 사오니엔 니왕 러

\# 그는 감전되어 죽을 뻔했어요.

他差点触电身亡。
Tā chàdiǎn chùdiàn shēnwáng.
타 차디엔 추디엔 선왕

\# 계단이 미끄러워요.

台阶很滑。
Táijiē hěn huá.
타이지에 헌 후아

\# 미끄러져 넘어지지 않게 조심해요.

小心滑倒。
Xiǎoxīn huádǎo.
샤오신 후아다오

\# 구명조끼 입어라!

穿救生衣吧!
Chuān jiùshēngyī ba!
추안 지우성이 바!

• 触电身亡 chùdiàn shēnwáng 감전되어 죽다

안전사고 ②

\# 돌에 걸려 넘어졌다.

我被石头绊倒了。
Wǒ bèi shítou bàndǎo le.
워 뻬이 스터우 빤다오 러

\# 그는 돌에 걸려, 발목이 삐었다.

他被石头绊了一跤，扭伤了脚踝。
Tā bèi shítou bàn le yì jiāo, niǔshāng le jiǎohuái.
타 뻬이 스터우 빤 러 이 쟈오, 니우상 러 쟈오화이

\# 그녀는 중심을 잃고 넘어졌다.

她失去重心摔倒了。
Tā shīqù zhòngxīn shuāidǎo le.
타 스취 중신 솨이다오 러

\# 나는 자전거를 타다가 넘어졌다.

我骑自行车时摔倒了。
Wǒ qí zìxíngchē shí shuāidǎo le.
워 치 쯔싱처 스 솨이다오 러

\# 할머니가 넘어지셔서, 무릎을 다치셨다.

老奶奶摔倒了，膝盖受伤了。
Lǎo nǎinai shuāidǎo le, xīgài shòushāng le.
라오 나이나이 솨이다오 러, 시까이 서우상 러

• 脚踝 jiǎohuái 발목, 복사뼈

화재 ①

불이 났어요!

着火了!
Zháohuǒ le!
자오후어 러!

어서 119에 전화해.

快打119。
Kuài dǎ yāo yāo jiǔ.
콰이 다 야오 야오 지우

어젯밤에 화재가 발생했어요.

昨晚发生火灾了。
Zuówǎn fāshēng huǒzāi le.
쭈어완 파성 후어짜이 러

이 건물은 어젯밤 화재로 타 버렸어요.

这个建筑在昨晚的火灾中被烧毁。
Zhè ge jiànzhù zài zuówǎn de huǒzāi zhōng bèi shāohuǐ.
저 거 지엔주 짜이 쭈어완 더 후어짜이 중 뻬이 사오후이

화재가 발생하여, 사람들이 대피했어요.

发生火灾后，人们撤离了。
Fāshēng huǒzāi hòu, rénmen chèlí le.
파성 후어짜이 허우, 런먼 처리 러

- 着火 zháhuǒ 불이 나다
- 撤离 chèlí 떠나다, 철수하다

화재 ②

화재는 보통 사람들이 소홀해서 발생했어요.

火灾一般是由于人们的疏忽引发的。
Huǒzāi yìbān shì yóuyú rénmen de shūhū yǐnfā de.
후어짜이 이빤 스 여우위 런먼 더 수후 인파 더

소방대원은 5분 안에 현장에 왔어요.

消防队员五分钟内赶到现场。
Xiāofáng duìyuán wǔ fēnzhōng nèi gǎndào xiànchǎng.
샤오팡 뚜이위엔 우 펀중 네이 간따오 시엔창

화재가 발생해서 우리는 대피했어요.

发生火灾后我们撤离了。
Fāshēng huǒzāi hòu wǒmen chèlí le.
파성 후어짜이 허우 워먼 처리 러

화재 경보가 울리면 즉시 피하세요.

火灾警报拉响后请立即撤离。
Huǒzāi jǐngbào lāxiǎng hòu qǐng lìjí chèlí.
후어짜이 징빠오 라시앙 허우 칭 리지 처리

그 화재 원인은 뭐예요?

那场火灾的原因是什么?
Nà chǎng huǒzāi de yuányīn shì shénme?
나 창 후어짜이 더 위엔인 스 선머?

- 拉响 lāxiǎng 경보가 울리다, 경적이 울리다

지진 ①

\# 한밤중에 지진이 발생했어요.

半夜里发生了地震。
Bànyèli fāshēng le dìzhèn.
빤이에리 파성 러 띠전

\# 지진으로 땅이 갈라졌어요.

地震把地面震裂了。
Dìzhèn bǎ dìmiàn zhènliè le.
띠전 바 띠미엔 전리에 러

\# 저 마을은 지진으로 파괴됐어요.

那个村庄被地震摧毁了。
Nà ge cūnzhuāng bèi dìzhèn cuīhuǐ le.
나 거 춘추앙 뻬이 띠전 추이후이 러

\# 쓰촨성에 진도 8의 지진이 발생했어요.

四川省发生了八级地震。
Sìchuānshěng fāshēng le bā jí dìzhèn.
쓰추안성 파성 러 빠 지 띠전

\# 경주에 진도 2의 지진이 발생했어요.

庆州发生了二级地震。
Qìngzhōu fāshēng le èr jí dìzhèn.
칭저우 파성 러 얼 지 띠전

\# 지진대피소에서 구조를 기다려요.

在防震棚等候救护。
Zài fángzhènpéng děnghòu jiùhù.
짜이 팡전펑 덩허우 지우후

지진 ②

\# 지진으로 많은 건물이 훼손됐어요.

地震给很多建筑物造成破坏。
Dìzhèn gěi hěn duō jiànzhùwù zàochéng pòhuài.
띠전 게이 헌 뚜어 지엔주우 짜오청 포화이

\# 지진은, 사람들이 들으면 무서워해요.

对于地震，人人都听之色变。
Duìyú dìzhèn, rénrén dōu tīng zhī sèbiàn.
뚜이위 띠전, 런런 떠우 팅 즈 써삐엔

\# 이런 대규모의 지진을 본 적 없어요.

这么大规模的地震我从来没看过。
Zhème dàguīmó de dìzhèn wǒ cónglái méi kànguo.
저머 따꾸이모 더 띠전 워 충라이 메이 칸구어

\# 지진이 발생하면, 탁자 아래로 몸을 피해야 해요.

发生地震的话，应该躲在桌子下面。
Fāshēng dìzhèn dehuà, yīnggāi duǒ zài zhuōzi xiàmian.
파성 띠전 더후아, 잉까이 두어 짜이 주어쯔 시아미엔

\# 봐 봐, 이것은 지진으로 만들어진 해일이야.

看看吧，这是地震造成的海啸。
Kànkan ba, zhè shì dìzhèn zàochéng de hǎixiào.
칸칸 바, 저 스 띠전 짜오청 더 하이샤오

장례

\# 할아버지가 오늘 아침에 돌아가셨어요.

我爷爷今早去世了。
Wǒ yéye jīnzǎo qùshì le.
워 이에이에 진짜오 취스 러

\# 장례식에서 눈물이 멈추지 않아요.

在葬礼上泪流不止。
Zài zànglǐshang lèiliú bùzhǐ.
짜이 짱리상 레이리우 뿌즈

\# 장례식에 참석할 수 없을 것 같아요.

我恐怕不能参加葬礼。
Wǒ kǒngpà bùnéng cānjiā zànglǐ.
워 쿵파 뿌넝 찬지아 짱리

\# 그는 공동묘지에 묻혔어요.

他葬在了公墓。
Tā zàngzài le gōngmù.
타 짱짜이 러 꿍무

\# 나는 죽으면 화장하려고요.

我死后想火葬。
Wǒ sǐhòu xiǎng huǒzàng.
워 쓰허우 시앙 후어짱

\# 부의는 죽은 사람에게 주는 것이고, 조의금은 상주, 예를 들어 사망자의 아들 등에게 주는 것이에요.

奠仪是给死者的，赙金是给丧主的，如死者的儿子等。
Diànyí shì gěi sǐzhě de, fùjīn shì gěi sàngzhǔ de, rú sǐzhě de érzi děng.
띠엔이 스 게이 쓰저 더, 푸진 스 게이 쌍주 더, 루 쓰저 더 얼쯔 덩

조문

\# 우리는 그녀를 애도했어요.

我们为她哀悼。
Wǒmen wèi tā āidào.
워먼 웨이 타 아이따오

\# 어떻게 위로해야 할지 모르겠네요.

不知道怎么安慰你。
Bùzhīdao zěnme ānwèi nǐ.
뿌즈다오 쩐머 안웨이 니

\# 진심으로 위로를 표합니다.

向您衷心地表示慰问。
Xiàng nín zhōngxīnde biǎoshì wèiwèn.
시앙 닌 중신더 뱌오스 웨이원

\# 우리는 매우 비통합니다.

我们都非常沉痛。
Wǒmen dōu fēicháng chéntòng.
워먼 떠우 페이창 천퉁

\# 삼가 고인의 명복을 빕니다.

敬祈冥福。
Jìngqímíngfú.
징치밍푸

\# 고인은 이미 가셨지만, 그의 웃는 모습과 목소리는 영원히 우리 마음에 남을 겁니다.

故人已逝，他的音容笑貌将永存我们心中。
Gùrén yǐ shì, tā de yīnróngxiàomào jiāng yǒngcún wǒmen xīnzhōng.
꾸런 이 스, 타 더 인룽샤오마오 지앙 융춘 워먼 신중

Chapter 12

너희들 덕에 편하구나!

Chapter 12

Unit 1 컴퓨터

Unit 2 인터넷

Unit 3 휴대 전화

电脑和因特网 Diànnǎo hé yīntèwǎng 띠엔나오 허 인터왕 컴퓨터와 인터넷 MP3. Word_C12_01

电脑 diànnǎo 띠엔나오
= **计算机** jìsuànjī 지쑤안지
명 컴퓨터

台式电脑
táishì diànnǎo 타이스 띠엔나오
명 데스크톱 컴퓨터

笔记本电脑
bǐjìběn diànnǎo 비지번 띠엔나오
명 노트북 컴퓨터

平板电脑
píngbǎn diànnǎo 핑반 띠엔나오
명 태블릿 컴퓨터

显示器 xiǎnshìqì 시엔스치
명 모니터

键盘 jiànpán 지엔판
명 키보드

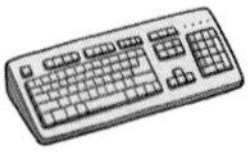

鼠标 shǔbiāo 수빠오
명 마우스

开 kāi 카이
동 켜다

关 guān 꾸안
동 끄다

软件 ruǎnjiàn 루안지엔
명 프로그램

安装 ānzhuāng 안주앙
동 설치하다

点击 diǎnjī 디엔지
동 클릭하다

文件夹 wénjiànjiā 원지엔지아
명 (파일) 폴더

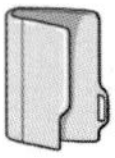

档案 dàng'àn 땅안
명 파일

保存 bǎocún 바오춘
동 저장하다

删除 shānchú 산추
= **取消** qǔxiāo 취샤오
동 지우다

打印机 dǎyìnjī 다인지
명 프린터

扫描器 sǎomiáoqì 싸오먀오치
명 스캐너

网络摄像机
wǎngluò shèxiàngjī 왕루어 서시앙지
명 웹캠

因特网 yīntèwǎng 인터왕

= 互联网

hùliánwǎng 후리엔왕

명 인터넷

无线局域网

wúxiàn júyùwǎng 우시엔 쥐위왕

= 无线区域网络

wúxiàn qūyù wǎngluò

우시엔 취위 왕루어

명 와이파이,
무선 인터넷

电子邮件

diànzi yóujiàn 띠엔쯔 여우지엔

명 이메일

电子邮件地址

diànzi yóujiàn dìzhǐ

띠엔쯔 여우지엔 띠즈

이메일 주소

网站 wǎngzhàn 왕잔

명 웹사이트

主页 zhǔyè 주이에

명 홈페이지

附件 fùjiàn 푸지엔

명 첨부 파일

搜索 sōusuǒ 써우쑤어

동 검색하다

手机 Shǒujī 서우지 휴대 전화

MP3. Word_C12_02

手机 shǒujī 서우지

명 휴대 전화

智能手机

zhìnéng shǒujī 즈넝 서우지

명 스마트폰

应用 yìngyòng 잉융

명 애플리케이션, 앱

电话号码

diànhuà hàomǎ 띠엔후아 하오마

명 전화 번호

短信 duǎnxìn 두안신

명 문자 메시지

视频电话

shìpín diànhuà 스핀 띠엔후아

명 영상 통화

铃音 língyīn 링인

명 벨소리

振动 zhèndòng 전뚱

동 진동하다

漫游服务

mànyóu fúwù 만여우 푸우

로밍서비스

컴퓨터 ①

컴퓨터를 켜고 끄는 법을 아세요?

你知道怎么开电脑关电脑吗?
Nǐ zhīdao zěnme kāi diànnǎo guān diànnǎo ma?
니 즈다오 쩐머 카이 띠엔나오 꾸안 띠엔나오 마?

你知道怎么开关机吗?
Nǐ zhīdao zěnme kāiguānjī ma?
니 즈다오 쩐머 카이꾸안지 마?

그녀는 컴퓨터를 잘 다뤄요.

她能熟练地操作电脑。
Tā néng shúliànde cāozuò diànnǎo.
타 넝 수리엔더 차오쭈어 띠엔나오

나는 컴맹이에요.

我是电脑盲。
Wǒ shì diànnǎománg.
워 스 띠엔나오망

보통 쓰는 OS는 뭐예요?

一般常用的电脑操作系统是什么?
Yìbān cháng yòng de diànnǎo cāozuò xìtǒng shì shénme?
이빤 창 융 더 띠엔나오 차오쭈어 시퉁 스 선머?

요즘 노트북 컴퓨터는 필수품 중 하나예요.

最近笔记本电脑是必需品之一。
Zuìjìn bǐjìběn diànnǎo shì bìxūpǐn zhī yī.
쭈이진 비지번 띠엔나오 스 삐쉬핀 즈 이

컴퓨터 ②

내 컴퓨터 속도가 느려서 어떤 파일도 안 열려요.

我的电脑速度很慢，打不开任何文件。
Wǒ de diànnǎo sùdù hěn màn, dǎbukāi rènhé wénjiàn.
워 더 띠엔나오 쑤뚜 헌 만, 다부카이 런허 원지엔

컴퓨터가 고장 났어요.

电脑出故障了。
Diànnǎo chū gùzhàng le.
띠엔나오 추 꾸장 러

백신 프로그램을 실행시켜요.

运行防病毒程序。
Yùnxíng fángbìngdú chéngxù.
윈싱 팡삥두 청쉬

나는 컴퓨터를 어떻게 조작하는지 몰라요.

我不知道怎么操作电脑。
Wǒ bùzhīdao zěnme cāozuò diànnǎo.
워 뿌즈다오 쩐머 차오쭈어 띠엔나오

컴퓨터에 문제가 있으면, 재부팅 하세요.

电脑有问题，重新启动吧。
Diànnǎo yǒu wèntí, chóngxīn qǐdòng ba.
띠엔나오 여우 원티, 충신 치뚱 바

컴퓨터 모니터

컴퓨터 모니터가 켜지지 않았어요.

电脑显示器没有打开。
Diànnǎo xiǎnshìqì méiyǒu dǎkāi.
띠엔나오 시엔스치 메이여우 다카이

컴퓨터 모니터가 어떻게 된 거예요?

电脑显示器怎么了?
Diànnǎo xiǎnshìqì zěnme le?
띠엔나오 시엔스치 쩐머 러?

모니터 화면이 나갔어요.

电脑屏幕死机了。
Diànnǎo píngmù sǐjī le.
띠엔나오 핑무 쓰지 러

모니터가 이상한데요.

显示器是模糊的。
Xiǎnshìqì shì móhú de.
시엔스치 스 모후 더

어떤 상표의 모니터가 제일 좋아?

什么牌子的电脑显示器最好?
Shénme páizi de diànnǎo xiǎnshìqì zuì hǎo?
선머 파이쯔 더 띠엔나오 시엔스치 쭈이 하오?

꼭! 짚고 가기

중국어 외래어 표기법

중국어는 표의문자이다 보니, 외래어와 신조어, 외국 상표 등을 표기할 때 한계가 많은데, 만들어진 단어들을 보면 이 한계를 넘어선 것 같습니다.
표기법에는 음을 따서 만드는 음역, 뜻을 따서 만드는 의역, 음과 뜻을 적당히 섞어 만든 '음역+의역'이 있는데, 그 예를 살펴보면 음역이나 의역 모두 아무 글자나 써서 만들지 않았음을 알 수 있습니다. 이 중 '음역+의역'으로 만들어진 단어들을 살펴보겠습니다.

- 인터넷 因特网 Yīntèwǎng 인터왕
  Inter는 음을, net은 의미를 살려 만든 단어입니다.
- 발레 芭蕾舞 bālěiwǔ 빠레이우
  ballet는 음을 따고, '무용, 춤'이라는 의미를 덧붙여 만든 단어입니다.
- 버거킹 汉堡王 Hànbǎowáng 한바오왕
  햄버거의 음과 king의 뜻을 살려 만들었습니다.
- 스타벅스 星巴克 Xīngbākè 싱빠커
  star의 뜻과 bucks의 음을 따서 만들었습니다.
- 이마트 易买得 Yìmǎidé 이마이더
  '쉽게 사고 얻는다'라는 의미로, '없는 게 없이 다 있는 마트'라는 의미도 살고, 음도 비슷하게 만든 이름입니다.
- 까르푸 家乐福 Jiālèfú 지아러푸
  '집안의 즐거움과 복'이라는 의미에, 까르푸의 음과도 비슷합니다.
- 코카콜라 可口可乐 Kěkǒu kělè 커커우 커러
  '입을 즐겁게 하는'이라는 뜻으로, 콜라를 먹으면 기분이 좋아지는 청량음료임을 뜻하기도 하고, 콜라의 음을 따기도 했습니다.

키보드 & 마우스

그는 키보드로 입력하고 있어요.

他在键盘上打字。

Tā zài jiànpánshang dǎzì.

타 짜이 지엔판상 다쯔

그녀의 손가락은 빠르게 키보드를 치고 있어요.

她的手指飞快地敲着键盘。

Tā de shǒuzhǐ fēikuàide qiāozhe jiànpán.

타 더 서우즈 페이콰이더 챠오저 지엔판

키보드가 안 눌러져요.

键盘按不动了。

Jiànpán ànbudòng le.

지엔판 안부뚱 러

무선 마우스가 있으면 좋겠는데.

要是有无线鼠标就好了。

Yàoshi yǒu wúxiàn shǔbiāo jiù hǎo le.

야오스 여우 우시엔 수뺘오 지우 하오 러

마우스가 불은 들어오는데 반응이 없어, 어떡하지?

鼠标灯亮但是没反应，我该怎么办?

Shǔbiāo dēng liàng dànshì méi fǎnyìng, wǒ gāi zěnme bàn?

수뺘오 떵 리앙 딴스 메이 판잉, 워 까이 쩐머 빤?

프린터

테스트 페이지를 이미 프린터로 보냈어요.

测试页面现已被传送到打印机。

Cèshì yèmiàn xiàn yǐ bèi chuánsòngdào dǎyìnjī.

처스 이에미엔 시엔 이 뻬이 추안쑹따오 다인지

프린터의 잉크를 다 썼어요.

打印机的墨水用完了。

Dǎyìnjī de mòshuǐ yòngwán le.

다인지 더 모수이 융완 러

카트리지의 잉크를 어떻게 충전해요?

墨盒的墨水怎么加呢?

Mòhé de mòshuǐ zěnme jiā ne?

모허 더 모수이 쩐머 지아 너?

프린터에 종이가 걸렸어요.

打印机卡纸了。

Dǎyìnjī qiǎzhǐ le.

다인지 치아즈 러

프린터에 종이가 없어요.

打印机没纸了。

Dǎyìnjī méi zhǐ le.

다인지 메이 즈 러

프린터 좀 켜 주세요.

请帮我打开打印机。

Qǐng bāng wǒ dǎkāi dǎyìnjī.

칭 빵 워 다카이 다인지

복사기

\# 복사기를 어떻게 사용하는지 알려 줄 수 있어요?

你能告诉我如何使用复印机吗?

Nǐ néng gàosu wǒ rúhé shǐyòng fùyìnjī ma?

니 넝 까오쑤 워 루허 스용 푸인지 마?

\# 안에 걸린 종이를 빼는 걸 도와주세요.

请帮我把里面卡的纸拿出来。

Qǐng bāng wǒ bǎ lǐmiàn qiǎ de zhǐ náchūlai.

칭 빵 워 바 리미엔 치아 더 즈 나추라이

\# 이 복사기는 문제가 있네요.

这台复印机有问题。

Zhè tái fùyìnjī yǒu wèntí.

저 타이 푸인지 여우 원티

\# 이거, 20장 복사해 주세요.

这个，请复印20张。

Zhège, qǐng fùyìn èrshí zhāng.

저거, 칭 푸인 얼스 장

\# 확대 복사는 어떻게 하죠?

怎么扩大复印呢?

Zěnme kuòdà fùyìn ne?

쩐머 쿠어따 푸인 너?

문서 작업 ①

\# 나는 주로 한글 프로그램을 사용합니다.

我通常使用韩字软件。

Wǒ tōngcháng shǐyòng Hánzì ruǎnjiàn.

워 퉁창 스융 한쯔 루안지엔

\# 엑셀 프로그램을 잘 다루니?

你擅长Excel吗?

Nǐ shàncháng Excel ma?

니 산창 엑셀 마?

\# 열기 버튼을 클릭하세요.

单击打开按钮。

Dānjī dǎkāi ànniǔ.

딴지 다카이 안니우

\# 글자체를 스페셜 서체로 바꿔요.

字体更改为哥特式。

Zìtǐ gēnggǎiwéi gētèshì.

쯔티 껑가이웨이 꺼터스

哥特式는 고전적인 스타일의 서체를 말하며, 주로 장식용으로 많이 사용합니다.

\# 글자 크기를 좀 크게 하면 어때요?

把字的大小变大些怎么样?

Bǎ zì de dàxiǎo biàn dàxiē zěnmeyàng?

바 쯔 더 따샤오 삐엔 따시에 쩐머양?

• 更改 gēnggǎi 변경하다, 바꾸다

문서 작업 ②

\# 제목은 더 굵게 하면 어때요?

标题更粗一些如何?

Biāotí gèng cū yìxiē rúhé?

빠오티 껑 추 이시에 루허?

\# 이 한 단락을 복사해서 문서에 붙이세요.

复制这一个段落并将其粘贴到文档中。

Fùzhì zhè yí ge duànluò bìng jiāng qí zhāntiēdào wéndàng zhōng.

푸즈 저 이 거 뚜안루어 삥 지앙 치 잔티에따오 원땅 중

\# 이 파일을 txt 형식으로 저장할 수 있어요?

你能把这个文件用txt的格式保存吗?

Nǐ néng bǎ zhè ge wénjiàn yòng txt de géshì bǎocún ma?

니 넝 바 저 거 원지엔 융 티엑스티 더 거스 바오춘 마?

\# 문서에 페이지 번호를 표시해 주세요.

请给文件标上页码。

Qǐng gěi wénjiàn biāoshàng yèmǎ.

칭 게이 원지엔 빠오상 이에마

\# 이 문장을 가운데 정렬해 주세요.

请设置这个句子居中。

Qǐng shèzhì zhè ge jùzi jūzhōng.

칭 서즈 저 거 쥐쯔 쥐중

파일 저장 & 관리 ①

\# 나는 실수로 파일을 지웠어요.

我不小心删除了文件。

Wǒ bù xiǎoxīn shānchú le wénjiàn.

워 뿌 샤오신 산추 러 원지엔

\# 원본 파일 갖고 있어요?

你有原始文件吗?

Nǐ yǒu yuánshǐ wénjiàn ma?

니 여우 위엔스 원지엔 마?

\# 프로그램을 닫기 전에 파일을 저장하는 것은 매우 중요해요.

关闭程序之前保存该文件是非常重要的。

Guānbì chéngxù zhīqián bǎocún gāi wénjiàn shì fēicháng zhòngyào de.

꾸안삐 청쉬 즈치엔 바오춘 까이 원지엔 스 페이창 중야오 더

\# 그것을 어떤 폴더에 저장했어요?

你把它保存在哪个文件夹了?

Nǐ bǎ tā bǎocún zài nǎ ge wénjiànjiá le?

니 바 타 바오춘 짜이 나 거 원지엔지아 러?

\# 이 파일에 비밀번호를 설정했어요.

我把这个文件设定了密码。

Wǒ bǎ zhè ge wénjiàn shèdìng le mìmǎ.

워 바 저 거 원지엔 서띵 러 미마

- 删除 shānchú 삭제하다, 빼다

파일 저장 & 관리 ②

\# 파일을 저장할 때 새 이름으로 하세요.

保存文件时请另存一个新名称。

Bǎocún wénjiàn shí qǐng lìng cún yí ge xīn míngchēng.

바오춘 원지엔 스 칭 링 춘 이 거 신 밍청

\# 저장할 새 파일명을 고르세요.

请选择要保存的新文件名。

Qǐng xuǎnzé yào bǎocún de xīn wénjiànmíng.

칭 쉬엔쩌 야오 바오춘 더 신 원지엔밍

\# 자료를 외장하드에 백업했어요.

我把资料在移动硬盘备份了。

Wǒ bǎ zīliào zài yídòngyìngpán bèifèn le.

워 바 쯔랴오 짜이 이똥잉판 뻬이펀 러

\# 손상된 파일을 복구할 수 있어요?

你可以复原损伤的文件吗?

Nǐ kěyǐ fùyuán sǔnshāng de wénjiàn ma?

니 커이 푸위엔 쑨상 더 원지엔 마?

\# 정기적으로 컴퓨터 바이러스 체크하는 거 잊지 마세요.

不要忘记定期确认电脑病毒。

Búyào wàngjì dìngqī quèrèn diànnǎo bìngdú.

부야오 왕지 띵치 취에런 띠엔나오 삥두

Unit 2 인터넷 MP3. C12_U02

인터넷 ①

\# 나는 인터넷을 하면서 시간을 보내요.

我上网打发时间。

Wǒ shàngwǎng dǎfā shíjiān.

워 상왕 다파 스지엔

我上网消磨时间。

Wǒ shàngwǎng xiāomó shíjiān.

워 상왕 샤오모 스지엔

\# 그냥 인터넷 검색하고 있어요.

只是在网上冲浪。

Zhǐshì zài wǎngshàng chōnglàng.

즈스 짜이 왕상 충랑

\# 어떻게 해야 인터넷을 할 수 있죠?

我怎样才能上网?

Wǒ zěnyàng cái néng shàngwǎng?

워 쩐양 차이 넝 상왕?

\# 인터넷에 접속했어요?

你连上网了吗?

Nǐ lián shàngwǎng le ma?

니 리엔 상왕 러 마?

你连接到互联网了吗?

Nǐ liánjiēdào hùliánwǎng le ma?

니 리엔지에따오 후리엔왕 러 마?

\# 오늘날, 우리는 인터넷에서 못 하는 것이 없다.

今天，我们在互联网上无所不能。

Jīntiān, wǒmen zài hùliánwǎngshàng wúsuǒbùnéng.

진티엔, 워먼 짜이 후리엔왕상 우쑤어뿌넝

• 冲浪 chōnglàng 서핑, 인터넷 검색

인터넷 ②

\# 나는 인터넷으로 영어를 공부해요.

我要通过互联网学习英语。

Wǒ yào tōngguò hùliánwǎng xuéxí Yīngyǔ.

워 야오 퉁꾸어 후리엔왕 쉬에시 잉위

\# 검색창에 키워드를 입력해 보세요.

请在搜索栏里输入关键词。

Qǐng zài sōusuǒlánli shūrù guānjiàncí.

칭 짜이 써우쑤어란리 수루 꾸안지엔츠

\# 인터넷으로 그 회사의 정보를 알 수 있어요.

可以通过网上了解到那个公司的信息。

Kěyǐ tōngguò wǎngshàng liǎojiědào nà ge gōngsī de xìnxī.

커이 퉁꾸어 왕상 랴오지에따오 나 거 꿍쓰 더 신시

\# 우리 웹사이트를 즐겨찾기에 추가해 주세요.

请把我们的网站添加到你的收藏夹。

Qǐng bǎ wǒmen de wǎngzhàn tiānjiādào nǐ de shōucángjiā.

칭 바 워먼 더 왕잔 티엔지아따오 니 더 서우창지아

\# 인터넷 뱅킹은 정말 편리해요.

网银真方便。

Wǎngyín zhēn fāngbiàn.

왕인 전 팡삐엔

이메일 ①

\# 저한테 이메일을 보내 주세요.

给我发邮件。

Gěi wǒ fā yóujiàn.

게이 워 파 여우지엔

\# 네 이메일 주소가 뭐니?

你的邮件地址是什么?

Nǐ de yóujiàn dìzhǐ shì shénme?

니 더 여우지엔 띠즈 스 선머?

\# 다른 이메일 주소 있어요?

你有别的邮件地址吗?

Nǐ yǒu bié de yóujiàn dìzhǐ ma?

니 여우 비에 더 여우지엔 띠즈 마?

\# 제 이메일에 답신 주세요.

请给我回复邮件。

Qǐng gěi wǒ huífù yóujiàn.

칭 게이 워 후이푸 여우지엔

\# 당신에게 보낸 이메일이 반송되었어요.

我给你发的电子邮件被退回了。

Wǒ gěi nǐ fā de diànzi yóujiàn bèi tuìhuí le.

워 게이 니 파 더 띠엔쯔 여우지엔 뻬이 투이후이 러

\# 첨부 파일이 열리지 않아요.

附件打不开。

Fùjiàn dǎbukāi.

푸지엔 다부카이

이메일 ②

\# 네가 보낸 이메일에 첨부 파일이 없는데.

你发过来的邮件没有附件。

Nǐ fāguòlai de yóujiàn méiyǒu fùjiàn.

니 파꾸어라이 더 여우지엔 메이여우 푸지엔

\# 천웨이에게 보낸 이메일을 당신에게 전달할게요.

我会转发陈伟的电子邮件给你。

Wǒ huì zhuǎnfā Chén Wéi de diànzi yóujiàn gěi nǐ.

워 후이 주안파 천 웨이 더 띠엔쯔 여우지엔 게이 니

\# 나는 이미 모두에게 이메일로 새해 인사를 보냈어요.

我已经发电子邮件祝大家新年快乐。

Wǒ yǐjīng fā diànzi yóujiàn zhù dàjiā xīnnián kuàilè.

워 이징 파 띠엔쯔 여우지엔 주 따지아 신니엔 콰이러

\# 이메일로 더 많은 소식을 받을 수 있을까요?

我可否通过电子邮件获得更多的信息?

Wǒ kěfǒu tōngguò diànzi yóujiàn huòdé gèng duō de xìnxī?

워 커포우 퉁꾸어 띠엔쯔 여우지엔 후어더 껑 뚜어 더 신시?

꼭! 짚고 가기

메신저와 SNS

인터넷의 발달에 따라, 온라인에서 세계 어느 곳이든 매우 가깝게 느껴집니다. 몇 년 사이 급부상한 인터넷 메신저 및 SNS(소셜 네트워크 서비스)의 발달은 국제적인 교류 뿐 아니라 기업이나 상표 홍보용으로도 널리 쓰이고 있습니다. 페이스북(脸书 Liǎnshū 리엔수)이나 X(구 트위터 推特 Tuītè 투이터), 인스타그램(照片墙 Zhàopiànqiáng 자오피엔치앙) 등 글로벌적인 것도 있지만, 나라별로 인기가 있는 것도 있습니다.

그럼 중국에서 많이 사용되는 것은 어떤 것이 있을까요?
중국인이 많이 사용하는 SNS로는 위챗(微信 Wēixìn 웨이신)과 웨이보(微博 Wēibó 웨이보) 등이 있습니다.
중국 토종 메신저 프로그램으로 많이 사용되는 것으로 QQ라는 것이 있는데, 우리가 쓰는 카카오톡이나 LINE처럼 온라인 대화는 물론, 사진이나 동영상, 문서 공유 및 저장 등 그 기능이 날로 업그레이드 되고 있습니다. 그래서 우리도 '카톡 ID가 뭐야?'라고 하는 것처럼 '你有QQ号码吗?'라는 말을 흔히 씁니다.
QQ는 모르는 사람의 친구 추가를 막기 위해, 본인 인증 질문을 옵션으로 걸어 둘 수 있는 기능이 있습니다. (중국은 정부 정책 상 일부 글로벌 SNS와 메신저 프로그램의 사용을 금지하고 있습니다.)

SNS ①

\# 요즘에도 SNS 모르는 사람이 있어?

最近还有不知道SNS的人吗?

Zuìjìn hái yǒu bùzhīdao SNS de rén ma?

쭈이진 하이 여우 뿌즈다오 에스엔에스 더 런 마?

\# 나는 SNS를 통해 친구의 근황을 확인하거나 사진이나 동영상을 업로드하면서 연락을 해요.

我通过SNS确认朋友的近况或上传照片和视频进行联系。

Wǒ tōngguò SNS quèrèn péngyou de jìnkuàng huò shàngchuán zhàopiàn hé shìpín jìnxíng liánxì.

워 퉁꾸어 에스엔에스 취에런 펑여우 더 진쿠앙 후어 상추안 자오피엔 허 스핀 진싱 리엔시

\# QQ 최신 버전을 다운로드 하세요.

QQ는 중국에서 많이 이용하는 인터넷 채팅 프로그램 중 하나입니다.

请下载QQ的最新版。

Qǐng xiàzǎi QQ de zuìxīnbǎn.

칭 시아짜이 큐큐 더 쭈이신반

\# 페이스북에서 어떻게 친구 추가해요?

在脸书上怎么添加好友?

Zài liǎnshū shang zěnme tiānjiā hǎoyǒu?

짜이 리엔수 상 쩐머 티엔지아 하오여우?

\# 그는 페이스북에서 나를 친구 삭제했어요.

我被他删除了脸书上的好友关系。

Wǒ bèi tā shānchú le liǎnshū shang de hǎoyǒu guānxi.

워 뻬이 타 산추 러 리엔수 상 더 하오여우 꾸안시

\# 내 유튜브 채널을 구독과 좋아요 해 주세요.

请订阅和喜欢我的油管视频。

Qǐng dìngyuè hé xǐhuan wǒ de Yóuguǎn shìpín.

칭 띵위에 허 시후안 워 더 여우구안 스핀

SNS ②

\# 위챗 아이디 있어요?

위챗은 중국에서 애용되는 모바일 메신저로, 중국판 카카오톡이라 불립니다.

你有微信号吗?

Nǐ yǒu Wēixìnhào ma?

니 여우 웨이신하오 마?

\# 우리 위챗으로 채팅해요.

我们用微信聊天吧。

Wǒmen yòng Wēixìn liáotiān ba.

워먼 융 웨이신 랴오티엔 바

\# 밥 먹기 전에 사진 좀 찍어서 웨이보에 올리자.

웨이보는 중국판 트위터로, 중국인들이 애용하는 미니 블로그입니다.

吃饭前，拍拍照发微博吧。

Chīfàn qián, pāipai zhào fā Wēibó ba.

츠판 치엔, 파이파이 자오 파 웨이보 바

\# 웨이보체를 들어 본 적 있어요?

你听过微博体吗?

Nǐ tīngguo Wēibótǐ ma?

니 팅구어 웨이보티 마?

微博体는 웨이보에 140자 내로 쓰는 제약 때문에 함축적으로 짧게 쓰는 문체를 두고 생겨난 신조어입니다.

\# 그의 틱톡 채널은 유명해요.

他的抖音视频很有名。

Tā de Dǒuyīn shìpín hěn yǒumíng.

타 더 더우인 스핀 헌 여우밍

\# 우리 아들은 맨날 쉬지 않고 틱톡을 하는데, 어떡하지?

我儿子每天刷抖音停不下来，怎么办?

Wǒ érzi měitiān shuā Dǒuyīn tíngbuxiàlai, zěnme bàn?

워 얼쯔 메이티엔 수아 더우인 팅부시아라이, 쩐머 빤?

블로그

\# 블로그 있어요?

你有博客吗?
Nǐ yǒu bókè ma?
니 여우 보커 마?

\# 당신의 블로그를 소개해 주세요.

介绍一下你的博客。
Jièshào yíxià nǐ de bókè.
지에사오 이시아 니 더 보커

\# 여행 때 찍었던 사진을 블로그에 업로드했어요.

我在博客里上载了旅行时拍的照片。
Wǒ zài bókèli shàngzài le lǚxíng shí pāi de zhàopiàn.
워 짜이 보커리 상짜이 러 뤼싱 스 파이 더 자오피엔

\# 그의 블로그는 썰렁해요.

他的博客很冷清。
Tā de bókè hěn lěngqīng.
타 더 보커 헌 렁칭

他的博客里没什么内容。
Tā de bókèli méi shénme nèiróng.
타 더 보커리 메이 선머 네이룽

\# 그녀의 블로그로 그녀가 어떤 사람인지 알 수 있어요.

通过她的博客可以了解她的为人。
Tōngguò tā de bókè kěyǐ liǎojiě tā de wéirén.
퉁꾸어 타 더 보커 커이 랴오지에 타 더 웨이런

Unit 3 휴대 전화 MP3. C12_U03

휴대 전화 ①

\# 휴대 전화 번호 좀 알려 주세요.

请告诉我你的手机号。
Qǐng gàosu wǒ nǐ de shǒujīhào.
칭 까오쑤 워 니 더 서우지하오

\# 내 번호를 네 휴대 전화에 저장해.

把我的号码存到你的手机里。
Bǎ wǒ de hàomǎ cúndào nǐ de shǒujīli.
바 워 더 하오마 춘따오 니 더 서우지리

\# 휴대 전화 번호가 바뀌었어요.

我换了手机号。
Wǒ huàn le shǒujīhào.
워 후안 러 서우지하오

\# 내 휴대 전화는 최신형이에요.

我的手机是最新款的。
Wǒ de shǒujī shì zuì xīn kuǎn de.
워 더 서우지 스 쭈이 신 쿠안 더

\# 부재중 전화가 두 통 있어요.

我有两个未接电话。
Wǒ yǒu liǎng ge wèijiē diànhuà.
워 여우 리앙 거 웨이지에 띠엔후아

\# 스마트폰의 액정이 큰데요.

你的智能手机显示屏很大。
Nǐ de zhìnéng shǒujī xiǎnshìpíng hěn dà.
니 더 즈넝 서우지 시엔스핑 헌 따

휴대 전화 ②

\# 내 스마트폰 어때?

我的智能手机怎么样?

Wǒ de zhìnéng shǒujī zěnmeyàng?

워 더 즈넝 서우지 쩐머양?

\# 스마트폰의 기능은 컴퓨터와 같다.

智能手机的功能跟电脑一样。

Zhìnéng shǒujī de gōngnéng gēn diànnǎo yíyàng.

즈넝 서우지 더 꿍넝 껀 띠엔나오 이양

\# 휴대 전화가 없었을 때, 어떻게 살았지?

没有手机的时候，怎么生活下去呢?

Méiyǒu shǒujī de shíhou, zěnme shēnghuóxiàqu ne?

메이여우 서우지 더 스허우, 쩐머 성후어시아취 너?

\# 운전 중 휴대 전화를 쓰지 마세요.

请不要在驾车时使用手机。

Qǐng búyào zài jiàchē shí shǐyòng shǒujī.

칭 부야오 짜이 지아처 스 스융 서우지

\# 네 휴대 전화는 통화중이거나 꺼져 있구나.

你的手机不是占线就是关机。

Nǐ de shǒujī búshì zhànxiàn jiùshì guānjī.

니 더 서우지 부스 잔시엔 지우스 꾸안지

휴대 전화 문제

\# 휴대 전화 배터리가 얼마 없어요.

手机电池不多了。

Shǒujī diànchí bù duō le.

서우지 띠엔츠 뿌 뚜어 러

\# 휴대 전화 신호가 좋지 않아요.

手机信号不好。

Shǒujī xìnhào bù hǎo.

서우지 신하오 뿌 하오

\# 휴대 전화를 변기에 떨어뜨렸어요.

手机掉到马桶里了。

Shǒujī diàodào mǎtǒngli le.

서우지 땨오따오 마퉁리 러

\# 휴대 전화 충전기 가져왔어요?

你带手机充电器了吗?

Nǐ dài shǒujī chōngdiànqì le ma?

니 따이 서우지 충띠엔치 러 마?

\# 내 휴대 전화 액정이 망가졌어요.

我的手机显示屏坏了。

Wǒ de shǒujī xiǎnshìpíng huài le.

워 더 서우지 시엔스핑 화이 러